China NonProfit Review Vol.25 2020 No.1

本刊编辑部地址：北京市海淀区中关村东路1号院5号楼文津国际公寓807
电话：010-62773929
投稿邮箱：lehejin@126.com
英文版刊号：ISSN：1876-5092；E-ISSN：1876-5149
出版社：Brill出版集团
英文版网址：www.brill.nl/cnpr

中国非营利评论

清华大学公益慈善研究院
明德公益研究中心　主办

第二十五卷　2020 No.1

社会科学文献出版社
SOCIAL SCIENCES ACADEMIC PRESS (CHINA)

本刊得到增爱公益基金会的赞助

理事长胡锦星寄语本刊：增爱无界，为中国公益理论研究作出贡献！

增爱無界

胡錦星

增愛公益基金會
More Love Foundation

卷首语

2020 年元旦刚过，我赶往海南参加我们发起的"IDEAS 与未来社区"升维考察与集训活动。这是三年前结束的"跨界创新性领导力行动学习计划"的后续活动，由学生们轮流发起，我和北大的王超老师应邀参加。

先至三亚，乘高铁北上，经澄迈、美兰、三江、六弓，又回到三亚。满满的四天升维与看见未来，满满的正能量！从三亚出发的北上高铁一路青云，清华链接乡村公域的澄迈故事，以微实事探索真民主的美兰案例，热议一路的海宁现象，抵达乡底的夜幕之目，终夜贴心的鸡鸣狗吠，晨练乡道上宝哥的拾得，湖畔秘现群蚁时子翼小心地问禅，山水之间法师领照心光的静修，午休茶叙中屹扬眉宇间的寒山，圆圈分享中那样激情跳跃的神韵和这般飞彩你我的愿念，如诗如歌如泣如诉的红霞行甲，如梦如幻如痴如醉的六弓七仙，觥筹交错的中国王炸，不胜大酒不剩激情的泼墨挥毫，"有物混成"的清醒，"上德不德"的升维，阿婆东山羊的豪爽与热情，九十一岁神麻麻的矫健和高厨……叹清而复浊的时光流逝，惜生而复安的宿命无常。感怀 IDEAS 总也冲不淡的情愫，走不散的场域，感恩彼此再忙也忘不掉的初心，放不下的相聚！有你有我，当能浊以静之徐清，必能安以动之徐生！

回到三亚略小憩，即赴苍南开展社会组织参与应急救援的调研活动，走访壹加壹、群鹰、慈航等救援组织，对公益苍南中的"救援铁军"印象深刻。

马不停蹄的考察调研结束，正待寒假中整理思绪奋笔文稿，一场旷日持久的疫情骤起。我和家人被困海南。一切，好像戛然而止。

2 月最后一天的深夜，远在南国一隅，执笔卷首语，感慨万千。

新年已过月余，疫情使我一直漂泊在外。昨夜给友人安部回信，发现他居然是 1 月底发来的邮件，邮件在邮箱里整整睡了一个月。这是怎样的一段日子？新冠肺炎疫情让国人的一切似乎都停摆了：武汉封城，航线停航，景点关闭，商店关门，村庄小区封锁……当然，疫情肆虐的日子里，数万人被击倒，2800 多条生命被夺，更有许多逆行者和奋战在抗疫一线的医护人员，冒着生命危险与病毒搏斗。几乎每天，都有令人泪崩的感人故事从前线传来。

然而对许多人来说，生活好像一下子回到了原点。圈在不大的空间里，面对家人，面对生活，面对自己。

虽无奈，但这似很有必要。如老子所言：清静为天下正。

清静的日子里，除了每日关心疫情并尽己所能地做些事情外，根据学校的安排，将春季学期的课全部转为基于雨课堂的线上教学，很快适应了新的教学模式。我的"论语导读"首开成功，除了选课的 28 位硕士研究生外，增加了 10 多位旁听生，国学修养深厚的博士生玉宝参与教学辅导，效果甚佳。

课余，和那路每日观鸟观心，总有新奇、惊喜和感悟。热带雨林吸引着各种神鸟奇鹊，令人应接不暇、惊喜不已；少年有成的头脑中总有无数的疑问、创意和启发，使人学无穷途、叹为观止。

本卷主题为社会治理，收录我和孟繁佳老师有关中华传统文化中社会治理思想的文章作为专稿，整理此文也令我受益良多。吾友孟师，国学造诣深厚，能将数千年文化之思想凝练于一炉，堪称一绝。本卷另邀慈善史大家秋光教授赐特稿一篇，史论新中国慈善事业，谨致谢忱。

此外本卷正将付梓之时遭遇疫情，除及时发出抗疫主题征稿外，临时增加一则专题，邀几位专家进行有关在疫情中显露的社会治理命题的笔谈，以飨读者，更期待有关抗疫的进一步思考。

王名

2020 年 2 月 29 日

于海南保亭仙岭郡

目　录

CONTENTS

Feature Articles

Articles

𝒩𝒫

笔谈：透视新冠肺炎疫情中的社会治理命题

引　言

2020 年初，新冠肺炎（COVID - 19）疫情在湖北省武汉市暴发，随之蔓延至全国，继而全世界将近一百个国家超过 10 万人确诊新冠肺炎（截至 2020 年 3 月 9 日）。在两个多月的疫情防控过程中，我国在应急管理和突发公共卫生事件防控领域的治理短板不断地暴露出来，社会力量参与疫情防控的状况同样存在混乱现象，缺乏法律制度的保障与法治观念的浸润。这与目前全面推进依法治国战略、推进国家治理体系与治理能力现代化战略的大时代背景违和，也难以实现"共建共治共享"的社会治理格局形成。鉴于此种情势，《中国非营利评论》编辑部邀请了该领域知名中青年专家对新冠肺炎疫情中相关的社会治理命题进行笔谈，笔谈内容涉及应急管理中的政社关系、政府与志愿机制协力、应急志愿服务、社会组织参与公共危机管理、灾害与公共危机中的慈善募捐、疫情防控中的基层社区治理，以及疫情防控中的地方社会治理经验等，供大家参考、思考与行动。

《中国非营利评论》编辑部

2020 年 3 月 9 日

"机会窗口"与应急管理中政社合作"新常态"

——全面认知新冠肺炎疫情应对中的社会参与

张　强*

新冠肺炎（COVID‑19）疫情，作为新中国成立以来在我国发生的传播速度最快、感染范围最广、防控难度最大的一次重大突发公共卫生事件，是我国治理能力和治理体系的一次大考。① 在经历了多次大灾大难的挑战之后，我国已经在基础制度层面明确了应急管理是国家治理体系和治理能力的重要组成部分，要积极推进我国应急管理体系和能力现代化。② 而这不仅需要我国政府治理中的行政变革，还需要社会治理和市场治理中的相应变革，③ 进而形成科学有效的社会治理体制，有效应对突发事件。在灾害应对实践中，社会组织和志愿者常常通过发起或参与多部门合作的行动来减轻灾害冲击，从而自觉或不自觉地去填补"政府失灵"造成的服务缺口（Robert & Pattakos, 1979；Austin,

---

* 张强，北京师范大学社会发展与公共政策学院教授，北京师范大学风险治理创新研究中心主任。

① 习近平在统筹推进新冠肺炎疫情防控和经济社会发展工作部署会议上的讲话，见《时政新闻眼｜在一场罕见的电视电话会上，习近平这样动员战"疫"》，中国经济网，http://www.ce.cn/xwzx/gnsz/szyw/202002/24/t20200224_34337810.shtml，最后访问时间：2020年3月1日。

② 《习近平在中央政治局第十九次集体学习时强调 充分发挥我国应急管理体系特色和优势 积极推进我国应急管理体系和能力现代化》，新华网，http://www.xinhuanet.com/politics/leaders/2019‑11/30/c_1125292909.htm，最后访问时间：2020年3月1日。

③ 政府治理、市场治理和社会治理是现代国家治理体系中三个最重要的次级体系。关于此方面的讨论可参阅俞可平（2018）。

2000）。从国际经验来看，这一格局并非创举，① 但对于中国的传统体制环境而言，却有着开拓性的"机会窗口"② 意义（张强，2015）。

当然，我们并不是每一次都能把握灾害应对的窗口期，推动创新实现制度优化的"新常态"③。政社合作的新常态，可以说蓝图已就，党的十九届四中全会决定既在治理的基础层面上，将"坚持和完善共建共治共享的社会治理制度，保持社会稳定、维护国家安全"纳入中国特色社会主义制度建设当中，也在执行层面明确了"党委领导、政府负责、民主协商、社会协同、公众参与、法治保障、科技支撑"的社会治理格局和人人有责、人人尽责、人人享有的社会治理共同体架构。④ 为此，在当前新冠肺炎疫情防控战斗的胶着时点，我们特别需要及时反思本次疫情中社会力量的参与应对情况，把握这次"机会窗口"，从理念认知、实践适应、未来引领等三个层面推动应急管理领域实现政社合作"新常态"，从而增强国家应急管理能力、完善社会治理体系。

一　从巨灾应对困境中认知政社合作新常态

这次 COVID - 19 的暴发，不仅仅是一种恶性病毒的传染过程，更是一次典型的危机事件。一方面，面对这场复合型危机，当前的应急管理思维和政府应急管理体制难以突破由互联性、复杂性和不确定性带来的决策困境。这次 COVID - 19 的暴发在短短数周间就从一个公共卫生事件演变成为蔓延到经济、政治及社会等各个方面的一场复合型危机，从初始的区域性的应急响应发展成为牵动全国的以政府治理能力为核心的危机应对。不像常态突发事件（routine emer-

---

① 参见 "Sendai Framework for Disaster Risk Reduction 2015 - 2030"，联合国减灾署（UNDRR）官网，https://www.undrr.org/publication/sendai - framework - disaster - risk - reduction - 2015 - 2030，最后访问时间：2020 年 3 月 3 日。

② 机会窗口的概念是公共政策研究中的基础性理论之一，描述的是问题源流（Problem Stream）、政策源流（Policy Stream）和政治源流（Political Stream）等三种"源流"汇集在一起时，问题进入政策议程，政策方案随之得到了确定的过程。可参阅 Biddand（2001：224）。

③ 新常态早在 21 世纪初期就成为西方社会描述经济危机后发展的新特征。后来，中国领导人也借此描述中国经济转型升级的新发展阶段特征。参阅 Pash（2011）。

④ 参见《中国共产党第十九届中央委员会第四次全体会议公报》，2019 年 10 月 31 日，中国共产党新闻网，http://cpc.people.com.cn/n1/2019/1101/c64094 - 31431860.html，最后访问时间：2020 年 3 月 3 日。

gency)，对于这次非常态突发事件（crisis），我们对发生机理和可能产生的冲击都知之不多甚至一无所知，却要在时间压力下作出关键性决策，在具有高度不确定性的情境下采取有效行动。① 然而，当前应急管理思维还未能从过去的预案制、中心化的战略定位向以情境化、多元参与的风险治理为核心转变，这种纵向层面从上到下稳定为先、横向层面从左至右职能为界的治理思维严重影响着危机应对行为，难以应对巨灾中可能出现的主体差异性、需求差异性、公平性放大、执行力不足、信息不对称等决策困境（张强、张欢，2008）。在突发事件应对中，必须注重从高度行政化、强制化的自上而下的指挥向以信息为中心、强化第一响应人权责的协作方式转变。另一方面，社会力量在此次危机应对中，充分发挥其资源动员、政策倡导、公共服务供给的作用，在一线防控中扮演了重要角色。可见，我国的社会系统也在过去的灾害事故中不断得到激活与发展，能够辅助政府系统应对突发事件并有效推进社会治理。

为此，我们需要深刻认知，社会组织和志愿者的有效参与是增强和构建现代应急管理能力和体系的内在需求，也是我国有效平衡体制下的结构性刚需，更是政社合作新常态的基石。

二 在社区风险治理中适应政社合作新常态

其一，社区在危机应对和风险治理中的角色重新被认知。长期以来人们比较重视的是政府部门的政策面，认为有了自上而下的体制内动员就可以实现全面的政社合作。但是近年来的国内外实践早已带给人们明确的警示，所有的灾害风险第一时间的发生都是在社区，因此如何抓好社区这个关键性节点的建设会成为风险治理中的关键点，也会成为政社合作新常态的基本面。就像本次的新冠肺炎疫情防控，这场战斗不仅需要打好以医院为核心的歼灭战、攻坚战，还需要打好纵深的社区阵地战、持久战。

其二，社区面对峰值需求和政策要求却并不具备相应的能力基础。社区是疫情防控中实现"引导到位、动员到位、排查到位、监测到位、暖心到位、宣传到位"的基本阵地，但也是长期以来我国需要面对的一个治理症结所在。单

---

① 从发生机理和产生影响的角度来对突发事件进行分类，可以参看笔者新近的论文（Zhang，et al.，2020）。

位制、街居制打破之后社区作为最基础的治理单元备受重视（何海兵，2003），但始终面临缺人、缺钱、缺物、缺机制的问题。在此次疫情应对中，近400万名城乡社区工作者奋战在65万个城乡社区的疫情防控一线，平均6个社区工作者守护着一个社区，每名社区工作者面对350名群众。[①] 在全天候封闭社区管理的值守要求下，即便有了在职党员的双报到制，防控人力、装备物资、管理工具和方法等还是会出现全线告急，与社区基本生活之间的有机融合也很难持续保证。

在这样的局面下，社会组织、社会工作者以及各类志愿者加入，成为弥补基层防控需求缺口的关键力量。社区成为社会组织和志愿者全面施展能力的主战场，也是政府推进公共服务的重要着力单元，为此，社区也就成为政社合作的基本面、适应新常态的关键点。对于社区而言，实现社区的有效风险治理，需要联动社区工作者、社会组织、社会工作者以及各类志愿者一起开展"第一响应人"、"社区风险地图"和"家庭减灾计划"的"三个有"建设，一个不能少地创新建立社区的协作社群，一起聚沙成塔才有可能真正构建生命安全防线（张强，2019）。

三　在韧性社会建设中引领政社合作新常态

风险的无处不在和抗风险资源的短缺是一对深刻的矛盾，这种结构性张力也就为应急管理领域政社合作新常态的发展走向提供了空间。传统的风险分析范式是问题取向的，仅仅关注风险所造成的不利影响，但韧性（resilience）视角提供了新的理论体系来解决可持续发展的这一对矛盾，引导人们关注风险中的个体和组织的资源和能力，培育对各种风险的适应、恢复和学习转化能力，从而实现了风险治理工作的转型（张秀兰、张强，2010）。联合国国际减灾战略（UNISDR）把韧性定义为：当一个系统、社区或者社会暴露在潜在的危险下，需要其去适应的时候，它所表现出来的能够抵制灾害或者改变自身的能力，从而在一个可以接受的水平上依旧保持其原有的功能和结构（UNISDR，2009）。

---

① 参见《民政部：近400万名社区工作者奋战防疫一线6人守护一个社区》，"封面新闻"百家号，2020年2月10日，https://baijiahao.baidu.com/s? id = 1658142190818827510&wfr = spider&for = pc，最后访问时间：2020年3月3日。

实证研究中，经济发展、社会资本、信息与沟通和社区能力是构成韧性建设的主要方面（Norris, et al., 2008；Cutter, et al., 2008）。

在韧性建设的框架中，不难发现社会组织和志愿者参与的必要性，其不仅能够增加社区能力的人力资本、自然资本和发展金融资本，也可以提供关键的社会支持并联合本地和外部参与者，促进信息沟通中的知识流动、信任建设，是增加社会资本的重要桥梁，也是经济发展中的社会调节渠道。面向韧性的未来社会，我们需要有机统筹发挥政策工具、商业能力以及慈善的作用，也就是说政府部门提供基本的公共服务，市场部门提供商业服务和第三部门提供慈善、服务等资源。

总之，把握新冠肺炎疫情防控中打开的"机会窗口"，系统构建面向未来的政社合作新常态，需要在危机应对的公共治理特性上系统认知新常态，在治理理念和顶层设计上确立政社合作的框架；更需要在风险治理的实践中适应新常态，在社区层面建构好政社合作的基本面；还需要面向韧性建设引领新常态，在全社会的抗风险能力建设中树立政社合作的方向。

参考文献

何海兵（2003）：《我国城市基层社会管理体制的变迁：从单位制、街居制到社区制》，《管理世界》，第 6 期。

俞可平（2018）：《中国的治理改革（1978～2018）》，《武汉大学学报》（哲学社会科学版），第 3 期。

张强（2015）：《灾害治理——从汶川到芦山的中国探索》，北京：北京大学出版社。

——（2019）：《抓好社区这个关键点》，澎湃新闻 2019 年 5 月 12 日防灾减灾日专稿，载"澎湃新闻"官网，https://www.thepaper.cn/newsDetail_forward_3436893，最后访问时间：2020 年 3 月 3 日。

张强、张欢（2008）：《巨灾中的决策困境：非常态下公共政策供需矛盾分析》，《文史哲》，第 5 期。

张秀兰、张强（2010）：《社会抗逆力：风险管理理论的新思考》，《中国应急管理》，第 3 期。

Austin, James E. (2000), "Strategic Collaboration between Nonprofits and Business", *Nonprofit and Voluntary Sector Quarterly* 29 (1), pp. 69 – 97.

Biddand, Thomas A. (2001), *An Introduction to the Policy Process: Theories, Concepts, and Models of Public Policy Making*, M. E. Shape, Inc. .

Cutter, S. L. , et al. (2008), "A Place – Based Model for Understanding Community Resilience to Natural Disasters", *Global Environmental Change* 18 (4), pp. 598 – 606.

Norris, F. H. , et al. (2008), "Community Resilience as a Metaphor, Theory, Set of Capacities, and Strategy for Disaster Readiness", *American Journal of Community Psychology* 41 (1 – 2), pp. 127 – 150.

Pash, C. (2011), "Use of the Label 'New Normal' on the Rise", *the Australian*, May 16.

Robert, Agranoff & Pattakos, Alex N. (1979), *Dimensions of Services Integration: Service Delivery, Program Linkages, Policy Management and Organizational Structure*, Washington D. C. : U. S. Department of Health, Education, and Welfare.

UNISDR (2009), "UNISDR Terminology on Disaster Risk Reduction", *Abyadh* 8 (2), pp. 95 – 105.

Zhang, Q. , et al. (2020), "Did the 2008 Wenchuan Earthquake Trigger a Change in the Conduct of Research on Seismic Risk?", *Safety Science*, https://doi. org/10. 1016/j. ssci. 2020. 104628.

"统筹"还是"知会":抗疫中政府与志愿机制的协力模式

贾西津*

新冠肺炎的疫情应对,所涉问题已经远超出医学救治领域,而关涉相关社会治理的方方面面。在这个过程中,政府的统筹和社会的志愿参与,都加入进来。但是从目前可见的范畴看,与 2008 年汶川赈灾、2013 年雅安地震救助等重大灾害应对相比,在此次疫情反应中,人们感到的社会力量作用并不凸显。为什么会如此?在突发事件应对中志愿机制如何更好参与?我们应该更深入理解志愿机制,进而探索更好的政府统筹与志愿参与的协力作用。

一 志愿机制的独特作用

为什么在政府统筹之外,需要社会组织和志愿机制?首先必须认知社会组织和志愿机制的核心特性,它们是与政府的行政体制不同的一种作用机制,而不仅仅是对后者在资源数量上的增益补充。

具体而言,政府是依靠税收运作的体系。它的运作特点是:强制性、统一性、依靠官僚机构执行。与之相比,社会组织的运作机制恰恰具有志愿性、多元性、灵活性,比如在疫情应对中,更便于实现及时、直接、细化的资源对接

---

* 贾西津,清华大学公共管理学院副教授,清华大学公益慈善研究院副院长,本刊英文版主编。

和多方面的社会治理支持。

举例而言，新冠肺炎疫情应对，从中央到地方各级财政都安排了专项基金。政府的专项基金支出方向是什么呢？比如政府承诺确诊病例的全部免费救治，疑似和留观人员中与疫情防控直接相关的医疗支出费用补贴，疫情防治相关的医疗机构设施建设、应急设备改造、医务人员和防疫工作者补助、应急防疫物资采购、疫情监测、基层党组织疫情防控工作等。支出途径呢？需要由相关单位提方案，政府批准，财政拨付，中间经过一系列行政流程。财政资金安排的项目目标往往是全面的、均衡的、宏观效果考量的、针对疫情应对总体需要的，同时也与各行政部门的职能框架相对应，并经由行政部门一级级执行。

社会机制则不同，它是宗旨导向、点对点、直接投入目标行动的，同时由于行动主体的多元性，是各种目标可能同时关注、平行运作的。比如在武汉"封城"的当天，武汉各大医院纷纷直接向社会发出求助信息。社会的捐赠意愿和社会组织的行动，由医院防护物资需求的信息直接启动起来。观察社会行动的特点，其一，反应点多。很多个人、企业、社会组织，看到武汉的需求信息，就各自开始搜索或询问资源、寻找衔接途径。其二，在行动中随时调适，形成分工和秩序。比如防护物资有规格要求，国内外标准模式不一，需要模板或审核；购买物资、运输、对接、到达，以及过海关、入仓库等过程，在组织过程中出现分工、分群；信息混杂，真假信息同存，在行动中识别、利用技术手段整合，在这个过程中，数据平台和信息平台也在建立。其三，直接满足需求。社会募集的物资，在最初各种通道还在摸索的阶段，通过个人带入、当地组织运输、医院院长直接拉货等形式，直接投入使用。其四，关注"被忽视的声音"。社会组织有关注弱势的倾向，在纷杂的信息中，那些被忽视的信息，比如在武汉成为关注中心时，武汉周边的疫情严重地区其实面临问题更大；当关注重点在医院时，社区入户者、快递人员等高接触风险的群体防护问题也很突出；当大家都在关注疫情时，防疫控制带来老弱日常病群体的脆弱性增加、居民饮食生活的维系可能困难等问题，这些群体也需要互助机制的帮助。其五，海外资源动员活跃，境外非政府组织（NGO）在资源衔接中起到重要作用。由于短时间全国一级响应，实际面临全面性的资源短缺，海外，特别是华裔社群、校友会等机构，响应强烈，调动了大量的资源。鉴于法律合规性的要求，这些资源的进入面临更大困境，获得合法性的境外非政府组织成为较好的资源对接平台。

可见，社会组织和志愿机制，在疫情反应中，具有独特的运行机制和行动特色。如果仅把它们看作财政资源的一种数量上的补充，而回到行政的整体性、全局性、层级性的运作机制，就不能充分发挥社会力量的特性作用了。

二　对社会力量参与的"统筹"政策效应及调整

1月23日，武汉市新冠肺炎防控指挥部第3号、第4号通告，开通社会捐赠，受捐主体是市红十字会和市慈善总会，同时公告声称暂不接受境外捐赠。民政部1月26日发布《关于动员慈善力量依法有序参与新型冠状病毒感染的肺炎疫情防控工作的公告》，其中规定慈善组织为湖北省武汉市疫情防控工作募集的款物，由省、市两级的红十字会、慈善总会等5家组织接收，除定向捐赠外，原则上服从省、市新冠肺炎防控指挥部的统一调配。

在疫情宣布的最初几天，社会力量的动员是快速的，内部分工和资源对接模式也很快出现，显示了部分社会组织经过多年发展已经形成较成熟的运作模式。而且即便时间紧急，无论本土社会组织还是境外NGO，都意识到了合法性规范，很多也主动对接了当地的红十字会和慈善总会。但是政府很快发布的对于境外捐赠的拒绝信息，和社会捐赠物资的统一接受政策，使得形成中的社会参与秩序返回混乱状态，捐赠物资与一线需求的直接对接基本中断。另外，由于省、市红十字会和慈善总会成为捐赠物资的汇集地，很快出现物资集散的"堰塞湖"，组织的资源分配能力和各种运作问题也成为媒体曝光的焦点。物流公司进入，武汉市红十字会的资源才逐渐分发，1月30日红十字会第一次发布了社会捐赠物资使用公告，再过一周左右，防护服、医用口罩等核心防护物资才开始批量分配到各区指挥部，此时距"封城"已经过去一周时间，而直至今日，捐赠物资最终使用者的使用情况依然没有公开。

2月14日，民政部再次发文《慈善组织、红十字会依法规范开展疫情防控慈善募捐等活动指引》，在新的指引中，要求慈善组织、红十字会依法规范开展慈善募捐，并在各地联防联控机制统一领导和部署下，根据疫情防控工作的实际需要，充分尊重和体现捐赠人的意愿，合理分配使用捐赠款物。指引没有再提及捐赠物资的统一接收和使用，而是特别明确了依据捐赠人意愿，直接送达最终使用单位。这可以看作对早先政策的调整，更多体现了对社会组织运作规律的尊重。

三 "知会"模式：可以探讨的政府与
志愿机制的协力模式

政策从"统一接收使用"到各自"依法规范运作"的调整，应该是看到实践中的物资分配效果，以及听到社会的反响声音。自 2008 年汶川地震救灾，到 2010 年玉树赈灾，再到此次抗疫，社会捐赠物资的政府统一配置，在重大灾害救助或突发事件管理中，都是主要配置机制。为什么会如此呢？不能不说，与政府对物资"有序"使用的担心密切相关。

中国社会组织改革开放以来的发生路径，就带有较强的行政色彩。政府职能转型、机构改革，由业务主管单位组建社会组织，是中国社会组织发生的一条重要路径。虽然社会自发形成的组织不断增多，但"政府管社会"、政府做决策，仍然是最熟悉的惯性模式和日常经验。在紧急反应时刻，秩序的形成就很容易回到最熟悉的模式，也就是政府统筹资源、政府分配资源的模式。

那么除了统一接收、政府统一配置外，社会捐赠物资的使用，有没有避免混乱、分配不均、配置失效的其他方式呢？要看到，多元分散的社会力量，在运作中是有自发秩序生成的，那么这种自发秩序的生成机制，如果延伸到与政府机制的对接，政府搭建顺应社会秩序的协调平台，是完全可能实现有序与志愿的协同的。

可以探讨的模式是：政府从资源统筹者的角色，转化为信息统筹者的角色。通过供需信息的汇总、公开、共享，在尊重捐赠者意向和各行动者选择权的前提下，形成资源配置协调、政府和社会力量的协力作用。

相比于资源统筹模式，信息统筹模式可以称为"知会"模式。它的运行原则是：第一，社会捐赠物资不需要被统一接收，但要将进入区划的物资信息"知会"统筹部门，在信息平台登记；第二，政府对于配置资源的计划，或需求方信息，也统筹登记，"知会"社会，并可以给出引导性意见；第三，社会力量依据法律法规，合乎组织宗旨，尊重捐赠人意愿，则可以自由行使选择权，并将在政府指引范围内的资源配置"认领"情况，反馈回统筹部门，同样在信息平台登记，同时，通过信息化技术手段，这些信息可以做到动态平衡。这样的信息平台，也不一定需要政府自己操作，可以交由社会机制或企业机制来实现。其中政府角色最重要的转变，应该是在观念上。

对于红十字会、慈善总会这样的组织，由于其本身运作机制非常靠近行政性，政府可以保留有更强的指导权。即便对于这些组织，政府的指导也是以方向原则为宜，而不是具体代替决策、将社会组织视为类似物流公司的执行者。总之，社会组织的独立决策权责明确，才有利于其运作的功能发挥和效果显现。

当志愿机制作为资源配置的主体，《慈善法》以及社会组织的管理条例、公开透明办法、行业自律、公众监督等社会监管机制，针对境外 NGO 活动的《境外非政府组织境内活动管理法》，才能发挥作用，贡献于资源配置的效率和最终效益。

总之，政府对社会力量参与的开放态度，更多利用信息"知会"而不是资源统筹方式，让财政资源和捐赠资源各自发挥自己的优势作用，在抗击疫情以及疫后更广泛的社会秩序恢复中，都是政府与志愿机制形成协力值得注意的方向。

重建社会：反思公共危机管理中的社会组织参与

周如南[*]

一 问题的提出

本次新冠肺炎疫情，是新中国成立以来在我国发生的传播速度最快、感染范围最广、防控难度最大的一次重大突发公共卫生事件。应对公共危机是国家治理的重要内容，是政府责无旁贷的公共事务，但这并不意味着危机日常管理和紧急应对只是政府的事情。在复杂性和不确定性越来越高的情况下，政府越来越需要和社会进行合作，整合资源，形成多元参与的危机管理体系（聂磊，2010）。网络化治理即为实现和增进公共利益，政府部门和非政府部门（私营部门、第三部门或公民个人）等众多公共行动主体彼此合作，在互相依存的环境中分享公共权力，共同管理公共事务的过程（陈振明，2003）。公共危机管理中社会组织力量为何参与，如何参与成为本文讨论的出发点。

二 谁在管理？"中央—地方"框架下的公共危机应对责任

治理过程中的央地关系张力是政治学经典命题，在本次疫情应对过程中也

* 周如南，中山大学传播与设计学院副教授，中山大学国家治理研究院研究员。

有所体现。对称性公共关系是国家治理体系与治理能力现代化的重要依托，而单一制国家央地关系中的非对称性则是国家治理中的一种常态。治理实践中，这种"强中央—弱地方"的国家结构存在一定的信息不对称、资源不对称、权责不对称等问题，以致增加中央与地方之间产生权能不符的风险（方雷，2020）。比较典型的事件，一是关于本次疫情起源、暴发和传播路径中央与地方不同层级、不同部门之间口径多维和混乱，导致公众接收大量冲突信息并引起负面舆情反应；二是武汉市新冠肺炎疫情防控指挥部发布的《关于加强进出武汉市车辆和人员管理的通告》（第 17 号）宣布武汉解禁 4 小时后，第 18 号文声明前系市指挥部下设的交通防控组未经指挥部研究和主要领导同志同意发布的并宣布该通告无效。

事实上，公共危机管理一般被视为"一个内在的集权性管理情境"（Uriel，et al.，1989）。集权式危机管理体制有助于迅速调动全社会的人力、物力、财力应对危机。分权体制则在提高下级公共部门反映和处理能力的同时，也容易导致危机管理过程中不同部门之间的冲突，从而引起上下级之间、地区之间、部门之间在危机管理权责划分、利益分歧和沟通方面的问题（聂磊，2010）。

本次疫情事件启发我们思考，第一，它更多呈现"中央集权"还是"地方分权"，还是在统治集中下的管理分散（同振超，2012）。第二，本次治理舆论争议更多聚焦在湖北和武汉等地方政府和基层政府。正如很多研究认为的，中国的中央政府享有很高的合法性，地方政府的合法性相对较低。这和美国情况刚好相反（苗伟山，2015）。第三，地方政府之间的治理竞争也应是本次公共危机治理的重要观察维度之一。媒体上呈现的对某些发达省市防疫举措的过度褒扬，如"抄作业浙江""硬核山东"，其背后蕴含着"为增长而竞争"的地方政绩锦标赛（周黎安，2007）和"县际竞争"（张五常，2012）逻辑。第四，必须看到无论集分，治理权力仍在不同层级和部门的政府间流动，而并未赋权社会（郑永年，2020）。从分权角度而言，不仅要处理好中央和地方的关系，还要处理好政府与市场、政府与社会的关系。

三 谁来参与？"国家—社会"框架下的 公共危机管理主体

社会组织为何参与公共危机管理？根植于新自由主义的新公共管理运动提

供了福利多元主义（welfare pluralism）与治理理论视角。

福利多元主义的核心是分权（decentralization）和参与（participation），这两个核心也被视为实现福利多元的具体途径（Johnson，1987）。从分权的层面上来说，在福利领域中央政府的部分职权下放到地方政府，或由社区、社会组织承担，改变以前由政府大包大揽的做法，强调社会福利和服务地方化、社区化。从参与的层面上来说，将政府的福利责任分散到市场、社区和社会组织中，使社会力量介入社会服务的提供。总的来说，福利多元主义可以帮助减轻政府负担，壮大社会力量，强化家庭角色，使社会培育出自助的精神而非过度依赖政府。

作为分析工具，治理理论则倾向于强调政治过程的复杂性和在国家与社会互动过程中行动者的多元性。代表性观点包括网络治理（network governance）（Rhodes，1996；Stoker，1998）和多中心治理理论（polycentric governance）（Ostrom & Ostrom，1973）。Powell 等（2005）将治理分为三种模式，即市场主导、政府主导、社会主导。他们明确指出社会参与已成为政府社会管理职能中的重要成分。宏观意义上，社会组织参与治理本质上是一种国家政治权力的再分配（Aronstein，1979）。

四　如何作为？"结构—行动"视野下的社会组织参与危机治理

公共危机管理在美国"9·11"事件后受到全球范围学界关注，2003 年"非典"事件后，危机管理研究成为国内研究热点，但相关研究更多关注操作和实务层面，探讨如何建立和完善应对突发事件的管理体制机制。2008 年汶川地震后，学界逐渐出现更多社会力量参与公共危机管理的讨论，如薛澜提出，"在服务政府和有限政府的理念下，积极培育社会组织，提高社会自治能力，建立政府应急管理的社会合作机制"（薛澜，2007）。

关于社会组织参与公共危机管理和社会治理的解释性框架主要依托法团主义和第三部门理论，背后仍然是关于"国家与社会"关系的思考。从历史视角看，中国社会组织发展到今天其实又走到了十字路口。如果以 1978 年以来经济体制从"计划"向"市场"转型过程中的"社会重建"为线索，当代社会组织发展经历了 20 世纪 90 年代自然之友等民间公益组织的兴起、1995 年北京世妇会举办带来非政府组织（NGO）概念的流行、2008 年汶川地震民间组织协作救援、2016 年《慈善法》出台等标志性事件，社会组织参与社会治理也逐渐从官办机构为主、计划管控主导转向法律制度框架逐步完善、社会组织相对快速发展并发挥积极作用。本次疫情应对过程中，中央明确鼓励社会组织在疫情防控中发挥积极作用。我们也看到很多社会组织的身影，它们不局限于捐赠，还结合自身优势，通过整合资源，在医疗物资援助、数据统计、基层社区志愿服务等领域有所作为。

但是，社会组织参与公共危机管理路径仍然充满不确定性，本质在于社会未被充分赋权，从而建构更加具有活力的国家与社会关系。具体而言，其面临的主要问题有：一是"官办"社会组织垄断慈善权力和资源，如何减少政府行政干预，增强自身社会属性性、非营利性以及相对独立性和资源性问题，本次疫情应对过程中武汉红十字会带来的巨大舆情再次印证官办机构改革的紧迫性；二是"草根"社会组织如何更好处理与政府、市场、资助合作方关系，取得更强合法性同时增强其专业性、可持续性的问题，本次疫情应对过程中，社会组织呈现多元合作形态，一种是点对点式合作，即直接对接志愿行动或捐赠款物到疫情相关社区和机构，一种是横向网络合作，如社会组织抗击新冠肺炎疫情协作网络（CNC – COVID19）；三是国际社会组织如何在疫情蔓延全球化语境下参与中国疫情应对，如我们看到比尔·盖茨发布年度公开信，盖茨基金会将为武汉疫情捐赠 1 亿美元。

当然，我们还可以从更微观的层面来理解社会组织的行动逻辑，以及这种行动对社会结构的形塑过程。第一，社会组织参与疫情应对体现出怎样的一个参与过程？这个过程背后有什么样的行动逻辑？第二，疫情应对活动中的社会组织之间，政府、市场与社会组织之间的合作是如何发生的？是什么使这种合作成为可能？第三，疫情应对活动所体现的社会组织参与和合作是否体现出了可持续性？这种可持续性是否可以超越危机应对而在日常社会治理中进一步发挥其力量？

结　语

在中国社会转型语境下，社会组织参与公共危机管理还应置于国际比较视野中进行审视。如果说西方社会组织参与公共危机管理和公共治理的主要任务是回应"政府失灵"和"市场失灵",其前提是"福利国家"与"自由市场"的存在或过剩,而中国问题也许在于"福利国家还不够,自由市场也不够"(秦晖,2003)。

40多年的改革开放虽然造就了一定规模的财富,但在实际社会层面,仍然有巨大的问题亟须处理。过去的全能国家模式导致的庞大的国家权力仍未释放,市场和社会都还处于一种不成熟的情况中。在社会力量被排挤在政治过程之外时,众人就仅仅是被政府和市场管治的对象。也就是说,一个把社会力量排挤在政治之外的组织是没有任何向社会负责的内在机制的(郑永年,2008)。当前最应担心的一个可能是,在疫情防控中运用的"举国体制"不仅被当作应急策略和手段,而且被当作有效的治理方式被"常规化"(孙立平等,2010)。面向未来,仍要呼吁必须通过重建社会,形成政府、市场和社会互相配合的治理结构,这才是讨论社会组织参与公共危机治理的更深刻意义。

参考文献

陈振明(2003):《公共管理学:一种不同于传统行政学的研究路径》,北京:中国人民大学出版社。

方雷(2020):《非对称关系下的疫情应对与治理现代化》,《人民论坛(国家治理周刊)》,第5~6期,载"人民论坛网",http://www.rmlt.com.cn/2020/0217/569250.shtml,最后访问时间:2020年3月3日。

林尚立、王华(2006):《创造治理:民间组织与公共服务型政府》,《学术月刊》,第5期。

聂磊(2010):《危机管理中的社会组织研究》,北京:知识产权出版社。

秦晖(2003):《传统十论:本工社会的制度、文化及其变革》,上海:复旦大学出版社。

薛澜(2007):《从更基础的层面推动应急管理——将应急管理体系融入和谐的公共治理框架》,《中国应急管理》,第2期。

张五常(2012):《中国的经济制度》,北京:中信出版社。

郑永年(2008):《跳出"自我击败"的治理模式》,《小康》,第2期。

郑永年(2020):《冠病引发的集权和分权之争》,《联合早报》2月25日。

周黎安(2007):《中国地方官员的晋升锦标赛模式研究》,《经济研究》,第7期。

周振超(2012):《统治集中下的管理分散:对集权与分权之争的一个解答》,《理

重建社会:反思公共危机管理中的社会组织参与

论探讨》，第 3 期。

苗伟山（2015）：《新媒体与网络群体性事件：访哈佛大学燕京学社社长裴宜理教授》，《学术交流》，第 3 期。

孙立平等（2010）：《走向社会重建之路》，《战略与管理》（9/10 合编本）。

〔美〕埃莉诺·奥斯特罗姆（2000）：《公共事物的治理之道——集体行动制度的演进》，余逊达等译，上海三联书店。

〔美〕格伦·布鲁姆等（2002）：《有效的公共关系》，明安香译，华夏出版社。

Johnson, N. (1987), *The Welfare State in Transition: The Theory and Practice of Welfare Pluralism*, Amherst: The University of Massachusetts Press.

Rhodes, R. A. W. (1996), "The New Governance: Governing without Government", *Political Studies* XLIV, pp. 652 – 667.

Stoker, G. (1998), "Governance as Theory: Five Propositions", *International Social Science Journal* 50, pp. 17 – 28.

Uriel, Rosenthal, et al., eds. (1989), *Coping with Crises: The Management of Disasters, Riots and Terrorism*, Springfield: Charles Thomas.

Aronstein, S. R. (1979), "A Ladder of Citizen Participation", *Journal of the American Institute of Planners* 35 (4), pp. 216 – 224.

Powell, W. & Grodal, S. (2005), "Networks of Innovation", in M. D. Fagerberg & R. Nelson, eds., *The Oxford Handbook of Innovation*, Oxford: Oxford University Press.

新冠肺炎疫情中慈善募捐
"合法性"的冷观察

马剑银[*]

此次新冠肺炎（COVID‒19）[①] 疫情已然持续将近 3 个月，从武汉到全国，从中国到世界。"新冠疫情"的全球化使得贝克所谓的"世界风险社会"成为活生生的现实（贝克，2004）。此次新冠肺炎疫情反映出我国应急管理与突发事件法治的短板之处，这种短板体现在多个方面，其中有关慈善募捐行为的"合法性"问题也多次出现于公共舆论危机之中。

疫情甫一开始，湖北省与武汉市就指定了 5 家机构作为接收社会捐赠款物的专门机构，民政部也发公告为此举措背书，同时确定了湖北与武汉两个新冠肺炎疫情防控指挥部的"统一调配使用"原则。对于这一"社会捐赠的归集政策"（金锦萍，2020），学界认知不一，有的学者认为这是应急状态下社会捐赠事务的垄断，也有学者认为这实际是政府接受社会捐赠。之后，无论是湖北的红十字会体系还是慈善总会体系，都在社会捐赠款物的接收、调配与发放的过程中出现了纰漏，整个抗击疫情款物流转系统运转既不高效，也不流畅，引发了公众质疑，从而出现了严重的公共舆论危机。另外，民间社会力量却冲破这

---

[*] 马剑银，北京师范大学法学院副教授，公益慈善与非营利法治研究中心主任，本刊副主编。

[①] "新冠肺炎疫情"的复杂，也可以从其命名的争议中观察之，参见《WHCV、2019‒nCoV、SARS‒CoV‒2，新冠病毒的英文名为何一变再变？｜疫情防控科普》，"第一财经广播"头条号，https://cj.sina.com.cn/articles/view/1899155404/7132cfcc01900n6xd? from = finance，最后访问时间：2020 年 3 月 6 日。本文将之简称为"新冠疫情"。

种"归集政策"的限制，以各种形式对湖北和武汉的一线医护人员和民众进行援助与救济。

笔者也曾以接受媒体采访的方式，对这一现象进行了评论，反思此次新冠疫情中社会捐赠款物的接收与分配机制失灵的主要原因有三：一是政府部门依赖少数官办慈善组织而忽略这些组织的保守思维惯性；二是疫情防控指挥部与受指定官办慈善组织分工不明导致系统运作失灵；三是受指定官办慈善组织自身的能力建设不足。[①] 而与常态社会治理和日常法治一样，动员、连接与整合各种高效的社会资源和社会力量是改善社会捐赠供需机制，形成突发事件中"共建共治共享"的社会治理格局的重要条件。

随着改革开放战略的启动，中国进行了以市场经济建设为中心的"重建社会"运动，民间社会力量开始作为一种可辨识的事物茁壮成长，虽然由于国情与社会语境，这种力量的展开总是与官方力量纠缠不清，社会组织如此，公益慈善亦是如此。在重大自然灾害、事故灾害与公共卫生事件中寻求社会捐赠，是现代世界各国的普遍做法。但就 1949 年后的中国而言，直到 20 世纪 70 年代末才与此观念接轨。中国 1980 年首次向国际社会求援，不过声明必须通过联合国救灾署中转，而且救灾范围也有限制；真正开始接受来自国际社会的民间组织和个人捐赠是在 1987 年大兴安岭火灾之后（韩颖，2010）。20 世纪 90 年代之后，中国每次有重大灾害，都会接受海外援助，尤其是海外华侨华人的捐赠。很多地方出台了有关华侨捐赠的地方性立法，就连 1999 年《公益事业捐赠法》在立法说明中也直接点名该法的立法目的中很重要的一点就是针对海外捐赠尤其是华侨捐赠，而且该法的起草是全国人大常委会法制工作委员会会同华侨委员会进行的。[②]

救灾慈善是我国改革开放以来慈善事业发展的重要组成部分，可以说几乎每一次重大灾害的发生，都会引发国内外社会的捐赠热潮。在某种意义上救灾慈善形塑了我国当代慈善制度的基本架构。20 世纪 80～90 年代，从海外捐赠到

---

① 参见《马剑银：突发事件中如何建立一个高效通畅的捐赠款物流转系统》，"凤凰网财经"大风号，http://ishare.ifeng.com/c/s/v002EyX07zgc29i85h－－SaMLfjG85YD3iAkdBTzinVpQL6dk__，最后访问时间：2020 年 3 月 6 日。

② 参见《关于〈中华人民共和国公益事业捐赠法（草案）〉的说明——1999 年 4 月 26 日在第九届全国人民代表大会常务委员会第九次会议上》（全国人大常委会法制工作委员会副主任张春生）。

国内慈善，"慈善"这一概念正式正名（孙月沐，1994），作为专业慈善机构的慈善会系统开始出现，纯民间发起的社会组织也正式出现，① 1995 年第四次世界妇女大会在北京召开，又为中国带来了政策与法律倡导、公民参与、非政府组织（NGO）等话语，民间公益慈善的理念开始重新进入中国人的心中。

但在主流话语中，慈善虽然基于民间，但从来不是独立的存在，慈善甚至被纳入"社会保障"的序列，作为一种"补充保障"（郑功成，2005；周沛等，2010）。2006 年 10 月，中共十六届六中全会通过《关于构建社会主义和谐社会若干重大问题的决定》，其中将慈善事业作为社会保障制度的子项，与社会保险、社会救助和社会福利并称，用以"保障群众基本生活"。这种观念不仅引起对慈善的民间性、独立性认知的争议，而且与当时逐渐传播的以更为广泛的公益领域为目标价值的现代慈善理念存在落差，2016 年《慈善法》中就留存多处有关这种争议的痕迹（马剑银，2016）。

当代中国慈善法制建构过程中，基于救灾慈善的"捐赠"与"募捐"话语成为很重要的组成部分，但是"募捐"概念争议很大。该词在当代中国的政策文本中最初与福利彩票发行有关，往往表述为"社会福利有奖募捐"②，后来出现了"社会福利性募捐""救灾募捐"等措辞③，《公益事业捐赠法》立法过程中曾想专章规定，后来因为争议过大而删除，这也给我国现实中募捐行为的法律规制留下了隐患，虽然 2008 年汶川地震之后才有以地方性立法形式出现的规范募捐行为的专门法律文本，但 2016 年《慈善法》施行之前全国层面一直没有对募捐进行专门规范。2008 年民政部的《救灾捐赠管理办法》（民政部令第 35 号）是规范相关行为的专门文本，但是该办法中规定的"救灾募捐主体"是"在县级以上人民政府民政部门登记的具有救灾宗旨的公募基金会"，且又规定了"救灾捐赠受赠人"，"县级以上人民政府民政部门及其委托的社会捐助接收机构"名列其中。该办法中还出现了"组织捐赠"的概念，县级以上人民政府民政部门以及相关部门均可以组织实施。"组织捐赠" + "接收捐赠"，构成了事实上的募捐行为，而且各级民政部门还成立了"救灾捐赠管理中心"之类的

---

① 1994 年中国文化书院绿色文化分院，正式注册成立，这是中国第一家由民间发起的正式登记注册的民间环保组织，也就是后来的"自然之友"。

② 例如 1987 年成立的"中国社会福利有奖募捐委员会"，就是彩票经营、管理机构。

③ 例如 1994 年《社会福利性募捐义演管理暂行办法》（民政部令〔1994〕第 2 号），1998 年《民政部关于救灾募捐义演等有关问题的通知》（民办发〔1998〕9 号）等。

专门机构，这些机构经常开展事实上的政府募捐活动。

虽然《公益事业捐赠法》规定可以"接受捐赠"的主体范围包括政府，《慈善法》规定政府"应当建立协调机制……引导开展募捐和救助活动"，但是并未赋予政府进行募捐的法定权力，而现实中各级政府部门又可以组织捐赠/募捐活动以及接受捐赠，因此具有事实上的募捐权限。2008 年汶川地震时就因为社会捐赠的款物大部分进入了政府财政账户引发了公众质疑，此次疫情防控中也因为湖北省慈善总会将社会捐赠资金直接给了指挥部的财政账户，政府在社会捐赠中的角色与定位模糊，再加上这些年来以红十字会系统为代表的官办公益慈善机构的公众信任危机（马剑银，2012），湖北省和武汉市的疫情防控指挥部和受指定接收社会捐赠款物的机构在疫情募捐的合法性问题上就受到了质疑，这种以"社会捐赠的归集政策"为表现，限制其他力量参与疫情防控的做法，成为本次新冠肺炎疫情防控中最大的舆情危机之一。

有关慈善募捐身份合法性的问题还有另一个侧面，就是本次疫情防控中，有很多机构与个人绕过指定接收社会捐赠的机构，规避"归集政策"，进行募捐与捐赠活动。一方面，作为一线防疫机构的各家医院自行发布物资需求信息，另一方面，海内外以明星粉丝团、高校学生与校友会团体以及海外华侨与留学生群体为代表的组织和个人，开展相关的募捐与捐赠活动，甚至直接与防疫定点医院和医生联系，产生了很大的社会反响。这与指定接收社会捐赠款物的官方运转体系的低效形成了鲜明的对比，也为之后民政部对社会捐赠归集政策的反思与修改提供了事实基础。① 但是按照目前的慈善法律与政策，我国的公开募捐制度实行严格的许可制，无论是 2004 年《基金会管理条例》直接区分公募基金会和非公募基金会，还是 2016 年《慈善法》为所有"依法登记满二年的慈善组织"打开了公募许可之门，要进行公开募捐行为，必须具有公开募捐资格，此外还为不具有公募资格的组织与个人提供了合作募捐的制度空间，然而，

---

① 2020 年 2 月之后，民政部多次发布公告、通知，修正、改善一开始的社会捐赠归集政策，例如 2020 年 2 月 7 日，民政部下发《关于在新型冠状病毒感染肺炎疫情防控工作中进一步加强慈善捐赠款物管理使用的通知》，慈善司负责人还以"答记者问"的方式解释了有关政策改善的过程，2020 年 2 月 14 日发布《慈善组织、红十字会依法规范开展疫情防控慈善募捐等活动指引》；财税部门也发布通知将这些直接捐赠行为纳入税收优惠政策的范围以确认合法性，见《关于支持新型冠状病毒感染的肺炎疫情防控有关捐赠税收政策的公告》（财政部、税务总局公告 2020 年第 9 号）。

此次疫情中出现的防疫一线医院向社会直接公开募集物资，明星粉丝团、校友会组织等不具有公募资格的组织，甚至不具有法人身份的非正式组织以及个体为新冠肺炎疫情公开募集资源是否为"非法募捐"，是否要依据《慈善法》等法律法规的规定进行行政处罚，这些已经非常现实地摆在我们的执法机关面前。

因此，现行制度对于慈善募捐规范思路有些混乱，在募捐许可制度之外，同样不具有募捐资格的政府和其他主体，采取了完全不同的规范思路，不利于慈善法治和慈善治理的现代化。此外，这几年还存在慈善募捐、社区互助和个人求助之间复杂关系的纠葛，有关后两者是否应该在慈善法意义上进行规制也颇有争议。

从民政部门目前的政策与行政举措来看，对于社会力量参与疫情防控、进行社会捐赠行为是鼓励且宽容的，但这并不意味着一切都是依法行政。因为《慈善法》的相关规定过于原则抽象，又缺乏慈善募捐专门而具体的规定，有关慈善募捐的合法性问题会越来越多。据笔者所知，因为部门职责的调整，民政部的救灾职能已经转移给应急管理部，而这些年来民政部门也逐渐意识到政府募捐行为存在合法性瑕疵，逐渐在减少甚至停止相关的政府募捐行为，《救灾捐赠管理办法》也已然完全不适应社会发展的需要。随着以"慈善"概念为核心的《慈善法》逐渐替代以捐赠概念为核心的《公益事业捐赠法》，作为《慈善法》的重要配套制度，有关慈善募捐专门且具体的中央立法已经迫在眉睫。

因此，笔者建议，有关部门应该趁此新冠肺炎疫情中因为广泛的社会力量参与而出现慈善募捐新情况和新观念，适时反思与整理《公益事业捐赠法》立法过程中因删除募捐专章留下的制度空白和制度缺陷，完善《慈善法》确立的慈善募捐制度，制定"慈善募捐（管理）条例"，推进慈善法治与慈善治理的现代化。

参考文献

〔德〕乌尔里希·贝克（2004）：《世界风险社会》，吴英姿、孙淑敏译，南京：南京大学出版社。

韩颖（2010）：《1978年以来中国接受国际救灾援助述论》，《理论学刊》，第4期。

金锦萍（2020）：《如何解读民政部的社会捐赠归集政策?》，载"北京大学社会法学"微信公众号，2月5日。

马剑银（2012）：《破解中国公益组织的治理困境》，《2011年中国社会组织理论研究文集》，北京：中国社会出版社。

——（2016）：《中国慈善法立法观察》，载杨团主编《中国慈善发展报告（2016）》，北京：社会科学文献出版社。

孙月沐（1994）：《为慈善正名》，《人民日报》2月24日，第4版。

郑功成主编（2005）：《社会保障概论》，上海：复旦大学出版社。

周沛等主编（2010）：《社会保障概论》，武汉：武汉大学出版社。

社区韧性：基层治理体系与能力现代化的新命题

蓝煜昕 *

　　新冠肺炎疫情发生以来，基层社区在疫情防控中的表现引发关注，武汉百步亭社区是其中一例。百步亭先是因为"万家宴"而成为武汉市地方政府隐瞒疫情、反应迟钝的例证，随后又在社区排查阶段因有居民在网上爆出社区疫情信息不透明和救治不力而被推上风口浪尖。一时间，这个多年来荣誉加身的全国知名社区建设示范点、基层治理创新样板似乎成为当地假大空的代表，甚至有人挖出背后的房企百步亭集团，质疑社区被民营企业收编。

　　平心而论，百步亭在挖掘社区能人、培育居民志愿精神、营造社区归属感等方面的成就不可被抹杀。笔者曾两赴百步亭调研，彼时的社区社会组织活力和居民认同感都给笔者留下了深刻印象，一个缺乏凝聚力的社区也很难组织起来"万家宴"。而那种社区容不得企业涉足的论调更是误导性极强，正如有人看到公立医院在疫情防控中挑大梁就否定民营医院一样，这种论调不区分应急状态下的治理与常态治理，极有可能压制地产企业参与社区发展与治理的创新空间。在笔者看来，百步亭社区带来的真正疑问在于，一个在常态下看似组织活跃、守望相助、治理有序的社区，为什么在受重大疫情冲击的时候，其社区组织体系就不发挥作用、社区治理就失效了。尽管对百步亭的情况了解还不充

---

　* 蓝煜昕，清华大学公共管理学院助理教授，清华大学公益慈善研究院院长助理，本刊执行主编。

分，判断不一定准确，但并不妨碍我们进一步反思：什么样的社区治理体系才更能在常态与非常态间经受冲击，快速适应环境变化？在基层治理体系与能力现代化的过程中，或在对社区治理创新进行评判的时候，我们是不是缺少了一种非常态思维？由此指向社区治理中的韧性命题。

事实上，城市规划与管理领域已有很多关于城市韧性或社区韧性的探讨和实践，并主要将其界定为城市或社区系统缓冲和应对自然灾害等不确定性冲击，实现公共安全、社会秩序和经济建设等正常运行的能力和过程。原本发端于物理学和机械工程学的韧性（resilience）概念在 20 世纪 70 年代以后成为生态学的重要概念，随后又被引入心理学和管理学领域。规划管理领域对社区韧性的探讨主要出于防灾减灾的考虑，美、英等国成立了相关的专门研究机构和学术团体，并研发了一系列韧性城市或韧性社区的评估指标体系。甚至，社区韧性在一些国家已经被提升到国家战略高度，例如美国最早由布什政府于 2007 年在国土安全总统令（Homeland Security Presidential Directive 21）中提出建设社区韧性，将社区韧性与生物监控、对策分配和大规模伤亡救治相并列作为公共卫生和医疗准备关键组成部分；奥巴马政府进一步将社区韧性纳入白宫的国家安全战略和国家灾难恢复框架中。与之相关的是，"建设包容、安全、有抵御灾害能力和可持续的城市和人类住区"也被列为联合国可持续发展目标（SDG）的 17 大目标之一。然而社区韧性理念在国内的发展主要限于城市规划学科，尚未进入公共管理的主流视野，更少为社会组织和社会治理领域的学者所熟知；同时已有讨论也主要是从防灾减灾的视角进入，偏重空间、物理和管理过程方面的考虑，虽有涉及治理结构和制度安排，但并非从治理体系与治理能力现代化的角度来关注治理体系、制度在非常态下的适应性问题。

本文由此呼吁关注社区韧性以及韧性视角下的基层治理体系与能力现代化命题，并指出韧性视角下的四方面初步启示。

一是区分常态治理与非常态治理。我们处在一个 VUCA（易变、不确定、复杂、模糊性）时代，唯有变化才是永恒，唯有适者才能生存。社区生活的场域相对稳定，但也可能随时面临自然灾害、重大事故、社会稳定风险、重大政策变迁等情景的冲击。区分常态治理和非常态治理有助于针对非常态下社区治理的有效性提前做出准备，也为常态下的基层社会治理体系及其创新的模式选择提供一个非常重要的评估维度。同时，区分常态与非常态有助于建立权变的制度观。基层治理体系或制度的韧性可以有稳定力、恢复力、适应力三种不同的理解，稳定力强调非常态下的治理体系与常态下保持一致，恢复力强调非常态下的治理体系发生变化后尽快恢复常态，适应力则强调治理体系发生适应性变化。对韧性和变与不变的思考，有助于理解社区治理体系中哪些要素需要保持稳定，哪些要素可以随情景而不断调整，从而正视社区治理体制的变迁和新常态。

二是理解科层治理与多中心治理的张力与互补关系。韧性视角有助于对基层治理中的科层制和党建引领等制度实践进行反思。此次疫情中，自上而下的社会动员、干部下沉和对口支援等一系列机制在社区防疫中发挥了关键作用，彰显了举国体制在统筹和执行层面的制度优势。但自上而下科层治理的有效性建立在情况相对明朗和理性判断的基础之上，疫区基层在初期的混乱恰恰受累于科层治理体系的强势和多中心治理体系的缺失。在社区两委层面，非常态下的强势科层治理造成两类情形：在缺少上级定调和指令的时候观望，反应不够迅速；在上级指令密集的时候工作过载、疲于应付，无暇顾及其他事务。总体来说，科层安排长于协调，有利于重大冲击后期的恢复与协调；多中心体系长于敏捷，更有利于缓冲初期的不确定性冲击。回头来看百步亭案例，虽然常态下的社区组织数量多、很活跃，但很有可能以社区两委动员、指导为主，并未形成真正有力的自组织和多中心秩序。事后关于百步亭的新闻报道也提到业委会和居委会双重缺位，社区楼栋长、志愿者以高风险老年人为主、无法补位等情况。社区两委在疲于应付上级指令的情况下，根本无暇顾及指导社区的自救。如何在加强党建引领的前提下通过充分授权、赋能来激发社区自组织所蕴含的韧性，从而整合科层治理与多中心治理各自的优势，这是基层社会治理体系与治理能力现代化面临的一个重要张力和挑战。

三是理解社区社会资本与社区领导力缺一不可。自帕特南以来，诸多学者强调了社区社会资本对于促进建立公民自组织和提高治理绩效的重要价值，在一些关于社区韧性的评估指标中，社区居民之间的社会关系与信任也是重要指标。然而社区社会资本是否天然就可以转化为社区自组织行动？百步亭的案例似乎告诉我们，在不确定性环境和风险面前，常态下红红火火的社区文化生活所构筑的社会资本仍然不够，社区系统的自组织响应还需要某种社区领导力来触发。这种领导力的内涵包括对形势的判断和决策能力、责任感、合法性、对风险和组织成本的承受力等。在社区两委无暇顾及的情境下，这类社区领导力最可能来自什么样的组织载体？从疫区社区自救相关的新闻报道来看，主要是业主委员会在发挥作用，而兴趣类、服务类社区组织虽然对社区社会资本积累有很重要的作用，但在自组织的合法性及领导力方面则有所缺陷。由此，常态下社区居委会与业委会之间的互信和协同对于非常态下的社区韧性具有重要意义。

四是理解社区治理体系与治理能力的关系。如果治理体系主要强调社区主体之间的权责关系与体制安排，治理能力则更强调治理的过程、机制与手段。社区韧性不仅蕴含在社区治理体系本身的结构中，还有赖于专门应对外部冲击的过程、机制安排，包括常态下的准备（preparedness）、常态治理与非常态治理之间进行转换的触发、冲击初期的缓冲和吸收、非常态治理向常态治理的恢复、新常态的适应性变迁等。群众基础再好的社区，若缺少专项的应急机制和能力，治理体系很可能在一开始就遭到高强度冲击，一旦达到体系崩溃的临界点，就很难具备自行恢复的条件了，此时的恢复只能依靠外部治理力量的支援。

以上为疫情启发下对社区治理体系韧性问题的初步探讨，望能为未来基层治理体系与治理能力现代化提供一个非常态思维的认知视角。

规范应急志愿者管理，促进应急志愿服务发展

毛立红*

在 2008 年汶川地震应急救援中志愿者发挥了突出作用，迄今十余年来我国应急志愿服务发展迅速，已逐渐成为应急救援体系的一支重要力量。近期，新冠肺炎疫情从武汉扩散并向全国蔓延，从城市到乡村，从医院到社区，从街头到巷尾，除了医护人员、公安干警、社区干部等奋战在一线的抗疫勇士，还有大量无私奉献的志愿者默默参与其中。观察此次新冠肺炎疫情防控工作，虽各条战线积极有序组织志愿者参与，但在一些地方仍存在志愿者界定范围偏狭、志愿者管理规范性不强、志愿者权益保障不力、志愿者激励措施亟待改善以及统筹协调力度不够等问题。反思应急志愿者管理的这些短板和不足，对完善应急志愿服务体系，促进志愿服务事业持久深入发展，推进社会治理能力现代化具有重要的现实意义。下面笔者着重从五个方面来分析此次疫情防控志愿者管理中存在的问题，并提出一些想法和建议。

一　合理界定应急志愿者的范围

志愿者是基于非法定义务，不以获取报酬为目的，自愿帮助他人、奉献社

---

* 毛立红，河南大学哲学与公共管理学院副教授。

会的人。在此次疫情防控中，由于种种原因，不少志愿服务参与者虽自愿无偿提供防疫服务，但并没有注册登记，被纳入志愿者管理系统。例如，一些省区市援鄂医护人员积极响应政府号召，不计报酬，无惧牺牲，自愿应征驰援湖北，充分体现了无私奉献的志愿服务精神。虽然湖北省给予一线应急医护人员6000元补助，援鄂医护人员所在单位可能也会有一些津贴①，但就其经济价值而言，这些补助远远不及援鄂医护人员付出的劳动价值。因此，一线医护人员被归为志愿者，当之无愧！遗憾的是，一些地方志愿服务协调机构并没有将他们注册为志愿者来管理。此外，因社区和乡村干部缺乏志愿者管理经验，广大农村地区和一些城市社区自主招募人员无偿参与防疫工作，也未将这些防疫人员列入志愿者来管理。由于没有按注册志愿者来招募和管理，虽从事志愿服务，但这些志愿者本身缺乏志愿者身份认同，更谈不上志愿者权益维护问题，也不利于志愿服务理念的传播。

因此，为了强化志愿者的身份认同和荣誉感，保障志愿者合法权益，弘扬志愿服务精神，健全公共卫生应急志愿服务体系，各级志愿服务协调机构应明确志愿者的范围，引导他们自行在志愿服务信息系统注册，或通过志愿服务组织进行注册。

二 规范应急志愿者管理

由于缺乏应急志愿服务相关预案，一些地方在疫情防控中对志愿者管理缺乏有效的统筹协调，导致防疫志愿者，尤其是大量未注册的社区防疫志愿者管理的规范性不强，为志愿者权益保障留下巨大隐患。

首先，由于防疫事态紧急，基层社区应急志愿者普遍缺乏充分有效的岗前培训，致使部分志愿者在工作中角色定位不清，甚至有悖志愿者伦理的情形时有发生。例如，从职责上来看，普通志愿者不具有执法主体资格，在执法岗位仅能从事辅助性工作；从志愿服务伦理来说，志愿服务中志愿者应当尊重服务

---

① 《湖北副省长：一线应急处置医护人员按照6000元/人标准发放一次性慰问补助》，"北京商报"百家号，https://baijiahao.baidu.com/s? id = 1657369110253496626&wfr = spider&for = pc，最后访问时间：2020 年 3 月 12 日。

对象人格尊严。但最近自媒体上出现了身戴志愿者袖章的防疫人员辱骂、殴打不戴口罩居民的视频①，造成不良社会影响，严重玷污了志愿者形象。

其次，不少地方志愿服务条例规定应急志愿服务或高风险志愿服务项目在招募志愿者时，志愿服务组织应当与志愿者签订志愿服务协议。例如《湖北省志愿服务条例》第二十一条明确规定，志愿服务组织安排志愿者参加有较高人身安全风险的志愿服务活动，应当签订书面志愿服务协议。调查了解到，基层社区在招募防疫志愿者时，绝大多数未签订志愿服务协议。志愿服务过程中志愿者和志愿服务运用单位一旦出现法律纠纷，如果再缺乏考勤记录等管理程序，未经志愿服务组织正规招募的志愿者很难证明其志愿者身份，以及与志愿服务运用单位的志愿服务法律关系，使得志愿者权益处于"裸奔"状态。从长远来看，这将影响志愿服务事业的健康持续发展。此外，网络调查还发现不少防疫志愿者属社区自主招募，居委会和村委会往往忽视了志愿者的考勤管理，更谈不上志愿服务活动的记录，这就意味着志愿者以后无法享有开具相关志愿服务证明以及参与表彰奖励等法定权利。

针对上述志愿者管理不规范问题，在以后的应急志愿者管理工作中，志愿服务协调机构应当在志愿者的招募与注册、岗前培训、签订志愿服务协议以及服务记录等志愿者管理环节发挥统筹规划作用，督导志愿服务组织落实好志愿者管理工作。

三 强化应急志愿者权益保障

自疫情暴发以来，实践证明新型冠状病毒传染性极强。大多数防疫志愿服务岗位面临着感染病毒的风险，因此，在防疫志愿者管理中应更加注重志愿者权益保障，以保护志愿者的参与热情。通过网络调查和志愿者访谈了解到，不少地方志愿服务协调机构对应急志愿者权益保障没有明确要求，社区在招募应急志愿者时没有购买人身伤害意外保险。有鉴于此，首先，志愿服务组织应为志愿者购买足额意外伤害保险。《志愿服务条例》第十七条明确规定："志愿服

---

① 原视频已被删除，但网上依然有痕迹，例如参见《1 家 3 口在家打麻将遭红袖章打砸胡锡进：极其恶劣》，凯迪网，http://m. kdnet. net/share - 13600114. html，最后访问时间：2020 年 3 月 12 日。

务组织安排志愿者参与可能发生人身危险的志愿服务活动前，应当为志愿者购买相应的人身意外伤害保险。"志愿者非基于法定职责，自愿无偿从事疫情防控工作，与履行法定职责的岗位相比，其奉献精神尤为可贵，也更应该受到政府和社会的肯定与褒扬。因此，志愿服务组织应当为志愿者依法购买人身意外伤害保险，且保险金额不得低于机关工作人员因公伤亡的抚恤金标准；未购买人身意外伤害保险的，若不幸出现志愿者伤亡情况，志愿服务组织应负责为其提供同岗位机关工作人员因公伤亡标准的抚恤金。考虑到不少地方尚未建立志愿服务基金会，且志愿服务经费不足，建议可以从防疫社会捐赠中划拨专项资金，或者引导捐赠者定向捐赠志愿者权益保障用途。

其次，在安全防护方面，志愿服务运用单位应为志愿者提供安全防护措施，志愿者若不幸感染新冠病毒，在医疗资源紧缺的情况下，同等条件下应考虑优先收治。此外，视工作需要，志愿服务组织也可以给予志愿者适当的补贴。

在发展应急志愿服务体系的过程中，唯有充分保障应急志愿者的合法权益，解决其后顾之忧，才能避免志愿者流汗流血又流泪的现象发生，才能激发社会大众投身志愿服务的热情，这也是促进应急志愿服务体系发展的长远之策。

四 完善应急志愿服务促进措施

与普通志愿服务项目不同，应急志愿服务往往需要志愿者数量多，且岗位风险性高，为了激励社会大众参与应急志愿服务，各级各地志愿服务协调机构除积极督导落实国务院及各省市志愿服务条例规定的志愿服务促进措施外，各地还可以根据实际情况考虑推出其他促进措施。

就新冠肺炎疫情防控志愿服务而言，首先，建议疫情过后各省市应隆重表彰疫情防控中涌现的优秀志愿者，为一线医护人员等优秀应急志愿者颁发特殊纪念奖章和荣誉卡。同时，以此为契机，通过建设志愿者广场或公共雕塑等形式，纪念那些舍生忘死的志愿者英模，讲好优秀志愿者故事，弘扬志愿服务精神。

其次，还可考虑借鉴"台湾志愿服务法"的做法，志愿者凭志愿服务荣誉卡可以免费进入公立景区、未编定座次之康乐场所及使用文教设施。可喜的是，目前湖北等省份的一些景区已经推出针对防疫医护人员免费开放的优惠措施。其实，优惠对象范围还可以更广些，惠及其他防疫岗位的优秀志愿者。

另外，我们也要注意到一些地方可能会出现的志愿者不当激励的倾向。例如，为表彰新冠肺炎疫情防控一线医务人员，最近一些省市先后出台了疫情防控一线医护人员的子女择优选校、中招考试加分等优惠政策，[①] 引起社会舆论关于教育公平性的质疑。个人认为，对优秀志愿者的表彰应以荣誉激励为主且仅限于本人，如给予荣誉称号、评优评先给予政策倾斜等，激励政策不宜惠及子女。原因在于，教育公平是最大的社会公平，一线医护人员子女择校和加分等优惠政策，对其他学生则是一种教育机会的不公平；此外，这也有悖行政奖励的平等性原则，一线医护人员有子女参加中招考试的可以享受政策优惠，子女没有参加中招考试的医护人员则无法享受政策优惠。

五　健全应急志愿服务预案

《志愿服务条例》为完善志愿服务协调体制和组织机制提供了有力的法制保障，从这次疫情防控志愿服务情况来看，各级各地突发事件应急预案中还缺乏志愿服务的相关预案。例如，《湖北省突发公共事件总体应急预案》在"人力保障"中仅有动员志愿者参与应急救援工作的寥寥数语，至于如何组织动员志愿者则缺乏明确要求，地方志愿服务协调机构也没有相关专项预案。通过网络调查和志愿者管理部门负责人访谈，笔者了解到不少地方在此次防疫应急志愿者的招募、注册、培训、权益保障等管理环节缺乏明确要求，防疫实践中各地各行其是：有些地方志愿服务协调机构统一组织志愿者招募，志愿者管理工作相对比较规范；不少地方应急志愿服务没有统一要求，基层社区根据需要自行招募应急志愿者，志愿者管理规范性较弱，甚至处于失范状态。

为此建议各地志愿服务协调机构依据《志愿服务条例》以及国家和地方各级突发事件应急预案，编制应急志愿服务专项预案，具体内容应包括：其一，强调志愿服务协调机构在应急志愿者招募、培训、督导、权益保障等方面的作用，实现应急志愿者管理有章可循，有序推进应急志愿服务工作；其二，强化应急志愿者的日常培训与演练，预案应设置标准化的应急知识培训内容和演练方案，并将传染病防控等应急基础知识纳入志愿者培训内容。

---

① 《多地给一线医护人员子女中考加分！你怎么看?》，"家长帮"社区，http://www.jzb.com/bbs/thread－7626069－1－1.html，最后访问时间：2020 年 3 月 12 日。

将社会治理优势转化为疫情防控效能

——浙江省社会组织参与疫情防控的政社共治经验

沈永东*

新型冠状病毒肺炎疫情倒逼着地方政府开启"为社会治理而竞争"的新模式。习近平总书记指出,"要加强社会治理,妥善处理疫情防控中可能出现的各类问题","这次抗击新冠肺炎疫情,是对国家治理体系和治理能力的一次大考"。①在这次大考中,曾经一度成为湖北以外新冠肺炎疫情"重灾区"的浙江省疫情防控工作得到了公众舆论的高度评价,被网民形容为抗击疫情的"模范生"与恢复经济的"优等生"。然而,已有研究与媒体提到浙江疫情治理成效时更多讨论了政府自身的积极角色,如浙江省政府是全国第一个启动公共卫生疫情一级响应、率先推出十大最严防疫措施、创新实施"三色"健康证与"五色"动态监管图、较早应用大数据精密智控疫情、最早进入全面复工复产的省份,而对社会力量关注不多。事实上,浙江是"枫桥经验"的发源地,也是全国"三治融合"实践的示范地,社会力量参与基层社会治理在浙江已经成为共识,也是浙江基层社会治理的优势所在。在疫情防控与复工复产两手抓的时期,浙江省如何发挥社会组织

* 沈永东,浙江大学国家制度研究院特聘研究员,浙江大学社会治理研究院副院长。本研究得到浙江省自然科学基金资助,为浙江省杰出青年科学基金项目"社会组织参与社会治理的共治机制研究"(编号:LR20G030002)。

① 参见《同心协力、英勇奋斗、共克时艰——习近平总书记在北京市调研指导新冠肺炎疫情防控工作时的重要讲话引发热烈反响》,新华网,http://www.xinhuanet.com//2020-02/11/c_1125561190.htm,最后访问时间:2020年3月3日。

参与社会治理的既有优势并将其应用于疫情防控工作中?

本文认为,社会组织参与疫情防控的政社共治是浙江省将基层社会治理优势转化为疫情防控效能的重要经验。在面对突发性疫情的公共治理中,地方政府通过行政系统自上而下传递疫情防控任务时,难免出现防控措施"一刀切"、信息沟通机制不顺畅、基层防控力量不足等问题。在行政机制缺位或部分政府失灵的时候,如果现有基层治理中已经形成了成熟发达的社群机制与运作有序的社会组织,就会容易实现社会组织与地方政府之间的良性互动与相互补位,可以弥补疫情严控时期政府无法满足社会个性化和多元化需求的不足。一般而言,社会组织参与基层社会治理的政社共治机制分为三个方面:社会组织参与社会管理,社会组织参与社会服务,以及社会组织参与基层自治。在社会组织参与社会管理方面,社会组织配合协助政府在治安、消防、环保与纠纷调解等领域的管治;在社会组织参与社会服务方面,社会组织与政府、企业等在扶贫、教育、医疗、助残等社会服务领域开展合作,供给社会服务;在社会组织参与基层自治方面,社会组织在社区民主协商、村民议事等领域促进公民参与基层自治。据此,社会组织参与疫情防控与复工复产的政社共治机制则进一步可以理解为社会组织配合协助政府防控宣传与物资筹集、社会组织与政府合作联动组成"防疫共同体"、社会组织在社区实现防疫互助自治等。

浙江曾一度是新冠肺炎疫情"重灾区",其累计确诊病例数早在 2020 年 2 月 5 日就"破千",疫情防控任务艰巨;浙江省也是民营经济大省、外来务工大省,近 50% 的总用工人员来自省外,如何补上用工短板,促进企业复工复产是疫情时期的另一个挑战。浙江省数量众多充满活力的社会组织为疫情防控与复工复产奠定了坚实的社会治理基础。截至 2019 年 12 月 31 日,浙江省全省登记的社会组织数量为 68849 个,其中社会团体 25265 个、民办非企业单位 42828 个、基金会 756 个①。据浙江省民政厅统计,浙江省共有 3.4 万多家社会组织第一时间在物资捐赠、志愿者服务、信息传递、社区互助、复工复产等方面开展自组织行动和有序运作,带动 280 万名志愿者共同参与防控工作②。浙江省社会组织不

---

① 数据来自"浙江省民政厅"官网, http://mzt. zj. gov. cn/。
② 《浙江省社会组织群策群力参与新冠肺炎疫情防控阻击战》,"浙江省民政厅"官网, http://mzt. zj. gov. cn/art/2020/2/13/art_1632728_41920633. html,最后访问时间:2020 年 3 月 3 日。

仅在参与基层社区疫情防控等环节发挥了较好的作用和有较高的效率，还在配置社会资源、实施应急救援、提供专业化服务、促进复工复产等方面走在全国前列。

应急类社会组织协助地方政府深入一线，做好病毒防控、检测摸排与道路防控等工作。浙江省每年夏秋季常遇台风、洪水灾害，救援类社会组织众多且具有丰富的应急救援经验，而政府与救援类社会组织有着清晰的定位分工，政府发挥集中优势，提供资源，把握重点区域，乡镇、村社等的细致服务则让社会力量来弥补。据浙江省民政厅报道，杭州民安公益救援中心、杭州滴水公益服务中心海豚应急救援队、建德市民安救援队乐清蓝天救援服务中心、温州黑马救援服务中心、瓯海海鹰救援中心、苍南县壹加壹应急救援中心等70支应急救援队伍共组织1.28万名志愿者援助交通、公安、城管等部门，在高速路口、火车站、通乡干道、农贸市场搭建临时帐篷，设立监测点，设卡排查，实施闭环管控，有效防止了疫情的扩散。①

公益慈善类社会组织与政府、爱心企业构建跨部门协作网络，形成疫情防控物资的快速响应机制。在政社关系上，浙江省实行的是去中心化模式，由浙江省慈善联合会发起"爱心驰援、共抗疫情"项目，相关政府部门、公益慈善组织和志愿者共同建立筹款小组、全球购小组、翻译小组、医疗器械鉴别组、国际物流小组、通关小组、国内物流小组、仓储管理小组、物资需求信息小组等9个快速响应的跨部门专项小组，以微信群为交流平台，发挥跨部门合作的优势与联动效应，实现善款与疫情防控物资透明、快速、有效地筹集、运送与分配。2020年1月25日，该项目在腾讯公益平台上线募款，24小时内筹集到1000万元善款；1月27日，首批10万个N99口罩送到武汉，供给疫区一线的医护人员、高危社工和救援队。②

专业服务类社会组织开展社区服务，提供精准化疫情排摸与个性化生活服务。以2020年1月27日国家卫健委发布的《关于加强新型冠状病毒感染的肺炎疫情社区防控工作的通知》为转折点，社区成为疫情防控工作主要战场，这

---

① 《浙江省社会组织群策群力参与新冠肺炎疫情防控阻击战》，"浙江省民政厅"官网，http://mzt.zj.gov.cn/art/2020/2/13/art_1632728_41920633.html，最后访问时间：2020年3月3日。

② 《来自最前线的抗疫报告：浙江民间公益力量全记录丨抗疫善观察》，"快公益"微信公众号，https://mp.weixin.qq.com/s/ubh5oWLjwCerK0BQZ-7_Ew，最后访问时间：2020年3月3日。

对社区治理提出了重要挑战。浙江省在创新社会治理方式中引入互联网科技与三级联动机制实现了精准防疫，如杭州市余杭区建立了以区级为中枢、镇街为主体、村社为基石的三级联动治理架构，同步建立以城市"大脑"为联结的区、镇街、村社三级社会治理综合服务中心。疫情时期，杭州市余杭区各社会组织借助镇街、社区、村组，完善"三级联动"机制，形成"社工＋社会组织志愿者"的网格化防疫工作模式，区政府统一调配指令，乡镇街道积极响应，村社则由社会组织组织社工与志愿者自主开展地毯式滚动排摸疫情工作，提供社区日常生活的菜篮子米袋子服务，医疗团队与心理辅导专业化队伍进入社区开展暖心服务；嘉兴市以"社会治理云"和"微嘉园"智慧化平台助力精准防疫，突破部门合力，发挥社区社会组织的专业服务功能，有效减轻了基层压力；宁波市鄞州区海创社区的社区社会组织组织志愿者在一天半内完成对6000多户，20000多人的疫情排查工作，对隔离住户送菜送饭送温暖。

行业协会商会链接资源、反映需求、强化服务，助力小微企业有序复工复产。浙江省行业协会商会大多基于市场和行业发展需要而建立，具有较强的民间性与自主性。尤其是温州行业协会商会在处理国外反倾销事件、面临经济下行为企业抱团取暖、打造温州行业品牌等方面体现了民间力量的活力。量大面广的小微企业是浙江经济的基石，但小微企业抗风险能力较弱，复工复产存在明显时滞问题。新近一份由浙江省青年企业家协会发起的"2020年浙江省中小企业疫情影响调查"显示，浙江省中小微企业面临着资金支付压力、现金流短缺、订单流失与违约赔付、开工复工难度大等问题①。浙江省行业协会商会为疫情时期小微企业复工复产与利益落地做好工作，如温州市行业协会商会向政府主要领导呈送《企业反映复工复产存在"玻璃门"亟待解决》专报，就推动企业员工返工返岗、税费缓缴返还、用能成本降低等惠企政策落地实施提出政策建议；宁波市行业协会商会做好"店小二"，开展为企业购置防疫物资、搭建招工服务平台、畅通上下游生产企业、团购紧缺性原材料等后勤保障服务工作。浙江省行业协会商会的努力快速推进了小微企业复工复产。截至2020年2月26日，规模以下制造业产能恢复率为48.7%；全省777个小微企业园开园率

① 《1236家企业，2020年浙江省中小企业疫情影响调查报告》，"动听968"搜狐号，https://www.sohu.com/a/375471189_162943，最后访问时间：2020年3月3日。

达 99.3% ，园内企业复工率为 67.3% 。①

  总之，浙江省在去中心化治理基础上实现各类社会组织参与疫情防控与复工复产的政社共治格局上做出了有益探索。疫情时期政社共治的浙江经验启示我们，加强与创新社会治理关键在于政府统一部署调控下，重视社会力量的作用，避免政策"一刀切"与政府"单打一"，要激发社会组织活力有序参与疫情防控，将社会组织参与社会治理的基层治理制度优势转化为疫情防控的效能，这为后疫情时期政府与社会力量合作共治的持续深化奠定良好的基础。从长期来看，社区将成为未来基层社会治理体系与治理能力的着力点，除了强化党建引领、向社区赋权赋能外，培育发展专业化的社区社会组织，加强社会组织与政府、企业、媒体等的合作网络构建，让社会组织使用专业化能力来灵活柔性地介入社区治理将是政社共治的未来建设方向。

---

① 《畅通经济发展"毛细血管"浙江 15 条措施助小微企业复工复产》，新华网浙江频道，http：//www. zj. xinhuanet. com/2020 – 02/28/c_1125637241. htm，最后访问时间：2020 年 3 月 3 日。

中华传统文化中的社会治理思想

孟繁佳　王　名

【摘要】在中华优秀传统文化中，有着丰富的社会治理思想。为系统梳理这一思想，本文整理了王名教授（以下简称"名师"）与孟子第七十四代玄孙、当代士学文化倡导者孟繁佳先生（以下简称"孟师"），在 2019 年秋季学期为清华大学公共管理专业硕士研究生开设的"社会治理创新"课上进行的专题对话。在这堂别开生面的对话课上，两位老师先简要梳理了"传统"的界定，然后分别从礼、君子、仁、儒、善、孝、法以及亲情、道德等诸多方面，深入探究蕴含在传统文化中博大精深的社会治理思想。

【关键词】传统文化；社会治理；君子；礼

名师：孟师堪称国学大师，在国学方面有很深的造诣，是当代士学文化的倡导者，几十年来一直在推动士学文化。今天的主题是关于中国优秀传统文化中的社会治理思想，采取对话的形式，我主问，请孟师主答，有些问题我们也一起讨论。

一　什么是中华传统文化？其源头在哪里？

名师：我先问第一个问题，什么是中华传统文化？如何界定？

---

* 孟繁佳，著名国学大师，孟子第七十四代玄孙，中国当代士学文化倡导者；王名，清华大学公共管理学院教授，清华大学公益慈善研究院院长，博士生导师。

孟师：现在都讲传统文化，但好像没有搞清传统文化中的"传统"究竟指的是什么，到底"统"在哪里，"传"的又是什么。所以我先简要解释一下这个问题。通常所谓传统，指的是"夏商周"。到底有没有夏？这是一个有争议的问题，今天我们不讨论这个问题，但至少要说明对此的认识不一致。

在夏商周中，目前没有争议的是商和周。但对商朝的考证并不久远，是在民国时期经考古确证其存在的。而周的存在则是长期以来非常明确的共识。为什么？因为有大量的典籍和文字史料足以证实。所以我们今天说到传统文化，一个基本共识就是源于周朝，认为周所代表的是汉民族与多民族融合的中华文化，周是中国人文化思想起源的历史时期。因此，我们今天说中华传统文化，传的就是周统以来的文化。这一点很重要，周以前主要是神话。大家想一想，其实世界上所有民族的文化根脉，都源于神话，是神话造就了各民族文化的起源，然后才有各自的文化、哲学、思想以及历史发展。因此今天探讨我们的传统文化，如果不回到周，都难以理清脉络、找到答案。这就如同一棵树，如果不从树根向上求索，直接到树干、枝杈上去探究，越往后就越枝繁叶茂，越无所适从。要想搞清楚，还是要回到原点。所以我在近十多年里，主要做的是先秦文化的研究，就是周朝这几百年，那正是我们传统文化中良善基因形成并成熟的关键时期。

二　什么是礼？礼的由来？如何理解礼在社会治理中的作用？

名师：您说的没错。日前我刚从浙江良渚回来，良渚文化是 20 世纪 30 年代发现的，据考证有 4000 多年的历史，但是没有文字，无法成为文化的源头。刚才孟师讲的周，有 3000 多年历史，是公认的中华文化的起源。

我来问第二个问题，关于礼。《论语》里有一段颜渊问仁的对话，孔子回答说："克己复礼为仁，一日克己复礼，天下归仁焉。"怎么理解礼？礼在传统文化中怎么定位？您刚才讲周，孔子反复强调周礼，周礼有什么特别的地方？

孟师：这个问题很有意思。我上次在给博士生上的课上讲过一个图，我们的文化结构中有一个很有意思的脉络。我们最开始的那个社会，可称之为没有社会的社会，没有社会结构，那时只有道，我称之为道治；后来到三皇五帝的时代，就转向德治了。

道是什么？以我们现在所能理解的来说，道就是整个世界，自然的全部为道。所以后来老庄说，道无处不在。德是什么？德是道中的一部分，也是自然的一部分。道是看不见的。谁能看见谁有道，脑门上不写；可是德，脑门上也不写，但你能看得见。我们常说这个人有德行，通过他的言行，就能看见他是不是有德行。因此从道治到德治，已经看得见了。再往下走，到了周代就麻烦了，德又欠缺了一部分。人性欠缺了以后，就要用更能彰显的东西来补缺，这就是礼。第一，礼是规规矩矩的，是看得见、摸得着的东西。我们今天生活中有很多的器皿来自周礼，比如酒杯、饭碗、衣服、帽子等，都跟当年的周礼有关，所以说从物质角度来说，礼看得见摸得着。第二，礼反映一个人言行举止的各个方面，是否懂礼，一言一行都表现得出来。

那么礼是怎么来的呢？从社会发展的角度看，在周以前没有礼。为什么？周以前的夏商，那时候的社会整体的运行是由祭司掌管的，可称为祭祀文化。这种祭祀文化不是中国独有的，西方也有，虽然那时候还分不出什么东西方，但人类大致在那个时期都经历过一个由祭祀掌控的时代。我们今天通过考古认识到的玛雅文化，西方的古希腊古罗马文化、古巴比伦文化和古埃及文化等，都经历过祭祀时代，而且与中国的祭祀文化很相似。

今天因为时间关系就不再往前讲了，还是回到周。大家都听过周文王的很多故事，其中最熟悉的是什么呢？就是文王演易的故事。在文王灭商之前，他被纣王囚禁在羑（yǒu）里，文王将八卦演为六十四卦，后来就有了周易。大家知道文王演易，大概还不知道这后面有一个悲惨的神话故事吧？我来告诉你们。据说纣王听说文王懂易，说他会算命，能预知未来，就想考考他，于是把文王的大公子，当时作为人质扣押的伯邑考给杀了，杀了以后做成了三个小肉丸送给文王吃。文王一看不对呀，这是用我儿子的肉做的肉丸！怎么办呢？那也得吃呀，不吃就没命了。于是就吃了下去。纣王听说文王吃了自己亲生儿子的肉丸，于是放松了警惕，把文王放回了西岐。文王等官员走后，从口里吐出三只小兔子，这就属于神话故事了。从这个故事里我们看到什么呢？文王掌握了易。在那个时期，易作为卜筮的工具，只有极少数的祭司群体才有可能掌握，而文王之所以伟大，就是他把易从术数学推演成了社会学，进行了一场伟大的推演，使我们今天能从文王易中了解到更多三千年以前的社会信息。这为理解古代的社会治理，提供了极为有益的线索。

听完这个故事，如果你再说《易经》就是算命的，就是看风水的，那就不够了。《易经》中有卦象能占卜，但要知道，那主要是汉以后的汉儒，将孔子整理抛弃大量卜筮内容后的《易经》，又重新捡回来，加以个人揣测，人为做出来的东西。战国末期大肆兴起的谶纬之学，和周易混杂在一起成为易纬，风水命理占卜等这些东西就开始兴起了。但是经过文王的演易，又经过孔子的韦编三绝后的周易，已经脱胎换骨。《易经》作为当时祭司群体所掌握的社会治理的重要工具，从周之初直到孔孟的时代，已成为儒家最重要的治世典籍。其中，离不开周时期一个重要的人物，他进行了一系列重大的改革，把祭祀群体从祭祀身份彻底改造成治理社会的官僚士大夫群体。可以说他是周历史上，也是中国历史上最后一个祭祀大巫师，此人是谁呢？就是文王的三子周公旦。

我们今天说的周公指的就是他，他是孔子唯一口称并尊崇的圣人。孔子认为，周公是真正推动了周那个时代社会变革的圣人，周公把祭祀当中的仪式仪轨转变成周的礼仪，就是后来的周礼，《周礼》成为周的宪法。今天我们说，中国的封建社会从周一直到清代，整个封建社会都是以礼治国的社会，指的就是从周开始的礼仪，一直延续到清末。除了《周礼》，还有《仪礼》和《礼记》。如果说《周礼》是周的宪法，那么《仪礼》就是公务员手册。要当官，必学《仪礼》，方知如何治理社会。《礼记》则是老百姓的生活准则，大事小情全都记得非常清楚，每年每月干什么，家里家外做什么，甚至每天早上起来干什么，每天吃东西，什么东西跟什么东西不能一起吃，《礼记》都写得很详细。甚至如何做儿媳，怎么给公公婆婆洗脸洗脚，什么时候洗，用什么洗都记得清清楚楚。

《周礼》、《仪礼》和《礼记》被称为三礼。三礼确定后，祭祀群体就消失了。以前礼仪都掌握在祭司手里，这个群体属于统治阶级，整个社会都是由他们来把控。在以礼治国时代，最大的官是礼官。礼官掌握的是释宪，礼法不容随便什么人解释。这一点和天主教的神父释经有异曲同工之处。所以我们讲的礼到底是什么？就是从尧舜禹禅让的时代以后，夏商周开启了家天下时代，道德水准降低，进入了以礼治国的社会治理时期。在那之前，社会主要靠人们自我意识里的"德"来约束和规范，进入礼治社会以后情况就不同了，人们的自我约束和规范失灵，只好靠"礼"来规范。这种以礼规范社会行为的治理模式，在中国社会一直延续了三千年。清朝以后从民国到现在，礼治不足以规范人们的行为，我们只好以法治国。因此从社会治理的角度看，法治比礼治来得更晚，对人的内在约束也更缺失一些。

举例来看。什么是法？今天在座各位的台面，就是法。什么东西能在台面上？什么东西能在台面下？能约束我们行为的是什么？人的行为在法这个台面上，只要不犯法就可以做。尽管不符合道德规范，但是法律没有规定我就能做。礼在什么层面？礼在台面的上面，在额头这个地方。古时候不像现在有桌子椅子，那时候就一张席，一张案几加小蒲团，盘腿往那儿一坐，腰板挺直，在额头这个位置就是礼。这就是我们一直说的举案三尺有神明，神明就在这个位置，所以礼还属于人的自我意识控制的范畴。那时候讲刑不上大夫，并非指刑法治不了官员，而是那时比刑法更重要的是多如牛毛的礼法，礼法是君子必须学习的，想当官必须接受礼法。刑不是管不了官员，官员要是不按礼来自我约束，触犯刑法，比之庶民阶层要受到更严厉的制裁。而礼不下庶人，礼是普通老百姓没学过的东西。所以孔子讲"民可使由之，不可使知之"。这也是后世挞贬儒家的罪状之一，说儒家搞的是愚民政策。但是孔子讲了，庶民不习礼。对于一个没有习礼的人，非得用礼法去要求他，就是强人所难了，但是你告诉他哪个能做，哪个不能做，这是条文规定的，这样就可以了。

三　什么是君子？如何理解君子在社会治理中的作用？

名师：因此您所谓道德礼法，是四种不同高度的心智境界。这是很有意思的归纳。今天我们讲法，法治很重要，但其实并非根本。这里有一个重要的问题，即主体认知，刚才您讲到庶民。与庶民对立的一个重要概念是君子。《论语》里非常核心的一个概念就是君子。讲礼也好，讲德也好，讲仁也好，包括讲义讲性，归根结底讲的都是君子。那么我问您一个问题：怎么理解君子？比如在您刚才讲的四个不同高度的治理体系中，君子处在怎样的位置上？

孟师：说到君子，首先表明：曾有过这一类人。现在有君子吗？恐怕大家都会摇头。但在中国的传统文化中和我们的历史上，的确有过这样一类人。

我们先来看看中国古代社会的人群是如何划分的。处在社会最顶端的是统治阶级，以前叫天子。天子是社会中的单一阶层，人数极少，少到可能是一个家庭，或者就是一个人。处在社会下面的是庶民阶层。这在中国古代社会是数量最多的阶层。在两者之间的是什么样的阶层？有人说是官僚，说是在古代社会，上面是天子，下面是百姓，官员在中间，古代社会就是由官僚阶层来治理的。你们说对吗？我说不对。为什么？官员在不当官的时候，他属于什么阶层？比如官员告老还乡了，不再当官了怎么办？还是老百姓。所以把官员定位为一个中间阶层是不对的。

其实中间有一个阶层，这个阶层在中国社会非常重要。这个阶层叫什么？叫知识分子，或者叫文人阶层。这是一个什么样的阶层呢？这是一个承上启下的阶层，上达天子，下至百姓。统治阶层有没有文人？有。老百姓中有没有文人？有。春秋的时候有一种人，是孔子很尊敬的，叫逸民，就是后来的隐士，逸民也属于文人。文人阶层代表了中国精神里特别重要的一个层次，起着承上启下的作用。怎么理解这种作用呢？

我们以中国最早的医术中医为例来说明这种作用。

中医讲究什么呢？讲究精气神。中医说人有神采，是因为气足，气足是因为养精。中医强调由精养气，由气养神。这就是养生之道。反映到社会结构上，体现神采的是天子，体现养精的是普通百姓，而体现气足不足的则是文人。

如果一个时代的文人没了骨气，没了节气，文人都活不下去了，会是什么样的情况？那就说明这个社会的气短了，上不能达天听，下不能养精，这样的一个状态，古人称之为气数将尽或气数已尽。

因此，一个时代，能够从当时社会的文人中感应到时代的精神，包括文人的作品、文人的言语、文人的作为、文人所有的气质里，看是不是散发着中国传统的那样一条根脉传递出来的精神气息。这就是文人之正气，是国家精神的集中体现。这就回到刚才名师提到的"君子"二字上来了。作为君子，其首先要具备的一条就是要有气节，没有气节的文人成不了君子。这个气节非常重要，所反映的是社会的精神所在，就是孟子所讲的浩然正气。文人的文章，文人的言辞，都可以感应到这样一种气，这种气可以滋养整个社会，也会给统治者以难得的支撑。如果没有，整个社会都找不到，我们就要哀叹：那个社会没有君子了。

春秋的时候还有君子。《论语》里有三个小故事，分别讲的是渔樵耕的隐者。孔子遇到隐者都很尊重，他一生都在教导学生成为君子。君子的最高境界是什么？并不是做官为士，而是成为有气节的贤者、隐者。这就是为什么我们后世的历代文人，都把渔樵耕读作为一生的至高梦想，出处就在万世师表的孔子那里。《孔子家语》和《论语》里都记载了这三则故事。孔子用这样一个方式告诉世人，想要成为君子，就要向天地去学习，向自然去求教，养成君子之气。君子之气从哪里来？就来自渔樵耕读，来自天地山水和大自然。

所以说要看一个文人有没有君子风范，其实并不难，就看他的文章里有没有天地之气。这个天地之气，就是能让社会为之振奋的精气神。这样的文章就有了文胆有了文气。天地之气最重要的是自然。为什么当年儒和道两家一直此消彼长，或相互交织在一起？因为它们都重视天地之气对于君子精神的重要性。我们看到不管是在道家的《道德经》里，还是在孔子后学所做《易传》中，大量充斥着"君子"的教化。你能感受到当年的这些君子，如何吸收天地之气，又如何弘扬精气神并影响社会，去让社会看到希望和精神。君子在本质上，就是这样一个概念。

四　什么是仁？如何理解仁在社会治理中的作用？

名师：钱穆先生在讲《论语》的时候，说到"君子四端"，即孔子所谓"志于道，据于德，依于仁，游于艺"。其中的"志于道"和"据于德"，您刚才已经讲到了。如何理解"依于仁"的仁？

孟师：这是一个好问题。什么是"仁"？仁和义对应，孔子曰仁，孟子曰义。说到义，都好理解。但仁很难。你看这个仁字，左边一竖，右边两横。看上去简单，但实际上很模糊。为什么一竖两横就是仁呢？古人认为两横是一阴一阳。仁强调作为人，有了阴阳就够了。但这两个方面到底哪个好呢？是阴好还是阳好？好像分不清，好像没有原则性，其实不然。孔子曰仁的仁，要从更宏大的层面来理解，从道和德的角度来理解。仁前面的这一笔竖，讲的是道的观念，叫"一以贯之"。子曰"吾道一以贯之"说的就是这个道理。右边的这两个横表示德，德有上下，分阴德、阳德。道无阴阳，但德是区分的。对去世的祖先讲阴德，对在世的人讲阳德。古代的道字是"行"字中间有个首，表示以天为首，在地行走，是为道（衖）。古代的德字不是现在的写法，而是直心为德（悳）。现在简化了，不那么写了。有人望文生义就瞎解释。说道是"脑袋在走"。德呢？有人解释说是"两个人要顾全十四条心为一心"。这完全是臆想出来的。德，表示直心为德，德是道之器，器以载道。器是什么？就是心。其实要理解中国的文化，最基本的还是要从汉字考。现在很多人不了解汉字，因为汉字简化以后，文化的本意消失了，甚至被篡改了。我上次在课上讲有一个字，墨子讲"靳欲"的靳（加艹，应写成"蓟"）字。在汉字简化过程中去掉了左边原有的艹，这个字现在输入法中都没有。墨子讲"靳欲"，意思是把欲望砍掉。后来有写成左边一个养字右边一个隹。现在网上的《墨子》里直接就写成了养字，变成养欲了，跟墨子原来的意思完全颠倒了。大家有兴趣可以读一读《墨子·节用》一篇，讲得很清楚。

从汉字理解仁，一定要理解道德这两个方面，要讲道和德。首先要靠头脑去行，行字中间有首，靠头脑往上走，去跟天接通。君子为仁，一定是要守中道，这一点很重要。守的是中道，用什么来守？用直心来守，所以仁里这个德表示的是直心为道场，文人要修心，就是修心里的器，要让道下来，住到心里来。人有了仁人之心，就表明修心之器已经修到家了，你能感受到道德在他身上的体现。再由人推及社会，由人的精气神放大到社会，就会理解社会是不是有道德，社会是不是在修心修器。如果社会不修，或者修的人不多，这个社会就缺乏仁，这个社会就出问题了。那样的话，社会中的道从何而来呢？

五　怎样理解儒？儒作为主流意识形态对社会治理的作用如何？

名师：仁的这个解释很有意思，有点醍醐灌顶的感觉。《论语》里好几个地方讲到"一以贯之"，说是孔子最重要的思想，有时候就一个"恕"字，怎么也理解不透。您这么一解释，说的原来是仁。令人恍然大悟！

孟师：是啊，文化和汉字是相通的。古代的童蒙养正，也都是从汉字的解字入手，讲天地，讲仁义，讲道德。所以孩子从开蒙时就知道天地仁义道德。

名师：刚才讲到儒家道家。我还要问孟师一个问题。在《论语》里，孔子对子夏说：汝为君子儒，无为小人儒。这里的儒指的是儒家吗？儒家和传统文化是什么关系？

孟师：讲儒要先讲儒的来历。儒，人需也，《康熙字典》对儒的解释是通天地人曰儒，人人都需要的人叫作儒。儒的来历是什么呢？民间说法，巫即儒，儒即巫，巫儒不分。另外，巫医不分，是说儒和巫、医有关。在古代，医就是儒，医是从儒而来，所有中医理论、中医思想都是儒家的，因为中医建立在儒家的阴阳五行学说之上。那么何为巫？古人用"工"这个符号，把世界分成两个部分，一部分为阳间，一部分为阴间。能连接阳和阴这两部分的就是巫，就是祭祀。家有生死，都要请巫，不过是小巫，不是周公那样的大巫，请巫来举行仪式，因为巫被认为是通天地两边的。但周公以后，祭司这个群体转换了。那是后话。生死请巫，就是要办仪式。我们很多的文学作品，包括电影电视里，都会看到出殡的场景，往往浩浩荡荡。为什么？《周礼·地官》一篇写得很清楚：五族使之相葬。五族是什么概念？五户为一邻，五邻为一里，五里为一闾，四闾为一族，这一族就相当于五百户了。五族使之相葬，那就是两千多户的规模。即使是族里最穷的人家办丧事，其规模也非常之大。

周公以后实行礼治，儒把巫的各种仪式转化成礼，社会还需要巫，但是以儒的形式。今天我们所说的儒家，以为是诸子百家之一，以为先秦有很多学说，包括儒家与道家、墨家、法家，大家平起平坐、百家争鸣，这个观念其实是错误的。从周以后就有了儒，那时儒是唯一的，直到西周孔子开创了儒学，儒才成为一门高深的学问，提供给世人各种参同，于是才有了儒生的墨子，将儒的仁爱发展成兼爱，将儒的义变成侠，才有了出自儒生的法家，才有了专门研究儒学中道德学问的道家。道家以老子为创派始祖，老子是跟孔子同时代有影响力的思想家。道家把儒关于天道这样的一门学问进行了透彻的研究与分析，成为与儒家交相辉映的伟大思想。我们今天看到的《论语》等儒家经典，并不是孔子亲自写的，而是曾子及其弟子整理的孔子与其弟子的对话。孔子在《论语》中强调"述而不作，信而好古"，就是强调对儒家经典进行编纂整理。孔子将散乱在民间的诗、书、易、礼等儒家经典进行了系统的编撰整理。现在常有人说当年孔子问道于老子，错了。孔子是问礼于老子。为什么要问礼呢？礼，是当时的法律，周是以礼治国，而老子曾是周天子的史官，也就是国家图书馆馆长，孔子曾是鲁国的大司寇，主抓法律和教育。孔子因为缺一些经典，到老子那里去查考一下，所以才有孔子问礼于老子的故事。

《论语》里有个八佾的故事，说的就是礼。八佾是天子使用的舞蹈礼仪，诸侯不可用。当时鲁国的正卿季氏用了，孔子就批评他"是可忍也，孰不可忍也"。

其实儒家讲的礼就是等级制度，有严格的级别区分。这一点也被后人批评孔儒奴才，说其效忠皇权。这其实是以偏概全的，没有全面了解儒学之礼的核心观念。正是因为有上下等级的分别，儒家文化里才有了尊卑的概念。后世许多人理解儒家尊卑概念，好像只是君子在上，民众在下，好像与自由平等的价值相违背。而且汉罢黜百家独尊儒术以后，儒家成了帝王专制的奴仆。要我说，这是对儒家的偏见和误解，没能全面理解儒家特别是孔儒，孔儒是孔子一生的学问。对于孔儒关于尊卑的观念，一定要从《易经》《易传》里学习。在社会治理中，最重要也最难理解的就是尊卑。儒家认为尊不过天，贵不过地，天地的尊贵才是人应该效仿的。天地的尊贵在于谦。理解儒家尊卑的概念，要研究《易经》中的谦卦。地山谦卦，地下有山，自然界中什么场景是这样的呢？走着走着，突然地表下陷空了，出现了一个山谷，地下有一座大山，大山不是高高在地表上，而是在地表下，一片秀谷，景色宜人。人走到这里，心胸一下子豁亮了。山谷里藏着各种各样的珍禽异兽，长满各种各样的奇花异草，但是你若不走进山谷你就看不见，就感受不到它的美妙。这就是谦卦要说的。所以儒家说虚怀若谷，谦礼下人。《易经》上讲，天尊地卑并非讲一个尊贵得傲慢无礼，一个卑贱得任人宰割。老天爷尊，但他永远俯瞰大地，永远向大地躬身施礼。大地涵养万物的尊，是他永远静静地站在大地上最高的山峰上仰望着星空。所以瞬息万变的天空一直是俯瞰大地且无偿地润泽天下，而高山仰止的高山，一直是仰望太虚而缄默不语。高山就如同大地捧出的心奉献给上天，我们汉字的心字，就像一双手捧起来向上打开，所以君子效仿天地的品性，捧出一颗心来作文章，所有带心字的汉字，都跟人的品性有关系。因此儒这个概念，实际上是讲心和性的问题。讲人心的问题，也是研究人心的问题。

我讲的四书五经，在书店都能买到的，你不听我讲，自己看也没问题。这是儒家的显学部分。有显就有密。儒家的隐学，就是心性学。心性学很有意思，不是心理学，讲心和性。这个性很多人不理解，因为是不在外面公开讲的，所以很多人并不太懂得心性学的原理和内容，就会猜疑和胡乱解释。儒家看事和人的方式非常重要，为什么不外传？就怕学无所成又招摇撞骗，那就害了卿卿性命。所以，儒家以向外的心去观察天地，观察社会，观察民情。性为心生，心里生的就是内观自己。所以儒家讲内圣外王，外王就是怎么去执政，怎么去治理天下。内圣就是如何让内心得到圣洁，培养自己的心性。所以心向外的时候，就是看天心看地心，天不动，地不动。谁见过天地乱动的？都没有，天地不动才能作为参照物。在高速路上开车，看着远山不动知道自己的车开得慢，旁边的树离车道很近，嗖的过去，知道车开得太快了。这就是参照物不同，引发的心里的感觉产生变化。没有人去拿同向邻车道的车去做参照物去比较，速度一样，谁会觉得自己的车在动呢？所以儒家用不动的天和地作参照，用不动的天心地心看自己的心动没动，看自己是不是遵守着自然的法则，遵守着天地道德的法则，来检省自己的心是否在动。要看自己的心是趋向名还是趋向利，还是趋向什么。以自心的动静再折射出去，去看人心。社会上人心是动的，就看得太清楚了。所以如果以天地为心去看民心，这个社会变成什么样就太清楚了，因为以不动的天地之心做社会民心治理的参照物，马上就明白民心为什么有顺逆。反过来，只要是向内看的就是性，所有民性都是依照其内在的天性和地性变化，折射出其变化的根源和过程，这个自性往往就是自身发生改变的原动力。所以我们说这人天性好，就是借由天性照见自己，越时常能往回照见，越能清楚天地赋予我们的心性到底是有什么样的预备。孟子一直提倡赤子之心，就是要回望自己孩提时代的那颗心，小孩子的心性是不分善恶的，他的心性只有喜欢和不喜欢，甚至连讨厌的概念都没有。任何东西，只要喜欢就取，不喜欢就舍。取舍之间丝毫没有名利二字，不喜欢而已。但是成人选择就有名利了，喜欢的也要屈从于名利而舍，厌恶的也遵从于名利而取。这个名利的取舍，就是墨子提到的靳欲。对任何事物的取舍在于喜欢不喜欢。这是天下治理再简单不过的道理了，大道至简说起来好像很没有边际，但真要细心体会就不难发现天地取舍法则，对人对万物就是喜欢不喜欢，由此能知道天地取舍对于万事万物都是简单的，根本不用那么复杂。反过来倒是我们人类自己越来越复杂化了，社会发展夹杂了太多太多的不确定因素，这些不确定因素又用来作为参照，这才让我们越来越看不懂这个世界，而且永远看不懂，看不懂人心，看不懂人性，看不懂世间。所以当学习心性学以后，再去看这个世间，看人性，看人心，就太简单了。这是不是很玄？只有通过心性学学习和培养才能真正懂得大道至简这四个字。

所以说世间的事物，其实都有其折射映射的因果关系，社会和民心也是如此。看风水的常说摆放的物件不对，就预兆着哪里出现了问题。那么反过来呢？当哪里出现了问题，一定在某一个地方出现了征兆。现在会有人说，这都是骗钱的，怎么会这样呢？但是这类说法有没有道理呢？有一定道理，看一看《易纬》就知道了，这并非空穴来风。只不过《易纬》是战国末年再次兴起，到汉武帝时又成了气候，甚至超越了前朝。当年孔子把《易经》中不合时宜的玄妙部分，去了十之八九，把易从术数学转换成了社会学。所以如果研究中国古代的社会学，就一定要去看《易经》，看《易经》就知道六十四卦所反映的社会六十四个方面的现实问题，以及面对这些问题的逐步处理解决方案。虽然汉以后谶纬之学大量兴起，《易经》中被孔子抛舍的卜筮那些内容又被重新捡回来包装上市，直到王弼出现才得以转变。

然而，真正对《易经》进行研究后，才会发现《易经》蕴含的生生不息的转化就是中国社会跟随自然的法则在不停地运转，那种息息相关的充满玄妙的演变，才是中国社会发展变迁的真实写照。因此哪里还会有时间和精力再去给一个人看所谓的风水和命运，那就是浪费时间，浪费生命。能给天下号脉掌看多好，给这个社会做诊疗有多好，一个社会的发展动向被洞穿，这个印证是有大成就感的。

名师：听您这一说，我们就可以理解为什么在《论语》里，孔子要说"加我数年，五十以学《易》，可以无大过矣"。

六　什么是善？现代社会的公益慈善与传统的行善积德的关系

名师：关于心性学，我还有一个问题，是关于善恶的问题。后来王阳明不是也讲到致良知吗？孟子曾说过：人之初性本善。从本源上讲，到底是性本善，还是性本恶呢？

孟师：性本恶的说法，应该是荀子提出来的。当初荀子针对孟子的观点，针锋相对地提出本恶论。这是一个很有意思的问题。我自己觉得其实他们俩是在抬杠。孟子提出来本善的时候，荀子就从另一个角度来反对他。我们要注意这里的"本"字，孟子强调人性之本的头，荀子强调的则是人性之本的末。两个人所针对的其实是不同的"本"，我们不能说人之初性本善还是性本恶，不能这么去设置问题。所以实际上他们提出的善和恶之本，是一个问题的两个端点。举个例子大家就能清楚，我们有时候会在路上遇到乞讨的人。第一眼看到乞讨者，会下意识地把手放到口袋里去摸钱，这是善；等你走到跟前的时候，手缩回来了。为什么？心里犯嘀咕："这人看上去像是职业乞丐，说不定很有钱呢！算了，不给了。"短短几步路的距离，善恶变了。其实孟子讲人之初性本善，讲的就是在人最开始出现念头那一刹那，那是善。天底下所有的恶人，都会有这种本善，是因为天性使然。但是动念之间，照见出去的，就是经过念头改变的，才由善变成了恶。

再来看这两个汉字，善这个字，古时候写作"譱"，上面是羊，下面一个誩。这个"譱"就像是做祭祀奉献的器，奉献出最美好的羊这个举动就是善。再看恶这个字，亚字底下是什么？心。亚，丑陋的，凡是恶就是把丑陋的由心往外推出去，有一句话叫恶从胆边生，胆边不是后腰，而是心这个位置。所有的恶都是由心里生出来的。但是性本善，心里最开始的那个善，跟心没关系，是跟祭祀有关系，善上面这个羊字，是跟祭祀有关系，上面供着羊头呢。

基督教也这么讲。人在基督教里要讲奉献，献祭燔祭。所以基督教里讲最初的善，就是把头生的小羊宰了，用火去烧烤，献祭给上帝，那才是最大的善。《圣经》里记载当时亚当有三个儿子，老大该隐跟老二亚伯一起给上帝献祭，该隐把收获的粮食奉献给上帝，亚伯献给上帝头生的羊羔。上帝喜欢放羊的亚伯，不喜欢辛苦种地的该隐。该隐觉得委屈和嫉妒，一气之下把亚伯给杀了。这被认为是人类历史上的第一宗命案。人与人之间的恶，从伊甸园里知道善恶以后，第一次让人类自己尝到了行恶的苦果。讲这个故事，上帝就是要让人明白，善和恶到底是从哪里来的。这个与我们中国的原始哲学思想如出一辙。我们是奉羊为善，在西方，也一样奉羊为善。亚伯说：羊是自己在草原上吃草，我不过把它献给上帝。该隐则不然，拍着胸脯说功劳全在自己。上帝不喜欢的，正是他的这种态度。但该隐忘记了，万物生长有其规律，粮食的生长，靠的是自然规律。该隐自大，缺乏谦卑，而亚伯则很谦卑，把羊的生长归因于自然。东西方的文明，在思想创始的阶段，不约而同地将谦卑当作人类的美德，这种谦卑就是最大的善。对待文明也是这样，中华文明虽然历史悠久，但我们不能妄自尊大。自大也是恶。

世上原本没有你我，有的是天地。中国文化的优点在于此，我们不信唯一神，信奉的是天地，以自然为神，天地诸神。这个诸神概念，消灭了神中的唯我。如果是唯一神，神中也有人性，那个善就不能成为至善。我说这个观点，一些研究宗教的学者会表示反对，在他们看来，中国的神正是因为带有人性，才会被大多数老百姓接受。但是，我可以明确地说，这是误解。中国的神是被老百姓赋予了人性，那是因为社会底层的庶民希望借这样的方式接近神。但汉以后完成的神学被大量的谶纬之学渗透后，根本无法保持先秦时期对未知自然世界的理解，从而造成我们文化中掺杂进来人为因素太多。其结果，神变得可爱了，但也变得不可敬了。这里还要提到的一点是，先秦杨朱的唯我和神性中的独我是不一样的。对此等一会儿我们会专门讨论。

名师：习主席去年在出访欧洲的时候，曾说：我将无我。这个我将无我的说法，从传统文化角度来看，该如何理解？

孟师：有一回我做了个实验。以前的文人都会有意识地在自己的言行当中消灭"我"这个字，比如说在自己的行为当中隐去我。我做这个实验，就是在一篇主题是讨论自我行为的文章里，隐去"我"字。我们在文章里会常常写到"我"。在那个实验中，我有意识地在整篇文章中不用"我"字，最后发现这篇文章写得很累。像文人的文字游戏一样，消去一个"我"字其实很烧脑。大家不妨也试一试，不要"我"字，看看能不能写出一篇文章来。

那么什么是我？孟子说过这样一句话："杨朱、墨翟之言盈天下，天下之言，不归于杨，即归墨。"什么叫天下之言？儒家之言在当时可不算盈天下之言，那时候儒家只是要把治世之言推销给王者，孔子到处去推行儒家的理念，却并没有太多的诸侯能接受其主张，这才迫使孔子周游后回归而治学，最后把儒家的学问整理成儒学，儒家从治学到治国，从治国到治世的宏大学术体系才借由这样的过程展现给世人。但是我们要澄清一个概念，先秦尤其是在诸子出现之前的社会，可以说是天下皆儒。从天子诸侯，到士大夫庶民各个阶层，自周公将巫改造成儒之后，基本上都是儒。从儒的学习理念派生出各家的学问，这才有了春秋时专门研究天道的道家老子，有了战国时期的从儒家分离出去的法家，有了运用儒家基础理论阴阳学说的阴阳家和战国时期的纵横家鬼谷子，其中一些也基本随着秦统一而消失转化。最重要的是影响当时底层社会的墨子也是出于儒而反儒。诸家之中影响天下最大的两个群体，能代表天下之言，一个是代表庶民阶层的墨家，一个是代表利己主义的杨朱。墨子讲的舍我，就是去掉小我，舍我的小利换取国家与人民的大利，或者让我忍受小的伤害，来换取天下人民的大利，这是墨子的观念。杨朱与之相反，当时也代表了相当大的一群人的观点，杨朱讲唯我，天下所有无怪乎名利二字，都是我当下要享受的。

然而当禽子问"去子体之一毛以济一世，汝为之乎？"，就是说取你九牛一毛就能有利于天下，你做不做？杨朱说你认为舍我这一毫就能把天下给救济了，可能吗？不可能。所以，这个说法不成立。但禽子进一步问：假济，假如你一毫就能救济天下，你做不做？杨朱听完弗言，听完也不说话，悄悄离开了。不管是假公济私还是假私济公，杨朱一概不取。说到底，我不占大家便宜，你让我哪怕拔一毛去利天下，我也不做。

即使社会发展到今天，做公益的组织和个人中，也不乏墨子或杨朱这样的人。千百年来，中国社会的公与私的形态并没有太多改变。有些公益组织做了几十年依旧走在践行舍我的道路上。但是更多人在利益面前，作秀可以，做公益就没时间了。随处可见的公益慈善晚会，可以娱乐至死，也能不花银子做公益，留下一些光彩夺目可以炫耀的露脸照片，以此证明自己走在这条公益慈善的路上，实际上那不过是吃喝观景的辅路罢了。春秋以后杨墨的这两种思想，已经成为后世的标本，尽管随着六国破灭两位思想家早已消亡，但时代的变迁并没有成为湮灭其思想的墓地，相反倒成为摇篮。现在的民主选举的政治形态也是这样。

今天社会治理中的角色问题，就是我们社会治理、社区管理的关键。能把无我跟唯我中消极因素隐藏，把积极的一面展开，这就能使得中国式的社会治理产生根本的变化。处理好这两种关系，我们的社会也就进了很大一步。不然的话，今天做这方面的学习和研究，意义就不大了。所以清楚认识到经典中，哪些精粕对今天的社会改变能起到警示作用，哪些消极的能让我们反思，哪些积极的能开悟，哪些根本就不会改变，属于我们民族灵魂的精神，我们需要重新把它捡回来，擦干净，供奉在举案三尺的灵台上，这是要深刻反思的。

七　什么是孝？如何理解孝善文化是中国社会的根脉？

名师：还有一个字，"孝"。我们一般理解的孝，是个人的一种价值或一种行为。但在《论语》中，无论是讲仁，还是讲政，都反复强调孝。比如："孝悌也者，其为仁之本欤。"那么在我们的文化体系中，孝跟治理是什么关系？

孟师：谈到孝，孟家有一个祖训，祖训的第一条就这一个字：孝。这一条不用解释，孝，百善孝为先。要想做到善，首要尽孝。谁来尽孝？当然是

"我"。刚才我们讲到儒家与杨墨都分别对"我"进行了剖析，在大我舍我无我的精神层面，把自己推向至善。不管是纵观社会发展，还是横向对比诸子各家学说，没有一家以舍孝去孝弃孝为旨。这也是天下奉孝的中国文化根脉。若不孝，基本属于把自己放到万劫不复的境地了。孟子奉孝，《三字经》里开篇的两个故事就是讲孟母教子的。所以今天一提及中华母亲，大家都说天底下最好的母亲就是孟母。孔孟文化里，唯独孟子的文化里有母亲出现，强调孟子因为对母亲的孝，明白母亲含辛茹苦的用意，最终完成学业，成为一代圣贤。

首先我们要了解到孝到底是什么。孝这个字，从结构上看，上面是老的上半部分，下面是子。什么是孝？上有老下有小，老有所依子有所养，这就是中国自古以来的孝养观念；讲究老人和孩子之间的孝养关系的文章，就是教育的教。所以中国人搞教育是从讲孝开始的。后来在"打倒一切"的那个年代，把孝和忠连在一起，说是儒家君君臣臣父父子子是搞愚忠愚孝，禁锢人思想的封建礼教，结果砸烂了，推翻了。中国一直在讲孝，这是教育的根本。从孝本身来讲，是中国文化的根脉，这个根最重要的就是维系着家族整个的血缘关系。夏商周尤其商周以后，形成了完整的家文化，当我们有私这个概念时，孝的文化就出来了，我们就有了评判标准，夏商周私的出现，对立面是三皇五帝的公天下，以那样的社会作为标准，所以不管是周公还是孔子，一直对三皇五帝的时代推崇备至。尧舜禹的舜帝是天底下至孝之人，很多故事我们拿它当神话去讲，但在根本上，讲的还是一个至孝的人成为引领社会和天下的人。我们姑且不管它是不是神话，但那是我们文化的根源。

到了孔子时提出的孝，实际上体现了从公文化转变成私文化的过程，也是从禅让制的以德治国时代变成世袭制的以礼治国时代的过程，在这个转变的过程中，让孝固化在德的概念上，使文化传承到根脉上。中国是一个讲究血缘的国家，中国的政治和社会中血缘政治一直到现在都没有断过，为什么？从孝文化里就能看得出来，皇帝是世袭的，父传子子再传孙，一代一代的皇权传下去。诸侯也是如此，诸侯的传承是世袭制度。到了小小的官员，也是如此。有人说官员是任命的，但是中国历朝历代的官基本上都是在官宦家庭之间交替的，宰相的儿子到元帅帐前听令，武官的孩子在朝里听内阁大臣使唤，而父子两代同朝为官的事就更不鲜见了。我们的官僚体系在血缘政治这样的体制下，保持着这种父传子的传承，只有这样才能维系统治。一个官仕家庭里，出现非官的孩子是很少的，大部分要出入仕途，走为官的路。当然到了没落时就沦落到庶民阶层，即便是这样因为曾经有仕途生涯的关系，也会成为买办或幕僚阶层，维系官僚体系的统治阶层和社会各阶层的关系不被轻易打破，正是在这样的一种血缘关系下，官官相护才一代代相承下来。

在这样的体系中，孝文化就成为各阶层贯穿如一的文化根脉。肯定一个人就说他是孝子，若否定一个人，说这人不孝的时候就彻底将此人从社会中排除出去了。而最大的恶也比不上不孝这个恶，比如说这个人是大恶人，最后临死要砍他脑袋了，他也要求"让我见我妈一面吧"，大量的真实的记载，哪怕是罪大恶极之徒临死时，也想见到父母扑通跪倒说："我这一辈子没有对您尽孝，以后我也尽孝不了，今天到此为止我的一生就完了，您忘了我这个不肖子孙吧。"这样的恶徒人之将死其言也善，死后才不会有人对他的家人指指点点说培养了一个不肖子孙，他才会在死后被埋进自己家的祖坟里，不会成为孤魂野鬼。所以不管是官还是民，死后能进入祖先安息的祖坟，不被抛弃成为无依无靠的无根之鬼，这才叫入土为安，才是早死早投生的期盼。所以孝就必须成为做人最高也是最低的限度，最高是无论如何也要达到至孝以至善，最低就是即便做尽恶事也不能做不孝之人。这是孝为何能成为维系整个家族发展的重要因素。

我们中华民族的发展和每个家族的发展，实际上就像大树一样，生根发芽枝繁叶茂，孝亲至善就成为我们文化的基本属性，所以中国古人十分注重植树，十年树木百年树人就是这么来的。两口子结婚盖房子，房前屋后我种树，等生了孩子以后，要给孩子盖房子，孩子长大了树也长大了，把树锯下来在我的房子旁边再盖一间给儿子，东跨院给长子，西跨院给次子，后院给女儿，然后东跨院再往东加盖院落，西跨院再连新的西跨院。中国人的家族式庄院村落就是这样连成一片的，张家村李家庄大王乡，从一家一户到千家万户就这样靠孝亲文化繁衍生息起来。不要说中国文化没有全面性，它像一座木建筑一样从古可以连到今。木文化的特点就是靠木榫连接，榫卯结构插接而成，插进去可以融为一体，拔出来又可以独立生存。这种相连就叫血脉相连，就是血缘文化的现实演变。而西方是在石头上建立它的文化。父亲给儿子几个兵丁农户，顺着大道一指，那边山下去盖你的城堡吧，三面悬崖一面放吊桥，城堡外庄户在那种田，兵丁在城堡里守着。有敌来侵犯，打得过打，打不过放下吊桥把庄户撤回自保。再生儿子，没办法，城堡是石头一块压一块盖起来的，没法有多余的房子了，长大了接着向更远的山去开辟新的领地。就这样子子孙孙土地越来越大，石头文化的特征就是开发，就是慢慢向外扩张，说到底就是以联姻或侵略的手段来构建自己的领属地。而中国的木建筑文化是靠血脉，根基汇集相通的血缘关系，枝条以同属结构关联，形成交织错综的关系，所以孝文化注重殡葬，前面讲了殡葬，五族使之相葬，就体现在不只是一个家族有血脉传承，其他家族也跟这个家族有血缘关系，这样的近支旁支远支就可以天下是一姓了，所以为什么我们都称自己是炎黄子孙，这就是追根溯源，我们都有共同的祖先。如果不讲孝，当然就是天下的共贼了，人人都可以讨伐之。我们这样的社会结构，就都看得明白了。

儒家讲孝，把孝文化提纲挈领地反映在社会的方方面面，生活的方方面面。饮食、制衣、旅行、建筑、医学、艺术、教育甚至是政令、法律、战争都有非常明确的关于孝的规定。举例来说，饮食中座位排次和第一个举筷用餐的，制衣里明确了家有老人和丧老的标志，那句"父母在不远游"的祖训，家中房屋老人住哪里，怎么住，医学上更多，艺术中对生活场景的描述必有老幼，教育本来就是围绕着天地君亲师这些展开的。现在看二十四孝里有些东西不可思议，可是在当时的社会，就是实实在在发生的。所以就不难理解为什么《礼记·内则》这一篇，里面甚至规定了做人家儿媳妇要怎么去给公公婆婆洗脸，米汤加热了以后给他们洗脸洗头。还有什么时候给公公婆婆洗脚洗澡。《礼记》写得这么清楚，都是因为一个孝字。

中国人一直提倡孝礼文化，现在的社会我说就要提倡孝善文化，在社区做公益，就是要开展孝善文化，讲孝礼文化有人会说是封建迷信。讲孝善文化，就是讲如何对待老人，孝善文化能在当代社会提倡出来，就会让很多人接受。

八　什么是法？如何理解法律、亲情和道德在社会治理中的作用？

名师：《论语》里有一个故事，反映的就是您说的这个孝跟法发生冲突。有个叫叶公的人跟孔子说：我们村里有个年轻人很正直，父亲偷了羊，他就把父亲告了。叶公说这个人不错，很守法。孔子说："吾党之直者异于是。"说我们这里正直的标准不同于你那里。我们叫什么？"父为子隐，子为父隐，直在其中矣。"这里面提出了一个核心的原则，我原来也不太理解，从您讲的孝善文化的视角来看，是否可以理解为"孝大于法"？父为子隐，子为父隐，就是说父亲要把儿子藏起来，儿子要把父亲藏起来。偷羊是犯法的事儿，但是在这个事情上孝大于法，是这个意思吗？

孟师： 有一个词叫"大义灭亲"。其实这是人性的问题。当面对法律时，要怎么看待法律？怎么理解法律？法律是制度，制度是人为的，是会变的。从一个更长的历史视角看，法律一定在变。春秋的法现在早已成为历史，唐宋的法也都是历史了，连明清、民国的法也都变了，即使今天的法也在变，随着时代的需要在改变。但孝不曾改变，永远没改变。父子之间的亲情血缘是不变的。孔子其实讲的就是这个道理，就是以不变应万变。

说到亲情和道德，当年淳于髡跟孟子讲，你们儒家不是讲男女授受不亲吗？你嫂子掉到河里，你救不救？结果被孟子骂了一顿。男女授受不亲只是常态下的相互之间的礼，嫂子的人命都快没有了，这跟男女之间的道德有什么关系？当然是必须要施以援手相救。你拿道德来衡量就是偷换概念。

所以有时候我们看儒家有些迂腐，但是儒者的学问中有能变通的能力。非常清楚哪些事会向什么程度发展，也非常清楚如何去应对，这就是心性学培养的以心性参照天地与人心的感应方法。以人心这个变的东西去感应天地，就永远不知道天地为何物。以人心的善变来解释天地运行的常律，正是谶纬之辞的表现。

儒家以天地不变的常律来衡量人心时，就理解了《道德经》上老子为什么讲"天地不仁，以万物为刍狗，圣人不仁，以百姓为刍狗"这两句话。这就是当年老庄挨骂的一个原因。所有谩骂贬低，都是因为对老庄学说的不了解，对前后文不了解。万物为天地所生，这份大生之德与好生之德，非但没有得到感恩，亲情下的道德却被人类糟改损毁得已经不成原本的样子，天地并不会以亲情来改变或降低道德标准，这里的道德标准就是天地运行的规律，对于天地的远近亲疏都是人心性改变决定的，天地又怎么会在乎所造之物的常变。圣人教化社会和民心，非但没有得到追随，所彰显的道德风范却被任意践踏，圣人并不会以民之愚钝冥顽来改变或放弃道德教化，所谓道德教化就是把真实的天地与古贤的至善放之天下，对圣人的远近亲疏一样是民之取舍决定的，圣人又怎么会在乎民之秉性或难或易的常变。有些学者对这段话的理解为什么会出现偏

中华传统文化中的社会治理思想

差，就是站在人的立场上去理解天地，就会觉得天地的变化，也是人的变化。所以产生了以人心去看待仁心，但是仁心可以是人心，人心又怎么都会是仁心呢？这就是圣心可以是人心，但是人心又怎么会是圣心？只有让天地之心进入人心，照见人心，才能在人心上投射映鉴出天心，只有接受圣心教化而虚怀若谷，才有可能懂得仁心是如何在生命里起作用的。这才是天地圣人对待人的坦诚，这种坦诚就是一种不以仁人之心看待万物的坦诚，相反对于人的敬拜和悖逆，天地与圣人又怎么会以同样的态度给予人呢？

我们只知道春秋时期社会很动荡。但是如果多从其他经典和角度来理解那个社会，就会发现整个周社会其实比我们现在还要好。孔子说当年礼崩乐坏，道德沦丧，老子都因为这个跑了。但春秋时期，已经是周朝的末期了，周朝近八百年的历史，我们从《诗经》大量的诗歌中，就可以了解到那个社会也是很和谐很美的，十五国风里也有很美的生活场景描绘。我们现在有些东西是曲解的，是以我们现在的眼光、现在人的理解方式去理解。

再回来谈孝和法的关系，我觉得应该本着天性，而不是本着人的自性去理解。如果你要以善变的自性去理解的话，永远分不清。今天我们认为做的有悖于亲情人性，或者反过来，我们今天认为有益于亲情人性的行为，也许在未来的某个时期，人们会提出质疑吗？我相信会的。

儒家为什么从三千年前到现在一直存在？历朝历代反对儒家的都已经作古，今天儒家仍然有很强的生命力，这是为什么？因为儒家一直不断以天地为参照，时刻将优秀的具有时代气息的事物与自己相结合，再整理出一个完整的系统，这个不断增补删定的基因就来源于孔子，更以《易经》三义为原则，将他人之长纳入自己体系里，然后不断去更新弃旧，才使得儒家能一步步走到今天。这就是儒家一直以修身为基，反复强调至圣的心性修为，正因如此儒家才能以谦恭的心态对待天地与人，这里这个"人"就是祖先。因此儒家注重祭祀，也重视殡葬。

由现世的孝，到对天地和先祖的祀祭，实际上就完成了心性与天地人祖之间的一次相互映照的过程，也借由这个过程对心性进行了一次净化。天地以其阴晴冷暖的运转，在时刻修正着人的行为的过或不及，圣人则以其喜怒哀乐的言行，也在时刻修正着人的行为的偏颇。对这些日常行为的熟视无睹，却深受其影响的人，表现在平常则是具有道德规范的敬天尊地行为和对老人的尽孝的言行。也正是这样的日常行为的积累，才能有在充满仪式感的正式祭祀享拜的时候，常常会心头涌起激动的情感。试想，没有日常对母亲的眷恋，哪有久别重逢母亲那种令人心碎的跪拜？人类的这种心性和言行举止都是在与天地交流，从其中人类体会到自性与天性之间的微妙差别，实际上尽孝和保持道德的言行，都是人在社会行为上维护公共秩序的自我约束。

我们并非一味说儒家就是好的，儒家里也有很多东西是不好的，孔子当年提出的小人儒也如同寄生虫一样，伴随儒家走到今天。小人儒里的俗儒腐儒犬儒，统称为小人儒。这些在汉时淋漓尽致地全部展现出来它们的本质。今天这些人依然存在。然而，儒家的教育本质就是希望通过自我的修身来完成净化和提升。即便是在这些小人儒里，绝大多数也不敢背负不孝的骂名，也注重习礼修身的这个过程，因为修身之后才能达到齐家，这两个阶段的外在表现之一就是尽孝，这是儒家的根本。

作为儒家十哲之一的宰我，曾在课堂上质疑孔子关于三年守孝的故事。宰我主张守孝不必三年，这就动了孔子的法本，也是儒家法脉的根本。孔子对宰我很生气，说他不孝不仁。但宰我后来为政时做了很多好事，被百姓拥戴，实际上是个好官。孔子后来也反省，承认当初对宰我的看法错了。

总之，两千多年来，从孔子提出到如今，至孝以至善的理念还在，所以中国人的精神还在，这就是中国文化的传承根脉。有些学者讲传统文化云山雾罩，高不可攀，有时玄乎其玄，仿佛深不可识。其实传统文化就在我们的生活中，你到社区里，去参与一些社区文化，参与社区治理，就能看到太多鲜活的例子，可以说比比皆是。传统文化就在我们每天生活的社区里，看到这些就会明白中国文化断不了。包括今天社会的纷杂不堪，好像城市里的生活快速紧张、毫无节律，失去生活本身的意义，但若沉下心去社区看看，真正到民间去观察就会发现，家长里短的中国文化本质依旧在，精芜并存，良莠同生。我们不管以什么样的理由离开了父母，但是心中对父母的思念和回家的念头依然存在，到节假日，到父母生日，甚至是自己的生日回到父母身边，这些都是孝文化产生的必然结果。但西方在孝这方面就浅薄了一些，所谓浅薄与他们的教义分不开，父母和子女在上帝面前统统自称是儿子，父母和子女在上帝面前都是兄弟姊妹，这就从家庭观念上混淆了作为人的传承问题。加上西方经历了文艺复兴之前的暗黑时代，对人思想的禁锢，彻底在人性方面使之归于上帝。但是回归到《圣经》里，看《诗篇》看《路加福音》，就知道西方对于孝，对于女学，对于家庭成员之间的关系，跟我们《礼记》里记载的非常相似。所以这根本不用很奇怪，中西文化是能结合在一起的。不要说哪个是东方的，哪个是西方的，哪个是基督教的，哪个又是佛教的，哪个是儒家的。人类通过繁衍能走到今天，我们靠的就是血脉里保存太多各自祖先保留下来的善良的基因。靠的是天性，是与天地同在的天性和良知。靠天性和良知做社会治理，不用懂太多的经典，以至孝至善的天性去做事，就可以让人信服，因为我们讲的不是别人的事情，讲的是天地与我们共生共存的共性的东西。

九　读哪些经典，能够对中国优秀传统文化有更好的理解？

名师：所以说文化归根结底就是人文化成。

今天剩下的时间不多了。我还有一个问题，然后请同学们提一个问题。我的问题是：请您给我们推荐几本必读的经典，从社会治理的角度看，您觉得哪几本书是必读的？

孟师：首先，我推荐大家去读一读《易经》的《易传》。

《易传》分十本，也叫十翼。十本书《系辞》上下、《文言传》读得懂的要仔细读，不可以一带而过。《象辞》上下具有明显的做人与治国理念，《彖辞》上下也是如此，这四本是古本，如果读不懂，就先暂放一边。《说卦传》《序卦传》《杂卦传》能读得懂。首先要通过十翼来了解中国文化的传承法脉，《序卦传》把《易经》六十四卦怎么排序做了说明，也就是把社会中的六十四个问题排在一起，将因果关系讲明。《系辞传》应该好好读一读，讲了很多社会关系的原理性问题，所以这是《易经》理论。

其次，我建议读一读《孔子家语》，跟儒相争的几家，把墨家和杨朱的读一读。与儒相争的最好读一读，因为那时能与儒相争必有所长，至少比我们当代人更了解儒。因为他能直接指出儒的不对。要了解哪些是儒家的好，哪些不好，有他不同的观点，就可以对比式去看，就能看得明白。

说到对比，要看看东西方对比，我真的建议大家好好读读《圣经》。我曾经用了五年的时间，啥书都不看。1999 年到 2004 年，我认认真真地研读《圣经》，翻看了大量西方《圣经》方面属灵的书籍，很有收获。再反过来读我们的经典，有种打通了文化的任督二脉的感觉。经典很多都是通的。

最后，我建议大家读一读《黄帝内经》，这是中国的医书。如果想对自己有好处，包括对工作，对社会治理，对生活有好处，需要读《黄帝内经》。这对你很有帮助，比如与人相处，察言观色，既是儒家的功夫，也是医家的功夫。前面我们讲儒医不分，就是这个道理。我有时候常看的一本书叫《儒门事亲》，是儒生写的一本医书，很精彩。读医书算是自保，也是对传统文化进一步理解的方式。

名师：非常独到的方子，多谢孟师！

中国慈善事业七十年发展探究
（1949～2019）[*]

周秋光　李华文[**]

【摘要】中华人民共和国成立以来，中国慈善事业从停滞沉寂到逐渐复苏，再到快速发展，继而渐趋繁荣，并在改革开放四十年中逐步进入当代转型阶段。当代中国慈善事业的全面发展，主要表现在社会捐赠大幅增长、慈善组织日渐增多、慈善活动范围扩展到社会公益领域、慈善立法工作取得突破性进展、互联网慈善异军突起等多个方面。与此同时，也面临外部困境与内在问题的双重挑战。外部困境包括行政介入过度、法律政策环境不友好、社会道德绑架、慈善供需失衡；内在问题主要表现为慈善事业的异化和发展不成熟两方面。中国慈善事业的未来走向，既要突破现有理论认识桎梏，也要完善具体实践方式，并坚持"民办官助"的方向。

【关键词】新中国慈善事业；历史进程；发展成绩；现实困境；未来路径

---

*　基金项目：国家社科基金重大项目"中国慈善通史"（11&ZD091）；中国慈善联合会"敦和·竹林计划"（2018ZLJH－02）。

**　周秋光，湖南师范大学历史文化学院、慈善公益研究院二级教授，博士生导师，国家社科基金重大项目"中国慈善通史"（11&ZD091）首席专家，研究方向：中国近代社会史，当代慈善公益发展史。李华文，湖南师范大学历史文化学院、慈善公益研究院博士研究生。

中华人民共和国成立后，慈善事业出现长达三十年的发展停滞期，直至改革开放后才得以复苏，现已发展成为民生兜底保障与社会治理体系的重要部分①，但也面临一系列问题与挑战。适时开展新中国慈善发展史研究，对慈善事业进行长时段、综合性考察，既有学术价值，又有现实意义。学界对此已有一些研究②。本文拟在现有研究基础上，从历史进程、发展成绩、现实困境、未来路径等方面，对七十年来中国慈善事业作一系统梳理与整体探究③。

探讨新中国慈善发展史，须对慈善概念有一了解。笔者认为慈善是指社会组织和热心人士对社会弱势群体的一种物质救助与精神关怀，是政府社会保障体系的必要补充形式，其最本质价值观是"利他性"。但是，当代中国慈善又与社会公益紧密结合在一起，体现出慈善事业公益化的现实转向。同时，仍存在官办（政府）慈善一说，即以政府为主导或政府出面主办，以民间善款为主要资金的慈善事业，譬如中国红十字会人道救助活动等。反之，则可称为民间慈善。本文所指中国慈善事业，是包括慈善救助和社会公益在内的慈善事业，也是包括民间慈善和官办慈善在内的慈善事业。

一　从长期停滞到全面发展：七十年来中国慈善事业的历史演进

新中国成立迄今，中国慈善事业经历了曲折的发展过程。新中国成立初期，旧有慈善组织被政府接收、改造；"三大改造"完成后，慈善事业出现三十年的停滞乃至沉寂期；改革开放后得以复苏；20世纪90年代后期起，慈善事业进入快速发展期；进入21世纪后又呈现新的发展特征，并进入当代转型期。伴随中国特色社会主义新时代到来，慈善事业更成为民生福祉领域不可或缺的力量。

（一）中国慈善事业的历史停滞期（1949～1980年）

从新中国成立到1956年"三大改造"完成，政府对旧慈善事业加以接管和改造，将其纳入政府救济体系之中。其间，慈善事业虽受到诸多限制，但仍得

---

① 2015～2017年、2019年国务院工作报告均将慈善事业视为社会治理的一部分，2018年报告则强调慈善的民生兜底作用。
② 相关研究有周秋光、曾桂林（2007），刘威（2009），郑功成等（2010），陈斌（2018）。
③ 本文所言慈善事业，是指中国（不含港澳台）慈善事业。另文中款项若无说明，一律为人民币。

到一定程度的承认，主要表现在慈善组织救助活动的延续、民间互助活动的展开、官办慈善的发展等方面。新中国成立初时，诸如上海旧慈善组织仍能"每年助产七千人，收尸掩埋二万多具，施诊给药一一二万余次"等①。但随着政府政策变更，除改组后的红十字会之外，国内其他慈善组织日渐被清理。同时，为适应生产救灾等需要，政府鼓励发展民间互助事业。这种"亲帮亲、邻帮邻"的行为，虽不如专门性慈善活动那般成绩显著，但同样能收到救助灾贫的效果。山东省从 1949 年底至翌年 6 月，便通过民间互助方式，累计收到捐献粮食 14216951 斤、人民币 2635948044 元、衣物 52006 件、鞋袜 15240 双、干菜 108846 斤等（华东生产救灾委员会，1951：110）②，有效保障了灾贫基本生活。不过这一时期，最具成绩的慈善活动当属红十字会救助之举。改组后的中国红十字会（1950 年 9 月 8 日）已成为官办慈善组织的典型代表。仅 1951 年上半年，中国红十字会总会便组织医防大队，奔赴皖北等治淮工地开展医疗卫生服务工作，累计防疫注射 160001 人次、种痘 613542 人次、灭虱 136851 人次、门诊 113229 人次，改良与新建厕所 12198 个、水井 4070 个等（中国红十字总会，1994：134）。这些人道援助工作是在党和政府指导及帮助下展开的，是新中国官办慈善发展的表现。

及至 1956 年"三大改造"完成，中国实现了生产资料私有制向社会主义公有制的转变，以私有经济为基础的旧式民间慈善事业随之退出历史舞台。而后政治运动持续来袭，社会正常生产、生活受到严重冲击，慈善事业更是无从发展。其间不仅没有成规模的民间慈善组织与活动，就连官办慈善组织也陷入瘫痪境地。最典型的是中国红十字会国内工作的停顿。1966 年红十字会总会复函地方分会："1967 年，你们应该继续搞好运动"，"对于业务工作，可以根据具体情况予以适当安排"，"届时红会如何开展工作当另行通知"（中国红十字总会，1994：182）。此后，中国红十字会的国内工作名存实亡。其间继续存在的慈善活动只有民间互助之举和中国红十字会的国际救援活动。由于后者范围在国外，故直接惠益中国人民的只剩下民间互助这一慈善事业的简易形态。

反过来看，该时期国内虽不存在成规模的慈善事业，但并不代表当时中国不需要慈善。仅自然灾害来说，1949～1958 年全国成灾人口达 4 亿 464 万人，

---

① 《关于调整旧有的社会救济福利团体工作的报告》（1953 年），转见高冬梅（2009：204）。
② 新中国成立初发行的人民币，面额普遍偏大，实际购买力则不然。

死亡 57099 人，倒塌房屋 32789241 间（中华人民共和国国家统计局、中华人民共和国民政部，1995：316～324）。这一重大民生问题，本该由政府社保与民间慈善协力解决，可在特殊年代，慈善事业却沉寂不起，成为社会禁区。即便政府社保体系，也因政治生态环境的失常而一度瘫痪。

细究起来，该时期中国慈善之所以陷入停滞、沉寂状态，根本在于政治生态环境及连带而成的思想意识。由于历史缘故，中国近代慈善组织多由国内绅贾权贵与外国传教士所办，新民主主义革命又以消灭剥削阶级、建立无产阶级专政为目标。这些人相当程度上被视为革命的对象，其所办慈善自然不为人民政府接纳。于是，新中国成立后慈善便被扣上"旧社会统治阶级麻醉人民的装饰品""殖民主义的警探和麻药"等多顶政治帽子（周秋光、曾桂，2006：375～376）。新中国成立后又长期处于政治运动中，人们神经高度紧张，像慈善这种"伪善物"与"麻醉品"，也不可能为人们认可。即便有人心存疑惑，也无法在当时表现出来。而且，在以阶级斗争为纲的年代，谈论、倡行慈善，不免有"抹黑"社会主义社会光辉形象的意图。这种"罪名"亦无人敢惹，唯恐避之不及。该时期慈善事业的停滞，还与经济发展程度和人民生活水平直接相关。新中国先是受战争遗留因素影响，后又受政治运动冲击，社会经济和人民生活受到较大影响。全民所有制职工实际工资指数，若以 1952 年数据为参照基数（100），则 1966 年为 120，1976 年为 112.1。农民人年均粮食消费量，1956 年为 205 公斤，1966 年为 186.5 公斤，1976 年为 186 公斤（王冠中等，2011：359～360；438）。这都表明新中国成立后至改革开放前，民众生活水平远未达到理想状态，甚至偶有下降之势。如此一来，慈善既不可能引起人们普遍关注，更缺乏必要经济基础。

（二）中国慈善事业的当代复苏期（1981～1993 年）

改革开放后，中国进入现代化建设新时期，慈善事业重新焕发生机。1978 年国务院下发恢复中国红十字会国内工作的公告，这是官办慈善走向正常化的关键一步。1981 年中国儿童少年基金会成立，作为新中国第一个公募形式的全国性非营利组织，标志着民间慈善开始从沉寂走向复苏。此后十余年，一批官办或有官方背景的慈善基金会相继成立，其开展慈善活动，打造出一批影响至今的慈善品牌项目（春蕾计划、希望工程等）。慈善事业的复苏还表现在公益彩票登场、慈善立法提上日程、慈善会成立等方面。1987 年民政部"有奖募捐券"活动拉开了当代中国公益彩票工作的序幕。《基金会管理办法》（1988）、

《社会团体登记管理条例》(1989)、《红十字会法》(1993) 等出台,成为当代中国慈善立法工作的前奏。1993 年吉林省慈善总会成立,标志着新中国成立以来第一个省级慈善会诞生。

细究起来,中国慈善事业的当代复苏,得益于改革开放带来的社会巨变。党和政府将工作重心转移到经济建设上,经济呈现"井喷式"发展状态。1983 年全国社会总产值 11052 亿元,至 1993 年国内生产总值已增至 31380 亿元①。社会财富的快速累积,为慈善事业的复苏奠定了物质基础。但与之同时,财富的分化也在急剧扩大,这又是慈善事业复苏的现实"推力"。研究表明,1978 年农民收入基尼系数为 0.2124,到 1993 年为 0.33,十五年间一直在增大(张世飞,2011:362),城乡之间的分化更为明显。此外,自然灾害带来的社会压力,也急需慈善事业予以舒缓。1986 ~ 1992 年全国自然灾害成灾人口 15 亿 8799 万人,死亡 44521 人,倒塌房屋 1868.71 万间。同时期,政府救灾款虽累计超过 86 亿元(中央拨款为主)②,怄若按灾民人数平分下来,不免有杯水车薪之感。两相比较可知,仅靠政府之力,实难应对灾害侵袭及灾后重建问题,慈善事业的重要性愈发凸显出来。

(三) 中国慈善事业的快速发展期 (1994 ~ 2007 年)

1994 年 2 月 24 日《人民日报》发表《为慈善正名》一文,成为政府公开支持慈善的重要信号。同年中华慈善总会成立,成为新中国成立以来第一个,也是迄今规模最大的全国性综合慈善组织,这是慈善事业从缓慢复苏转向快速发展的标志性事件。社会捐赠也在该时期得到全面展开,发展成一项社会常规事务。1998 年特大洪灾后,境内外捐赠款物多达 134 亿元,③2000 ~ 2007 年更累计接收境内外捐款 391.2 亿元、衣被 14 亿 1119.6 万件④。

---

① 《关于一九八三年国民经济和社会发展计划执行结果的公报》,国家统计局网,http:// www. stats. gov. cn/tjsj/tjgb/ndtjgb/qgndtjgb/200203/t20020331_29996. html,2002 年 1 月 10 日;《关于 1993 年国民经济和社会发展的统计公报》,国家统计局网,http://www. stats. gov. cn/ tjsj/tjgb/ndtjgb/qgndtjgb/200203/t20020331_30007. html,2001 年 11 月 6 日。
② 参见(中华人民共和国国家统计局、中华人民共和国民政部,1995:333 ~ 339),1986 ~ 1992 年《民政事业发展报告》。
③ 《1998 年民政事业发展统计报告》,民政部网,http://www. mca. gov. cn/article/sj/tjgb/ 200801/200801150094199. shtml,1999 年 4 月 4 日。
④ 《2007 年民政事业发展统计报告》,民政部网,http://www. mca. gov. cn/article/sj/tjgb/ 200805/200805150154119. shtml,2008 年 5 月 26 日。

除此之外，慈善事业的快速发展，至少还体现在如下方面。（1）慈善立法工作加速推进。十余年间，先后颁行与慈善相关的法律法规及条例有：《企业所得税暂行条例》（1994）、《民办非企业单位登记管理暂行条例》（1998）、《公益事业捐赠法》（1999）、《信托法》（2001）、《基金会管理条例》（2004）等。（2）非公募基金会出现。自基金会被划分为公募与非公募之后，各种非公募基金会相继涌现。譬如第一个地方性非公募基金会（2004年叶康松慈善基金会）、第一个现代慈善家族基金会（2004年老牛基金会）、第一个全国性非公募基金会（2005年香江社会救助基金会）等。（3）社会志愿服务活动兴起。中国本土志愿服务起于20世纪八九十年代，最初以社区服务的形式出现，后逐渐成为一项普遍性的公益事业。截至2000年6月，全国已有8000多万青年志愿者提供超过40亿小时的志愿服务（郑功成等，2010：206）。（4）NGO（非政府组织）和NPO（非营利组织）理念的传入。1995年联合国第四次世界妇女大会在北京举办，NGO术语开始进入中国公众话语。中国第一个NPO支持机构，则是1998年成立的基金会与非营利机构信息网。（5）中国民间慈善组织走向世界。2004年印度洋海啸后，国内各类慈善组织展开国际灾援动员，共收到近7亿元的款物捐赠，开了当代中国民间慈善界参与国际灾援的先河①。

世纪之交十年，中国慈善事业得到快速发展的关键原因是党和政府的重视与支持。20世纪90年代后期，朱镕基、李瑞环等党和国家领导人公开表示支持慈善事业发展（郑功成等，2010：141）。进入21世纪后，慈善事业更逐渐被纳入党和政府的决策规划中。2004年中共中央第一次将慈善事业写入加强党的执政能力建设的决定中。2007年中共十七大至2017年中共十九大，无不将慈善事业写入党代会报告中，上升至全党统一认识高度。另从2005年至今，国务院每一年都会将慈善事业写入政府工作报告中（2013年除外），视其为民生保障的重要方式。党和政府的支持、鼓励、倡导，使其成为慈善事业发展的强大后盾。

民生问题凸显，也需要慈善力量协调解决。一方面，自然灾害依旧频繁，救灾事宜急需各界协同解决。1993~2007年中国每年受灾人口在3亿人以上（赵朝峰，2011：343）。仅此庞大群体的安置问题，便非政府一己之力能够解决，必须有民间力量参与。另一方面，贫富分化带来严重的贫困人口问题。中

---

① 《1978~2018：中国公益慈善40年大事记》，搜狐网，http://www.sohu.com/a/283646634_99909501，2018年12月21日。

国农村贫困人口虽自 20 世纪 90 年代以来呈下降状态，但至 2007 年仍有 4320 万人，尚不包括 2272.1 万城市最低生活保障人员①。若要妥善解决贫困群众的生活问题，就必须调动一切可以调动的扶贫力量，慈善事业自然是重要的一分子。

（四）中国慈善事业的当代转型期（2008 年至今）

从 2008 年起，中国慈善事业进入当代转型期。这一转型仍在进行之中，尚未完成。过去十年，中国慈善的当代转型出现了两个关键节点：一是 2008 年开始出现的"全民慈善"现象，二是 2016 年《慈善法》的出台。

南方冰雪灾害、汶川大地震、北京奥运会，三大事件共同催生出 2008 年的"全民慈善"现象，尤以抗震救灾影响最大。据统计，境内外抗震救灾捐赠款物折计 760.22 亿元，并有 1300 多万名志愿者以各种方式参与救灾②。全年接收社会捐赠款物更达 1070 亿元，且个人捐赠首次超过企业捐赠③。可以说，无论是捐赠款物数额还是慈善参与人数，都在 2008 年达到前所未有的高度。然而，未及"全民慈善"进一步发展，慈善界便接连爆出存在不良现象，遭到"全民问责"。从"郭美美事件"起，侵吞、挪用、诈捐等挑战道德和法律的"慈善异化"行为，接连暴露出来。一时间，慈善组织的公信力跌入低谷，民众捐赠热情随之下降。其中尤以中国红十字会所受形象损害最为严重，官办慈善的声誉因之大受影响。

真正促使"全民慈善"得到普及的是近些年来兴起的"互联网 ＋"平台。互联网技术与慈善事业相结合，通过新媒体环境，各类公益项目被迅速推广到个人计算机和手机客户端界面，为"人人可慈善"提供了现实可能。"免费午餐""大爱风尘""老兵回家"等公益项目的出现，便是典型案例。最近数年，借助微信公众号等自媒体平台，"轻松筹""水滴互助"等网络众筹公益项目异军突起，成为当前慈善事业的新葩。未来互联网与慈善事业的结合将更为紧密，

---

① 《中国统计年鉴 2018》（网络版）（人民生活—农村贫困状况），国家统计局网，http://www.stats.gov.cn/tjsj/ndsj/2018/indexch.htm；国家统计局网—年度数据—社会服务—社会救助人数，http://data.stats.gov.cn/easyquery.htm? cn = C01。

② 《全国共接受汶川特大地震救灾捐赠款物 760.22 亿元》，中央人民政府门户网，http://www.gov.cn/jrzg/2009 - 03/24/content_1267772.htm，2009 年 3 月 24 日；《中国 1300 多万名志愿者参与汶川地震抗震救灾》，上海志愿者网，http://www.volunteer.sh.cn/website/News/NewsItem.aspx? id = 361，2009 年 5 月 11 日。

③ 《1978 ~ 2018：中国公益慈善 40 年大事记》，搜狐网，http://www.sohu.com/a/283646634_99909501，2018 年 12 月 21 日。

但民众对网络公益项目的运作程序与管理方法也将提出更严格的要求。

2016 年《慈善法》的出台，则是当代中国慈善发展史上的另一里程碑事件。酝酿十余年的慈善基本法终于问世，慈善事业开始进入"依法行善、以法治善"新阶段。《慈善法》采用"大慈善"概念，将传统慈善救助和现代公益服务合二为一，统称为"慈善"。这恰好与当代中国慈善事业"公益化"转向态势相一致。自《慈善法》问世至今，国家陆续出台了《慈善组织认定办法》（2016）、《公开募捐平台服务管理办法》（2016）、《慈善信托管理办法》（2017）、《志愿服务条例》（2017）等二十多个与之配套的法规及政策文件，力求建立并完善慈善法律体系。过去十年，中国慈善事业的发展，还表现在非公募基金会数量超过公募基金会（2011 年底）、公益专业学历人才培养工作启动（2012 年北京师范大学珠海分校）、中国慈善界海外救援力量成长等多个方面。

从根本上说，中国慈善事业之所以能呈现日趋繁荣的发展特征，还是由社会需求、政府推动、经济发展三方面因素决定的。截至 2018 年第 4 季度，全国仍有 3519.7 万农村居民和 1008 万城市居民生活在最低生活保障线下①。另 2008 ～ 2017 年，全国自然灾害受灾人口达 32 亿 5728.5 万人，死亡 108710 人②。这些现实民生问题，以倒逼方式催迫慈善事业加速发展。党和政府愈发重视慈善事业，党代会和政府工作报告继续公开表态，支持、鼓励、推动慈善事业发展。同时期，国内生产总值从 2008 年 300670 亿元增加到 2018 年 900309 亿元③，社会经济仍保持平稳渐进的态势，这又为慈善事业的发展奠定了物质基础。

二 从新时期到新时代：改革开放以来中国慈善事业发展成绩

改革开放四十年来，中国从社会主义现代化建设新时期进入中国特色社会主义新时代。其间，慈善事业从停滞走向繁荣，取得一系列耀眼成绩。最明显

---

① 《2018 年 4 季度民政统计季报》，民政部网，http://www.mca.gov.cn/article/sj/tjjb/qgsj/2018/20181201301654.html，2019 年 1 月 30 日。

② 据 2008 ～ 2017 年《民政事业（社会服务）发展统计公报》统计而成。死亡人数含失踪人数（2008 年除外）。

③ 2008 ～ 2018 年《国民经济和社会发展统计公报》。其间，中国 GDP 年增长率从 9.6% 下降到 6.6%，中国经济在逐步告别改革开放以来的高速突进状态，进入平稳渐进阶段。

的是社会捐赠的增长和慈善组织的增多两方面。

（一）社会捐赠大幅增长

慈善事业的发展，有多个衡量标准，但最核心的始终是社会捐赠的多少，这决定了慈善救助能力高低和社会成效如何。20 世纪 90 年代以前，人们温饱问题尚未得到妥善解决，社会捐赠并不常见，且多为实物。譬如 1982 年全国捐赠灾区衣物 140 多万件、食品 5900 万斤（中国百科年鉴编辑部，1983：676）；1987 年全国捐赠衣被 3824 万件，中国红十字会总会捐赠大兴安岭火灾 76 万多元（中国年鉴编辑部，1988：633）。90 年代后，社会捐赠日渐增多：1990 年全国救灾捐款近亿元，另粮食 1.5 亿斤、衣被 2157 万件（陈路，1991）；1991 年境内外救灾捐赠款物超过 23 亿元（田纪云，1992）；1996 年境内外救灾和扶贫捐赠款物 28 亿元[①]；1998 年境内外捐赠款物多达 134 亿元，创下历史新纪录。进入 21 世纪后，社会捐赠更呈快速增长之势。2000 年以来社会捐款情况如图 1 所示。

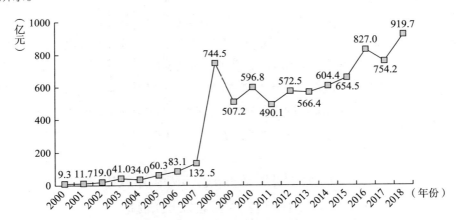

图 1　2000～2018 年民政部门和社会组织共同接收的社会捐款

资料来源：2000～2018 年《民政事业（社会服务）发展统计公报》。

注：据 2018 年民政公报，919.7 亿元为全国社会组织捐赠收入，民政部门接收捐赠情况未予计入。

由上可知，进入 21 世纪后，社会捐款增长幅度远非 20 世纪八九十年代所能相比。尤其自 2007 年起，社会捐款年均稳定在百亿元以上，并从 2008 年起基

[①] 《1996 年民政事业发展统计报告》，民政部网，http://www.mca.gov.cn/article/sj/tjgb/200801/200801150094219.shtml，1997 年 4 月 4 日。

本保持在 500 亿元以上。同时，每年还有大批物资捐赠。以衣被为例，2000～2007 年全国共接收衣被捐赠 141119.6 万件，2008～2017 年民政部门又接收衣被捐赠 173324.6 万件①。除此之外，社会捐赠的增长还表现为志愿服务时间的增加。2011～2018 年全国志愿服务人数达 9362.2 万人次，累计服务时间 32210.6 万小时②。若将这些服务小时数按照市场规律进行等价交换，又是一笔巨额财富捐赠。

（二）慈善组织日渐增加

依《慈善法》规定，基金会、社会团体、社会服务机构等面向社会开展慈善活动的非营利性组织皆可申请认定为慈善组织③。其中，基金会更是衡量慈善组织发展的一个指向标。兹以 1981～2019 年中国基金会数量情况为例，予以说明（图 2）。

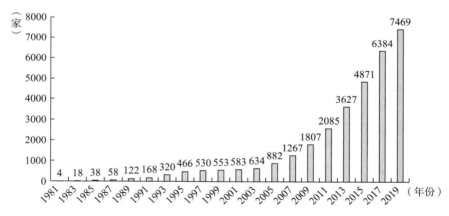

图 2　1981～2019 年全国基金会数

资料来源：程刚、韩红雨：《2017 年中国基金会发展概况》，载杨团主编《中国慈善发展报告 2018》，社会科学文献出版社，2018，第 108 页；《2019 年 3 季度民政统计数据》，民政部网，http://www.mca.gov.cn/article/sj/tjjb/qgsj/2019/201911051006.html。2019 年基金会数截至第 3 季度。

由图 2 可知，改革开放以来中国基金会数量呈递增之势。尤其是基金会被划分为公募和非公募（2004 年）之后，非公募基金会便呈迅速增长之势。从 2007 年 436 家增加至 2017 年 4629 家，十年间增加 9 倍有余。另从 2011 年底开

---

① 据 2000～2017 年《民政事业（社会服务）发展统计公报》统计而成。
② 据 2011～2018 年《民政事业（社会服务）发展统计公报》统计而成。
③ 可见慈善组织属于社会组织中非营利性组织范畴。

始，非公募基金会数量便一直超过公募基金会，成为慈善组织的中坚力量①。若从社会团体和民办非企业单位（社会服务机构）数量变化来看，慈善组织发展同样迅速。2007 年全国社会团体和民办非企业单位有 21.2 万家和 17.4 万家，至 2018 年底已增加到 36.6 万家和 44.4 万家，年均增加数万家，发展速度堪称惊人。

（三）慈善活动范围扩展到社会公益领域

改革开放以来，中国慈善事业从"小慈善"转变成"大慈善"，即从单一的慈善救助拓展到社会公益的各个领域。20 世纪八九十年代，慈善活动的主要范围是灾害救济和弱势群体救助两方面。进入 21 世纪以后，社会公益逐渐成为慈善事业的重要内容。教育、医疗、环保、科研、法律援助、社区服务等公益活动，全被纳入"大慈善"范围②。2016 年《慈善法》出台后，更以国家法律形式确认了"大慈善"概念。兹以十多年来中国富豪慈善捐赠方向的变化为例，予以说明（表 1）。

表 1　2004～2019 年胡润慈善榜主要捐赠方向变化

单位：%

方向	2004 年	2009 年	2010 年	2011 年	2012 年	2013 年	2014 年	2015 年	2016 年	2017 年	2018 年	2019 年
教育	39	18	26	24	36	34	27	44	47	44	41	35
社会公益	7	15	20	29	32	26	20	26	20	20	18	16
扶贫	15	10	10	9	20	15	11	9	11	17	18	29
赈灾	27	43	28	26	3	1	19	5	3	3	4	1
其他	12	14	16	12	9	24	23	16	19	16	19	19

资料来源：《2019 胡润慈善榜》，胡润网，http://www.hurun.net/CN/Article/Details? num = EA96B4EB1E0F，2019 年 5 月 21 日（2005～2008 年数据未详）。

由表 1 可知，进入 21 世纪以来，中国富豪慈善捐赠的主要方向已从传统赈灾济贫转向广泛意义的社会公益领域，其中教育所占份额尤为突出。中国慈善信息平台对此有更为细致的划分。2019 年平台数据显示，约 7300 家慈善组织的

---

① 参见 2007～2017 年《民政事业（社会服务）发展统计公报》。其间，全国非公募基金会数依次为：436 家、643 家、800 家、1060 家、1370 家、1686 家、2137 家、2610 家、3198 家、3791 家、4629 家。

② 慈善关注对象是社会弱势群体，公益则强调不管是不是弱势群体，均能从中受益。慈善事业的公益化转向，恰好说明慈善活动范围在不断扩大。

具体服务领域如下：

　　人类服务占 16.92%，教育 15.50%，扶贫与发展 9.12%，医疗 7.36%，减灾与救灾 6.84%，志愿服务 5.60%，文化 4.85%，公益慈善行业 4.21%，社区发展 4.21%，科技 3.23%，生态环境 3.14%，就业服务 2.36%，国际交流 2.29%，法律援助 1.99%，人口与性别 1.95%，公用事业 1.86%，人权 1.38%，体育 1.32%，民族发展 1.32%，宗教事务 0.85%，其他 3.73%。[1]

（四）慈善事业的国际化程度得到提高

　　改革开放后，中国慈善事业的国际化，包括国外慈善组织在华救援、服务和中国慈善组织国际救援、服务两部分[2]。从前者来说，改革开放前，中国很少接受外来救援。即便唐山大地震后，依然如此。这一情况在进入 20 世纪 80 年代后逐渐改变：1980 ~ 1981 年南涝北旱，中国首次委婉表示愿意接受国际救援；1987 年大兴安岭火灾与 1988 年澜沧、耿马地震，中国开始主动请求国际救援；1991 年洪灾，中国第一次大规模请求国际社会援助；1998 年特大洪灾和 2003 年"非典"期间，中国请求国际援助的态度更加积极（民政部救灾司，2009）。2008 年抗震救灾时更接受 160 多个国家和 10 个国际组织的人道救援[3]。再从外来捐赠来看，2007 ~ 2013 年境外捐赠在年度社会捐赠中的比重分别为 27.86%、12.65%、12.13%、12.49%、10.94%、8.50%、11.47%（宋宗和，2015：23）。这些都表明中国对国际救援事业持以更加开明的态度。

　　至于国内慈善组织参与国际救援之事，也逐渐成为一种常态。改革开放后至 21 世纪前，中国慈善组织国际救援活动基本以中国红十字会等官办慈善组织为主。进入 21 世纪以后，参与国际救援的民间慈善组织数量逐渐增多，救援力度也得到增强。2004 年各界联合开展印度洋海啸救援活动，便开当代中国民间

---

①　《各服务领域慈善组织数量统计》，中国慈善信息平台，http://ca. charity. gov. cn/govwww/orgList/0001. html，2019 年 12 月。

②　参与国际救援的中国慈善组织既包括民间慈善组织，也包括红十字会等官办慈善组织，且以后者为主。

③　《2008 年民政事业发展统计公报》，民政部网，http://www. mca. gov. cn/article/sj/tjgb/200906/200906150317629. shtml，2009 年 5 月 22 日。

慈善界救援国际灾害的先河。在之后历次国际重大灾害救援中，都能看到中国慈善组织的身影。以中国扶贫基金会为例，2004年印尼海啸，援助价值4400万元的药品；2010年海地地震，援助256.6万元；2015年尼泊尔地震，援助1000万元等（靳环宇等，2018：150～151）。而2011年竣工的苏丹"苏中阿布欧舍友谊医院"，更是中国民间组织的第一个海外公益服务项目。

当代中国慈善事业的发展成绩还体现在前述之慈善立法工作的展开、互联网慈善的兴起、慈善公益人才的培养等多个方面。

三 外部困境与内在问题：当代中国慈善事业的现实反思

从"物化"角度来看，慈善事业是社会财富的第三次分配形式；从"人化"角度来看，慈善事业是伦理道德的高层次实践行为。但不管"物化"还是"人化"，慈善事业都受到利益调配影响，面临外部困境与内在问题的双重挑战。

（一）中国慈善事业的外部困境

当代中国慈善事业面临的外部困境至少有如下数个方面。

其一，行政介入过度。改革开放以来，行政介入过度始终是影响中国慈善发展的一大问题。这主要体现在两个方面。一是政府对慈善介入过多、管理过紧，甚至出现"越位监管"情况。先前（1998年以前），媒体每做一次慈善报道，都得向政府部门报告[①]。后来政府虽鼓励、支持慈善事业，却牢牢把握着捐赠款物的分配和使用权限，政府又经常出现善款流向不明情况，结果民众及慈善组织对捐赠款物的流向竟无从知晓。譬如计值760亿元的汶川抗震救灾款物，约80%流向政府账号，具体使用情况未有明确说明[②]。二是少数政府官员将监管职权转变为牟利私权，将慈善活动视为"发家致富"途径。譬如四川红十字会原党组书记文家碧贪腐案、民政部福彩中心腐败案等。这些已不仅仅是

---

① 《1978～2018：中国公益慈善40年大事记》，搜狐网，http://www.sohu.com/a/283646634_99909501，2018年12月21日。

② 《760亿元地震捐赠去向：80%捐资进入政府账户》，搜狐网，http://news.sohu.com/20090812/n265889353.shtml，2009年8月12日。

行政介入过度的问题，更关乎政府形象问题。

其二，法律政策环境不友好。首先是慈善基本法立法过于迟缓。从 2005 年立法工作启动，到 2016 年《慈善法》正式出台，中国慈善立法之路相当不顺畅，这使得慈善事业缺乏必要的法律保障与规范引导。更严重的问题是，长期以来政府对民间组织管控极为严格，并将这一思路渗透到慈善立法之中，以致在慈善法律条文的规定和解释中，政府部门牢牢把握着话语权，慈善组织和个人只能居于服从位置①。也正因如此，能够得到法律政策实惠的慈善组织多为大型官办慈善组织，民间慈善组织（尤其是草根慈善组织）则很难享受到政策实际优惠。此外，现有慈善法律条文也有诸多不尽合理之处。譬如《慈善法》采用"一刀切"方式，将具有公开募捐资格的基金会慈善支出规定在上一年总收入或前三年平均收入的 70% 以上，将管理费用压制在年度总支出的 10% 以内。显然，这是政府通过法律手段干涉慈善组织内部运营的表现，并不利于慈善事业发展。

其三，社会道德绑架。慈善作为一种道德实践行为，容易受到公众舆论绑架，而且这种"绑架"还指向施善者和受助者双方②。一方面，富人行善被视为天经地义之事，富人须做好事不图名利，否则就要遭受舆论声讨。一旦行善不及时或力度不够，更可能被贴上为富不仁的标签。当下中国普遍性的仇富问题，即与人们认为为富者多不仁的观念有关。另一方面，社会上又广泛存在"滴水之恩当涌泉相报"观念，要求受助者须对施善者感恩戴德，甚至需暴露隐私或牺牲尊严，以显示对施善者的感激，否则便被贴上"白眼狼"标签。这种道德绑架，对施受双方来说，都是沉重的心理负担，其在无形中削弱了人们的行善动力。总的来说，慈善是一种道德实践，但道德绑架已危及慈善良性发展。而出现慈善道德绑架的要因之一，在于传统慈善观念与当代法制社会的冲突。传统慈善带有浓厚的恩赐色彩（施善者）和道德评核要求（受助者），施受双方没有平等的地位。但当代慈善活动中，一旦款物从施善者移交给受助者，"产权"即随之发生根本转变。由此一来，施受双方在法律地位上是平等的，但在思想观念上未能脱离传统窠臼。

---

① 高西庆、杨海璇（2016）便认为，慈善立法过程中，渗透了管控为主的思路，将慈善活动限制在便于政府管控的笼子里，而非将政府权力限制在法律笼子里。

② 关于慈善"道德绑架"问题，学界已有探讨，可见刘威（2015）。

其四，慈善供需失衡，社会对慈善的需求度远超过慈善对社会的修补能力。无论是自然灾害问题，还是贫富差距过大等社会问题，都需要慈善力量施以援手。然就慈善施助能力来看，实则无力妥善解决。即便慈善事业迅速发展的近十年，亦是如此。2009～2017 年全国接收社会捐款计 5573.1 亿元、衣被 5.75 亿件，同时期受灾人口计达 27.8 亿人[1]。两相比较，慈善施助能力的不足便成显而易见的事情。从解决贫穷问题角度来看，慈善事业更显乏力。十多年来，中国居民收入基尼系数一直在国际警戒值（0.4）以上[2]，到 2017 年底，仍有 5300 多万城镇和农村居民生活在最低生活保障线以下[3]。若想妥善解决相关问题，非有慈善力量参与不可。可即便每年有数以百亿元计的社会捐赠，也只能在民生兜底方面有所改观，无法化解社会贫富差距过大的问题。而且在仇官仇富的社会戾气氛围中，人们的行善动力还极有可能遭到一定程度的削弱。实际上，无论从现实还是历史来看，对于社会民生问题，慈善都只能起到补充作用，根本解决之道还在于国家社会福利体系的完善。这又有赖于社会环境的稳定和国民经济的健康发展，失去这两个前提，所有民生问题的解决方案及其社会效果都将大打折扣。

（二）中国慈善事业的内在问题

当代中国慈善发展的内在问题，主要表现在慈善事业的异化和慈善发展不成熟两方面。

其一，慈善事业的异化。慈善异化包括施善者和受助者两方的异化[4]。从施善方的异化来看，随着"郭美美事件""河南宋基金会事件""爱心妈妈李丽娟事件"等慈善不良现象相继曝光，人们发现不仅官办慈善组织缺乏公信力，民间慈善组织及个人也在屡屡挑战道德和法律底线。依靠这样的慈善组织和个人去倡导、发展慈善事业，其可信度有多高、成效有多大，就不得不打上一个

---

[1] 据 2009～2017 年《民政事业（社会服务）发展统计公报》统计而成。

[2] 2003～2016 年中国居民收入基尼系数分别为 0.479、0.473、0.485、0.487、0.484、0.491、0.490、0.481、0.477、0.474、0.473、0.469、0.462、0.465。参见《统计局首次透露近十年基尼系数》，央视网，http://news.cntv.cn/2013/01/18/ARTI1358486197956843.shtml，2013 年 1 月 18 日；《统计局：中国的基尼系数总体呈下降趋势》，中央人民政府门户网，http://www.gov.cn/xinwen/2017-01/20/content_5161566.htm，2017 年 1 月 20 日。

[3] "国家统计局网—社会服务—社会救助人数"，http://data.stats.gov.cn/easyquery.htm?cn=C01。

[4] "慈善异化"问题，学界已有探讨，可见王银春（2015）。

问号。从受助方的异化来看，骗捐是无法回避的问题。自"陈易卖身救母"到"罗尔事件"，再到"王凤雅事件"，有些人利用社会对弱势群体的同情，骗取善款从事与求助初衷不相吻合之事。其破坏的不仅仅是个体同情心，更是社会良善风气。在此，施善者将慈善视为形象工程与利己之道，受助者则视慈善为救命稻草与天经地义之事，这些都从内部侵蚀着中国慈善的根基。若自社会心理视角观之，慈善异化之举，又从侧面反映出贫富差距过大带来的阶层心理失衡问题。作为民生兜底保障的一种方式，慈善本身带有安抚民众情绪、减少社会戾气的功能。但慈善丑闻的屡屡出现，打破了良好的路径预设。受助方认为无须遵守规则，因为他们觉得自己通过合理与不合理方式获得的慈善款物，远不足以抵消权贵富贾从底层社会带走的财富。反之，施善方则认为受助者没有感恩之心，不值得捐助，然迫于舆论、行政等压力，又不得不从事慈善活动。这样一来，施受双方都认为自己的付出与社会回报不成正比，都成了社会"弱势群体"。

其二，慈善事业发展不成熟。当代中国慈善是从改革开放后重新发展起来的社会事业，仍处在摸索前进的阶段。依王振耀所言，慈善事业会经历交叉融合的四个阶段：扶贫济困—社会服务—文化功能—社会企业（周秋光等，2013）。以此观之，当前中国慈善虽有向社会公益服务转变之势，但整体上仍处于第一阶段，停留在"授人以鱼"而非"授人以渔"的阶段，倾向于"输血型"而非"造血型"慈善。而且还普遍存在地域失衡问题，即东部地区慈善事业的发展远胜于中西部。中国慈善发展不成熟的另一表现是专业性人才严重匮乏。这包括公益行业专业从业人员的匮乏和高校公益专业人才培养的匮乏两方面。目前公益从业人员数量不算太少，但专业人员不多。个中要因是公益从业人员薪酬待遇过低，社会道德要求又过高，以致公益行业缺乏吸引力。调查表明，京沪两地公益从业者与当地城镇职工相比，月薪相差 2000 元和 3000 元①。这样一来，本就匮乏的专业人才自然不会成批量进入公益行业。公益人才的匮乏，还与高校公益专业人才培养的大范围空白有关。长期以来，国内高校没有公益专业课程，亦无相关人才培养。公益专业的本科生培养，起于 2012 年北京师范大学珠海分校和 2014 年南京工业大学浦江学院；其研究生培养，更迟至

---

① 《为公益慈善从业人员薪酬"松绑"》，人民网，http://cppcc.people.com.cn/n/2015/0317/c34948-26704673.html，2015 年 3 月 17 日。

2014 年才在北京大学光华管理学院启动，均处于早期探索阶段。这些都说明，与慈善事业发展相配套的专业人才培养体系，远未能满足现实需求。

四　理论认识与实践操作：当代中国慈善事业的未来走向

中国慈善事业的未来发展应考虑如下前提：（1）在"大慈善"（慈善与公益同步）理念下，走民办官助发展道路；（2）以解决贫富悬殊问题、化解社会危机、助推社会稳定为发展目标；（3）坚持党的领导，在社会主义制度和国家法律体系内开展慈善活动；（4）保持国民经济的稳健发展和社会环境的和谐稳定。前两者是慈善事业发展的路径探索，后两者是慈善事业必须依赖的社会环境。具体言之，需从理论认识和实践操作两方面跟进，既要坚持原则，又要考虑现实问题。

在理论认识上，一方面，承认慈善动机的多元化，破除慈善"道德枷锁"。为人无我的慈善动机固然有之，但可能性实则微乎其微。现实生活中普遍存在的是利人与利己并举的功利性慈善动机。作为一种兼具理想与现实的动机，其最大程度地契合了绝大多数人对慈善的认识及理解。对此，应在道德及法律范围内予以理解及认可。同时应打破慈善"道德枷锁"，使慈善事业回归到遵循自愿原则，而不是舆论或行政等胁迫手段下的行为。施善者和受助者之间，也应获得相互平等的人格尊严，而不能以慈善来彰显施善者的优越和受助者的卑微。

另一方面，树立施善者和受助者"命运共同体"意识。从道德视角观之，慈善是社会公平正义的体现，但从财富视角观之，慈善又是分配不公的体现。施受双方"命运共同体"意识，便是从财富分配的角度来探讨问题。财富分配的不公，从某种程度上来说是无法避免的事实。因为即便所有外在因素都一样，可个体本身却千差万别，这必然造成财富聚集与分配不均，这种不均还可能随着代际延承与社会发展而变得越来越严重。两极分化的社会财富，若得不到一定程度的共享，便终将在全民愤慨中走向暴力共产，失序化的社会亦随之来。正因如此，与其自下而上地暴力拆卸，不如自上而下地温和修补。慈善作为财富的第三次分配形式，恰好能够起到居中调和的作用。其民生兜底功能，可有效化解社会戾气、减缓社会冲突，使慈善成为社会稳定的"安全阀"与"稳压器"，这也是各阶层共同利益的体现。就此而言，施受双方之间存在一种共同体关系，起于"利益共同体"，走向"命运共同体"。

就实践探索来说，中国慈善的未来发展，应在如下方面着力跟进。

其一，传承与创新慈善形式，让传统慈善在当代中国重新焕发生机。慈善的当代转型并不意味着与传统相割裂。相反，传统慈善中有许多值得传承的观念与做法，恰好有助于解决当代慈善发展中遇到的一些问题。譬如宗族慈善便有助于当代基层社会治理体系中"善治"格局的形成，但宗族慈善旗号也容易成为滋生个人极端威权乃至地方黑恶势力的借口。宗教慈善亦是如此，其在安抚弱势群体心理、稳定社会秩序方面，有着世俗慈善无法比拟的优势，但也极易将人引入精神虚无世界。对于这些问题，都应秉持取其精华而弃其糟粕的"扬弃"态度，将传统慈善中的优秀养分吸收进当代慈善事业之中。

其二，在制度和法律框架内，将慈善行为与商业方式相结合，探索慈善资本运营路径。作为一种资源分配方式，慈善事业同样需要运营成本，需要遵守市场规律。这些不是个人崇高道德便能一并解决的问题，必须有厚实的物质基础。慈善资本的发展，恰好可使其充当这一经济来源。目前，中国慈善资本运营之路尚处于起步阶段，社会各界的认识远未达到共识高度。关于慈善资本运营的争议，也可看作结果正义与过程正当之间的矛盾。支持者更看重取得的社会成效，反对者更强调过程的正当性。若以慈善目的观之，无论施受双方，其显然更关心结果是否有效，而非过程是否正当。而且，慈善资本运营还能有效解决薪酬过低导致公益从业人员大量流失的问题。毕竟对从业者来说，他们不仅需要服务社会，还需要在社会中谋生立足，这是无法回避的现实问题。

其三，理顺慈善事业中的官民关系，推动慈善事业走民办官助的社会化道路。政府应对慈善事业的民间主体性有一清晰认识，将自己从决策、参与者角色转变为支持、监管者角色，放手让权于民间慈善组织，推动红十字会等官办慈善组织的民营化转向，并为慈善事业营造一个良好的政策环境。反过来，慈善组织也应该主动接受政府监管。慈善组织一旦完全脱离了政府监管，便极有可能沦为不法资本的藏身之处，慈善极有可能成为其漂白手段。倘若如此，慈善便不再为善，反为恶。此外，还应在政府部门和慈善组织之外，建立、健全第三方审计平台，尽可能保证善款流向的公开与透明。可以说，慈善组织主导、政府部门监管、第三方审计、全体公民参与的模式，应是中国慈善事业未来发展中值得探索的方向。

其四，完善慈善法制建设，进入慈善法治时期。《慈善法》虽已颁行，但其只对慈善事宜做了纲领性规定，具体的法律表述和解释尚需在实践过程中不断补充及订正，这是今后慈善法制建设的首要内容。同时，《慈善法》出台是立法的结果，但执行情况如何，则有待检验。故立法之后的执法和司法工作，同样是慈善法制建设的重要内容。此外，《慈善法》的宣传、解读、培训工作亦不可忽视，《慈善法》需要深入群众中，不能被束之高阁。故公益行业从业人员、政府民政部门人员、法律从业人员、慈善理论研究人员、普通民众等群体，都要主动接受《慈善法》的培训，学习《慈善法》，这也是敦促社会各界守法、护法的必要举措。

其五，培育慈善专业人才，走慈善专业化道路。虽然慈善专业学历人才培养的试点工作已经展开，但对于快速发展的慈善事业来说，试点力度远远不够。故此，高校"慈善学"专业的设置及相关学科体系的建立，是慈善专业学历人才培养工作的当务之急，也是国内慈善人才培养突破自发探索，进入自觉发展阶段的必要方式。同时，应该深化慈善理论研究，尤其需要探索、建立中国本土慈善学理论体系，满足本土实践需要，解决西方"拿来主义"的水土不服问题。

五　结语

新中国成立七十年来，中国慈善事业经历了停滞—复苏—发展—繁荣的曲折过程，尤其是改革开放四十年来，更是进入当代发展及转型期，逐渐从精英慈善发展到公民慈善，从熟人慈善发展到陌生人慈善，从自发生长型慈善发展到法制规范型慈善，从慈善救济事业发展到公益慈善行业，成为新时代社会建设与人们生活的重要组成部分。

回顾并思考中国慈善七十年发展史，可以清醒地认识到，（1）慈善是普遍的社会现象，并非某一社会制度或意识形态的特有产物。作为民生兜底保障的方式，慈善能够有效弥补政府社会保障体系的不足，填补遗漏之处，有助于社会秩序的良性运转。（2）当代中国慈善事业发展的根本保证在于社会经济与国家政策两个刚性条件。缺少物质基础的慈善事业无异于空中楼阁，缺少政策支持的慈善事业则必将走向萎缩。这正是改革开放之前的三十年与改革开放后四十年中国慈善发展境况迥然不同的主要原因。时至今日，影响中国慈善事业的刚性因素又增添了一个，即互联网时代带来的人们生活方式的改变与技术手段的变革。（3）中国慈善事业的理想状态是人人可以慈善、人人乐于慈善，慈善不再是高尚的道德实践活动，而是大众习以为常的社会行为。欲达到这样一种境界，不仅需要实实在在的慈善财富的增长，也需要潜移默化的慈善文化的推广和普及。（4）中国慈善事业的未来发展，需要个体、政府、慈善组织等共同努力，在理论认识上突破现有思维桎梏，在实践探索上寻找到各关联方的最大利益公约数。（5）中国慈善七十年发展史又是中华慈善千年长河的一部分，其与古代慈善、近代慈善之间，既一脉相承，又与时俱进，形成辩证否定关系。新时代中国慈善事业，更以服务社会主义现代化建设为中心，致力于解决社会贫穷问题，是实现中华民族伟大复兴的重要力量。

参考文献

陈斌（2018）：《改革开放以来慈善事业的发展与转型研究》，中国人民大学博士学位论文。

陈路（1991）：《1990 年我国救灾工作概况》，《中国减灾》，第 2 期。

高冬梅（2009）：《1949～1952 年中国社会救助研究》，中央党校博士学位论文。

中华人民共和国国家统计局、中华人民共和国民政部编（1995）：《中国灾情报告：1949～1995》，北京：中国统计出版社。

高西庆、杨海璇（2016）：《权利导向立法中的权力导向风险——〈慈善法〉的新视角》，《清华法学》，第 6 期。

华东生产救灾委员会编（1951）：《华东的生产救灾工作》，上海：华东人民出版社。

靳环宇等（2018）：《中国慈善通史（当代卷）》，未刊本。

刘威（2009）：《反思与前瞻——中国社会慈善救助发展六十年》，《学术论坛》，第 12 期。

——（2015）：《"好人好事"与中国人的慈善观》，《社会科学战线》，第 8 期。

民政部救灾司（2009）：《庆祝中华人民共和国成立 60 周年特别专题·减灾救灾》，《中国减灾》，第 10 期。

宋宗和（2015）：《2013～2014 年中国慈善捐赠报告》，《中国慈善发展报告 2015》，北京：社会科学文献出版社。

田纪云 (1992)：《田纪云副总理在全国民政系统救灾工作会议上的讲话》，《中国减灾》，第 1 期。

王冠中等 (2011)：《中国当代社会史》（第三卷 1966 ~ 1978），长沙：湖南人民出版社。

王银春 (2015)：《慈善异化及其扬弃》，《马克思主义与现实》，第 6 期。

周秋光等 (2013)：《中国慈善发展的战略思考：历史与现实》，《湖南师范大学社会科学学报》，第 1 期。

周秋光、曾桂林 (2006)：《中国慈善简史》，北京：人民出版社。

——(2007)：《当代中国慈善事业发展历程回顾与前瞻》，《文化学刊》，第 5 期。

郑功成等 (2010)：《当代中国慈善事业》，北京：人民出版社。

中国红十字会总会编著 (1994)：《中国红十字会的九十年》，北京：中国友谊出版公司。

中国百科年鉴编辑部编 (1983)：《中国百科年鉴 1983》，北京：中国大百科全书出版社。

中国年鉴编辑部编 (1988)：《中国年鉴 1988》，北京：新华出版社。

张世飞 (2011)：《中国当代社会史》（第四卷 1978 ~ 1992），长沙：湖南人民出版社。

赵朝峰 (2011)：《中国当代社会史》（第五卷 1992 ~ 2008），长沙：湖南人民出版社。

A Study on the 70 – Year Development of Philanthropy and Charity in the People's Republic of China：1949 – 2019

Zhou Qiuguang   Li Huawen

[**Abstract**] Since the founding of the People's Republic of China in 1949, China's philanthropy and charity has gone through a tortuous process, from stagnation to gradual recovery, to rapid development, and then to prosperity. In the four decades of China's Reform and Opening – up, it has gradually entered the contemporary stage of transformation. The comprehensive development of philanthropy in contemporary China is mainly manifested in the following aspects: the substantial increase of social donation, the increasing number of charitable organizations, the extension of philanthropic activities to the field of social welfare, the breakthroughs in the work of charity legislation, the emergence of internet philanthropy and charity, etc. At the same time, it also faces the dual challenges of external difficulties and internal problems. External dilemmas include undue administrative intervention, unfavorable legal and policy environment, kidnapping of social morality and imbalance between charity supply and demand. The internal problems are mainly manifested in the alienation and immature development of philanthropy. For the future of philanthropy and charity in China, we should not only break the shackles of the existing theoretical constraints, but also improve the practices and methods in our work, and adhere to the principle of "private sector playing the leading role while the government the supporting role".

[**Keywords**] Philanthropy and Charity in the People's Republic of China; The Course of History; The Development Achievements; Today's Difficulties; The Future Path

（责任编辑：蓝煜昕）

中国慈善事业七十年发展探究（1949~2019）

民生保障支出与社会秩序、社会活力关系的实证分析

——兼论我国社会治理的政策思路

王伟进　李　兰[*]

【摘要】确保社会既充满活力又和谐有序是我国社会治理的重要政策目标，二者相互促进，而保障民生是我国加强和创新社会治理的一条重要政策思路。基于 2008～2016 年全国省级面板数据的分析显示，人均民生保障财政支出，特别是社会保障和就业、社区事务类支出的上升对犯罪发生起到抑制作用，社区事务类支出的增加可显著提升社会自组织程度与社会捐赠水平。此外，公共安全类支出的增加显著提升社会自组织的程度，而一般公共服务财政支出的增加对社会自组织程度有显著负向影响。这些发现的重要启示是，应坚持在保障和改善民生中加强和创新社会治理，高度重视社会保障与就业的稳定器作用以及社区事务的撬动载体作用，更加注重政府部门与社会部门间、社会管理部门与民生服务部门的协同，更加注重社会秩序与社会活力的平衡。

【关键词】社会治理；民生保障支出；社会秩序；社会活力

---

* 王伟进，法学博士，国务院发展研究中心公共管理与人力资源研究所副研究员；李兰，国务院发展研究中心公共管理与人力资源研究所副所长、研究员。

加强和创新社会治理是新时期国家建构的重要内容，关系到经济社会的协调发展，以及国家治理体系和治理能力的现代化。社会治理的政策目标是什么？政府采取了何种推进思路？其效果又如何？这是社会治理创新所需回答的一组基本问题。本文将基于国家政策文本与统计数据进行实证分析，对这些问题进行回答。

一　我国社会治理的政策目标与测量

　　要弄清我国社会治理的目标，须回到党的重要决议中去。党的十八届三中全会提出全面深化改革的总目标是完善和发展中国特色社会主义制度，推进国家治理体系和治理能力现代化。会议首次提出"社会治理"概念，要求"加快形成科学有效的社会治理体制，确保社会既充满活力又和谐有序"①，表明社会治理要达到的政策目标正是形成充满活力又和谐有序的社会局面。四年之后，党的十九大在描绘 2035 年基本实现社会主义现代化时，提到"现代社会治理格局基本形成，社会充满活力又和谐有序"（习近平，2017a：23、28），重申了党的十八届三中全会提出的社会治理政策目标。

　　在我国，社会治理从社会管理发展而来，党的十六届四中全会以来的社会建设与社会管理探索为理解社会治理的政策目标提供了历史素材。党的十六届四中全会决定的有关表述已充分体现了社会管理的两组目标：一是"和谐社会""社会安定团结""社会公平正义"；二是"调动一切积极因素""各尽其能、各得其所""激发社会活力"。党的十六届六中全会的有关决定同样体现了和谐社会建设的两维目标：一是人民"和谐相处""安居乐业"，社会"安定有序""公平正义""秩序良好"，国家"长治久安"；二是社会"充满活力"，"人民各尽其能、各得其所"。在此之前，党的十六大提出全面建设小康社会的目标更多强调社会秩序。再往前，新中国成立前后国家对社会安定团结曾进行过强调。正是从党的十六届四中全会开始，社会活力也是经济社会发展的需要得到强调，社会安定是兼顾社会活力的安定。

　　需要说明的是，地方政府在推进社会治理实践中的目标可能是多重的，不

---

① 《中共中央关于全面深化改革若干重大问题的决定》，人民出版社，2013，第 3~4、49~52 页。

限于社会秩序与社会活力，本文主要在政策层面讨论。一些学者认为，社会治理的不同目标指向不同的实现路径，并导致不同的社会治理面孔，而这不同的实践目标就包括社会民生或公共服务（王丽萍、郭凤林，2016），部分研究则直接将社会治理等同于提供公共服务，并据此测量社会治理（田发、周琛影，2016）。一些学者则提出，社会治理创新本质上是要建设服务型政府（孔繁斌，2012）。无论是政府治理创新，还是公共服务创新，均具有化解社会矛盾、增进社会活力的作用，很多地方政府也将其作为社会治理创新的重要政策部署。但是，手段不等于目标，我国社会治理的主要政策诉求是和谐、稳定与必要的社会活力的统一。正如总书记所说的，社会治理"管得太死，一潭死水不行；管得太松，波涛汹涌也不行"（习近平，2017b：125）。而且从社会治理的政策目标上看，党的重要文件中有关社会治理创新明确提到的目标，或者社会治理的直接目标是社会有序与充满活力。从"五位一体"总体布局看，政府治理创新属于政治建设，而社会治理与社会民生事业并列组成社会建设，在我国当前的政策体系下，社会治理不等同于公共服务或民生事业。因此，本文从政策层面讨论的社会治理目标是社会秩序与社会活力。

明确了社会治理的政策目标包含社会活力与社会秩序两方面，一个自然而然的问题是如何进行测量与评估。这是理论问题，也是实践问题，关系到中央对地方、上级对下级的考评，关系到社会治理工作的优先方向。

理论层面，社会秩序反映的是社会规范被遵守的状态，蔑视社会秩序最明显最极端的表现被认为是犯罪（马克思、恩格斯，1956：416）。福山指出，"正式的刑法只规定了很小一部分被社会全体人民同意遵守的社会规则。触犯这样的法律……对整个大的社区及其规范体系造成了侵害"，此外，信任是"构成社会资本的合作性社会规范的主要副产品"。据此，福山将犯罪、信任作为社会资本的测量指标，而他定义的社会资本正是"根植于群体关系之中的社会规范"（福山，2015：27~53）。国内学者曾尝试根据我国实际情况构建社会秩序或者社会稳定指数。比如，朱庆芳（2005：371~380）较早建立了社会秩序指数，所用指标包括每万人警察人数、每万人刑事案件立案率、每十万人贪污贿赂渎职受案率、每万人治安案件发生率、每十万人各类事故死亡率等。再如，胡联合、胡鞍钢、王磊（2007）从社会冲突的视角入手来测量社会不稳定状态，构建了圆桌政治（信访、民间纠纷案件、行政诉讼案件等）、夜晚政治（违法活动、犯罪活动）、聚众政治（群体性事件）三类指标。但是上述数据大多难以被公开获取，在省级层面除了犯罪率数据外更是如此，这限制了我们对我国分地区考量社会秩序的指标选择。

虽然缺乏权威定义与文献证据，但社会活力在我国现实生活中更多体现为社会自组织、公益慈善行为、社会参与等。国务院发展研究中心公共管理与人力资源研究所 2018～2019 年对全国 31 个省区市 132 名政府政策咨询人员的问卷调查显示，社会活力更多被认为是社会参与度高（30.5%）、阶层流动性好（12.2%）、社会信任度高（10.7%）、社会组织发达（9.2%），可见最能体现社会活力的是社会参与。① 我们认为，社会组织是现代社会公民社会参与的组织中介，而社会捐赠是社会参与在资源方面的体现，而且较之阶层流动、社会信任，这两个指标可通过国家统计局分省年度数据库直接获得。

在地方实践层面，我们对省级组织、人事与政法系统的调研显示，社会治安状况、安全生产、群体性事件、重大舆情事件等公共安全指标及一般政府公共服务满意度等间接指标是地方政府社会治理考核的重点。由于综治部门在人事提拔评先中具有重要评价权，综治模块的社会维稳类"硬指标"具有极大的行政效力，而反映社会活力的指标在社会治理实际工作中尚未得到充分体现。

综上，考虑到数据可得性，我们认为犯罪发生率可以作为社会秩序的参考指标，社会自组织程度、社会捐赠水平可作为社会活力的测量指标。

二　民生保障与社会秩序、社会活力关系的理论基础

在确保社会既充满活力又和谐有序的过程中，政府使用了多种政策工具，这包括：提高人民的收入水平，改善公共服务，推进网格化的社会管控，对干部实行严格的问责制，全方位提升应急管理能力，培育与壮大社会组织，鼓励基层开展议事协商类的创新，等等。这些政策工具有柔有刚，服务与管理并重，多样化的政策工具体现了社会治理牵涉部门众多的特征。

不过，从政策思路与地方实践来看，我国各级政府普遍把民生保障作为推进社会治理工作的重要抓手。在中央层面，党的重要文件反复强调保障民生在

---

① 参见国务院发展研究中心公共管理与人力资源研究所"我国社会治理创新发展研究"课题组《基于全国政策咨询系统的社会治理问卷调查报告（2018～2019）》（工作报告）。

正确处理改革发展稳定关系中的重要性。比如，党的十六大报告要求"把不断改善人民生活作为处理改革发展稳定关系的重要结合点"。党的十六届四中全会提出必须"把发展作为解决中国一切问题的关键"。党的十六届六中全会系统提出了"社会要和谐，首先要发展"的命题，指出"更加注重发展社会事业，推动经济社会协调发展"。党的十七大、十八大要求，"把保障和改善民生放在更加突出的位置"，最大限度增加和谐因素，增强社会创造活力。在地方层面，在保障民生中促稳定也是基本思路。我们调研了解到，不少地方干部认为，多数社会矛盾是由发展不充分不平衡导致的，社会治安综合治理工作是治标，解决背后的民生保障问题是治本。在发达地区，浙江省从 2006 年起就推出民生十件实事，省政府每年拿出新增财政的 2/3 用于改善民生，由群众票选决定省政府要办的十件实事，着力解决群众最关心的利益问题，进而促进社会有序又充满活力。欠发达地区的干部更是认为，保障与改善民生是一项紧迫的任务，是社会治理的基础，就业、教育、医疗、养老等问题得不到很好解决，社会治理是空的，要让百姓得到改革红利，才能将矛盾化解在基层。

那么，对民生保障与社会秩序、社会活力间的关系，学界如何看待？在经典社会理论家看来，社会秩序与社会活力的重大变化被认为是由社会结构变迁引发的。比如，涂尔干认为，社会分工过快而社会规范跟不上，就会导致社会失范。以自杀为例，当社会规范对什么可以做、什么不可以做还处于摇摆不定的状态时，人们会陷入矛盾状态之中，容易引起失范型自杀。Felson 和 Cohen（1980）也认为，犯罪率的增高是因为司法打击、社区和家庭控制赶不上社会结构性的变化。历史上，英美两国在 18 世纪末到 19 世纪中期先后出现过明显的道德衰败现象（大城市犯罪率上升、家庭破裂、人们彼此孤立、酒类销量增加等），这被直接归因于第一次工业革命对社会规范的冲击（福山，2015：200~205）。再如，"全球结社革命"的主要动力来源被认为包括国家社会发展能力的普遍危机、新自由主义共识危机及中产阶层壮大等（萨拉蒙，2002：3~5）。在诸多结构因素中，大量研究将注意力放到了民生保障上，具体如下。

一是社会福利与社会秩序。整体上，社会福利与犯罪间的关系并无定论。一些研究发现，救济费支出或者社会保障补助支出增加可以显著降低犯罪率（Johnson，et al.，2007；陈刚，2010）；社会福利和社会援助计划可以增加穷人和富人间的交流，从而缓解穷人的社会隔离感，提升他们遵从社会规范的意愿

（Cullen，1994）；政府增加社会福利支出可以减少人们投入非法活动的时间，进而减少犯罪（Zhang，1997）。另一些观点认为，社会福利援助计划也可能弱化家庭、企业对个人行为的控制而增加犯罪（Rosenfeld，1986）。一些学者提出，理解我国社会治理有社会控制、公共服务、社会组织、国家建设和社会改策等路径，其中社会政策路径致力于对公民社会权利的维护和人类需要的满足，注重保障和改善民生，提供服务和福利，并注意到社会福利已经成为发达市场经济国家的最大产业（岳经纶、邓智平，2017：13～39）。

二是就业与社会秩序。虽然失业率与犯罪的因果关系未定，但失业率被认为是犯罪特别是财产性犯罪很好的预测指标（Aaltonen et al.，2013）。

三是教育与社会秩序。研究表明，教育水平的提高可以减少犯罪（陈硕，2012）。

四是人口流动、居住方式与社会秩序。研究发现，人口流动率与犯罪起诉率显著相关，而租住率与犯罪批捕率显著相关，租住模式及伴随其的生活方式增加了流动人口受害与犯罪风险（程建新等，2016）；我国35个大中城市的面板数据表明，城市房价上涨1%，城市刑事逮捕率上升0.3%，刑事起诉率上升0.252%（石庆玲、郭峰，2017）。

五是收入分配与社会秩序。比如，随着全国居民间、城乡间、地区间贫富差距拉大，各种形式的违法犯罪特别是侵财性犯罪大量增加（胡联合等，2005），而GDP中工资占比的提高可显著减少犯罪发生（陈硕，2012）。

六是民生保障与社会活力。研究表明，在其他条件一定的情况下，当政府提供的公共服务无法让公民满意的时候，社会组织的数量就有可能增加，即社会组织与政府在公共服务供给方面是可以相互替代的（Weisbrod，1974）。在我国，这体现为社会服务机构越多的地区，社会组织密度越小，政府义务教育供给水平低的地区，社会组织密度大，即政府民生保障的不足为社会组织发展提供了空间。此外，就业状况越好的地方，社会组织数量越多；地方医疗卫生服务供给越多的地方，社会组织的密度越大（张晓君、彭正波，2017）。从实践看，我国社会活力的提升主要得益于市场经济发展引发的思想、体制、机制变革，伴随而来的是民生保障领域对社会组织发展的需求增长。分类监管社会组织的思路，及政府购买社会组织服务的改革，更是强化了社会组织参与民生保障事业的重要地位。现有研究中缺乏民生保障对社会捐赠水平影响的研究，更多关注经济发展水平、人均收入水平对地区捐赠水平的影响（南锐、翟羽佳，2013）。我们认为，民生保障通过两种渠道影响地区捐赠水平，一是民生保障水平越高，居民实际可支配的收入就越多，也就更有余钱进行社会捐赠；二是当前大量民生保障投入是通过项目实施的，而政府和社会资本合作（PPP）、公办民营等形式创新，为包括社会捐赠在内的社会资本注入提供了依托。

此外，社会秩序与社会活力之间的重要关联也被关注。福山在《大断裂：人类本性与社会秩序的重建》的开篇指出，"关于秩序如何产生，不再认为是政治或宗教方面的等级体系权威自上而下的接受，而认作是在分散的个体基础上实行自组织的结果，这是我们这个时代最有趣也最重要的认知成果之一"（福山，2015：11），即社会自组织是这个时代社会秩序产生的重要原因，而社会秩序源自中央集权的、理性的官僚等级体系是工业时代的代表性观念之一。

总的来看，现有研究主要从教育、就业、住房、社会服务以及收入分配等角度关注犯罪率与社会组织密度的高低，而对政府民生保障支出关注较少，或仅关注救济或面向特殊人群的补缺性社会福利支出（陈刚，2010）、总民生保障支出的影响（毛颖，2011），对教育、医疗卫生、社会保障和社区事务等普惠性重要民生保障支出的影响关注不足（李晔，2015）。一些研究将公共安全支出也纳入民生保障支出范围，应认识到包含武警、公安、检察、法院、司法等内容的公共安全支出多少本身很大程度上取决于犯罪率的高低。

基于上述文献与政策分析，我们提出三条研究假设：（1）民生保障支出增加可降低犯罪率；（2）民生保障支出增加可促进社会组织数量增长；（3）民生保障支出增加可提升社会捐赠水平。

三　民生保障与社会秩序、社会活力关系的实证分析

为了验证上述假设，同时也对我国民生保障的社会治理思路进行效果评估，本部分将进行基于全国宏观数据的相关分析与基于省级面板数据的建模分析。

（一）基于全国宏观数据的考察

改革开放以来，我国 GDP 保持了快速长时期的增长，人均 GDP 的增长态势更为稳定，从 1978 年的 385 元增至 2017 年的 59660 元，这是保障与改善民生、提升社会治理水平的物质基础。如果将民生保障支出占财政支出比重视为民生

保障工作的力度，2003 年以来，教育类、社会保障和就业类、城乡社区事务类、医疗卫生和计划生育类公共财政支出占公共财政总支出的比重都保持了整体增长态势，2017 年分别占到 14.8%、12.1%、10.1% 和 7.1%。将教育、社保、医疗、社区、文体、住房保障与灾后重建支出合计，占比从 2003 年的 17.1% 快速增长到 2017 年的 49.1%（表 1）。这说明，随着经济发展，我国民生保障更加有力，这一时期也正是党的十六届四中全会后我国社会建设快速发展的重要阶段。而从 2007 年到 2015 年，我国公共安全支出的占比是持续下降的，直到近两年才有所回升，反映维持社会秩序的直接费用并没有大幅扩张。

表 1　我国民生保障支出占财政支出比重

单位：%

年份	教育	文化体育与传媒	社会保障和就业	医疗卫生和计划生育	城乡社区事务	地震灾后恢复重建支出	住房保障支出	合计
2003	11.9	2.0		3.2				17.1
2004	11.8	2.1		3.0				16.9
2005	11.7	2.1		3.1				16.9
2006	11.8	2.1		3.3				17.2
2007	14.3	1.8	10.9	4.0	6.5			37.5
2008	14.4	1.8	10.9	4.4	6.7	1.3		39.5
2009	13.7	1.8	10.0	5.2	6.7	1.5		38.9
2010	14.0	1.7	10.2	5.3	6.7	1.3	2.6	41.8
2011	15.1	1.7	10.2	5.9	7.0	0.2	3.5	43.6
2012	16.9	1.8	10.0	5.8	7.2	0.1	3.6	45.4
2013	15.7	1.8	10.3	5.9	8.0	0.0	3.2	44.9
2014	15.2	1.8	10.5	6.7	8.5		3.3	46.0
2015	14.9	1.7	10.8	6.8	9.0		3.3	46.5
2016	15.0	1.7	11.5	7.0	9.8		3.6	48.6
2017	14.8	1.7	12.1	7.1	10.1		3.2	49.0

数据来源：Wind 资讯中国宏观数据库。

从社会秩序方面看，随着经济发展，虽然整体上我国每万人公安机关立案的刑事案件数在上升，由 1995 年的 13.4 起上升至 2015 年的 52.2 起，到 2016 年回降到 46.5 起，但近年我国涉及人身伤害的杀人、强奸、伤害、抢劫罪案件

民生保障支出与社会秩序、社会活力关系的实证分析

在下降（图2）。刑事案件的上升主要来自盗窃、诈骗等经济财产类案件（图1），其中仅盗窃案占到了案件总数的近70%。从公安机关受理的治安案件①数据来看，每万人公安机关受理治安案件数在2012年达到峰值102.3起后开始下降（表2）。从检察院的有关数据来看，每万人人民检察院决定起诉的人数一直在上升，但与公安机关受理治安案件数类似，实际批捕的犯罪嫌疑人数在2012年达到峰值后逐渐在下降（表2）。

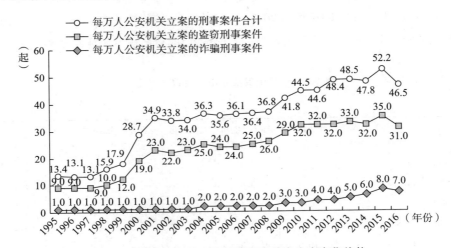

图1 我国公安机关立案的刑事案件发生率变化趋势

数据来源：国家统计局网站。

表2 我国历年犯罪率与治安案件发生率变化趋势

时间	每万人人民检察院决定起诉人数（人）	每万人人民检察院批捕、决定逮捕犯罪嫌疑人数（人）	每万人公安机关受理治安案件数合计（起）
1998年	4.7	4.8	
1999年	5.3	5.3	
2000年	5.6	5.6	
2001年	6.6	6.6	
2002年	6.7	6.1	
2003年	6.3	5.9	
2004年	6.9	6.4	
2005年	7.5	6.7	

① 国外通常将治安案件作为轻罪案件统计。

时间	每万人人民检察院决定 起诉人数（人）	每万人人民检察院批捕、决定 逮捕犯罪嫌疑人数（人）	每万人公安机关受理 治安案件数合计（起）
2006 年	7.8	6.9	56.3
2007 年	8.4	7.1	67.4
2008 年	8.9	7.3	71.2
2009 年	8.8	7.2	88.2
2010 年	8.9	6.9	94.8
2011 年	9.2	6.9	97.1
2012 年	10.6	7.3	102.3
2013 年	10.1	6.6	97.3
2014 年	10.5	6.6	86.3
2015 年	10.4	6.5	85.7
2016 年	10.4	6.1	83.4

数据来源：国家统计局网站。

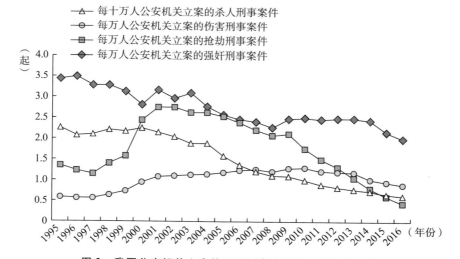

图 2　我国公安机关立案的严重刑事案件发生率变化趋势

数据来源：国家统计局网站。

由此可见，随着经济社会发展，我国刑事案件发生率、检察院决定起诉人数比重等指标反映的整体社会秩序在变差，但人身伤害类刑事案件发生率、检察院批捕犯罪嫌疑人数占比、公安机关受理社会治安案件数等指标显示的社会秩序严重受损的状况在改善。

从社会活力来看，自1998年三类社会组织登记条例陆续出台以来，我国每万人社会组织数一路攀升，2016年更是达到了5.1个，社会自组织程度不断提升（图3）。从人均社会捐赠情况来看，自2008年汶川地震后，我国社会捐赠情况有了整体明显改善，2015年是人均48元。这些都表明随着经济发展和民生改善，社会活力在增强（图3）。

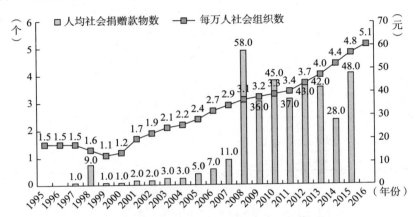

图3　我国每万人社会组织数与人均社会捐赠款物数

数据来源：国家统计局网站。

由此可见，民生保障支出占财政支出比重与犯罪率、每万人社会组织数、人均社会捐赠水平是同步上升的关系。这与把不断改善人民生活作为处理改革发展稳定关系的重要结合点的政策意图不完全一致。不过，犯罪学家提出，随着文书档案管理系统的进步以及罪案报告组织规则的系统化，大多数国家的报案量在增加（福山，2015：39），这样，政府部门受理和处理的案件相对增加，有关发展民生与社会秩序、社会活力的真实关系有待更严谨的统计建模分析。

（二）基于全国31个省区市面板数据的分析

基于全国31个省区市2008～2016年的面板数据，本部分将对民生保障与社会治理两大目标间的关系进行建模分析。

根据前述讨论，被解释变量包括指示社会秩序的犯罪发生率以及指示社会活力的每万人社会组织数、人均社会捐赠款物数。我们延续已有研究做法（陈刚，2010；程建新等，2016），依据各省区市历年检察院工作报告公布的有关数据获得每万人人民检察院批捕犯罪嫌疑人数（人，*larrest*）、每万人人民检察院决定起诉人数（人，*lprose*）作为测量犯罪率的指标，犯罪率用来测量社会秩序，两个指标均进行对数转换。这两个指标的来源为我们通过网络及年鉴渠道能找到的各省区市历年检察院工作报告，由于 2007 年及以前部分数据缺失较多，所以只用 2008 年及以后的数据进行分析。对于一些省区市个别年份犯罪率指标的缺失，我们进行了前后年均值插补处理[①]。每万人社会组织数（人，socialorg）与人均社会捐赠款物数（元，lmongodon）的对数用来测量社会活力，其中各省区市历年社会组织数、社会捐赠款物数、人数据来源为国家统计局网站的分省年度数据模块。

解释变量包括人均教育财政支出（元，edu）、人均医疗卫生与计划生育财政支出（元，healcare）、人均社会保障和就业财政支出（元，social_sec）、人均城乡社区事务财政支出（元，comm_aff），此外我们将加总上述支出得到人均民生保障财政支出（元，live）作为一个汇总指标。需要说明的是，尽管尚无权威的民生保障支出界定，但一个基本共识是，教育、医疗、社会保障是最核心的三大领域（毛颖，2011），由于城乡社区事务财政支出涉及城乡社区公共设施、社区住宅、环境卫生等重要民生，且近年快速增长，我们认为也应纳入进来。而人均住房保障财政支出自 2010 年起才有数据记录，我们暂不纳入汇总的民生保障支出财政考虑。为了考察社会自组织程度对社会秩序的影响，我们在犯罪率模型中加入了每万人社会组织数变量（socialorg）。鉴于地方人均一般公共服务财政支出（元，pubser）可以反映一个地区政府运行和服务的成本和效率，人均公共安全财政支出（元，pubsafty）可以在一定程度上体现地方社会控制的强度，两者均体现了地方政社关系的差异，影响到地方的社会活力，因而在社会活力模型部分增加了这两个控制变量。所有解释变量资料来源为国家统计局网站的分省年度数据模块。

根据前面文献分析和已有研究做法，社会秩序模型对各省区市以下因素进行控制：反映人口拥挤和互相监控程度的城市人口密度 [人/公里², popden，参见雅各布斯（2006），石庆玲、郭峰（2017）等]，反映人口性别结构的人口性别比 [男 = 1，sex_ratio，参见 Messner & Sampson（1991）]，反映人口素质的 6 岁以上人口平均受教育年限 [年，yedu，参见陈刚（2010）、程建新等（2016）]，反映经济发展水平的人均 GDP 对数 [按照 2008 年当地不变价调整，

---

① 进行犯罪率均值插补的省区及年份包括：广西（2012）、西藏（2009、2012）、宁夏（2009、2012）、新疆（2009~2012）。

lpergdp，参见程建新等（2016）]，反映城镇化程度的城镇人口比重 [％，*urbanp*，参见程建新等（2016）]，反映城乡差距的城乡人均可支配收入比 [农村 = 1，*inc_ratio*，参见石庆玲、郭峰（2017）]①，反映地区就业情况的城镇登记失业率 [％，*unemp_rate*，参见程建新等（2016）、Aaltonen et al.（2013）]，反映地区信息化程度的互联网上网人数比重 [％，*internet*，参见贾济东等（2016）]。秩序与活力是社会变迁的动态平衡（李友梅，2019）。在一定体制内，社会秩序与社会活力是既对立补充又相互促进的两面，均反映了政府与社会间的关系，所以在社会活力模型中我们使用了与社会秩序模型大致相同的控制变量。所有控制变量资料均来自国家统计局网站的分省年度数据模块。

1. 民生保障支出与社会秩序

我们首先看民生保障支出与犯罪批捕率间的关系（表 3）。模型 1 ~ 4 显示，单考虑某一方面民生保障支出时，人均社会保障和就业财政支出、人均城乡社区事务财政支出的增加对批捕率有负向影响。再看模型 5，汇总的人均民生保障财政支出增加对批捕率也有显著的负向影响。模型 6 表明每万人社会组织数的变化对批捕率的影响统计不显著。当将民生保障支出和社会活力指标同时考虑时，模型 7 显示人均社会保障和就业财政支出、人均城乡社区事务财政支出增加仍然对批捕率有显著负向影响，而人均医疗卫生与计划生育财政支出对批捕率的影响变为正向；模型 8 显示汇总的人均民生保障财政支出的影响依然显著为负。

表 3　每万人人民检察院批捕犯罪嫌疑人数对数模型

变量	模型 1	模型 2	模型 3	模型 4	模型 5	模型 6	模型 7	模型 8
popden	− 0.000 ***	− 0.000 ***	− 0.000 ***	− 0.000 ***	− 0.000 ***	− 0.000 ***	− 0.000 ***	− 0.000 ***
	(0.000)	(0.000)	(0.000)	(0.000)	(0.000)	(0.000)	(0.000)	(0.000)
sex_ratio	− 0.003	− 0.003	− 0.004	− 0.002	− 0.002	− 0.003	− 0.004	− 0.001
	(0.003)	(0.003)	(0.003)	(0.003)	(0.003)	(0.003)	(0.003)	(0.003)
yedu	− 0.035	− 0.037	− 0.033	− 0.020	− 0.028	− 0.038	− 0.023	− 0.028
	(0.034)	(0.033)	(0.032)	(0.033)	(0.033)	(0.033)	(0.032)	(0.031)
lpergdp	0.036 **	0.035 **	0.047 ***	0.033 **	0.041 ***	0.030 **	0.040 **	0.037 **
	(0.012)	(0.011)	(0.012)	(0.011)	(0.011)	(0.011)	(0.013)	(0.012)

---

① 2013 年以前农村收入指标用居民家庭人均纯收入替代。

变量	模型 1	模型 2	模型 3	模型 4	模型 5	模型 6	模型 7	模型 8
urbanp	0.003 (0.007)	0.004 (0.007)	0.006 (0.007)	0.003 (0.007)	0.005 (0.007)	0.002 (0.007)	−0.001 (0.007)	0.015*** (0.004)
inc_ratio	0.038 (0.058)	0.035 (0.057)	0.082 (0.057)	0.064 (0.056)	0.059 (0.057)	0.029 (0.057)	0.122* (0.058)	0.137** (0.049)
unemp_rate	−0.088** (0.033)	−0.083* (0.033)	−0.067* (0.033)	−0.069* (0.032)	−0.073* (0.033)	−0.094** (0.033)	−0.066* (0.032)	−0.068* (0.031)
internet	−0.006* (0.002)	−0.006* (0.003)	−0.003 (0.003)	−0.004 (0.003)	−0.005* (0.003)	−0.007** (0.002)	−0.000 (0.003)	−0.004 (0.002)
edu	−0.000 (0.000)						0.000 (0.000)	
healcare		−0.000 (0.000)					0.001* (0.000)	
social_sec			−0.000*** (0.000)				−0.001*** (0.000)	
comm_aff				−0.000*** (0.000)			−0.000** (0.000)	
live					−0.000** (0.000)			−0.000*** (0.000)
socialorg						−0.010 (0.012)	0.002 (0.012)	−0.003 (0.012)
_cons	2.737*** (0.636)	2.685*** (0.618)	2.245*** (0.600)	2.268*** (0.593)	2.292*** (0.623)	2.935*** (0.587)	2.370*** (0.607)	1.371** (0.455)
N	278	278	278	278	278	278	278	278
R−sq	0.281	0.284	0.319	0.324	0.302	0.280	0.366	
Hausman 检验 p 值	0.001	0.026	0.003	0.012	0.039	0.000	−84.710	0.113

注：根据 Hausman 检验，除模型 8 为随机效应模型外，其他模型均为固定效应模型，其中模型 7 的 Hausman 检验卡方值是负值，参考 Stata 7.0 Reference 及连玉君等（2014）的建议，我们选择汇报固定效应模型结果，下同。括号内数据为标准误，* 表示 $p < 0.1$，** 表示 $p < 0.05$，*** 表示 $p < 0.001$。

可见，人均民生保障财政支出增加能够降低检察院批捕反映的犯罪率，其中，人均社会保障和就业财政支出和人均城乡社区事务财政支出的犯罪抑制作用最为显著，而社会自组织程度提高并不能显著降低批捕率反映的社会犯罪率。医疗支出的增加一方面提升了民生社会保障水平，另一方面也反映了在医保高覆盖后人们就医行为的增加，在医疗卫生体制未发生根本性变化的情况下，单一就医次数的增多也可能使医患纠纷的发生风险更高。

我们再看民生保障支出与犯罪起诉率间的关系（表 4）。模型 1 到模型 4 显示，单考虑某一方面民生保障支出时，仅有人均社会保障和就业财政支出的增加能显著降低起诉率反映的社会犯罪率，模型 5 表明人均民生保障财政支出与起诉率反映的犯罪率之间并无统计关联。模型 6 表明，社会自组织程度的提高并非降低而是提升了犯罪起诉率。同时考虑民生保障支出与社会自组织程度时，模型 7 表明，人均社会保障和就业财政支出与人均城乡社区事务财政支出的增加都降低犯罪的起诉率，社会自组织程度的影响效应在增大。这表明，各省的人均社会保障和就业财政支出、人均城乡社区事务财政支出的增加都能够对犯罪起到抑制作用。而社会自组织程度则可能通过增加和提升利益表达、权益维护的渠道与意识，提升了犯罪起诉率，但并没有提升批捕率反映的真实犯罪率，社会自组织充当"社会安全阀"保护社会秩序的作用可能依然存在。

表 4　每万人人民检察院决定起诉人数对数模型

变量	模型 1	模型 2	模型 3	模型 4	模型 5	模型 6	模型 7	模型 8
popden	−0.000 * (0.000)	−0.000 * (0.000)	−0.000 * (0.000)	−0.000 * (0.000)	−0.000 * (0.000)	−0.000 * (0.000)	−0.000 * (0.000)	−0.000 * (0.000)
sex_ratio	−0.003 (0.003)	−0.002 (0.003)	−0.003 (0.003)	−0.002 (0.003)	−0.002 (0.003)	−0.003 (0.003)	−0.003 (0.003)	−0.002 (0.003)
yedu	0.017 (0.030)	0.020 (0.030)	0.025 (0.030)	0.028 (0.030)	0.023 (0.030)	0.016 (0.029)	0.029 (0.029)	0.022 (0.029)
lpergdp	−0.000 (0.012)	0.002 (0.011)	0.011 (0.012)	0.004 (0.011)	0.005 (0.011)	0.006 (0.011)	0.009 (0.012)	0.013 (0.011)
urbanp	0.010 ** (0.004)	0.010 ** (0.004)	0.010 * (0.004)	0.010 ** (0.004)	0.010 ** (0.004)	0.009 * (0.004)	0.009 * (0.004)	0.009 * (0.004)
inc_ratio	0.061 (0.048)	0.062 (0.048)	0.068 (0.048)	0.071 (0.048)	0.062 (0.048)	0.074 (0.047)	0.125 * (0.049)	0.079 * (0.047)
unemp_rate	−0.098 ** (0.030)	−0.096 ** (0.030)	−0.083 ** (0.030)	−0.084 ** (0.030)	−0.091 ** (0.030)	−0.091 ** (0.029)	−0.067 * (0.029)	−0.081 ** (0.030)
internet	0.002 (0.002)	0.003 (0.002)	0.005 * (0.002)	0.004 * (0.002)	0.004 * (0.002)	0.001 (0.002)	0.005 * (0.002)	0.003 (0.002)
edu	0.000 (0.000)						0.000 (0.000)	
healcare		0.000 (0.000)					0.000 (0.000)	

变量	模型 1	模型 2	模型 3	模型 4	模型 5	模型 6	模型 7	模型 8
social_sec			−0.000 * (0.000)				−0.000 ** (0.000)	
comm_aff				−0.000 * (0.000)			−0.000 ** (0.000)	
live					−0.000 (0.000)			−0.000 * (0.000)
socialorg						0.033 ** (0.011)	0.040 *** (0.011)	0.038 *** (0.011)
_cons	1.970 *** (0.444)	1.894 *** (0.433)	1.704 *** (0.434)	1.615 *** (0.447)	1.787 *** (0.446)	1.813 *** (0.420)	1.441 ** (0.452)	1.595 *** (0.441)
N	278	278	278	278	278	278	278	278
Hausman 检验 p 值	0.201	0.279	0.293	0.412	0.206	0.173	0.879	0.675

注：根据 Hausman 检验，模型均为随机效应模型。括号内数据为标准误，* 表示 $p < 0.1$，** 表示 $p < 0.05$，*** 表示 $p < 0.001$。

由此，我们认为假设 1 得到验证。此外，无论是在起诉率模型还是批捕率模型中，城市人口密度增大显著降低犯罪率，这说明人与人间的互相监控机制（雅各布斯，2006）在发挥作用。起诉率模型还表明，城镇化水平与起诉率反映的犯罪率统计正相关，这可能与已有研究中人口流动带来犯罪机会的增多有关；而批捕率模型表明，人均 GDP 反映的地区经济发展水平与批捕率反映的犯罪率统计正相关，这说明经济活跃带来价值观念的多元化、犯罪机会的增多，但这种作用在起诉率模型中并不存在。城乡收入差距与批捕率反映的社会犯罪率正相关，但与起诉率反映的犯罪率统计上不相关。无论是批捕率还是起诉率模型都表明，城镇登记失业率与犯罪率显著负相关，这可能与登记的失业率无法真实测量我国各地区的失业水平有关。此外，信息化水平的提升在一定程度上能够降低犯罪发生率，但这种影响不稳定，暗示信息化对社会治理而言是把双刃剑。

2. 民生保障支出与社会活力

首先我们看民生保障支出与社会自组织程度间的关系，对假设 2 进行验证（表 5）。结果表明，在控制地区人口、经济、就业、政府治理因素后，模型 1 ~ 5 的结果显示，仅有人均城乡社区事务财政支出的增加对社会自组织程度有显著促进作用。在进一步控制各分项民生保障财政支出后，人均城乡社区事务财政支出增加促进社会组织发展、提升社会活力的作用强度更大（模型6）。在快速的城镇化进程中，社区事务由于与居民日常住行的高度关联性，成为越来越重要的民生，是公共事务的典型领域，可以通过公益创投、自治基金、PPP、捐赠等形式有效吸纳社会资源。人均城乡社区事务财政支出与人均社会捐赠款物数的正向相关，说明社区事务是多元共治、人人参与、人人尽责的天然领域。

值得关注的是，在所有模型中，人均一般公共服务财政支出对社会自组织程度体现的社会活力有显著负向影响，这暗示政府与社会组织存在潜在资源竞争关系，政府公共服务财政支出过高会压缩社会组织的生存空间，而简政放权等举措有利于社会组织发展空间的拓展。人均公共安全财政支出则对社会自组织程度体现的社会活力有保护作用，这表明致力于维持社会秩序的必要社会控制（公共安全）投入是社会活力的基础，社会活力同样依赖于社会秩序，社会治理两目标间存在相互促进关系。此外，城镇化水平对地方社会自组织程度有显著促进作用，城镇化水平每提高10个百分点，地方每万人社会组织数提高1.4个百分点（模型6）。

表5　每万人社会组织数对数模型

变量	模型1	模型2	模型3	模型4	模型5	模型6
popden	0.000 (0.000)	0.000 (0.000)	0.000 (0.000)	0.000 (0.000)	0.000 (0.000)	0.000 (0.000)
sex_ratio	0.002 (0.014)	0.003 (0.014)	0.003 (0.014)	−0.001 (0.014)	0.002 (0.014)	−0.003 (0.014)
yedu	0.293* (0.172)	0.299* (0.168)	0.305* (0.169)	0.209 (0.168)	0.246 (0.170)	0.216 (0.172)
lpergdp	−0.050 (0.079)	−0.047 (0.077)	−0.060 (0.075)	−0.020 (0.075)	−0.028 (0.077)	−0.008 (0.079)
urbanp	0.138*** (0.035)	0.131*** (0.036)	0.140*** (0.035)	0.143*** (0.034)	0.129*** (0.035)	0.144*** (0.036)
inc_ratio	−0.202 (0.292)	−0.173 (0.293)	−0.207 (0.297)	−0.260 (0.287)	−0.248 (0.291)	−0.139 (0.307)
unemp_rate	−0.356* (0.170)	−0.369* (0.170)	−0.352* (0.170)	−0.396* (0.166)	−0.404* (0.170)	−0.376* (0.169)
pubser	−0.004** (0.001)	−0.003*** (0.001)	−0.003*** (0.001)	−0.003** (0.001)	−0.004*** (0.001)	−0.003* (0.001)

变量	模型1	模型2	模型3	模型4	模型5	模型6
pubsafty	0.007*** (0.002)	0.007*** (0.002)	0.008*** (0.002)	0.005** (0.002)	0.005** (0.002)	0.005** (0.002)
internet	−0.020 (0.013)	−0.019 (0.013)	−0.020 (0.014)	−0.027* (0.013)	−0.025* (0.014)	−0.020 (0.014)
edu	0.000 (0.001)					−0.000 (0.001)
healcare		0.001 (0.001)				0.001 (0.002)
social_sec			0.000 (0.001)			−0.001 (0.001)
comm_aff				0.001** (0.000)		0.002** (0.000)
live					0.000* (0.000)	
_cons	−3.428 (3.211)	−3.354 (3.139)	−3.662 (3.143)	−2.299 (3.086)	−2.284 (3.181)	−2.834 (3.193)
N	278	278	278	278	278	278
R−sq	0.569	0.570	0.569	0.585	0.575	0.588
Hausman 检验 p 值	0.000	0.001	−126.650	0.000	0.000	0.000

注：根据 Hausman 检验，模型均为固定效应模型，模型 3 汇报的是 Hausman 卡方值。括号内数据为标准误，* 表示 $p < 0.1$，** 表示 $p < 0.05$，*** 表示 $p < 0.001$。

再看民生保障支出与人均社会捐赠款物数间的关系，对假设 3 进行验证（表 6）。在控制人口、经济、就业、政府治理类变量后，结果显示人均医疗卫生与计划生育财政支出的增加对社会捐赠有抑制作用（模型 2），在进一步控制教育、社会保障、社区事务三项民生保障支出后，医疗卫生与计划生育财政支出的抑制作用依然显著，同时人均城乡社区事务支出对社会捐赠的促进作用变得显著（模型 6）。这可能反映，人均医疗卫生与计划生育财政支出反映了一个地区的健康维护成本，作为一种刚需，它消耗的地区社会财富越多，可以腾挪出来的公益捐赠款物越少。此外，人均 GDP 与人均社会捐赠款物数也有统计显著的正向关联，说明经济发展通过多种渠道增加和增强了公益参与的机会与意愿，经济发展是社会活力的推进器。

表 6 人均社会捐赠款物数对数模型

变量	模型 1	模型 2	模型 3	模型 4	模型 5	模型 6
popden	0.000*	0.000*	0.000*	−0.000	−0.000	−0.000
	(0.000)	(0.000)	(0.000)	(0.000)	(0.000)	(0.000)
sex_ratio	−0.010	−0.009	−0.012	−0.010	−0.011	−0.011
	(0.016)	(0.015)	(0.016)	(0.016)	(0.016)	(0.015)
yedu	−0.224	−0.234	−0.288	−0.620***	−0.531**	−0.451**
	(0.212)	(0.204)	(0.208)	(0.165)	(0.170)	(0.165)
lpergdp	−1.740	−2.016*	−1.618	−0.986	−0.418	−1.669+
	(1.175)	(1.162)	(1.184)	(0.896)	(0.864)	(0.883)
urbanp	0.015	0.071	0.009	0.116***	0.098***	0.086***
	(0.062)	(0.067)	(0.068)	(0.025)	(0.026)	(0.025)
inc_ratio	0.562	0.442	0.502	0.926**	0.904**	0.438
	(0.407)	(0.393)	(0.413)	(0.294)	(0.295)	(0.309)
unemp_rate	0.474*	0.503*	0.444*	0.163	0.253	0.265
	(0.226)	(0.222)	(0.226)	(0.178)	(0.179)	(0.174)
pubser	0.003*	0.002	0.002	0.002	0.002	0.003
	(0.002)	(0.002)	(0.002)	(0.001)	(0.001)	(0.002)
pubsafty	0.005	0.012*	0.002	−0.001	0.004	0.005*
	(0.004)	(0.005)	(0.005)	(0.003)	(0.003)	(0.003)
internet	0.031	0.024	0.033	0.002	0.009	0.021
	(0.021)	(0.021)	(0.022)	(0.016)	(0.017)	(0.016)
edu	−0.002					−0.000
	(0.001)					(0.001)
healcare		−0.005**				−0.005*
		(0.002)				(0.002)
social_sec			−0.001			−0.001
			(0.001)			(0.001)
comm_aff				0.001		0.002***
				(0.001)		(0.001)
live					−0.000	
					(0.000)	
_cons	16.456	16.516	16.932	9.231	3.024	16.607*
	(11.183)	(10.996)	(11.248)	(8.811)	(8.458)	(8.740)
N	185	185	185	185	185	185
R-sq	0.194	0.220	0.184			
Hausman 检验 p 值	0.000	0.000	0.001	0.076	0.494	0.162

注：根据 Hausman 检验，模型 1~3 为固定效应模型，模型 4~6 为随机效应模型。括号内数据为标准误，* 表示 $p < 0.1$，** 表示 $p < 0.05$，*** 表示 $p < 0.001$。

由上可见，假设 2 与假设 3 均未被拒绝，即民生保障财政支出（即城乡社区事务类财政支出）的增加可以促进社会组织数量增长与社会捐赠水平的提升。

3. 稳健性分析

对内生性问题缺乏适当处理，是现有犯罪率研究在方法上的一个重要缺陷，犯罪率和社会福利支出可能同时受到某些未观测因素影响，比如劳动力市场特征影响，导致估计的有偏和不一致（陈刚，2010）。我们一方面尽可能控制经济增长、收入差距、失业率、城镇化、教育这些潜在共性因素，一方面按照计量经济学常用策略，将解释变量的滞后一期纳入模型进行估计，以减轻解释变量与随机扰动项间的同期内生性（陈刚，2010）。

鉴于篇幅限制，我们这里汇报主要结果，除了部分系数的显著性水平变化，上述结果依然成立，具体如下①。（1）对于批捕率模型，我们关注的自变量结果与未进行滞后处理的模型保持一致，即人均民生保障财政支出，特别是社会保障与社区事务类财政支出的增加能够起到抑制犯罪作用。（2）对于起诉率模型，我们关注的自变量结果与未进行滞后处理的模型保持一致，即社会保障和社区事务类财政支出的增加能够起到抑制犯罪作用；社会自组织程度提高能够提高起诉率，主要不同是系数的显著性水平从 0.01 降为 0.05，单独考虑社会保障支出时模型不再显著。（3）对于社会自组织模型，我们关注的自变量结果与未进行滞后处理的模型保持一致，即社区事务类财政支出增加能够显著增强社会的自组织程度，主要区别是系数从 0.002 下降为 0.001，显著性水平从 0.01 降为 0.05，模型的解释力增强。（4）对于社会捐赠模型，我们关注的自变量结果与未进行滞后处理的模型基本保持一致，即社区事务类财政支出增加能够显著提升人均社会捐赠额度，显著性水平从 0.001 降为 0.05，但医疗卫生与计划生育财政支出的提升作用不再显著。

四　总结与讨论

上述分析表明，当前我国社会治理有社会秩序和社会活力两个基本的政策目标，这一目标代表了国家对理想社会的期许，是对单一强调维稳与社会安定

---

① 如需详细结果，请联系作者。

的发展，是我国经济社会协调发展的内在需要。在向实践转化的过程中，社会秩序直接体现为社会治安、维稳、安全生产等公共安全类考核约束，得到高度重视，而社会活力类指标尚未得到充分关注。其原因在于，干部岗位目标考核是中央监督地方的主要机制之一，而这些目标常被分为经济增长、社会稳定等"硬指标"，以及内容更多但约束性低得多的"软指标"，在执行过程中地方基于权衡会更好地执行"硬指标"（Manion，1985；谢岳、党东升，2015）。

无论是在政策层面还是地方实践层面，无论是在东部省份还是西部省份，发展要务论、民生基础论成为我国社会治理事实上的基本遵循，通过民生保障实现社会有序成为我国社会治理的基本思路。这一选择有实证依据，比如社会福利支出增加减少犯罪发生等，另外，也受到理论的反驳，比如工业革命带来英美等国社会的一度失范，发展带来贫富差距、人口流动等问题，进而导致犯罪增加。

那么，民生保障在我国社会治理中的实际效果如何？数据显示，改革开放以来，我国经济发展确实带来了民生保障状况的改善。与此同时，公安机关立案的刑事案件发生率、人民检察院决定起诉的犯罪发生率反映的社会秩序整体上在变差，但恶性刑事案件发生率、检察院批捕犯罪嫌疑人数比重显示的社会秩序受到严重损害的状况在改善，公安机构受理的治安案件发生率显示的社会秩序近年也有较大改善。从社会活力维度看，我国每万人社会组织数稳步增长，人均社会捐赠款物数因2008年"汶川地震"实现突破。这暗示，民生保障与严重损害社会秩序事件发生率的下降、社会自组织程度的提升、人均社会捐赠款物数的增长有着正向相关。基于全国31个省区市连续9年的面板数据分析就此提供了更系统的答案。

在民生保障与社会秩序方面，人均民生保障财政支出的增加可以起到抑制犯罪的作用，其中，社会保障和城乡社区事务类支出作用尤为显著。结果表明，人均民生保障财政支出特别是社会保障和就业、城乡社区事务财政支出能够对犯罪起到抑制作用，而医疗支出则与犯罪率呈统计正相关关系。这印证了社会保障的社会"安全网"和"稳定器"功能（赵怡，2007）。根据 Becker（1968）的"成本—收益"犯罪理论模型，如果从事违法行为的预期效用超过将时间和资源用于从事其他活动带来的效用，人们便会从事违法活动。教育、医疗、社会保障、社区等民生保障支出的缺失降低了犯罪的机会成本，人们通过犯罪手段获取收益的行为就会增多。但不同于已有研究将总体犯罪率的升高归因于民生保障支出的弱化（李晔，2015），全国数据表明，近年全国财政支出中民生保障支出占比以及地方各省2008年以来的人均民生保障财政支出均是整体上升的，犯罪率的升高应主要源于经济发展和城镇化导致的经济类犯罪的增多。

在民生保障与社会活力方面，结果显示人均城乡社区事务财政支出对社会自组织程度具有显著促进作用，而一般公共服务支出则有显著抑制作用。首先，城乡社区事务财政支出对社会自组织程度和社会捐赠有促进作用，假设2和3得到支持。连同前面对犯罪的抑制作用，这些说明推进重心下移、以社区为基础推进社会治理具有多方面的效益（蓝志勇、李东泉，2011）。其次，作为假设外发现，一般公共服务支出的抑制作用暗示进一步的简政放权措施将有益于社会活力的增强。实际上，我国社会组织在扶贫救助与慈善等领域具有政府所不及的优势（邓国胜，2010），政府也需要社会组织提供资源和服务来维护特定群体的利益（王春光，2009），在社会服务、社会福利与文化生活领域，政府较早就已经给予社会组织更大的活动空间（Ma，2002），但仍然有较大的公共服务让渡空间，结果显示的维持政府运转的一般公共服务支出的"挤占"效应就是体现。

社会治理两个政策目标间也存在相互促进关系。首先，社会自组织程度的提高提升了犯罪起诉率，但并没有提升批捕率反映的真实犯罪率。这意味着社会组织有利于增加利益表达、权益维护的渠道。已有研究表明，在行政机构面临由信息不对称导致的委托—代理难题时，草根动员能够在政府与社会间建立起横向责任关系，通过给地方政府制造外部压力，形成外部监督，促使这些代理机构在政策执行时减少失误与懈怠，从而提高政府治理绩效（谢岳、党东升，2015）。这里，社会组织可能扮演了类似的外部监督机制的角色，提升了犯罪的起诉率。实际上，我国历史上（1911~1949年）就具有自组织倾向，这些自组织不是为了对抗政府，而是应对危机、稳定时局、建立政社关联（Brook，1997）。其次，人均公共安全财政支出增多促进社会自组织程度提高，表明社会活力依赖于社会秩序，必要的公共安全支出必须保障。

此外，经济发展与城镇化一方面通过提升犯罪率而破坏社会秩序，一方面又通过提升社会自组织程度和增强社会捐赠意愿而提升社会活力，从而对社会治理目标的实现产生复杂影响。首先，人均GDP反映的地区经济发展水平与批捕率反映的犯罪率间，城镇化水平与起诉率反映的犯罪率间，城乡收入差距与批捕率反映的社会犯罪率间，均呈统计正相关关系。作为解释，由于我国经济发展过程伴有全国范围内居民收入和财富差距的扩大，城镇化过程伴有人口的大规模流动，这一结果与前述有关研究结论是一致的，比如贫富差距带来犯罪率上升（胡联合等，2005），城市发展带来新的城市高收入阶层并相应增加了这些阶层的犯罪收益（陈刚，2010），城镇化改变了人们社交和互动方式，进而使得城市犯罪的侦破更为困难（Glaeser & Sacerdote，1999），流动人口租住等生活模式使其犯罪与受害的风险更高（程建新等，2016）。其次，城镇化水平对地方社会自组织程度、人均 GDP 对人均社会捐赠款物数有显著促进作用，一定程度上佐证了经济改革为社会组织发展提供了空间与动力的结论（White，1993），同时，经济发展通过多渠道增加和增强了公益参与的机会与意愿，发展是社会活力的推进器。

本文为加强和创新我国社会治理提供了一些重要启示。加大民生保障支出具有维持社会秩序和增强社会活力的双重效应，应坚持在保障与改善民生中创新社会治理，高度重视社会保障和就业在现代社会对秩序的维持和促进作用，更加注重经济政策与社会政策间、社会管理部门与民生服务部门间、单一政府公共服务供给与社会力量参与间的协同，同时要合理解决由发展带来的分配不均、城镇化带来的流动人口公共服务保障不足引致的社会秩序破坏问题。进一步简政放权，更好地发挥社会组织在权益保护、提升政府社会治理能力与绩效中的作用，更好地以社区事务为依托，吸纳多方面社会资源，实现政府治理、社会调节与基层自治的良性互动。同时，要注重社会秩序与社会活力两大类政策目标间的平衡，保持必要适度的公共安全支出，在干部考核中更加注重对社会活力类指标的考量，在维持社会秩序基础上最大程度增强社会活力，形成良性循环。

必须承认，本文研究仍存在诸多不足。比如受数据限制，仅用民生保障支出测量民生保障工作，仅用负向的犯罪率测量社会秩序，仅用社会自组织程度与社会捐赠水平测量社会活力，不一定能充分反映概念全部内容。由于当前对民生保障、社会活力等政策概念定量研究不足，概念操作化的论证显得不够充分。一些数据指标来源本身比较粗，比如统计局提供的城乡社区事务类支出既包含公共设施、环境卫生、住宅等与民生关联紧密的事项，同时也包含城乡社区规划、管理及建设市场监管等与民生联系不那么紧密的事项，形成了一定的干扰。一些数据来源过于分散，缺失严重，致使面板分析只得舍弃 2007 年及以前阶段。再如，对于社会秩序与社会活力的相互影响缺乏严谨的因果路径分析。这些均有待在后续研究中进一步完善。

参考文献

陈硕（2012）：《转型中的犯罪治理政策：堵还是疏?》，《经济学》（季刊），第 2 期。

陈刚（2010）：《社会福利支出的犯罪治理效应研究》，《管理世界》，第 10 期。

程建新等（2016）：《人口流动、居住模式与地区间犯罪率差异》，《社会学研究》，第 3 期。

邓国胜（2010）：《法团主义与当地中国社会》，《社会学研究》，第 2 期。

〔美〕弗朗西斯·福山（2015）：《大断裂：人类本性与社会秩序的重建》，唐磊译，桂林：广西师范大学出版社。

孔繁斌（2012）：《中国社会管理模式重构的批判性诠释——以服务行政理论为视角》，《行政论坛》，第 1 期。

胡联合等（2005）：《贫富差距对违法犯罪活动影响的实证分析》，《管理世界》，第 6 期。

——（2007）：《关于我国社会不稳定因素变化态势的实证分析》，《探索》，第 6 期。

贾济东等（2016）：《信息化对中国犯罪率的影响分析》，《管理世界》，第 7 期。

〔加拿大〕简·雅各布斯（2006）：《美国大城市的死与生》，金衡山译，南京：译林出版社。

〔美〕莱斯特·M. 萨拉蒙等（2002）：《全球公民社会——非营利部门视界》，贾西津、魏玉等译，北京：社会科学文献出版社。

李晔（2015）：《民生保障支出对犯罪率恶化影响研究——基于 29 个省份的面板数据》，《地方财政研究》，第 6 期。

李友梅（2019）：《秩序与活力：中国社会变迁的动态平衡》，《探索与争鸣》，第 7 期。

连玉君等（2014）：《Hausman 检验统计量有效性的 Monte Carlo 模拟分析》，《数理统计与管理》，第 5 期。

蓝志勇、李东泉（2011）：《社区发展是社会管理创新与和谐城市建设的重要基础》，《中国行政管理》，第 7 期。

马克思、恩格斯（1956）：《马克思恩格斯全集》（第 2 卷），北京：人民出版社。

毛颖（2011）：《民生保障支出有助于减低刑事犯罪率吗？——来自中国（1995～

2008）省级面板数据的证据》，《南开经济研究》，第 4 期。

南锐、翟羽佳（2013）：《中国地区慈善捐赠水平差异实证研究——度量、趋势与政策建议》，《经济经纬》，第 5 期。

汝信等（2005）：《2006 年：中国社会形势分析与预测》，北京：社会科学文献出版社。

石庆玲、郭峰（2017）：《高房价与中国犯罪率的上升——基于 35 个大中城市的实证研究》，《南开经济研究》，第 6 期。

田发、周琛影（2016）：《社会治理水平：指数测算、收敛性及影响因素》，《财政研究》，第 8 期。

王丽萍、郭凤林（2016）：《中国社会治理的两幅面孔——基本公共服务的视角》，《南开学报》（哲学社会科学版），第 3 期。

王春光（2009）：《中国城市化进程中的公民社会实践》，《浙江社会科学》，第 1 期。

习近平（2017a）：《决胜全面建成小康社会　夺取新时代中国特色社会主义伟大胜利》，《党的十九大报告辅导读本》，北京：人民出版社。

——（2017b）：《在中央政法工作会议上的讲话》（2014 年 1 月 7 日），《习近平关于社会主义社会建设论述摘编》，北京：中央文献出版社。

岳经纶、邓智平（2017）：《社会政策与社会治理》，北京：中央编译出版社。

谢岳、党东升（2015）：《草根动员：国家治理模式的新探索》，《社会学研究》，第 3 期。

张晓君、彭正波（2017）：《制度环境、公共服务供需对社会组织发展的影响——基于中国省级经验的实证研究》，《华东经济管理》，第 8 期。

赵怡（2007）：《我国社会保障与经济增长关系研究》，《管理世界》，第 12 期。

朱庆芳（2005）：《社会经济和谐度指标体系综合评价和分析》，汝信等《2006 年：中国社会形势分析与预测》，北京：社会科学文献出版社。

Aaltonen, M. et al. (2013), "Examining the Generality of the Unemployment – Crime Association", *Criminology* 51 (3).

Becker, G. (1968), "Crime and Punishmentan Economic Approach", *The Journal of Political Economy* 76 (2), pp. 169 – 217.

Brook, T. (1997), "Auto – Organization in Chinese Society", in Brook, T. & Frolic, M. eds., *Civil Society in China*, New York：M. E. Sharpe.

Cullen, F. T. (1994), "Social Support as an Organizing Concept for Criminology", *Justice Quarterly* 11, pp. 527 – 559.

Felson, M. & Cohen, L. E. (1980), "Human Ecology and Crime：A Routine Activity Approach".

Glaeser, E. L. & Sacerdote, B. (1999), "Why is There More Crime in Cities?", *Journal of Political Economy* 107 (6), pp. 225 – 258.

Johnson, R. S. et al. (2007), "Striking at the Roots of Crime：the Impact of Social Welfare Spending on Crime During the Great Depression", NBER Working Paper.

Messner, S. F. & Sampson, R. J. (1991), "The Sex Ratio, Family Disruption, and Rates of Violent Crime: The Paradox of Demographic Structure", *Social Forces* 69 (3).

Manion, M. (1985), "The Carder Management System, Post – Mao: The Appointment, Promotion, Transfer and Removal of Party and State Leaders", *The China Quarterly* 102 (2).

Ma, Qiusha (2002), "The Goverance of NGOs in China since 1978: How Much Autonomy?", *Noprofit and Voluntary Sector Quarterly* 31 (3).

Rosenfeld, R. (1986), "Urban Crime Rates: Effects of Inequality, Welfare Dependency, Region and Race", in Byrne, J. M. & Sampson, R. J. eds. , the *Social Ecology of Crime*, New York: Springer – Verlag, pp. 106 – 130.

Weisbrod, B. (1974), "Toward a Theory of the Voluntary Nonprofit Sector in Three – Sector Economy", in Phelps E. , *Altruism and Economic Theory*, New York: Russel Sage, p. 3.

White, G. (1993), "Prospects for Civil Society in China: A Case Study of Xiaoshan City", *The Australian Journal of Chinese Affairs* (29).

Zhang, J. (1997), "The Effect of Welfare Programs on Criminal Behavior: a Theoretical and Empirical Analysis 99", *Economic Inquiry* 35, pp. 120 – 137.

An Empirical Analysis of the Effects of Social Expenditure on Social Order and Social Vitality: On the Policy Thoughts of Social Governance in China

Wang Weijin   Li Lan

[**Abstract**] Social order and social vitality are the two dimensions of policy goal of social governance in China, and guaranteeing people's livelihood is an important policy way to strengthen and innovate social governance in China. Based on the modeling analysis of provincial level panel data from 2008 to 2016, we found: increase of per capita social expenditure, especially in social security and community affairs, can restrain crime rates; increase of expenditure on community affairs can significantly improve the degree of social self – organization and the amount of social donation; increase of expendi-

民生保障支出与社会秩序、社会活力关系的实证分析

ture on public security can also significantly improve the degree of social self – organization, while the increase of expenditure on general public services has a significant negative impact on the degree of social self – organization. These findings tell us to strengthen and innovate social governance, we should adhere to the development and improvement of people's livelihood, attach great importance to the role of social security, employment as well as community affairs. What's more, we should pay more attention to the coordination between government and society, social management and social service, and the balance between social order and social vitality.

[**Keywords**] Social Governance; Social Expenditure; Social Order; Social Vitality

（责任编辑：俞祖成）

当前中国社会组织的要素来源和实践影响：基于 CGSS2012 的分析[*]

当前中国社会组织的要素来源和实践影响：基于 CGSS2012 的分析[*]

纪莺莺[**]

【摘要】本文的分析说明，在个体层面上体制框架仍然深刻地影响着我国的社会组织样态和公众参与。基于 CGSS2012 的分析显示，首先，政党成员和单位就业者表现出更高的社会组织参与和公众参与水平。并且，政党身份对公众参与实践的促进作用在一定程度上经由社会组织的中介作用实现。其次，各类社会组织都显著地提升了实践层面的公众参与水平。最后，收入虽然显著提升个体的组织参与水平但对参与实践没有显著影响。上述发现具有以下意义：（1）从经验上看，当前社会组织参与社会治理的制度设计得到了预期效果；（2）证实基层社会生活中存在具有明确特征的积极分子，基层社会空间中存在多重治理网络的融合；（3）就理论来说，本文也提示，在科层政府技术治理的制度环境之外，体制框架构成了社会组织发展的重要制度基础，以及有必要进一步讨论政党与社会的互动机制。

【关键词】公众参与；社会组织；单位制；党建；党员

---

[*] 本文是国家社科基金重大项目"当代中国转型社会学理论范式创新研究"（17ZDA112）的阶段性成果，并受国家社科基金青年项目"社会组织的公共性生产对城市基层治理影响"（17CSH074）和上海市教育发展基金会、上海市教育委员会"曙光计划"（18SG37）资助。感谢匿审人的评审意见，文责自负。

[**] 纪莺莺，上海大学社会学院。

一　引言

作为当前国家调整与优化治理体系的重要组成部分，中国的社会组织进入了繁荣发展的时期。在中央政府的宏观政策趋于清晰和进取的同时，借助社会组织提升基层社会治理水平的地方创新实践也日益丰富和精细。与国家的大力推动一致，近期国内外学界对社会组织的理解也十分关注政府的引导和塑造作用。一种取向着重于探讨政府组织如何在治理架构与机制的意义上提供给社会组织更精细与复杂的制度环境（黄晓春，2015；王向民，2014；纪莺莺，2016；史普原、李晨行，2018），另一种取向则更关心社会组织及行动者在特定治理体系和机会结构约束之下的行为策略（张紧跟，2012；管兵，2013；盛智明，2016）。这两个脉络的研究极大地增进了我们对社会组织的理解，但总体而言，其问题意识较多集中在关注科层政府治理结构和机制的影响，因而不太关注社会组织发展的其他重要正式制度基础，即体制框架的持续性影响。

"总体性社会"曾构建出一套全新的社会组织化格局，这在城市表现为单位和街居制（路风，1989；毛丹，2018），在农村表现为人民公社。而市场化改革以来，伴随着经济协调方式的变化，在社会组织形态上出现了从单位向市场的渐进式改革以及公社体制的解体，在治理形态上则表现为科层政府治理术的技术化进程（渠敬东等，2009）。这些条件进一步带动了国家与社会关系和社会组织形态的变化，为社会组织和公众参与的发展提供了新的可能和契机，也塑造着后者发展的特征。就此而言，近几十年中国社会组织形态与特征的变化，是在总体性社会组织格局和制度架构的基础之上进行调整和重构的过程。这样一个渐进式的变迁过程，既受到新社会禀赋条件的推动，又充分利用了原有计划经济体制中长期积累的组织和制度资源，表现出高度"路径依赖"的特点（Stark，1996）。

一方面，随着市场化改革进程的持续，体制外社会要素的增加使社会结构出现复杂分化，也伴生着相应的组织化进程，形成新的"社会中间层"（王颖等，1993）。随着社会经济水平和教育水平的整体提升，社会群体利益出现分化与聚合，进而推动公众参与到共同体利益的组织、表达和协调等过程中。质言之，市场化改革所带来的社会成员禀赋特征的变化以及分化，使得社会组织现象表现出了新的复杂性。在此种视角之下，研究者注重挖掘由社会或市场发展出来的自发动力，因而更关心社会行动者在面临特定治理体系约束时，所使用之抵抗、分化、联盟、嵌入等具体策略。

另一方面，同样重要的是，社会要素的具体组合方式和途径，仍然极大地取决于治理体系提供的制度环境。这固然包括了科层政府技术治理体系的特征及其调整，诸如项目制、政府购买服务、行政发包制和多层级多部门等特征对社会组织形态的塑造。但与此同时，总体性社会的制度框架和组织资源，仍然构成后续新社会组织形式发展的重要基础。例如，改革之后，集体经济的再组织化仍然调用了公社组织的权威、要素和资源（折晓叶，1997）。又例如，正是计划经济时期既有的动员框架、组织资源和合法性符号，为民间公益事业和社团的发展提供了运作基础（孙立平等，1999）。可以推论，体制框架仍然可能是动员与组织社会成员参与公共生活的重要途径。

因此，本文希望贯通微观行动和制度环境这两个层面的问题意识，讨论制度环境在个体行动者层面上的作用方式。更具体地说，侧重于讨论在可能存在体制路径依赖的情况下，当代中国社会组织参与的要素来源和实践影响。在经验层面，本文希望通过量化分析回答两个基本问题：（1）谁是当前社会组织的成员？（2）组织身份发展的实际影响是什么？即它对于个体层面的公众行为实践产生了何种具体影响？这些经验问题本身，已超出中观层面政府与社会组织关系研究或组织行动策略研究所探讨的范围。本文希望了解，体量庞大的社会组织实际上所触及的社会成员，及其所发挥的实际社会影响。社会组织塑造以及具体如何塑造参与者的观念、认知与行为，这恰恰是社会组织发展所带来的更具有社会性意义的结果，而不仅仅是作为政府运转机制的映射、变形或延展。

进而，本文希望在理论层面做出以下补充：（1）以超出中观层面以组织为中心的分析视野，讨论社会组织发展在个体层面的展开，在微观层面上讨论正式制度逻辑与个体行动实践之间的互动关系，进而导出对当前国家与社会复杂互构方式的理解（肖瑛，2014）；（2）通过整合与比较不同路向上的研究，试图在整体图景中反思对社会组织的市场化叙事；（3）讨论体制框架对社会组织和公众参与发展的影响。

接下来，本文首先梳理文献和提出研究假设，然后汇报统计分析结果，最后简要总结和讨论。

二　文献回顾和假设提出

公众参与泛指个体超越个人或家庭生活范畴进入公共领域，通过对公共事务的参与改善共同体的境遇与未来。但需要说明的是，本文强调实践行动意义上的公众参与，并将社会组织的身份归属和公众参与实践分开讨论，这样做是基于两个重要理由。

第一，社会成员的组织化是近十几年来中国社会建设和发展的核心内容之一。但是，有关中国社会组织的发展，到底反映国家主导还是社会自主性的发展，围绕这一问题已经产生了很多争论。它到底是"公共性的增长"，抑或囿于外生组织形式和理念与整体性地方政治社会情境之间的冲突，而陷入"生产社会"的困境之中？（孙飞宇，2016）因此，一个更迫切和直观的经验问题是，这样一种已经凸生的组织资源在何种程度上带来价值观念和行为实践层面的变化。

第二，固然，在一般的理论意义上，社会组织作为社会中所保有的组织资源，本身的确已经具有了公众参与的意义。在这个线索下，社会组织参与常常被用作公众参与和社会资本的测量指标（帕特南，2001；胡荣，2008）。但是，在更精细的分析中，社会组织参与并不完全等同于公众参与，近期西方研究开始解析不同类型组织参与对参与行为的不同效果（Ruef & Kwon，2016；Wietz，2016）。因此，本文认为有必要对社会组织发展的社会性后果进行更精细的描摹，以回答组织基础的增加是否带来了行为模式的实际变化，如果有，不同类型的组织是否存在差别。

以下基于社会组织参与和公众参与的既有讨论提出研究假设。

（一）社会成员禀赋

研究者指出，中国的市场化和现代化转型虽然高度相关，但仍有必要加以区分，因为它们影响社会分层的机制和程度未必一致，不能简单视为同一过程（梁玉成，2007）。这一视角对于讨论国家与社会关系的转型来说，同样有意义。一方面，从市场化改革和现代化高度关联的意义上讲，中国的市场化改革带来了社会经济水平和教育水平的普遍提升，也即在此意义上推动了人的现代化，从而有利于社会组织的发展。实际上，这也正是早期诸多海外中国研究者的立论基础。另一方面，从市场化有别于现代化的意义上来看，它带来了单位和非单位两种组织方式并置的状况，在这两个领域中，组织化程度和组织逻辑可能存在一定差异。

持现代化视角的研究者认为，公民性（civility）或公众参与的重要来源是社会本身，各种形式的公众参与则是现代化的重要表征（帕特南，2001；阿尔蒙德、维巴，2014）。在工业化和现代化的过程中，财富和收入的增加以及教育水平的提高能够提升公民沟通的质量，促进更负责公民的形成，也即具有相应价值观、行动能力、资源和闲暇时间的公民（Inkelex & Smith，1976；英格尔哈特，2013）。因此，随着社会经济的发展，公民品性会进步，人们更具有公共道德和更积极投身公共实践。

在中国，中产研究为上述预测提供了复杂的证据。尽管城市业主维权的诸多案例常常被视为中产群体集体意识和行动力崛起的证据（陈映芳，2006；陈鹏，2010），但在更大的视野里，量化研究显示，在中国财富积累是否促成了个体政治意识的增强或参与行动的发展，仍然存在争议。就政治态度而言，收入较高的中产阶层并没有呈现清晰、一致和稳定的政治态度（张翼，2008；李春玲，2011）。就实践行为而言，尽管收入和财富促进了制度内的个体政治参与形式发展，例如投票（刘欣、朱妍，2011；李骏，2009），但是它对公共事务的作用更为复杂。例如，陈捷和卢春龙发现，北京的城市中产更倾向于批评现存的居委会体制，并且更不愿意参与其中（Chen & Lu，2006）。但也有全国调查证明，城市中产虽然不倾向于参加政治活动，但更倾向于参与非政治类公共活动（王新松、张秀兰，2016）。

基于以上讨论，本文立足现代化理论而提出假设。

假设1a：收入和教育水平提升提高个体的社会组织参与水平。

假设1b：收入和教育水平提升提高个体的公众参与水平。

（二）体制框架

与上述社会视角不同，一些研究者认为，即使在西方语境之中结构与制度要素也在极大程度上塑造公众参与的样态，例如政府特征、国家政策、法律与政治文化等（Skocpol & Morris，1999；Schofer & Fourcade - Gourinchas，2001；Schofer & Longhofer，2011）。从历史制度主义的角度来看，在中国，国家恰恰具有通过制度化和组织化的途径发展群众路线和进行动员式参与的传统（柯鲁克夫妇，2007）。斯考切波（2015）认为，新中国建立了合作社（人民公社）、单位、居委会等治理单元组织，这些组织的目标都是把群众聚集起来并促使他们参与到公共事务中去，并把群众置于一定的领导之下。杨敏（2005）认为，中国从1949年以后发展出了一套发动群众参与的动员技术，但是此种制度环境和参与文化之下的群众参与和西方社会的公众参与存在质的差别。伯兰德和朱健刚（2007）同意杨敏的判断，但是他们更强调，社会主义时期的群众动员技术仍然为社会组织的介入与社区公共空间的产生提供了机会。

本文认为，以"动员式参与"为核心的治理体制，可以从以下两个方面理解。第一，动员是促使公众进入公共生活的重要途径。正如亨廷顿所说，"共产党人……他们的专长是组织，他们的目标是把大众动员到组织中去。……动员与组织是齐头并进的"（亨廷顿，1988：332）。第二，这种治理体制追求的是自上而下之动员和自下而上之同意的有机融和。伯恩斯坦比较了苏联和中国的农业合作化运动，指出前者高度依赖强制指令，但是中国对强制指令的运用程度低得多，方式也更隐蔽，同时还混合着说服、承诺和教育等多种策略（Bernstein，1967）。这些策略追求动员和同意的同一性。换言之，政党追求和社会自组织之间既可能一致，也可能存在张力。海贝勒和舒耕德（2009）把中国的政治参与区分为"动员性参与"和"自愿性参与"两种不同类型，前者指涉由于指令或要求而参与，往往包括共产党员和下级公务人员。高勇（2014）试图通过量化方法来区分"关切式参与"和"吸纳式参与"的效应，但是，"吸纳"与"关切"并不必然对立，也很难仅仅从行动上加以辨识。从历史制度主义的角度出发，本文更愿意采取的理解立场是，如果我们承认群众路线和社会动员是共产党执政国家的特殊传统（应星，2016），则也应当看到，体制框架可能仍然构成当代促进社会组织化和公众参与的基础，本文的分析目标是去评估它在当前的实际影响。

具体而言，体制框架对社会成员的影响通过两个重要途径完成。第一，沿着政党的组织体系，通过政党身份去引领和促进公共事务参与；第二，则是直接利用单位组织体系进行动员式参与。

第一，通过政党身份引导民众进入公共生活的参与。这意味着，国家通过党员或其他政治团体的组织体系实现社会动员，整合社区与社会生活。从当前由党建引领社会治理的制度设置来看，社区党建①、"两新组织"党建②和区域党建等形式的发展要求党员更积极地参与社区或城市区域的公共事务，推动党组织对社会组织的覆盖。这表现了执政党对于体制外空间的整合，只要这些制度有效运转，在经验层面我们就会观察到党员在公共事务中的显著作用，以及党员身份和社会组织成员身份的重叠。例如，对于社区组织领导人的筛选，往往优先考虑党团成员或公有部门的退休人员。③ 区域抽样调查的结果也支持这一点，社会组织的负责人来自党政部门的比例往往比较高（纪莺莺，2015；孙秀林，2018）。针对大学生群体的实证研究则发现，学生党员或希望成为党员的学生，在社团参与活动中的时间投入显著高于其他人（李丁、唐承柞，2016）。

基于上述讨论，提出以下假设。

假设 2a：与群众相比，政党成员具有更高的社会组织参与水平。

假设 2b：与群众相比，政党成员具有更高的公众参与水平。

但是，上述现象还有一层重要意义。从近年来党建引领社会治理改革的趋势来看，社会组织资源的增加为基层治理优化提供了组织基础，成为重要的治理基础。一方面，基层政府部门和党群组织通过拓展、整合和调用分布于市场和社会领域（例如企业和社会组织）中的党员资源来促进公众参与和实现治理目标（Thorton，2013；张汉，2012）。另一方面，反过来看，社会组织也可能主动寻求对党组织的嵌入，借用政党更为整合性的资源动员能力和合法性，形成更高的公共品提供能力和组织能力（孙飞宇，2016；李朔严，2018；程坤鹏、俞祖成，2019）。这都意味着，社会组织在政党身份影响公众参与实践的过程中充当了中介变量。

由此提出中介效应假设。

假设 2c：政党成员与群众相比，参与社会组织的可能性更高，并且这种差异部分解释了两者公众参与实践的差异。

第二，当前国家仍然通过单位治理框架，来实现社会动员和社会整合。既往多研究者往往更关注体制外社会空间的形成，因为在这一情境中自组织和公

---

① 例如近年迅速发展的"双报到"，机关、企事业单位党组织到所在地社区报到，实行共驻共建，在职党员到居住地社区报到，开展志愿服务。

② 两新指新经济组织和新社会组织。在具体操作中，它又可能表现为"商圈党建"和"楼宇党建"等多种形态。

③ X 市田野调查，2017 年。

众参与才格外成为难题，而旧的单位组织架构则被忽略。这背后两个不言自明的假定往往是：（1）单位似乎处于社会自组织叙事的反面，（2）单位制似乎与特定意义上的"公众参与"不相关。但是，单位制在当前的治理结构中仍然发挥非常重要的作用。冯仕政指出，单位是中国社会中最重要的集体抗争控制机制之一，对包括抗争现象在内的社会现象都产生了全方位的分割效应（冯仕政，2006）。张静（2003）认为，从利益结构组织化的角度来看，存在单位政治和阶级政治两种分野，而中国通过单位来实现社会利益的组织化与整合，并且在此基础之上形成现实的社会参与特征。质言之，应当看到，单位作为仍然存在的基本组织单元，可能仍然是重要的治理基点。"单位组织和非单位组织并存，两种社会组织行为规范并存，且相互作用、相互影响、相互制约的状态还会维持相当长一段时间。"（李汉林，2008：38）因此，单位组织同样应当是讨论当代中国社会组织发展和公众参与的重要立足点。在分析市场领域成员的参与行为特征时，应当把单位成员也带回到研究视野之中，这或许有利于把握一幅更完整的图景。

既有经验研究显示，诸如捐赠、扶贫、助老、性别平等等社会事务，这些难以直接动员体制外群体的事务，也可能是通过单位治理或政党组织体系推行进而向社会扩散开来（孙兆霞，2017）。又例如，毕向阳、晋军、马明洁等（2010）使用量化分析方法详细地比较了体制背景和组织动员方式对居民捐款行为的影响，他们认为在"后总体性社会"时期单位动员仍然保持显著效力，体制外空间的自主性有所呈现，两者共同构成了当前中国公益事业发展的重要制度与社会背景。但这项研究只涉及捐款行为，而并不涉及更宽泛意义上的社区动员或参与。[①] 又例如，作为中国志愿者中最为庞大来源的青年大学生群体，其动员和生发都与学校系统的激励体制分不开（罗婧、王天夫，2012）。胡安宁和周怡（2013）发现基于市场与国家再分配两种机制，相比于市场部门，公有部门的就业者表现出更高的政治效能感和一般信任水平。如果同意，个体更高的一般信任水平可能会增强其参与动机，则合理的推论是，单位部门就业者也可能具有更高的公众参与水平。

综上，提出以下假设。

---

① 近期一些地方实践，也要求公职人员在社区中"亮身份"，优先进入业委会、担任楼长和参与社区公益服务等，可参见陈家喜、黄卫平（2007）。

假设 3a：与市场就业者相比，单位就业者具有更高的社会组织参与水平。

假设 3b：与市场就业者相比，单位就业者具有更高的公众参与水平。

（三）社会组织参与和公众参与实践

一般认为，公众参与又可分为政治参与和社会参与。前者主要指公众参与政策制定并影响政策设置和执行的过程；而后者则大多与地方社会的生活需求有关，旨在协调、生产和提供公共产品。[①] 在诸多西方理论源流看来两者之间存在密切关联。例如，新托克维尔主义的核心假定之一就是，社会参与能够带来政治技艺的进步，自发性的非政治性结社及参与文化构成了美国民主制的民情基础（托克维尔，2008）。海贝勒和舒耕德（2009）也指出，社会参与能够造就政治意识。但是，诸多既有研究表明，在中国社会参与和集体性政治参与的轨迹或许有所不同，两者间的相关关系也是既有研究探索和争论的焦点。

就社会参与而言，社会组织有利于提供社区公共品和社会服务，有利于提高社区治理绩效，这在研究界和实务界有共识，分歧主要在于程度如何，以及还存在效率低下、机制不完善等具体问题。但更大的分歧则在于，社会组织是否带来了集体性政治参与的发展，特别是，社会组织是否促进了集体性利益诉求的表达和协调，由此重塑国家与社会的关系，这也是近来海内外学者讨论中国社会组织发展后果的核心问题意识之一。这一议题涉及两个重要的变量，集体性政治参与的性质和组织自身的类型。就参与性质而言，在基层，集体性政治参与可能包括不同类型，例如社区协商、居民议事、听证会、民主恳谈、政策咨询等常规形式，也可能存在集体行动此类非常规形式。集体行动或许不是一般意义上的公众参与，但它带有公共性质，对于理解基层社会治理具有重要意义，发生机制显然与其他常规参与又很不同。一些量化研究支持社会组织的利益中介功能。例如，企业主越来越有意识地借用经济协会等组织资源表达诉求（纪莺莺、范晓光，2017），各类注册社会组织在不同程度上参与了政策过程（张长东，2017）。陈云松（2013）基于 CGSS2006 的分析则显示，社团参与和个体参与集体行动没有显著关系。但是，胡荣（2008）在一项针对厦门市小规模样本的分析中则发现，作为社会资本的重要组成部分，社团参与显著地提升了"利益表达"和"维权抗争"行动的概率。

---

① 关于分类可参见李友梅等（2012），Berger（2009）。

就组织类型而言，既有研究也提供了不同维度的证据。民间组织特别是草根组织除了提供公共品，也可能会加剧国家与社会之间的张力；而受到国家统合程度较深的类法团组织，则可能会抑制集体行动（Spires，2011）。在乡村，宗族等传统组织有助于促进集体行动的发起，但是由于它们与国家关联很弱因此成功概率更低；但"老人会"等与国家关系密切的组织则有利于压制集体行动（Lu & Tao，2017）。黄荣贵和桂勇（2011）基于 2006～2007 年上海市社区调查的分析发现，横向社会资本（地方性社会网络、社区信任）有利于抗争型活动发展和解决社区公共问题，但垂直型社会资本（例如社区社团发育水平）对抗争型参与没有显著影响。经验研究的分歧表明，对于社会组织发展带来的实际政治后果，共识并不明确。

基于上述讨论，本文提出假设。

假设 4a：个体的社会组织参与，显著提高其社会参与的可能性。

假设 4b：个体的社会组织参与，显著提高其集体性政治参与的可能性，但不同类型组织作用不同。

三　数据和变量

（一）数据

本研究使用的是来自中国人民大学发布的"2012 年度中国综合社会调查"（CGSS2012）的数据。CGSS2012 中加入了有关社会组织参与和公众参与的详细变量，这为本文提供了扎实的分析基础。CGSS2012 采用多阶分层概率抽样设计，调查范围覆盖了中国所有省级行政单位（不含港澳台），在全国共调查 480 个村/居委会，每个村/居委会调查 25 个家庭。数据清理后，得到个案数为 5020 的研究样本。[①]

尽管 CGSS2012 并不是最新数据，但是在社会组织改革历程中看这一阶段具有特别的研究意义。2012 年开始出现了诸多重要的制度改革。党的十八大明确提出加强社会组织党建、深入推进政社分开、促进基层各类组织协同治理、建立现代社会组织体制的新要求。2012 年开始，全国范围内推进公益慈善类、社

---

① 为了排除样本选择造成的偏误，本文对比原始总样本和研究样本的统计分布特征，本论文所涉及变量分布基本一致。篇幅所限，此处没有列出比较结果，如有需要可联系作者。

区服务类等四类社会组织直接登记的改革，中央财政每年设专项资金支持社会组织参与社会服务，此后全国各地政府采购服务都快速发展起来。可以认为，2012年开始，社会组织发展进入通过制度调整强化党和政府引领并激发社会活力的新时期（倪咸林，2017）。

（二）变量及操作化

1. 因变量

（1）社会组织参与

社会组织参与，在本文中既是自变量也是因变量。CGSS2012中提供了有关社会组织参与的详细信息，既包括组织参与的类型，也包括组织参与的频率。基于社会组织的既有案例研究，同时也为了提高和增强分析的简洁度和理论意义，本文依据社会组织的活动内容和业务性质进行了重新分类。

第一，将原来的校友会、职业协会、专业学会及行业协会合并为类法团组织。类法团组织以同类社会成员为组织基础，它们往往与国家关系更为密切，在制度框架中的位置更为明确，所受监管也较为严格，这一类是合法性较高的身份团体，带有法团主义制度的特征（高丙中，2000；顾昕、王旭，2005）。

第二，民间维权组织（因环保、维权等事件形成的组织和消费者权益组织）设定和问卷一致，这一类型多因为具体利益诉求而形成，具有更强的民间属性。业主维权组织通常在社区尺度上活动，但环保组织则可能超出特定区域范围。

第三，基层社会组织。合并原有的社区组织、社会公益组织（志愿者组织/非营利组织）和娱乐休闲团体为基层社会组织。这些组织是近年来出于服务基层治理目标而大量兴起的一种类型。三者性质和活动范围类似，多在社区或基层社会范围内活动，且多有重合，从而在基层社会生活中形成社区服务组织、志愿者组织和娱乐休闲团体等组成的地方性组织网络（朱健刚，1999）。

为了保持模型简洁，本文合并了"是成员，并且积极参与"和"是成员，但基本不参与"为"是成员"，保留"不是成员"为"不是成员"。也即，仅仅区分了组织参与身份，而不区分组织参与频率。

综上，本文分出类法团组织、民间维权组织、基层社会组织三类。这基本上构成了当下中国合法社会组织的生态，也即是"社会"在组织结构意义上的实际基础。① 由于在参与组织类型上，CGSS2012 提供了多选的情况，本文分别将每种组织参与作为虚拟变量加入模型（不是组织成员 = 0，是成员 = 1）。

（2）公众参与

如文献综述中所述，公众参与行为可分为社会和政治两个维度。前者具体又包括"社区参与"和"社群参与"，本文区分讨论的原因是，"社区参与"是指特定社区范围内的公众参与行为，目标是改善本社区内的公共生活；而"社群参与"则是指超出了社区范围而指向特定领域或社群的公众参与，超出了空间区域的限制，具有更大范围上的公共意义。

受数据库限制，集体性政治参与则使用一个具体指标，即是否参与过与政治事务相关的集体活动（如签名请愿、静坐或游行示威等）（表 1）。可见，这一测量实际上更偏向集体行动，而无法涵盖社区协商、居民议事等常规形式。这是本文的缺陷，也有待新的数据库和测量指标加以弥补。

表 1　公众参与的测量指标

	过去 12 个月中，您是否参加过下面这些与公共利益相关的活动？（包括网上的参与）	
社区参与	建设本社区的志愿活动（如美化环境、加强治安、修桥铺路等活动）	否 = 0，是 = 1
社群参与	与体育、文化、艺术或学术相关的志愿活动（如做体育教练、弘扬传统文化、提供科技知识与服务等）	否 = 0，是 = 1
	与社会弱势群体相关的志愿活动（如助残、关爱儿童和老人的活动等）	否 = 0，是 = 1
集体行动	与政治事务相关的活动（如签名请愿、静坐或游行示威等）	否 = 0，是 = 1

2. 自变量

政党身份区分为中共党员、民主党派、共青团员、群众四类，模型中以群众为参照组。

职业状态分为体制内单位部门、市场部门、农民以及无业四类，模型以市场部门为参照组。根据"A58 您的工作经历及状况"、"A59j 您目前的工作单位"和"A59k 您目前工作的单位或公司的所有制性质"三个问题，重新区分

---

① 除此之外，CGSS2012 中也包括了政治团体、工会及类似劳动者组织和宗教组织，但是由于这些组织不同于一般意义上的社会组织，因此不纳入分析。

当前职业身份为体制内单位（党政机关、事业单位、军队）、体制外市场部门（社会团体、无单位/自雇/自办/合伙企业、民营或民营控股企业、港澳台资或港澳台控股企业、外资或外资控股企业和其他）、国有部门（国有或国有控股企业、集体所有或集体控股企业）、农民和无业（当前无工作）五类。

需要说明的是，本文将农民和无业单独析出的原因则是，国家对新兴市场来源的社会成员和农民或许具有不同的治理传统。本文将"国有或国有控股企业"和"集体所有或集体控股企业"离析为一类纳入模型，而非按照所有权性质简单划入体制内。理由是，一些研究者指出，尽管产权性质不变，但是改革阶段国企已经出现了重要变化和企业间分化（李路路等，2009；胡安宁、周怡，2013）。具体经验研究方面，刘平和王汉生等（2008）研究了一个大型国有企业，认为在市场化改革过程中，大型国有企业在外部环境、内部结构和治理方式等方面都发生了深刻的变化。例如，国有企业从"一企一制"转向"一企两制"，在国企集团内部区分出了国有独资的核心母公司、由母公司全资或控股的下级厂以及投资入股的外层企业，最终形成不同产权主体和身份主体构成的层级结构，并造成工人之间的分化。因此，合理的推论是，如果被访者是外层企业的一线工人，其公众参与特征可能更接近于体制外成员。这都表明，从内部治理结构和动员机制的意义上说，有比较充分的理由认为，国有企业与集体企业已经不能简单地再视作传统意义上的"单位"，甚至可能兼具了体制内和体制外的双重特征。因此，笔者将国企或集体企业单列为一类进行分析。而从统计分析的结果来看，这一猜想得到了一定支持。

3. 控制变量

此外，本文还纳入了三组重要的控制变量。

（1）人口学方面，纳入年龄、年龄的二次项、性别（男 = 0，女 = 1）、城乡（农村 = 0，城市 = 1）。

（2）读报频率（从不 = 1，很少 = 2，有时 = 3，经常 = 4，非常频繁 = 5）、上网频率（从不 = 1，很少 = 2，有时 = 3，经常 = 4，非常频繁 = 5）这些指标作为控制变量。作为信息来源的控制变量，是否获得外部信息以及获得信息的途径也会影响到个体的公共参与行动和公共意识。[1]

---

① 甚至，是否频繁通过报纸或互联网获得信息，本身就是个体是否具有公众参与意识的反映。帕特南（2001）曾把读报作为公众意义的测量指标。

（3）基于现代化视角，模型还纳入了个体的经济水平和教育水平。其中经济水平用 2011 年家庭收入测量，为了减小方差波动取自然对数处理。① 教育水平为定类变量，本文对原始分类重新编码，分为以下 5 类。没有受过任何教育 = 1，小学（私塾、小学）= 2，初中 = 3，高中（职业高中、普通高中、中专、技校）= 4，大专及以上（成人高等教育大学专科、正规高等教育大学专科、成人高等教育大学本科、正规高等教育大学本科、研究生及以上）= 5。模型中处理为虚拟变量，没有受过任何教育为参照组。

四　研究发现

（一）描述性统计

表 2 为本文所使用的数据结构和变量概况。社区参与的比例约为 11.53%，社群参与的比例约为 15.26%，集体行动的比例为 1.45%。样本中中共党员占到 12.21%，民主党派为 0.26%，共青团员为 3.71%，而群众为 83.82%。样本的 7.71% 来自单位部门，国企集体企业占 5.72%，市场部门占到 27.13%，农民为 32.61%，无业占 26.83%。组织参与方面，9.64% 的成员参与了基层社会组织，民间维权组织的参与率比较低，只有 1.55%，7.49% 的成员参与了类法团组织。读报频率和上网频率都略高于 2，这表明这两项的平均水平都只比"有时"好一点。

表 2　变量描述（N = 5020）

变量	百分比或均值（标准差）	变量	百分比或均值（标准差）
年龄	49.06（15.96）	性别	
教育		男	50.94%
没受过教育	12.35%	女	49.06%
小学	23.35%	政治身份	
初中	29.30%	中共党员	12.21%

---

① 就公众参与而言，家庭收入可能比个人收入的影响更大。例如一个家庭主妇，即使她本人没有收入，但是她家庭整体经济状况仍然会影响她在社区活动中的积极性。

变量	百分比或均值 （标准差）	变量	百分比或均值 （标准差）
高中	19.10%	民主党派	0.26%
大专及以上	15.90%	共青团员	3.71%
区域		群众	83.82%
城市	59.96%	组织参与	
乡村	40.04%	民间维权组织	1.55%
读报频率	2.19（1.30）	基层社会组织	9.64%
上网频率	2.07（1.51）	类法团组织	7.49%
职业		公众参与	
市场部门	27.13%	社区参与	11.53%
农民	32.61%	社群参与	15.26%
国企集体企业	5.72%	集体行动	1.45%
单位部门	7.71%	对数家庭收入	10.29（1.08）
无业	26.83%		

（二）社会组织参与

本文首先解析社会组织参与成员的社会构成。如表3所示，模型1~3有两项一致发现。第一，对数家庭收入显著提升了每种类型的社会组织参与水平。当家庭收入增加1.718（e-1）倍时，个体参与基层社会组织、类法团组织和民间维权组织的发生比就增加21.53%（$e^{0.195}-1$）、33.38%（$e^{0.288}-1$）和36.21%（$e^{0.309}-1$）。家庭收入更高者更可能加入业主委员会等民间维权组织中，在经验上这似乎也和中产维权案例的观察一致。相比于没有受过任何教育的人，初中及以上教育水平者更可能加入基层社会组织和类法团组织，但教育对民间维权组织参与没有显著影响。而女性比男性更有可能加入基层社会组织，发生比比男性高23.74%（$e^{0.213}-1$）。但是女性较少可能被类法团组织吸纳，发生比只有男性的63.38%（$e^{-0.456}$），这可能与女性的政治和职业上的总体劣势地位都有关。总体而言，假设1a基本得到支持。

第二，政党身份和就业部门的影响显著提高了个体的社会组织参与水平，假设2a和3a也得到了较强支持。在模型1中，共产党员、民主党派和共青团员都更显著地加入基层社会组织，其发生比分别是群众的1.94（$e^{0.662}$）倍、5.47（$e^{1.699}$）倍和1.86（$e^{0.619}$）倍。并且，单位就业人员加入基层社会组织的可能性也显著高于市场部门，前者发生比是后者的 1. 71（$e^{0.536}$）倍。模型 2 对类法团组织参与的分析显示，民主党派人士比群众更容易加入类法团组织，其发生比是群众的 4. 34（$e^{1.468}$）倍。并且，单位部门就业者比市场部门就业者更可能加入类法团组织，前者是后者的 2. 28（$e^{0.826}$）倍。国企集体企业加入基层社会组织的可能性也高于市场就业者，发生比是后者的 1. 76（$e^{0.568}$）倍。农民加入类法团组织的可能性低于市场就业者，但并没有通过统计检验。

表3　对不同类型社会组织参与的 Logit 回归

	模型 1	模型 2	模型 3
	基层社会组织	类法团组织	民间维权组织
对数家庭收入	0. 195 ** (0. 0657)	0. 288 *** (0. 0810)	0. 309 * (0. 152)
参照组为群众			
共产党员	0. 662 *** (0. 136)	0. 271 (0. 154)	0. 361 (0. 328)
民主党派	1. 699 ** (0. 600)	1. 468 * (0. 646)	2. 152 * (0. 843)
共青团员	0. 619 ** (0. 236)	0. 256 (0. 241)	0. 380 (0. 512)
参照组为市场就业			
农民	0. 371 (0. 211)	- 0. 512 (0. 346)	0. 629 (0. 509)
国企集体企业	0. 568 ** (0. 190)	0. 240 (0. 207)	0. 393 (0. 423)
单位部门	0. 536 ** (0. 177)	0. 826 *** (0. 177)	0. 293 (0. 403)
无业	0. 357 * (0. 154)	0. 340 (0. 181)	0. 621 (0. 346)
年龄	- 0. 00310 (0. 0210)	- 0. 0295 (0. 0246)	0. 0330 (0. 0544)
年龄二次项	0. 0000658 (0. 000208)	0. 000256 (0. 000255)	- 0. 000645 (0. 000578)
女	0. 213 * (0. 107)	- 0. 245 * (0. 125)	- 0. 0317 (0. 244)

	模型 1	模型 2	模型 3
	基层社会组织	类法团组织	民间维权组织
参照组为没受过教育			
小学	0.751* (0.347)	0.696 (1.088)	0.0459 (0.821)
初中	1.154*** (0.347)	2.234* (1.028)	0.350 (0.796)
高中	1.156** (0.361)	2.817** (1.030)	0.130 (0.837)
大专及以上	1.291*** (0.378)	3.385** (1.037)	0.401 (0.873)
城市	0.204 (0.165)	-0.0617 (0.205)	0.675 (0.423)
读报频率	0.213*** (0.0448)	0.170** (0.0522)	0.275** (0.104)
上网频率	0.133** (0.0457)	0.121* (0.0524)	-0.00213 (0.106)
_cons	-6.932*** (0.885)	-8.319*** (1.403)	-9.387*** (2.117)
N	5020	5020	5020
pseudo_r2	0.1178	0.2416	0.0870

注：(1) 括号内为标准误。(2) $*p < 0.05$，$**p < 0.01$，$***p < 0.001$。

总体来看，就基层社会组织的身份获得而言，政党成员（vs. 非政党成员）、单位或国企集体企业就业者（vs. 体制外就业者）、较高家庭收入和教育水平者更可能加入其中。就类法团组织而言，在组织结构上，成功地凝聚了较高教育水平和较高收入的精英社会成员，尤其是男性精英。民间维权组织的卷入则主要受收入水平的影响。

上述分析表明，有比较充分的理由把当前的社会组织化模式理解为体制框架引导和一般意义上社会进步共同推动的结果。但是对系数的比较则说明，不同因素作用的范围和方式存在差异。

（三）公众参与

表4进一步分析了体制框架对各类参与行为的影响。

表 4　对不同类型公众参与实践的 Logit 回归

	模型 4	模型 5	模型 6	模型 7	模型 8	模型 9
	社区参与	社区参与	社群参与	社群参与	集体行动	集体行动
对数家庭收入	0.00634 (0.0559)	-0.0283 (0.0568)	0.0919 (0.0540)	0.0558 (0.0556)	0.277 (0.157)	0.256 (0.157)
参照组为群众						
共产党员	0.538*** (0.135)	0.385** (0.141)	0.477*** (0.122)	0.328* (0.128)	0.367 (0.325)	0.265 (0.326)
民主党派	1.688** (0.614)	1.243 (0.653)	1.597* (0.626)	1.100 (0.690)	1.373 (1.105)	1.019 (1.126)
共青团员	0.591* (0.272)	0.446 (0.285)	0.862*** (0.201)	0.783*** (0.213)	0.938 (0.598)	0.859 (0.606)
参照组为市场就业						
农民	0.497** (0.157)	0.426** (0.160)	-0.0122 (0.160)	-0.0973 (0.163)	0.0365 (0.461)	-0.0249 (0.459)
国企集体企业	0.250 (0.203)	0.132 (0.211)	-0.0935 (0.177)	-0.251 (0.186)	0.187 (0.462)	0.124 (0.466)
单位部门	0.503** (0.180)	0.399* (0.189)	0.868*** (0.145)	0.788*** (0.153)	0.301 (0.417)	0.187 (0.423)
无业	0.253 (0.146)	0.176 (0.151)	0.180 (0.125)	0.0972 (0.131)	0.262 (0.374)	0.199 (0.376)
民间维权组织	——	0.656* (0.268)	——	0.423 (0.270)	——	0.187 (0.582)
基层社会组织	——	1.530*** (0.129)	——	1.529*** (0.118)	——	0.792* (0.308)
类法团组织	——	0.0435 (0.168)	——	0.361** (0.139)	——	0.340 (0.347)
年龄	0.0940*** (0.0223)	0.0988*** (0.0230)	0.0338 (0.0188)	0.0377 (0.0196)	0.100 (0.0590)	0.104 (0.0594)
年龄二次项	-0.00104*** (0.000223)	-0.00109*** (0.000229)	-0.000465* (0.000192)	-0.000520** (0.000200)	-0.00105 (0.000597)	-0.00109 (0.000602)
女	-0.190 (0.0975)	-0.245* (0.100)	0.131 (0.0888)	0.106 (0.0920)	-0.404 (0.262)	-0.423 (0.264)
参照组为没受过教育						
小学	0.699** (0.226)	0.665** (0.228)	0.758** (0.284)	0.706* (0.286)	-0.144 (0.698)	-0.156 (0.699)

	模型 4	模型 5	模型 6	模型 7	模型 8	模型 9
	社区参与	社区参与	社群参与	社群参与	集体行动	集体行动
初中	0.798*** (0.235)	0.722** (0.238)	1.146*** (0.283)	1.045*** (0.287)	0.183 (0.684)	0.142 (0.688)
高中	0.813** (0.256)	0.735** (0.261)	1.245*** (0.296)	1.145*** (0.300)	0.266 (0.724)	0.218 (0.727)
大专及以上	0.615* (0.291)	0.444 (0.299)	1.410*** (0.313)	1.231*** (0.320)	0.250 (0.786)	0.118 (0.793)
城市	-0.470*** (0.132)	-0.533*** (0.136)	-0.0889 (0.126)	-0.123 (0.130)	-0.435 (0.361)	-0.442 (0.361)
读报频率	0.279*** (0.0428)	0.245*** (0.0444)	0.265*** (0.0379)	0.231*** (0.0397)	0.293** (0.109)	0.262* (0.110)
上网频率	0.00941 (0.0440)	-0.0229 (0.0460)	0.00634 (0.0384)	-0.0287 (0.0404)	0.0414 (0.108)	0.0178 (0.110)
_cons	-5.401*** (0.798)	-5.023*** (0.813)	-5.158*** (0.740)	-4.722*** (0.763)	-10.11*** (2.192)	-9.896*** (2.195)
N	5020	5020	5020	5020	5020	5020
pseudo_r2	0.0569	0.1056	0.1219	0.1740	0.0635	0.079

注：（1）括号内为标准误。（2）$^*p < 0.05$，$^{**}p < 0.01$，$^{***}p < 0.001$。

（1）社会组织化

模型 5、7 和 9 显示，社会组织参与对各类行动参与具有显著影响。

民间维权组织成员进行社区参与的发生比是非民间维权组织成员的 1.93（$e^{0.656}$）倍，在 0.05 水平上显著，但是它对社群参与和集体行动都没有显著作用。这或许是因为民间维权组织主要在社区尺度上活动，亦更关注特定议题的利益倡导，因此较少在更大社会范畴活动。它同样说明，尽管民间维权组织往往基于特定利益诉求而形成，但在客观上也为社区参与和社区治理带来了正面影响。

与民间维权组织相反，类法团组织的参与者则更积极地涉入社群参与而非社区参与。类法团组织成员进行社群参与的发生比是非组织成员的 1.43（$e^{0.361}$）倍，在 0.01 水平上显著。这或许是因为，类法团组织往往由各行业、职业、性别等较大社会范畴的成员组成，而不指向特定社区。这也表明，类法团组织的设计对促进大范围内的公众参与具有重要意义。

更为有趣的发现则是，作为社会治理重要基础的基层社会组织，对三种行为都起到了显著作用，其发生比分别是非组织成员的 4.62（$e^{1.530}$）倍、4.61（$e^{1.529}$）倍和 2.21（$e^{0.792}$）倍。这表明，基层社会组织在当前社会治理中发挥了非常重要的作用。

由此，整体而言，假设 4a 得到了较强支持，社会组织发展显著促进了公众参与实践。但是，无论是民间维权组织还是类法团组织，都没有显著影响集体行动。只有基层社会组织显著推动了集体行动。也就是说，假设 4b 也得到证实。这意味着，基层社会组织在推动社会参与的同时，也促进了集体性利益诉求的表达。可能的解释是，类法团组织更多执行自上而下的统合目标，较少可能卷入集体行动。而民间维权组织亦缺乏与政体关联的正式制度基础，因此可能难以促进可见的集体利益表达。但是近期广泛发展的基层社会组织，高度嵌入基层治理网络中，反而可能拥有更高的制度性位置和更多机会表达利益诉求，并在基层治理实践中获得基层政府的响应。

上述分析证实，社会组织这一新生的中介结构，即一个社会中的增量组织资源，在实践层面上也显著地提升了公众参与的水平。但是，不同类型的社会组织在不同程度上促进了社区参与、社群参与和集体行动。

（2）体制框架

模型 4～7 显示，无论是否加入社会组织参与的变量，就业部门对公众参与的作用模式都极为一致，单位部门成员无疑更可能是公众参与的积极分子。在控制社会组织参与之后，单位部门成员在社区参与和社群参与方面仍然显著高出市场部门的成员，其发生比分别是后者的 1.49（$e^{0.399}$）倍和 2.20（$e^{0.788}$）倍，可以认为体制内成员的组织化程度和社会参与水平均高于市场成员。有趣的是，模型 5 显示，农民的社区参与水平也显著高于市场就业者，发生比是后者的 1.53（$e^{0.426}$）倍，并在 0.01 水平上显著。这和社区参与由新中产主导的叙事主线就不太一样，实际上农民比市场部门就业者的社区参与积极度更高，有必要更多地关注农村公共生活的组织形态。

总体上看，这意味着，与市场就业者相比，单位部门就业者和农民在事实上更多地卷入了公众参与。市场部门就业者、国企集体企业就业者和无业者这三类群体的公共参与实践是类似的，都相对较少参与公共活动。即使在控制社会组织参与之后，就业部门的效应仍然存在，表明单位组织对公众参与具有直接的推动作用，假设 3b 得到充分支持。

模型 4 和 6 还显示，在没有加入社会组织参与变量时，政党身份显著影响社区参与和社群参与。共产党员、民主党派和共青团员进行社区参与的发生比分别是群众的 1.71（$e^{0.538}$）倍、5.41（$e^{1.688}$）倍和 1.81（$e^{0.591}$）倍，统计检验显著。共产党员、民主党派和共青团员进行社群参与的发生比分别是群众的 1.61（$e^{0.477}$）倍、4.94（$e^{1.597}$）倍和 2.37（$e^{0.862}$）倍，统计检验显著。但是，加入社会组织之后，只有党员身份还有显著影响，民主党派和共青团员的显著性消失或改变。模型 8 ~ 9 显示，家庭收入、政党身份和就业部门对集体行动均没有显著影响。

（3）社会组织的中介效应

由于中介分析所关心的变量皆是二分变量，本文使用 Logit 回归进行分析。由于 Logit 回归系数不可直接比较，因此无法按照 Baron 和 Kenny（1986）的逐步法对 Logit 回归系数直接进行计算和检验，需要对 Logit 回归系数先进行标准化，才能进一步计算和检验（Mackinnon & Dwyer, 1993）。[1] 同时，本文使用 Bootstrap 法对中介效应进行了显著性检验。[2] 对于通过显著性检验的效应值，本文报告了其中介比例。表 5 整理了统计分析结果。

表5　社会组织的中介效应检验

中介模型	效应分解		Observed Coef. [95% CI]	中介比例
中介分析 1	间接效应	共产党员→基层社会组织→社区参与	0.051 [0.039, 0.062] *	34%
		共产党员→类法团组织→社区参与	0.001 [−0.011, 0.011]	
		共产党员→民间维权组织→社区参与	0.006 [0.001, 0.015] *	4%
	总间接效应		0.059 [0.043, 0.073] *	
	直接效应		0.086 [0.047, 0.130] *	
	总效应		0.150 [0.102, 0.186] *	

---

① 对二分变量的中介作用分析可参见亚科布奇（2012），他似乎认为标准化方法是定类变量中介效应分析的次优解，但仍然成立。

② 关于运用 Bootstrap 检验中介效应的讨论，可参见温忠麟和叶宝娟（2014）。本检验使用了 500 次放回，没有纳入控制变量。

续表

中介模型	效应分解		Observed Coef. [95% CI]	中介比例
中介分析2	间接效应	共产党员→基层社会组织→社群参与	0.055 [0.044, 0.069] *	27.91%
		共产党员→类法团组织→社群参与	0.027 [0.018, 0.037] *	13.71%
		共产党员→民间维权组织→社群参与	0.004 [-0.000, 0.012]	
	总间接效应		0.086 [0.068, 0.101] *	
	直接效应		0.111 [0.076, 0.145] *	
	总效应		0.197 [0.162, 0.235] *	
中介分析3	间接效应	民主党派→基层社会组织→社区参与	0.015 [0.005, 0.023] *	35.71%
		民主党派→类法团组织→社区参与	0.001 [-0.002, 0.005]	
		民主党派→民间维权组织→社区参与	0.003 [0, 0.006]	
	总间接效应		0.018 [0.007, 0.029] *	
	直接效应		0.024 [-0.018, 0.065]	
	总效应		0.042 [-0.002, 0.083]	
中介分析4	间接效应	民主党派→基层社会组织→社群参与	0.016 [0.005, 0.026] *	30.19%
		民主党派→类法团组织→社群参与	0.009 [0.004, 0.150] *	16.98%
		民主党派→民间维权组织→社群参与	0.002 [-0.000, 0.006]	
	总间接效应		0.026 [0.012, 0.040] *	
	直接效应		0.027 [-0.018, 0.067]	
	总效应		0.053 [0.010, 0.096] *	
中介分析5	间接效应	共青团员→基层社会组织→社区参与	0.025 [0.015, 0.036] *	
		共青团员→类法团组织→社区参与	0.002 [-0.004, 0.008]	
		共青团员→民间维权组织→社区参与	0.004 [0.001, 0.011] *	
	总间接效应		0.031 [0.020, 0.042] *	
	直接效应		-0.024 [-0.078, 0.022]	
	总效应		0.007 [-0.042, 0.057]	
中介分析6	间接效应	共青团员→基层社会组织→社群参与	0.027 [0.016, 0.037] *	20.3%
		共青团员→类法团组织→社群参与	0.017 [0.010, 0.025] *	12.78%
		共青团员→民间维权组织→社群参与	0.003 [-0.000, 0.009]	
	总间接效应		0.046 [0.033, 0.063] *	
	直接效应		0.086 [0.053, 0.123] *	
	总效应		0.133 [0.093, 0.171] *	

注:* 表示 Bootstrap 检验显著,效应的 95% 置信区间不包括 0。

中介分析 1 和 2 显示，基层社会组织和民间维权组织在共产党员身份和社区参与之间起到了中介作用，但是基层社会组织的中介比例要远高于民间维权组织，可以认为基层社会组织的中介效应为总效应的 34%。基层社会组织和类法团组织在共产党员和社群参与之间有中介作用，中介效应分别为总效应的 27.91% 和 13.71%，仍然是基层社会组织贡献的中介效应最高。中介分析 3 显示，基层社会组织在民主党派和社区参与之间有中介作用，中介效应为总效应的 35.71%，但总效应检验不显著。中介分析 4 显示，基层社会组织和类法团组织在民主党派和社群参与之间起到中介作用，中介效应分别为总效应的 30.19% 和 16.98%。中介分析 6 显示，基层社会组织和类法团组织在共青团员和社群参与之间发挥了中介作用，中介效应分别为总效应的 20.3% 和 12.78%。中介分析 5 的情况比较特殊，尽管统计检验支持基层社会组织和民间维权组织在共青团员和社区参与之间产生了显著作用，但是总效应不显著，直接效应为负但统计不显著。①

总体而言，中介分析基本支持以下结论：政党身份对公众参与实践的作用不同程度地经由各类社会组织的中介效应实现；共产党员、民主党派和共青团员基本较少或不通过民间维权组织介入公众参与；② 在各类社会组织中，基层社会组织发挥了最为突出的中介作用，构成当前社会治理特别是基层社区层面的重要基础。假设 2c 得到支持。

（4）其他控制变量

在控制变量方面，本文也发现了一些有趣的模式。

无论是否加入社会组织参与变量，模型 4~9 都显示，对数家庭收入对于各类参与行为都没有显著影响。结合模型 1~3 的发现，我们可以得出结论：对数家庭收入显著提升了个体的社会组织参与水平，但是并没有显著提高个体任何形式的参与实践。整体上看，教育对于组织参与、社区参与和社群参与都起到了显著的提升作用，但对集体行动没有显著影响。

年龄对社区参与存在倒 U 形模式的影响。这或许与样本年龄结构偏老化也

---

① 中介分析 3 和 5 都存在总效应不显著的情况。温忠麟和叶宝娟（2014）提到，一些研究者也认为中介分析未必须以总效应显著为前提。总效应不显著可以纳入"广义中介分析"，当间接效应和直接效应符号相反，则应称之为"遮掩效应"。

② 虽然"党员→民间维权组织→社群参与/社区参与"和"团员→民间维权组织→社区参与"通过了统计检验，但系数很小。

有关，对于年龄非常大的老者，体力精力可能都已不支持其参与公共事务。特别值得强调的是，城市的社区参与程度、社群参与和集体抗争水平都低于农村，但是只有社区参与的差别通过了统计检验并在 0.001 水平上显著。读报频率显著提升个体各类参与行为的可能性，但上网频率没有显著影响。

（四）稳健性检验

本文使用替代核心变量的方法进行稳健性检验。CGSS2012 在询问访谈对象是否参与某类组织的同时，还询问了"过去 12 个月参与最积极的是哪一个？"（单选）。在公众参与方面，CGSS2012 也询问了访谈对象"过年一年中是否进行过社会捐赠"和"过去一年中是否经常参与本地事务的公共讨论（环境、教育、治安和消费）"。本文使用上述三组变量替代原有变量，重新运行了模型 1 ~ 15，统计发现与本文当前分析结果基本一致。这表明本文的统计结果稳健。[①]

五 总结与讨论

本文的分析说明，在个体层面上，体制框架仍然深刻地影响着我国的社会组织样态和公众参与。这表现为，政党成员和单位成员表现出更高的社会组织参与水平和公众参与水平，并且政党身份对公众参与的促进作用部分地经由社会组织的中介作用实现。茁生之中的社会组织资源显著地推动了个体的公众参与水平提高。收入水平提高虽然提升了个体的社会组织参与水平，但对实践层面的公众参与行为没有显著影响。本文所证实的社会组织参与和公众参与模式，具有以下理论意义。

（一）公共事务中的积极分子

对社会组织参与的分析表明，不同类型社会组织的构成机制有所差异。民间维权组织参与主要受收入水平的影响。基层社会组织则精确地捕捉到了当前中国社会中较高收入、较高教育水平、单位体制内和具有政党身份的群体。对公众参与实践的分析表明，政党成员和单位成员参与社会事务的水平显著更高。总体上看，这意味着基层公共生活中存在具有明确特征的积极分子，他们更可能是党团成员或单位就业者，年龄偏大，更高概率是男性。华尔德（1996）曾

---

① 详细结果可联系作者。

指出单位中存在积极分子和非积极分子的社会分割，围绕积极分子和基层党政领导建立的上下间施恩回报网络，对于制造政治忠诚和进行资源再分配都极为关键。另外一些研究则注意到，在基层社区生活中也存在积极分子，他们构成基层社会治理的核心力量（刘春荣，2007；桂勇，2007；李辉，2008；毛丹，2018）。本文为此提供了一个系统的经验证据。

（二） 总体图景中的市场化叙事

一般认为，市场化改革构成了当代中国社会组织化发展的基本背景，社会群体利益的分化与聚合，推动个体参与到共同体利益的组织、表达和协调等过程中。但是，市场化叙事还需要在转型的总体图景里得到更准确的理解。一方面，在市场化改革带动之下，收入增多的确显著增强个体组织化的可能性，并且收入在促进民间维权组织的形成过程中发挥了主导作用，但收入不直接影响公众参与实践。相比之下，由政党和单位构成的体制框架却在更广泛和持续的意义上塑造着公众参与实践。另一方面，尽管体制外领域的绝对组织程度和参与程度低于体制内单位领域，但各类社会组织的发展确实有效地补充了体制外领域组织化程度不高的不足。

（三） 在政党与社会之间

近期国内外研究开始关心党社关系即政党与社会关系这一重要议题，讨论政党的组织和动员机制（应星，2016；张跃然，2018；Xu，2013）。本文的发现亦可对此一脉络产生贡献。中介效应的存在说明，除了直接途径，当前政党体系对社会的整合与动员在一定程度上也是通过社会组织实现的。从而，在基层社会空间之中，形成党组织网络、行政权力网络和社区组织网络之间的融合和互相渗透，而非割裂。[①] 这种政党组织和强社会组织空间的结合，可以增强政党组织的适应性（祝灵君，2010；Anria，2016；唐文玉，2018）。从实践来看，这意味着，通过党建引领社会组织的模式去加强对体制外空间的社会治理，在组织架构和治理绩效上已表现出效果。

但是，社会组织发展对单位或政党要素的调用，并不应当仅仅被阐释为国家力量相对于社会力量的单向强化，它更说明了当代组织现象复杂的制度根源。

---

① 朱健刚（1999）在一项研究中提出假设，在社区中存在割裂状态下的三叠权力网络，党组织网络、行政权力网络以及由地方企事业单位、社区服务组织和志愿组织等组成的地方性权力网络。

李猛、周飞舟和李康（1996）曾指出，单位是再分配体制之下的制度化组织形式，既不是个人强权操纵社会的结果，也不雷同于西方市场经济下的"厂商"，单位在不断制度化的同时也获得了某种隐蔽的自主空间，在领导与群众之间构造出互相依赖的关系，表现出"控制的辩证法"。如果同意，社会组织是作为对单位体制的补充、替代和调整而产生的，它的内在发展逻辑与单位社会就必然表现出延续性和相似性。社会组织在客观上实现的社会整合和再分配功能固然是一面，但是更重要的，仍然需要通过对组织内部成员行动特征和伦理的深入分析，来判断政府、党和群众在基层政治中的互动关系。

总体而言，当前中国的社会组织发展和公众参与可以理解为混合机制的作用。它既是一般意义上社会发展进步带来的结果，也有社会结构分化带来的活力。但与此同时，体制框架仍然是组织和塑造当前公共生活的重要机制。也许志愿精神的觉醒、社会资源的丰富和治理体系的调整都能带来社会自组织化的新机会，但是公共精神在广阔范围内的存续和深化，仍然受到体制框架的影响。

参考文献

〔法〕阿列克西·托克维尔（2008）：《论美国的民主》，董果良译，北京：商务印书馆。

伯兰德、朱健刚（2007）：《公众参与与社区公共空间的生产——对绿色社区建设的个案研究》，《社会学研究》，第 4 期。

毕向阳等（2010）：《单位动员的效力和效度——对我国城市居民"希望工程"捐款行为的社会学分析》，《社会学研究》，第 6 期。

陈家喜、黄卫平（2007）：《把组织嵌入社会：对深圳市南山区社区党建的考察》，《马克思主义与现实》，第 6 期。

陈鹏（2010）：《当代中国城市业主的法权抗争——关于业主维权活动的一个分析框架》，《社会学研究》，第 1 期。

陈映芳（2006）：《行动力与制度限度：都市运动中的中产阶层》，《社会学研究》，第 4 期。

陈云松（2013）：《互联网使用是否扩大非制度化政治参与——基于 CGSS2006 的工具变量分析》，《社会》，第 5 期。

程坤鹏、俞祖成（2019）：《嵌入与功能整合：社会组织党建的"政治性——社会性"二维分析》，《中国非营利评论》，第 1 期。

〔美〕道恩·亚科布奇（2012）：《中介作用分析》，李骏译，上海：上海人民出版社。

冯仕政（2006）:《单位分割与集体抗争》,《社会学研究》,第 3 期。

高丙中（2000）:《社会团体的合法性问题》,《中国社会科学》,第 2 期。

高勇（2014）:《参与行为与政府信任的关系模式研究》,《社会学研究》,第 5 期。

顾昕、王旭（2005）:《从国家主义到法团主义——中国市场转型过程中国家与专业团体关系的演变》,《社会学研究》,第 2 期。

管兵（2013）:《城市政府结构与社会组织发育》,《社会学研究》,第 4 期。

桂勇（2007）:《邻里政治:城市基层的权力操作策略与国家 - 社会粘连模式》,《社会》,第 6 期。

〔德〕海贝勒、舒耕德（2009）:《从群众到公民——中国的政治参与》,张文红译,北京:中央编译出版社。

胡安宁、周怡（2013）:《一般信任模式的跨部门差异及其中介机制》,《社会》,第 4 期。

胡荣（2008）:《社会资本与城市居民的政治参与》,《社会学研究》,第 5 期。

华尔德（1996）:《共产党社会的新传统主义:中国工业中的工作环境和权力结构》,香港:牛津大学出版社。

黄荣贵、桂勇（2011）:《集体性社会资本对社区参与的影响——基于多层次数据的分析》,《社会》,第 6 期。

黄晓春（2015）:《当代中国社会组织的制度环境与发展》,《中国社会科学》,第 9 期。

〔美〕加布里埃尔·阿尔蒙德、西德尼·维巴（2014）:《公民文化:五个国家的政治态度和民主制度》,张明澍译,北京:商务印书馆。

纪莺莺（2015）:《当代中国行业协会商会的政策影响力:制度环境与层级分化》,《南京社会科学》,第 9 期。

——（2016）:《治理取向与制度环境:近期社会组织研究的国家中心转向》,《浙江学刊》,第 3 期。

纪莺莺、范晓光（2017）:《财大气粗?——私营企业规模与行政纠纷解决的策略选择》,《社会学研究》,第 3 期。

〔加〕柯鲁克夫妇（2007）:《十里店（二）——中国一个村庄的群众运动》,安强、高建译,燕凌校,上海:上海人民出版社。

李春玲（2011）:《寻求变革还是安于现状?——中产阶级社会政治态度测量》,《社会》,第 2 期。

李丁、唐承祚（2016）:《精英团结与政治审查:大学生党员发展机制的实证研究》,《开放时代》,第 3 期。

李汉林（2008）:《变迁中的中国单位制度——回顾中的思考》,《社会》,第 3 期。

李辉（2008）:《社会报酬与中国城市社区积极分子——上海市社区楼组长群体的个案研究》,《社会》,第 1 期。

李骏（2009）:《住房产权与政治参与:中国城市的基层社区民主》,《社会学研究》，第 5 期。

李路路等（2009）：《市场转型与"单位"变迁：再论"单位"研究》，《社会》，第 4 期。

李猛等（1996）：《单位：制度化组织的内部机制》，《中国社会科学季刊》（香港），总第 16 期。

李朔严（2018）：《政党统合的力量：党、政治资本与草根 NGO 的发展——基于 Z 省 H 市的多案例比较研究》，《社会》，第 1 期。

李友梅等（2012）：《当代中国社会建设的公共性困境及其超越》，《中国社会科学》，第 4 期。

梁玉成（2007）：《现代化转型与市场转型的效应分解——市场转型研究的年龄、时期和世代效应模型》，《社会学研究》，第 4 期。

刘平等（2008）：《变动的单位制与体制内的分化——以限制介入性大型国有企业为例》，《社会学研究》，第 3 期。

刘欣、朱妍（2011）：《中国城市的社会阶层与基层人大选举》，《社会学研究》，第 6 期。

刘春荣（2007）：《国家介入与邻里社会资本的生成》，《社会学研究》，第 2 期。

路风（1989）：《单位：一种特殊的社会组织形式》，《中国社会科学》，第 1 期。

〔美〕罗伯特·帕特南（2001）：《使民主运转起来——现代意大利的公民传统》，王列、赖海榕译，南昌：江西人民出版社。

罗婧、王天夫（2012）：《何以肩负使命：志愿行为的持续性研究——以大学生支教项目为例》，《社会学研究》，第 5 期。

毛丹（2018）：《中国城市基层社会的型构——1949 ~ 1954 年居委会档案研究》，《社会学研究》，第 5 期。

〔美〕罗纳德·英格尔哈特（2013）：《现代化与后现代化：43 个国家的文化、经济与政治变迁》，严挺译，祁玲玲校，北京：社会科学文献出版社。

倪咸林（2017）：《十八大以来的社会组织治理：政策演化与内在逻辑》，《当代世界与社会主义》，第 5 期。

渠敬东等（2009）：《从总体支配到技术治理——基于中国 30 年改革经验的社会学分析》，《中国社会科学》，第 6 期。

盛智明（2016）：《组织动员、行动策略与机会结构：业主集体行动结果的影响因素分析》，《社会》，第 3 期。

〔美〕塞缪尔·亨廷顿（1988）：《变革社会中的政治秩序》，李盛平、杨玉生等译，北京：华夏出版社。

史普原、李晨行（2018）：《派生型组织：对中国国家与社会关系形态的组织分析》，《社会学研究》，第 4 期。

孙飞宇（2016）：《生产"社会"，还是社会的自我生产？——以一个 NGO 的扶贫困境为例》，《社会》，第 1 期。

孙立平等（1999）：《动员与参与：第三部门募捐机制个案研究》，杭州：浙江人民出版社。

孙秀林（2018）：《中国都市社会脉动上海调查（2017）》，北京：社会科学文献出版社。

孙兆霞（2017）：《以党建促脱贫：一项政治社会学视角的中国减贫经验研究》，《中国农业大学学报》（社会科学版），第 5 期。

唐文玉（2018）：《从"总体性生存"到"嵌入式发展"——"党社关系"变迁中的社会组织发展研究》，《马克思主义与现实》，第 3 期。

王向民（2014）：《中国社会组织的项目制治理》，《经济社会体制比较》，第 5 期。

王新松、张秀兰（2016）：《中国中产阶层的公民参与——基于城市社区调查的实证研究》，《经济社会体制比较》，第 1 期。

王颖等（1993）：《社会中间层——改革与中国的社团组织》，北京：中国发展出版社。

温忠麟、叶宝娟（2014）：《中介效应分析：方法和模型发展》，《心理科学进展》，第 5 期。

〔美〕西达·斯考切波（2015）：《国家与社会革命——对法国、俄国和中国的比较分析》，何俊志、王学东译，上海：上海世纪出版集团。

肖瑛（2014）：《从"国家与社会"到"制度与生活"：中国社会变迁研究的视角转换》，《中国社会科学》，第 9 期。

杨敏（2005）：《公民参与、群众参与与社区参与》，《社会》，第 5 期。

应星（2016）：《"把革命带回来"：社会学新视野的拓展》，《社会》，第 4 期。

张汉（2012）：《地域导向的党组织建构与中国新城市空间的治理——对宁波天一广场的个案研究》，《人文地理》，第 2 期。

张静（2003）：《阶级政治与单位政治——城市社会的利益组织化结构和社会参与》，《开放时代》，第 2 期。

张紧跟（2012）：《从结构论争到行动分析：海外中国 NGO 研究述评》，《社会》，第 3 期。

张长东（2017）：《社会组织与政策协商：多元主义与法团主义之辨》，《浙江学刊》，第 1 期。

张翼（2008）：《当前中国中产阶层的政治态度》，《中国社会科学》，第 2 期。

张跃然（2018）：《反映社会还是塑造社会？——国外社会学讨论"政党－社会关系"的两条路径》，《社会学研究》，第 3 期。

折晓叶（1997）：《村庄的再造：一个"超级村庄"的社会变迁》，北京：中国社会科学出版社。

朱健刚（1999）：《国家、权力与街区空间——当代中国街区权力研究导论》《中国社会科学季刊》（香港），第 26 和 27 期。

祝灵君（2010）：《社会资本与政党领导：一个政党社会学分析框架的尝试》，北京：中央编译出版社。

Anria, S.（2016），"Democratizing Democracy? Civil Society and Party Organization in

Bolivia", *Comparative Politics* 48 (4).

Baron, R. M. & Kenny, D. (1986), "The Moderator – mediator Variable Distinction in Social Psy – chological Research: Conceptual, Strategic, and Statistical Considerations", *Journal of Personality and Social Psychology* 51.

Berger, B. (2009), "Political Theory, Political Sicence and the End of Civic Engagement", *Perspectives on Politics* 7 (02).

Bernstein, T. P. (1967), "Leadership and Mass Mobilisation in the Soviet and Chinese Colletivisation Campaigns of 1929 – 30 and 1955 – 56 A Comparison", *The China Quarterly* 31.

Chen, J. & Lu, C. (2006), "Does China's Middle Class Think and Act Democratically?", *Journal of Chinese Political Science* 11 (2).

Inkeles, A. D. & Smith, D. H. (1976), *Becoming Modern: Individual Change in Six Developing Countries*, Cambridge, Mass.: Harvard University Press.

Lu, Yao & Tao, Ran (2017), "Organizational Structure and Collective Action: Lineage Networks, Semiautonomous Civic Associations, and Collective Resistance in Rural China", *American Journal of Sociology* 122 (6).

Mackinnon, D. & Dwyer, J. (1993), "Estimating Mediated Effects in Prevention Studies", *Evaluation Review* 17 (2).

Ruef, M. & Kwon, Seok – Woo (2016), "Neighborhood Associations and Social Capital", *Social Forces* 1.

Schofer, E. & Fourcade – Gourinchas, M. (2001), "The Structural Contexts of Civic Engagement: Voluntary Association Membership in Comparative Perspective", *American Sociological Review* 66 (6).

Schofer, E. & Longhofer, W. (2011), "The Structural Sources of Association", *American Journal of Sociology* 117 (2).

Skocpol, T. & Morris, F., eds. (1999), *Civic Engagement in American Democracy*, Washington, D. C.: Brookings Institute Press.

Stark, D. (1996), "Recombinant Property in East European Capitalism", *American Journal of Sociology* 101 (4).

Spires, A. (2011), "Contingent Symbiosis and Civil Society in an Authoritarian State: Understanding the Survival of China's Grassroots NGOs", *American Journal of Sociology* 117 (1).

Thornton, P. (2013), "The Advance of the Party: Transformation or Takeover of Urban Grassroots Society?", *The China Quarterly* 213.

Wietz, D. (2016), "Segregation in Civic Life: Ethnic Sorting and Mixing across Voluntary Associations", *American Sociological Review* 81 (4).

Xu, Xiaohong (2013), "Belonging Before Believing: Group Ethos and Bloc Recruitment in the Making of Chinese Communism", *American Sociological Review* 78 (5).

The Constituents and Practical Effects of Chinese Social Organizations: Evidence from CGSS2012

Ji Yingying

[**Abstract**] The paper reveals that the institutional framework (*tizhi*) significantly shape the characteristics of the associational involvement and civic engagement on the individual level. CGSS2012 supports the following pattern. First, the members of political parties and employees of *danwei* display higher level of associational involvement and civic engagement significantly. Second, the positive effects of political parties on civic engagement is mediated by social organizations to some extent. Third, all kinds of involvement in social organizations significantly enhance the possibility of civic engagement. Finally, the income level only influence the associational involvement on the individual level without significant effects on civic engagement. The above patterns have two important implications. First, there is a group of activists in the grassroots life with similar characteristics. Multiple level of governance networks are interwoven together. Second, besides the institutional environment provided by the government, the *tizhi* framework is also the lasting foundations of developing social organizations in contemporary China. Third, it is necessary to deepen the discussion on the party – society relationship.

[**Keywords**] Civic Engagement; Social Organization; Danwei; Party Building; Party Members

（责任编辑：宋程成）

公众之于特殊需要儿童社会融入支持态度：理论与经验[*]

宋程成　张　潮[**]

【摘要】本研究以全国 5 个城市的 1602 份问卷和二手报告数据为基础，借助分层线性模型探讨了个体和政策两个层次的因素对公众之于特殊需要儿童社会融入支持态度的影响。结果显示，个体与政策因素对社会融入支持的关系、社交和公共三个方面分别存在不同影响：（1）曾经帮助过特殊需要儿童的个体，对这些儿童的社会融入持显著支持态度；（2）政府政策存在挤出效应，具体地，儿童政策强度越大，公众对特殊需要儿童社会融入关系支持和社交支持的可能性越小；（3）不同政策间存在"对冲效应"，即儿童政策和残疾政策对个体之于特殊需要儿童社会融入公共支持方面可能产生完全相反的影响。

【关键词】特殊需要儿童；社会融入；帮助行为；政策效应

一　引言

社会融入是《残疾人权利公约》《儿童权利公约》所倡导的重要理念，作

---

[*]　基金项目：本研究受到国家自然科学基金资助项目（编号：71804120、71804046）的资助。

[**]　宋程成，华东师范大学公共管理学院讲师，浙江大学管理学博士，研究方向：社会组织与社会经济、非营利组织管理等。张潮，中山大学传播与设计学院副教授，清华大学管理学博士，研究方向：新媒体与社会政策、残障儿童社会融入、公共传播等。

为两个国际公约的缔约国，中国也正朝着这个政策方向不断迈进，全纳（融合）教育、支持性就业目标等，也都在不同程度上强调了社会融合的突出地位。实践层面，我国在特殊需要儿童社会融入方面制定了一系列政策，中央和地方政府也不断加大投入。特别是近些年，广州等地在特殊需要儿童全纳教育方面加大了资源教室建设投入，配备专业融合师资等，真正开始建立融合的支持体系（Zhang，2017；Zhao & Zhang，2018）。

社会融入成为特殊需要儿童的发展目标后，大量研究开始关注如何建立有效的支持体系促进特殊需要儿童真正融入社会（Lindsay & Edwards，2013）。特殊需要儿童社会融入支持包含不同的维度，既包括强调特殊性和私人性的，需要公众个体投入时间、精力的活动，例如个人社交、互动接纳等具体的个体行为；也包括更加一般性和公共性的实践，即需要政府和社会整体投入资源的社会支持和帮助投入，例如政府政策支持、财政投入，社会慈善捐赠等国家及社会行为。公共性和私人性两类社会融入支持是特殊需要儿童社会融入的主要着力点，也是衡量特殊需要儿童社会融入程度的重要指标（Koster et al.，2009；Lorentzen & Scoggins，2015）。

公民个体对于公共性和私人性社会融入支持的具体态度和立场，相较于传统意义上的校园内教育融合，要更为复杂和多元。一方面，研究发现公民个体的年龄、性别、教育水平和收入水平等人口学因素都会显著影响到其对于特殊需要儿童社会融入支持的认知和态度，例如，相较女性，男性对于特殊需要儿童社会融入的态度更加负面；更年轻、教育水平更高的个体更愿意为特殊需要儿童社会融入提供支持（Bines & Lei，2011；Morin et al.，2013）。相较个体自身先天的人口属性变量，在个体实际学习、生活中有无遇到过特殊需要儿童，有无相关的交往知识和帮助经验，对个体之于特殊需要儿童社会融入的立场会产生更为关键的影响，这也是近些年来残障倡导行动强调残障人士走向公共空间，参与公共活动的原因。但是，就目前来看，这方面缺少必要的实证研究支持，国内以往文献更多地关注了特殊需要儿童的生活现状和家庭需求，很少对公民个体在特殊需要儿童社会融入方面态度的影响因素进行探讨（Milner & Kelly，2009；朱楠等，2015）。

另一方面，政府的政策和财政资源投入一直是特殊需要儿童社会融入体系的重要组成部分，公众往往对其投入方式和限度存在争议。正如福利体系理论认为的那样，即公共资源是有限的，社会福利安排方面的政府介入应该是有限度的，否则会损害政策效果，对于转型中的发展中国家来说，这类情况会更加突出（蒙克，2018）。有研究显示，当政府投入资源过多时，出现公民会认为不需要再过多投入自身时间和资源以支持特殊需要儿童社会融入的"反向"激励现象；同时，与特殊需要儿童相关的不同政策之间，也可能存在潜在的交叉和抵消现象（Matava，1994）。具体到特殊需要儿童社会融入，涉及儿童政策和残障政策两个方面的政策，它们带来的潜在效果如何，这些都缺乏实证检验。

综上所述，个体的人口学变量、与特殊需要儿童交往经历以及地方政府的政策，对公民个体之于特殊需要儿童社会融入的态度或立场都可能产生显著影响。因此，本研究提出以下核心假设。

假设 1：曾经帮助过相关特殊需要儿童的个体，对于特殊需要儿童融入社会更加支持。

假设 2：地方政府在儿童事业方面投入越大，个体对特殊需要儿童融入社会支持度越小。

假设 3：地方政府在残疾事业方面投入越大，个体对特殊需要儿童融入社会支持度越小。

二　研究设计

（一）分析样本

本研究个体层面的数据来自清华大学公益慈善研究院与明德公益研究中心"特殊需要儿童公众认知基础调研"，该调查旨在获知一般民众对于特殊需要儿童（脑瘫与自闭症儿童等）的认知和态度信息。实际调查于 2015 年 5 月至 9 月具体执行，涉及上海、深圳、西安、南宁和贵阳 5 个城市内 14 岁以上、可以正常表达的公众。调查采取了配额抽样的方式来进行，初步设定在每个城市中经济、社会发展方面具有代表性的街道和社区内获取 300 个左右的样本，预计总数 1500 个。由于不少地区在实际访谈阶段获取的样本量均小幅上调，因此调查最终获得了 1602 个较为完整的样本。其中，上海市有 327 人（20.4%，有效百分数，下同），深圳市 363 人（22.7%），西安市 300 人（18.7%），南宁市 307 人（19.2%），贵阳市 298 人（18.6%），无城市信息 7 人。这些人中，男性占

51%，女性占 49%；具体年龄状况分布如图 1 所示，可以看到，25～34 岁（325，20.3%）和 35～44 岁（345，21.5%）的人群是占比最高的。

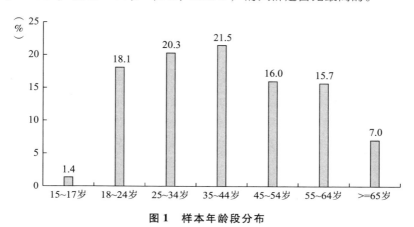

图1 样本年龄段分布

与此同时，本研究基于北京师范大学编撰的《中国社会政策进步指数报告（2016）》中涉及的地方儿童政策指数和地方残障政策指数（以 2014 年为基准）（王振耀等，2017），收集了 5 个城市所对应的省份层面数据，构筑了一个完整的嵌套数据结构，从而便于后续的分层线性模型分析。

（二）研究工具

本研究的因变量为公民个体对于特殊需要儿童社会融入方面的支持态度，基于以往文献，选取了关系支持（度）、社交支持（度）和公共支持（度）三个具体的态度指标来测量公众对特殊需要儿童社会融入的态度状况（Lorentzen & Scoggins，2015；Morin et al.，2013；朱楠等，2015），如表 1 所示，这三个变量均使用李克特 5 分形式来测量其强弱。个体层面的主要自变量为个体过去的帮助行为，主要使用虚拟变量的方式来测量，即曾经帮助过特殊需要儿童的个体，赋值为 1，其余为 0。个体层面的变量还涉及年龄、性别、子女、教育程度、工作类型以及收入状况等可能影响个体支持度的变量，具体信息可见表 1。

地区层面的自变量主要为政策强度，是以不同城市所在省份于 2014 年度获得的儿童政策指数得分和残疾政策指数得分来衡量的。其中，地方儿童政策指数是将政策环境、生活保障、教育发展、医疗健康和救助保护等 5 个维度共计 21 个三级指标经必要的逆向化、无量纲化处理后获得的，类似地，地方残疾政策指数主要通过政策环境、康复服务、教育发展、就业支持、社会保障、扶贫开发、组织设施以及权益维护等 8 个维度 26 个三级指标处理获得。由于进行了无量纲化处理,这两个指数均为 0 ~ 1 的数值(王振耀等,2017)。

表 1　变量测量

变量	测量方式
关系支持	"我的孩子可以与他们做朋友",5 分题项,由弱到强赋值
社交支持	"我愿意与他们相处和沟通",5 分题项,由弱到强赋值
公共支持	"他们是我们中的一员,需要政府和社会共同关爱",5 分题项,由弱到强赋值
帮助行为	虚拟变量,帮助过脑瘫和自闭症儿童,则赋值为 1,无赋值为 0
性别	虚拟变量,男性赋值为 1,女性赋值为 0
年龄	年龄取自然对数
子女	虚拟变量,有自己子女赋值为 1,无则赋值为 0
教育程度	虚拟变量,本科及以上学历赋值为 1,其余赋值为 0
工作类型	公共部门(政府、事业单位以及非营利组织)赋值为 1,其他赋值为 0
收入状况	以月收入状况进行赋值,共划分 6 类,具体为: 3000 元以下 = 1,3000 ~ 4999 元 = 2,5000 ~ 7999 元 = 3 8000 ~ 9999 元 = 4,10000 ~ 19999 元 = 5,20000 元及以上 = 6
地方儿童政策	儿童政策指数(2014)得分
地方残疾政策	残疾政策指数(2014)得分

(三)　数据处理

本研究主要采取 Stata 14.0 统计软件来进行描述统计分析、OLS 回归以及 HLM 模型(分层线性模型)分析;其中,HLM 模型的具体计算过程,参考了相关指南中提及的主要步骤,并汇报了必要的统计参数(Albright & Marinova,2010)。

三　模型与结果

(一)　公众对特殊需要儿童支持影响因素的相关分析

由表 2 可知,个体过去的帮助行为和其对特殊需要儿童社会融入的支持(关系支持、社交支持与公共支持)间均存在显著的正相关关系且相关系数均较大(分别为 $r = 0.121$,$p < 0.01$;$r = 0.150$,$p < 0.01$;$r = 0.088$,$p < 0.01$)。同时,男性相比女性($r = -0.116$,$p < 0.01$)更不容易对特殊需要

儿童社会融入采取支持态度，年龄较大的人士（$r = -0.095$，$p < 0.01$）以及拥有子女的人士（$r = -0.070$，$p < 0.01$）相对更不支持特殊需要儿童公共维度的社会融入。

数据还显示，教育程度更高的人士，会更加支持特殊需要儿童在各个维度的社会融入（关系支持，$r = 0.101$，$p < 0.01$；社交支持，$r = 0.129$，$p < 0.01$；公共支持，$r = 0.132$，$p < 0.01$）；在公共和非营利部门工作的人士（关系支持，$r = 0.103$，$p < 0.01$；社交支持，$r = 0.106$，$p < 0.01$；公共支持，$r = 0.073$，$p < 0.01$）以及收入较高人士（关系支持，$r = 0.052$，$p < 0.05$；社交支持，$r = 0.067$，$p < 0.01$；公共支持，$r = 0.053$，$p < 0.05$），也表现出对特殊需要儿童社会融入的显著正向支持。

从地方层面的政策因素看，可以发现相关政策之于个体对特殊需要儿童态度方面的影响方向是不一的，即使相关影响并不存在显著的相关性，当然，地方儿童政策（关系支持，$r = -0.012$，$n.s$；社交支持，$r = 0.008$，$n.s$；公共支持，$r = 0.121$，$p < 0.01$）、地方残疾政策（关系支持，$r = -0.030$，$n.s$；社交支持，$r = 0.007$，$n.s$；公共支持，$r = 0.090$，$p < 0.01$）与个体特殊需要儿童社会融入支持方面的关系究竟如何，需要后续回归分析来进一步分析。

最后，值得关注的是，表 2 中地方儿童政策和地方残疾政策分别与个体对于特殊需要儿童的帮助行为之间存在显著的相关性（分别为 $r = 0.080$，$p < 0.01$；$r = 0.078$，$p < 0.01$）。可见，地方政府的相关政策，或许在一定程度上会鼓励个体去采取相应的帮助行为。

（二）公众个体之于特殊需要儿童支持影响因素的回归分析

表 3、表 4 和表 5 分别展示了公众个体对特殊需要儿童三个方面支持（关系支持、社交支持与公共支持）影响因素的具体情况。为了便于分析和解释，在每个表格中将分析的全模型放在模型 1 的位置，并且主要借助各个表格中模型 1 的结果来进行说明。每个表格内的模型 4 为分层线性模型不包含任何信息的零模型，模型 2 和 3 分别展示了地方儿童政策与地方残疾政策单独之于特殊需要儿童支持的影响，模型 5 显示了不考虑地方政策因素情况下，个体层面因素对于特殊需要儿童支持的影响的 OLS 结果。下面将逐一介绍表 3、表 4 和表 5 的相关结果情况。

表 2 描述性统计

变量	n	M	SD	1	2	3	4	5	6	7	8	9	10	11	12
1. 关系支持	1582	3.815	0.684	1.000											
2. 社交支持	1596	4.082	0.597	0.515***	1.000										
3. 公共支持	1596	4.273	0.577	0.346***	0.416***	1.000									
4. 帮助行为	1597	0.505	0.500	0.121***	0.150***	0.088*	1.000								
5. 性别	1590	0.510	0.500	-0.022	-0.049*	-0.116***	0.004	1.000							
6. 年龄	1593	3.612	0.392	-0.013	-0.041	-0.095***	-0.024	0.006	1.000						
7. 子女	1597	0.676	0.468	-0.010	-0.021	-0.070**	-0.037	-0.046*	0.747***	1.000					
8. 教育程度	1601	0.471	0.499	0.101***	0.129***	0.132***	0.130***	0.066**	-0.339***	-0.365***	1.000				
9. 工作类型	1598	0.280	0.449	0.103***	0.106***	0.073***	0.137***	0.003	0.113***	0.133***	0.224***	1.000			
10. 收入状况	1588	2.699	1.255	0.052**	0.067***	0.053*	0.071***	0.003	0.146***	0.167***	0.101***	0.110***	1.000		
11. 地方儿童政策	1602	0.440	0.060	-0.012	0.008	0.121***	0.080***	-0.002	-0.014	-0.012	0.097***	0.033	0.091***	1.000	
12. 地方残疾政策	1602	0.380	0.100	-0.030	0.007	0.090***	0.078***	-0.002	-0.007	-0.028	0.129***	0.064**	0.119***	0.868***	1.000

注：* $p < 0.1$，** $p < 0.05$，*** $p < 0.01$。

1. 特殊需要儿童关系支持的影响因素

由表 3 中模型 1 和 5 所有结果可知，个体过往对特殊需要儿童的帮助行为，与其对特殊需要儿童关系支持间存在显著的正相关性（基准模型 1，$\beta = 0.126$，$p < 0.01$）；类似地，个体的工作类型（基准模型 1，$\beta = 0.113$，$p < 0.01$）和收入状况（基准模型 1，$\beta = 0.0273$，$p < 0.1$），在各个模型内也与对特殊需要儿童的关系支持间存在正向影响。

由模型 1 第二层结果可知，地方儿童政策指数与公众之于特殊需要儿童关系支持之间存在显著的负相关性（基准模型 1，$\beta = -1.480$，$p < 0.01$）；同时，地方残疾政策与公众之于特殊需要儿童关系支持之间也存在负相关性，尽管结果并不显著（基准模型 1，$\beta = -14.77$，$n.s$）。上述结果与两个变量单独存在时的模型 2 和模型 3 结果方向是一致的（地方儿童政策指数，模型 2，$\beta = -1.480$，$p < 0.01$；地方残疾政策指数，模型 3，$\beta = -10.77$，$n.s$）。

表 3　公众对特殊需要儿童关系支持的影响因素

	模型 1	模型 2	模型 3	模型 4	模型 5
截距	3.828***	3.828***	3.822***	3.821***	3.822***
	(0.227)	(0.227)	(0.227)	(0.0535)	(0.227)
第一层					
帮助行为	0.126***	0.126***	0.126***		0.126***
	(0.0351)	(0.0351)	(0.0351)		(0.0351)
性别	-0.0291	-0.0291	-0.0291		-0.0291
	(0.0343)	(0.0343)	(0.0343)		(0.0343)
年龄	-0.0564	-0.0564	-0.0558		-0.0558
	(0.0671)	(0.0671)	(0.0671)		(0.0671)
子女	0.0347	0.0347	0.0345		0.0345
	(0.0569)	(0.0569)	(0.0569)		(0.0569)
教育程度	0.0451	0.0451	0.0456		0.0456
	(0.0412)	(0.0412)	(0.0412)		(0.0412)
工作类型	0.113***	0.113***	0.113***		0.113***
	(0.0404)	(0.0404)	(0.0404)		(0.0404)
收入状况	0.0273*	0.0273*	0.0272*		0.0272*
	(0.0144)	(0.0144)	(0.0144)		(0.0144)
第二层					
地方儿童政策	-1.480***	-1.480***			
	(0.362)	(0.392)			

续表

	模型 1	模型 2	模型 3	模型 4	模型 5
地方残疾政策	-14.16 (599.6)		-10.77 (9.950)		
方差分量					
Intercept τ_{00}	-12.32 (0)	-14.15 (9.762)	-2.285*** (0.362)	-2.175*** (0.349)	
Residual σ^2	-0.403*** (0.0181)	-0.403*** (0.0181)	-0.403*** (0.0181)	-0.395*** (0.0178)	
ICC	4.43e-11	1.15e-12	.0226358	.0276116	
Log likelihood	-1564.164	-1564.164	-1564.31	-1626.102	
Wald chi-square	37.22***	37.22***	37.27***	——	
AIC	3150.328	3150.328	3150.619	3258.204	
BIC	3209.02	3209.02	3209.311	3274.303	
样本量	1534	1534	1534	1582	1534
分组数	5	5	5	5	——

注：$^* p < 0.1$，$^{**} p < 0.05$，$^{***} p < 0.01$。

2. 特殊需要儿童社交支持的影响因素

由表 4 可知，个体过往对特殊需要儿童的帮助行为，与其对该类儿童社交支持间存在显著的正相关性（基准模型 1，$\beta = 0.154$，$p < 0.01$）；类似地，个体的教育程度（基准模型 1，$\beta = 0.0990$，$p < 0.01$）、工作类型（基准模型 1，$\beta = 0.0816$，$p < 0.05$）和收入状况（基准模型 1，$\beta = 0.0226$，$p < 0.1$）在模型 1 和模型 5 内也与特殊需要儿童的社交支持间存在正向影响。同时，结果还显示，男性相比女性更加不支持针对特殊需要儿童的社交支持（基准模型 1，$\beta = -0.0667^{**}$，$p < 0.05$）。

模型第二层结果显示，地方儿童政策指数与社交支持之间存在显著的负相关性（基准模型 1，$\beta = -2.600$，$p < 0.01$）；同时，地方残疾政策与社交支持之间也存在负相关性，尽管结果并不显著（基准模型 1，$\beta = -15.49$，$n.s$）。上述结果与两个变量单独存在时的模型 2 和模型 3 结果方向是一致的（地方儿童政策指数，模型 2，$\beta = -2.600$，$p < 0.01$；地方残疾政策指数，模型 3，$\beta = -16.71$，$n.s$）。

表4 公众对特殊需要儿童社交支持的影响因素

	模型1	模型2	模型3	模型4	模型5
截距	4.107***	4.107***	4.101***	4.084***	4.101***
	(0.192)	(0.192)	(0.192)	(0.0300)	(0.192)
第一层					
帮助行为	0.154***	0.154***	0.154***		0.154***
	(0.0303)	(0.0303)	(0.0302)		(0.0302)
性别	-0.0667**	-0.0667**	-0.0667**		-0.0667**
	(0.0297)	(0.0297)	(0.0297)		(0.0297)
年龄	-0.0612	-0.0612	-0.0603		-0.0603
	(0.0578)	(0.0578)	(0.0578)		(0.0578)
子女	0.0375	0.0375	0.0372		0.0372
	(0.0492)	(0.0492)	(0.0492)		(0.0492)
教育程度	0.0990***	0.0990***	0.100***		0.100***
	(0.0350)	(0.0350)	(0.0349)		(0.0349)
工作类型	0.0816**	0.0816**	0.0816**		0.0816**
	(0.0350)	(0.0350)	(0.0350)		(0.0350)
收入状况	0.0226*	0.0226*	0.0224*		0.0224*
	(0.0124)	(0.0124)	(0.0124)		(0.0124)
第二层					
地方儿童政策	-2.600***	-2.600***			
	(0.639)	(0.641)			
地方残疾政策	-15.49		-16.71		
	(9.713)		(10.83)		
方差分量					
Intercept τ_{00}	-15.10	-16.06	-3.432***	-2.842***	
	(1,045)	(11.56)	(0.653)	(0.413)	
Residual σ^2	-0.542***	-0.542***	-0.542***	-0.521***	
	(0.0180)	(0.0180)	(0.0180)	(0.0177)	
ICC	2.27e-13	3.32e-14	.0030761	.0095486	
Log likelihood	-1359.263	-1359.263	-1359.324	-1435.988	
Wald chi-square	67.54***	67.54***	68.11***	—	
AIC	2742.526	2740.526	2740.647	2877.977	
BIC	2806.663	2799.318	2799.439	2894.102	
样本量	1548	1548	1548	1596	1548
分组数	5	5	5	5	——

注：$^* p < 0.1$，$^{**} p < 0.05$，$^{***} p < 0.01$。

3. 特殊需要儿童公共支持的影响因素

表 5 中模型 1 和模型 5 显示，个体过往对特殊需要儿童的帮助行为，与其对特殊需要儿童公共支持间存在显著的正相关性（基准模型 1，$\beta = 0.0649$，$p < 0.01$）；类似地，个体的教育程度（基准模型 1，$\beta = 0.0768$，$p < 0.05$）、工作类型（基准模型 1，$\beta = 0.0665$，$p < 0.05$）和收入状况（基准模型 1，$\beta = 0.0256$，$p < 0.05$）也与其对特殊需要儿童的公共支持间存在正向影响。

表 5 模型 1 结果还显示，一部分个体因素与对特殊需要儿童公共支持间存在显著负相关性，例如，男性（基准模型 1，$\beta = -0.144$，$p < 0.01$）以及年龄较大人士（基准模型 1，$\beta = -0.131$，$p < 0.01$）在对特殊需要儿童的公共支持方面相对更不积极。上述结果与模型 5 是一致的。

表 5 模型 1 第二层结果显示，地方儿童政策指数（基准模型 1，$\beta = -12.24$，$n. s$）和地方残疾政策指数（基准模型 1，$\beta = -12.71$，$n. s$）与公众之于特殊需要儿童公共支持之间存在负相关性，但是并不显著。上述结果与两个变量单独存在时的模型 2 和模型 3 结果方向并不完全一致（地方儿童政策指数，模型 2，$\beta = 0.0649$，$p < 0.05$；地方残疾政策指数，模型 3，$\beta = -15.81$，$p < 0.1$），导致这一状况的原因可能是，当两个第二层政策变量共同进入全模型时，其效应互相抵消。

表 5　公众对特殊需要儿童公共支持的影响因素

	模型 1	模型 2	模型 3	模型 4	模型 5
截距	4.670*** (0.188)	4.670*** (0.188)	4.670*** (0.188)	4.273*** (0.0418)	4.670*** (0.188)
第一层					
帮助行为	0.0649** (0.0291)	0.0649** (0.0291)	0.0649** (0.0291)		0.0649** (0.0291)
性别	-0.144*** (0.0285)	-0.144*** (0.0285)	-0.144*** (0.0285)		-0.144*** (0.0285)
年龄	-0.131** (0.0558)	-0.131** (0.0558)	-0.131** (0.0558)		-0.131** (0.0558)
子女	-0.00396 (0.0473)	-0.00396 (0.0473)	-0.00396 (0.0473)		-0.00396 (0.0473)

	模型 1	模型 2	模型 3	模型 4	模型 5
教育程度	0.0768 ** (0.0341)	0.0768 ** (0.0341)	0.0768 ** (0.0341)		0.0768 ** (0.0341)
工作类型	0.0665 ** (0.0336)	0.0665 ** (0.0336)	0.0665 ** (0.0336)		0.0665 ** (0.0336)
收入状况	0.0256 ** (0.0120)	0.0256 ** (0.0120)	0.0256 ** (0.0120)		0.0256 ** (0.0120)
第二层					
地方儿童政策	− 12.24 (0)	0.0649 ** (0.0291)			
地方残疾政策	− 12.71 (0)		− 15.81 * (9.362)		
方差分量					
Intercept τ_{00}	− 2.593 (0)	− 2.593 *** (0.379)	− 2.593 *** (0.379)	− 2.433 *** (0.359)	
Residual σ^2	− 0.583 (0)	− 0.583 *** (0.0180)	− 0.583 *** (0.0180)	− 0.562 *** (0.0177)	
ICC	.0176156	.0176163	.017617	.0231851	
Log likelihood	− 1299.917	− 1299.917	− 1299.917	− 1372.699	
Wald chi − square	69.17 ***	69.17 ***	69.17 ***	——	
AIC	2615.834	2621.834	2621.834	2751.398	
BIC	2658.597	2680.634	2680.634	2767.524	
样本量	1549	1549	1549	1596	1549
分组数	5	5	5	5	——

注：$^*p < 0.1$，$^{**}p < 0.05$，$^{***}p < 0.01$。

4. 稳健性检验

为了确保相关发现的一致性和准确度，本文还进行了一系列稳健性检验，主要的做法是：（1）利用《中国社会政策进步指数报告（2016）》中包含的2012 年、2013 年的儿童政策指数和残疾政策指数进行重复计算；以及（2）增加了一部分第二层控制变量，如当地与残障儿童相关的社会组织数量、当地人均 GDP 等内容。所有结果均表明，本文的回归结果是相对稳健的，限于篇幅，上述结果并不在文内进行汇报。

四 讨论

（一） 公众参与和特殊需要儿童社会融入支持

对于公众个体而言，其对特殊需要儿童社会融入的具体态度，受到年龄、性别、收入状况、教育程度等因素的影响，总体而言，年轻高收入的女性是最支持特殊需要儿童融入社会中的。这一发现与以往这方面研究的结论并没有很大差异。

在控制了年龄、性别、收入状况、教育程度以及有无子女等因素之后，观察到过去的帮助行为与特殊需要儿童社会融入支持（关系支持、社交支持以及公共支持）均存在非常显著的相关性。这意味着，即使某些人群（如年龄较大低收入的男性）天然地不太支持特殊需要儿童社会融入，但是当其曾经有机会接触并且帮助过这一儿童群体时，其对于这一儿童群体的社会融入基本需求以及所处的弱势地位会有非常直观和深入的理解，从而对特殊需要儿童社会融入持非常显著的支持态度（Koster et al.，2009）。上述发现，在一定程度上补充了以往研究个体特质与社会融入支持间关系分析策略的不足，并且表明个体特质并不是影响人们态度的最关键因素，先天因素所带来的各类负面效应，在很大程度上是可以为后天的机会结构所改变的。

（二） 地方政策与特殊需要儿童社会融入支持

囿于数据可得性以及研究方法的局限，以往研究在很大程度上忽略了政策因素对个体在特殊需要儿童社会融入方面的可能影响。借助本文所构建的双层嵌套结构数据，我们利用 HLM 模型较为精确地测量了地方政府在儿童事业和残疾事业方面的相关政策强度，是否会影响到个体对于特殊需要儿童的社会融入支持程度（Albright & Marinova，2010）。结果显示，地方政府在儿童事业方面的政策投入越大，公众个体对于特殊需要儿童社会融入的支持度会越小；同时，从整体来看，地方政府在残疾事业方面的政策投入，与公众个体对于特殊需要儿童社会融入支持度之间，并不存在显著性关系，尽管其系数方面也呈现负向关系。

需要关注的是，单独考察儿童事业政策强度的影响时，数据表明，儿童政策指数与公众个体对特殊需要儿童社会融入支持的关系在社交维度呈现显著的负向关系，即政府在儿童事业方面投入越大，公众个体可能会越少支持特殊需要儿童与（个体）自身以及周边亲人进行交往，即特殊意义上进行正常的社会与人际交往；但是，儿童政策指标与公众个体对特殊需要儿童社会融入的公共支持之间存在显著的正向关系，这就预示着儿童政策强度越大，公众个体越趋于在一般或普遍意义上支持特殊需要儿童的社会融入。这一结果也呼应了以往研究强调的公民个体在公共性和私人性支持方面存在多元性的看法（张玉静，2018）。

（三）地方政府政策的潜在挤出效应与对冲效应

本研究的数据结果还揭示了地方政府政策可能存在的挤出效应和对冲效应。首先，挤出效应主要体现在政府与个体之间的选择与博弈方面。正如统计结果所展现的，地方政府政策（无论是儿童事业还是残疾事业政策）在整体意义上会削弱公众个体对特殊需要儿童社会融入的支持。对于这一效应，以往研究的关注和讨论还相对较少。这就表明，政府与社会两大部门在特殊需要儿童社会融入方面存在可能的互相替代作用，当政府越来越关注特殊需要儿童时，公众会意识到自身并不需要投入私人的关系或资源来帮助或支持这一群体。从这个角度看，政府在判断是否要加大投入时，可能需要从更为宏观的角度评估其政策。

其次，对冲效应则突出地表现在不同政策之间的潜在互相抵消方面。这方面突出体现在个体对特殊需要儿童社会融入的公共支持方面。就单独政策而言，地方政府的儿童政策和残疾政策各自均对公众个体的支持度或立场存在显著影响，但是当两者放在一起考虑时，两种效应互相抵消，即存在对冲（Matava，1994）。这就意味着，政府在考虑是否需要加大某一方面政策投入时，必须要树立起政策矩阵意识，要从各个政策之间是互补还是对抗出发来考虑最终选择。在很多时候，带有相似目标的不同政策，可能会在整体上出现"对冲效应"，从而导致整体意义上政策和资源投入的无效。

（四）进一步分析

地方政策的挤出效应和对冲效应的发生前提、作用机制以及预期影响值得进一步探讨。例如，当我们考察政策之于公民行为意愿的影响方式时，必须认识到上述变量间关系成立的制度性前提。一般而言，只有政府信息公开状况较好，即公民对于政府资源的相关投入情况比较清楚，或者可以在现实生活中具体感知到政策因素的存在，对冲和挤出效应才有可能。而如果一切政策都是在"黑箱"内的，那么，上述挤出和对冲效应是否仍会存在是存疑的。在本文中，样本选取自经济较为发达且政府治理较好的城市地区，因而才能观察到上述效应。

从作用机制来看，不同的政策之间对冲效应之所以产生，部分原因是存在看似不同的公共政策之间感知意义上的重叠。譬如，就本研究而言，在残疾政策中极有可能包括了与残疾儿童相关的政策，特殊需要儿童在很多情形下会被"理解"成残疾儿童，从而导致公众认为政策层面存在重复，最终导致了效应的抵消①——这方面的影响机制，值得后续研究的跟进。同时，从现实影响的角度看，公众在特殊需要儿童公共支持态度方面出现的政策"对冲"，也与人们的"直观"感知有关，由于残疾政策及其对象往往会涉及比较具体的弱势群体，因此极有可能会引发公众思考是否不该过多投入资源在具体领域，而儿童政策相对而言有着更强的弥散性和普遍性，使被访者作出更加正面的回应。

五　政策建议与展望

研究结果表明，人口学因素虽然会影响个体对特殊需要儿童社会融入的支持态度，并且这些特质在短时间内很难改变，但是当个体有机会接触、了解，甚至帮助特殊需要儿童时，其会更加愿意采取行动支持特殊需要儿童的社会融入。因此，可以将传统特殊教育"公共化"，将特殊需要儿童的特质、交往障碍等残障知识带入日常的一般校园素质教育中，使其成为公共教育的组成部分，增强年轻学生以及青少年对残障儿童的认知和理解。更重要的是，应该突出实践教育，让更多学生有机会去接触、帮助残障儿童个体，例如组织志愿帮扶活动、亲子性公共融合活动等，从而实现公众个体对于特殊需要儿童社会融入的真正支持（李敬、程为敏，2011）。

从政策角度看，特殊需要儿童福利支持作为一种准公共物品，当社会公众认为政府投入政策、资源足够多的时候，公众可能会减少自身私人性的投入，倾向于政府公共性的投入。可见，并不是政府增加投入就是好的，社会融入本质上是形成平等的社会包容价值规范和社会包容性的提升，需要触发每个公民个体的"行动"。因此，需要形成现代综合性的福利体系，即政府、非营利组织、企业、学校、家庭多元供给的政策体系。同时，儿童政策和残障政策存在一定的"对冲效应"，这可能是因为目前的残障政策并不是以差异个体或者儿

---

① 感谢匿名审稿人提供这一观点。

童"个性化"需求为政策设计导向，所以无法形成政策互补。可见，需要建立更系统、多元的特殊需要儿童社会融入支持体系，鼓励非营利组织等行动主体提供个性化、多元性的支持服务和社会倡导（邢宇宙、王彩霞，2018）。

最后，由于本研究使用的仅是截面数据，相关结果仅仅呈现为"相关性"而缺乏"因果"推断可能；而第二层次数据为省份数据而非城市数据以及关键变量测度的相对简单等情况，均有可能导致研究结果的不准确。后续研究可沿着本文的相关结论，收集更为完整和合适的数据，作进一步探讨。

参考文献

李敬、程为敏（2011）：《透视自闭症：本土家庭实证研究与海外经验》，北京：研究出版社。

蒙克（2018）：《从福利国家到福利体系：对中国社会政策创新的启示》，《广东社会科学》，第 4 期。

王振耀等（2017）：《中国社会政策进步指数报告（2016）》，北京：社会科学文献出版社。

邢宇宙、王彩霞（2018）：《公益组织政策参与的行动逻辑与策略建构——以特殊需要儿童领域为例》，《青少年研究与实践》，第 4 期。

张玉静（2018）：《从特殊教育到全纳教育：特殊需要儿童学习支持模型与实践的转型》，《比较教育研究》，第 7 期。

朱楠等（2015）：《特殊儿童家庭社会经济地位、社会支持对亲子关系的影响》，《中国特殊教育》，第 9 期。

Albright, J. J. & Marinova, D. M (2010), *Estimating Multilevel Models Using SPSS, Stata, SAS, & R*, Bloomington：Indiana University.

Bines, H. & Lei, P. (2011), "Disability and Education：The Longest Road to Inclusion", *International Journal of Educational Development* 31 (5), pp. 419 – 424.

Koster, M. et al. (2009), "Being Part of the Peer Group：A Literature Study Focusing on the Social Dimension of Inclusion in Education", *International Journal of Inclusive Education* 13 (2), pp. 117 – 140.

Lindsay, S. & Edwards, A. (2013), "A Systematic Review of Disability Awareness Interventions for Children and Youth", *Disability and Rehabilitation* 35 (8), pp. 623 – 646.

Lorentzen, P. & Scoggins, S. (2015), "Understanding China's Rising Right Consciousness", *China Quarterly* 223, pp. 638 – 657

Matava, M. (1994), "The Implications of Parenting Standards in Child Protection：A

Paradox in Disability Policy", *Policy Studies Journal* 22 (1), pp. 146 – 151.

Milner, P. & Kelly, B. (2009), "Community Participation and Inclusion: People with Disabilities Defining Their Place", *Disability & Society* 24 (1), pp. 47 – 62.

Morin, D. et al. (2013), "Public Attitudes Towards Intellectual Disability: A Multidimensional Perspective", *Journal of Intellectual Disability Research* 57 (3), pp. 279 – 292.

Zhang, C. (2017), "'Nothing About Us Without Us': The Emerging Disability Movement and Advocacy in China", *Disability & Society* 32 (7), pp. 1096 – 1101.

Zhao, X. & Zhang, C. (2018), "From Isolated Fence to Inclusive Society: The Transformational Disability Policy in China", *Disability & Society* 33 (1), pp. 132 – 137.

The Attitude of Citizen on Social Inclusion of Children with Special Needs: Theory and Evidence

Song Chengcheng   Zhong Chao

[**Abstract**] This article applies hierarchical linear model to test the influences of factor which may affect the attitude or position of public on the social inclusion of children with special needs in individual and policy level, with the data combined with a survey of 1602 samples and secondary data of five cities. The results show that: (1) people who used to help children with special needs, will support their social inclusion; (2) public policy may have exclusion effect on people's supports on children with special needs, specifically, the higher of the policy intension on children, a citizen's supports for social inclusion of children with special needs will turn lower; (3) different policies may have hedge effect with each other, which means, application of a children – based policy and a disabled – based policy will totally opposite influences on people's position of children with special needs.

[**Keywords**] Children with Special Needs; Social Inclusion; Behaviors of Helping; Policy Effects

（责任编辑：蓝煜昕）

什么影响了中国基金会的总资产增长?

——基于组织内因的定性比较分析（QCA）[*]

刘　蕾　吴欣同[**]

【摘要】随着我国社会转型步伐的加快，公益事业发展的深入，作为社会慈善资金"中转站"的基金会的总资产增长成为越来越重要的议题。为研究我国基金会的总资产增长问题，基于影响组织发展的内因视角，选取在第三届"中国社会创新奖"中获奖的十家基金会为样本，将组织内因中的成立年限、自主创收能力、管理费用、透明度、净资产规模五个因子作为解释变量，将总资产增长率作为结果变量，通过清晰集定性比较分析来研究在何种条件组合下基金会能维持其规模的扩大与水平的提高。结果显示，我国基金会的总资产增长出现了四种模式，即年轻创收型、后起实力型、节俭透明型、成熟稳重型，其中年轻创收型与节俭透明型会成为未来基金会发展的主流模式。据此可得：基金会总资产的较好增长是多重路径并发的结果，我国的基金会应根据组织自身要素积极调整，重视能力提升、透明度建设和积极回应社会需求以实现组织的良好成长。

【关键词】基金会总资产；组织内因；清晰集定性比较分析

---

* 基金项目：中央高校基本科研业务费专项资金资助（2020ZDPYSK07）。

** 刘蕾，中国矿业大学公共管理学院副教授、博士生导师，清华大学公益慈善研究院访问学者；吴欣同，中国矿业大学城市公共安全管理智库事务助理，研究方向：社会组织、公益创业。

一 引言

在社会问题日益频繁化、复杂化和跨部门化的背景下，社会组织是公共部门重要的合作伙伴，与公共部门共同进行社会动员，提供公共服务，解决社会问题，提升治理效能。在我国，基金会是社会组织的重要组成部分，通过制度化和组织化的方式聚集公益财产，支持或提供公益产品及服务，在社会组织发展中具有重要的先赋地位和中转优势。基金会的发展水平是一个国家社会组织发展水平的重要体现。据基金会中心网数据中心实时统计，自 2008 年至 2018 年底，我国基金会总数从 1510 家增至 6889 家，掌握的总资产量也从 2007 年的 343 亿元突破至 2017 年的 1527 亿元。①十年间，基金会数量增长约 3.5 倍、资产量跨越千亿，这种指数型增长的态势体现了我国更多的社会资本关注公益领域，有助于更好实现公益目标。通过透视和分析影响基金会总资产增长的因素，探究如何实现基金会的总资产增长，是一个理论和实务界均需关注的重要问题。

在现有的研究中，关于"什么样的基金会才能更好地发展"的研究并不少见，大多学者从捐赠者的角度出发，更多关注个体行为（捐赠者），对影响基金会发展的内生因素探究较少，且基金会"筹钱—花钱"的传统运作模式使得有关基金会的内因探索倾向于以定量或个案研究的方式考察筹资（捐赠）结果，从而忽视了能反映组织成长水平的总资产增长状况。因此，笔者将以基金会成长的内部因素为视角，通过清晰集定性比较分析方法，剖析获得 2015 年"中国社会创新奖"的 10 个基金会实例，聚焦于是什么组合性因素影响了基金会总资产的增长，并进一步提出促进基金会总资产增长的策略建议。

二 文献回顾与变量测定

基金会（foundation）的概念由基金（fund）转译、发展而来，往往与"捐

---

① 数据参见《中国慈善发展报告（2018）》，http://www.foundationcenter.org.cn。

赠""捐赠而创办的事业"两个概念互相联系（史蒂文森，2004）。以德国为代表的大陆法系中，基金会是基于捐赠行为而设立的财团法人，且仅限于公益法人（葛云松，2002）；而在英美法系语境下，基金会表现为公益信托，是基于社会信用而设立、以公益为目的而形成的特殊财产关系，具有显著的委托代理特征。在中国，经2004年《基金会管理条例》确立，基金会是"利用自然人、法人或者其他组织捐赠的财产，以从事公益事业为目的，按照本条例的规定成立的非营利性法人"，并与民办非企业（社会服务机构）、社会团体一道构成中国的"社会组织"体系。

总体而言，基金会是基于捐赠的公益财产以基金形态存续并得到相应的法律认可和保护的非营利组织的一种基本形式，本质上是因捐赠而产生的公益财产及其社会关系（王名、徐宇珊，2008）。基金会通过捐赠者输入募捐资金以及向社会的特定领域输出公益服务或产品，成为社会善款的"中转站"和"资源库"。"可以独立、自主地支持社会公益"和"能动地拓展社会公益目的和目标"（杨团，2010）是基金会的典型特征。

（一）基金会总资产增长的研究回顾

基金会与捐赠、信托间的紧密关系使得总资产增长与其组织成长呈现一种同向趋势。通常基金会的组织成长指向两方面的意涵：一是基金会的规模扩张，包括总资产升值、人员数量增长、收入来源多样化等（徐阳，2019；边地，2012）；二是强调"非物质化"的能力或水平的提升，例如内部治理效能提升、组织形象转变、解决社会问题的能力增强等（曹现强、侯春飞，2004）。前者由于更容易测度，因而成为衡量基金会成长的重要指标。

学者通常从"外因"和"内因"两个角度分析基金会成长的原因：外因路径重点关注外部环境的各项因素对基金会成长的影响和其机制，从宏大或微观视角探析基金会与外部环境的互动与耦合（王劲颖，2011）；内因路径注重从基金会的性质、定位、特征和行为等因素入手，以独立性视角探索基金会的发展，解释基金会的逻辑自证性与治理能力的提升对其自身发展的重要影响（丁波，2008）。

在这两种路径导向下，社会环境、公共政策等外部因素以宏观的机制作用于慈善行业的整体发展（颜克高、任彬彬，2018），而聚焦组织、费用、收入等特性的内因视角则更多地考察组织的管理水平与动态能力（李嫣然，2018）。在大量个案化的研究中，这种源自组织自身因素的微观机制对基金会的影响更加显著（桂存慧，2016），尤其在组织发展模式的选择和运行效率上（周键，2017）。它们不仅可以作为引起组织成长的直接因素（Teece & Pisano，1994），还能在外部环境对组织成长的影响机制中发挥中介作用。

因此，本文拟从组织内因的角度分析基金会成长的"物质化"意涵，即基金会总资产的增长。通过剖析自身因素对基金会总资产增长的影响，以改善内部控制，有助于增强社会组织的"自主性"与"自治性"（舒伟等，2016）。在本研究中，总资产主要包括：私人捐赠（包括个人捐赠、企业捐赠和其他非营利组织的捐赠）、政府资助和自创收入（Froelich，1999；Hodge & Piccolo，2005）。同时，为了减弱原始资本的积累效应和资产短期的波动影响，本文最终使用了三年平均资产增长率这一指标作为结果变量，以基金会较长时期内的总资产增长情况体现其资本积累能力和发展能力。

（二）影响基金会总资产增长的内因探索

在文献回顾的基础上，我们对可能影响基金会总资产增长的内生性因素进行了探索，具体如下。

1. 成立年限。捐赠收入作为基金会的主要财源之一，其数量直接影响到基金会总资产的增长情况。关于成立年限和捐赠收入之间的关系，不同的学者有不同的观点。一些学者的研究发现，基金会的设立年数与其收到的捐赠收入呈显著的正相关（Posnett & Sandler，1989；Tinkelman，1999）；另一些学者的研究则指出，组织特性中的设立年数与捐赠收入显著负相关（林江亮、游筑钧，2010；蔡丞，2012）；也有研究者通过实证分析得出基金会的成立年限与其所获得的捐款收入之间并不存在显性关系的结论。然而，在我国，基金会的成立年限与其知名度、影响力通常直接相关，成立年限久的基金会更多出现在公众视野中，除非发生"郭美美"式的突发事件，否则老牌基金会往往比较容易获得公众好感，更容易获得资金支持。但是，随着社会快速的变革和互联网的发展（丘萍、张鹏，2017），新成立的组织往往具有更灵活的应变和营销能力，也更容易通过有效传播获得公众支持。

2. 创收能力。从自创收入与总资产增长的关系来看，早期研究发现慈善基金会的总资产与其提供服务和销售商品所获得的收入之间存在正向关系，因为商业化驱动组织吸纳企业经营与管理的先进理念，让组织的运作更具效率与效果（Posnett & Sandler，1989）。然而，后来一些学者的研究观点则并未对此观点形成支撑，研究者们认为，服务和商品所带来的商业收入会对捐赠收入产生排挤效应，因为非营利组织对市场活动的参与，可能会带来组织使命漂移、公众好感度下降、对募款的投入与回应低等一系列问题，从而引发捐赠收入缩水，所以自创收入与总资产增长之间关系不明（Bush，1992；Weisbrod，1997；Segal & Weisbrod，1998；Froelich，1999）。在我国的慈善环境中，慈善事业具有浓重的博爱、利他主义色彩（刘琼莲，2018），慈善基金会通过有偿服务实现创收，显然与社会传统的慈善观念相悖，从而动摇民众对基金会的信任和影响总资产的增长（蔡丞，2012）。近年来社会各界对基金会增强自主创收能力的呼吁，体现出创收能力在基金会发展过程中潜在的重要积极影响，而不强调所谓的排挤效应。

3. 管理费用。即组织的办公场所、员工薪酬以及日常开支的基本经费（吴磊、谢璨夷，2019）。一般认为，管理费用的数额会影响基金会总资产的增长，然而这种影响的机制尚未得到统一的论证。具体而言，有的学者研究发现管理效率与收入显著负相关：非营利组织应当将所获得的善款尽量多地用于社会公益，基于信任，其所获得善款会显著增多（Kingma，1995）。然而，一些学者则指出管理费用与基金会得到的收入，如捐赠额之间的关系并不显著（赵秋爽，2013）；也有学者的实证研究显示，基金会"费用特性"中的业务费用和办公费用与捐赠收入显著正相关（林江亮、游筑钧，2010）。这一现象的出现可能来自管理费用对组织的管理团队和内部治理的提升的耦合作用（赖淑华，2007；田钦元，2016）。结合国内外的基金会运作经验来看，管理费用的有效控制和节约不仅是基金会纯洁性的体现，而且能在一定程度上作为其能力与发展潜力的体现。

4. 透明度（公信力）。非营利组织在筹资过程中要主动公开信息，通常，非营利组织财务信息成功披露，对非营利组织的资产增长具有促进作用（张雁翎、陈慧明，2007）。当公益慈善组织的财务信息兼具透明性与真实性时，组织的筹款诉求才更易被捐赠人所接纳（Parsons & Linda，2007）；除此之外，一些捐赠者在一定程度上更愿意对积极的财务信息做出回应，满足其筹款请求，即信息的披露是基金会与外界展开有效沟通的重要方式（Howson & Barnes，

2012）。林江亮（2009）以台湾某公益团体为实例，探究信息透明度等变量与其捐赠收入的关系，进而推导对组织总资产的影响，数据表明慈善组织信息的透明程度与捐赠收入呈显著正相关。刘亚莉等（2013）在调查连续三年捐赠收入和净资产排名前列的基金会后发现，财务信息的披露质量与我国慈善资源分配具有价值相关性，财务信息披露有助于激发民众的捐赠热情和捐款行为，即在相关变量受控的前提下，信息披露质量越高的慈善组织所获得的捐赠收入越高。鉴于透明度是人们置信于基金会的基础因素之一，对基金会的捐赠收入有理论上的显著关联，因此，我们认为基金会的透明度与基金会的总资产增长存在正相关关系。

5. 组织规模。组织的规模与组织的资产增长率之间存在某些关系，但这种关系的稳健性并不如想象中的那样高，在研究对象的性质、经济周期和社会经济制度等因素出现差异的时候，类似的研究可能得到相反的结论。例如，邵全权（2011）为探究组织规模与成长率之间的关系，以公司为研究对象，发现组织的规模与成长率之间存在反向相关；朱晋伟、梅静娴（2015）基于面板数据半参数模型，选取并分析了 2005～2013 年相关数据，发现不同规模组织间创新绩效存在不同，一般规模越大的组织的创新回馈绩效越为明显。但与传统企业组织不同的是，在公益慈善领域中，在一定程度上存在"信任惯性"和相对应的捐款行为的"路径依赖"，在基金会获取资金的过程中也往往存在显著的"马太效应"——更多的资源倾向于集中到具有某些竞争优势的基金会个体上，人们往往更愿意将捐款托付给大型的、著名的基金会（张冬冬，2017）。

由以上文献可以看出，成立年限、创收能力、管理费用、透明度和组织规模与基金会总资产（包括捐赠收入、政府资助和自创收入）的增长都有关联，除了透明度和总资产的关联呈现显著正相关之外，其他的变量与结果变量之间关系不明。因此，我们要通过进一步的案例研究得到最终结果。

（三）变量测定

为了探究基金会的内部因素或特征对组织发展的影响情况，将适合二分的"成立年限"、"自创收入"、"管理费用比率"、"透明度"和"组织净资产规模"五个因子纳入自变量体系中。具体变量的测量如表1所示。

表 1 变量设定与测量方式

变量名称	变量解释
总资产增长率 （结果变量）	基金会总资产三年平均增长水平，用于衡量组织一定时期内的总资产增长情况，展现其资本积累能力和发展能力。以中国经济组织总资产增长率的行业标准值 27.70%[①]为分界，基金会总资产在过去三个财务年度中的平均增长率大于 27.70% 标记为 1，否则标记为 0
成立年限	反映基金会成立的时间长短；以"汶川大地震"为分界点[②]，早于 2008 年 6 月标记为 1，晚于 2008 年 6 月标记为 0
自创收入	除捐赠、拨款等非营利性收入之外的组织自创收入数额；有自创收入标记为 1，无自创收入则标记为 0
管理费用比率	行政和人员管理支出占基金会总支出的比重。在中国相关法律法规中的通行标准下，这一比例的最高上限为 10%。本文的 10 家基金会样本的管理费用所占比重呈正态分布，因此将其均值 5.47% 作为基金会管理费用比重高或低的标准，亦即三年平均管理费用所占比重高于 5.47% 标记为 1，低于 5.47% 标记为 0
透明度	组织的信息公开透明度和效度。根据基金会中心网 FCI 数据[③]，较大一部分基金会 FCI 指数为满分，其余则低于满分。因此将 FCI 指数满分（100 分）的定义为"非常透明"，标记为 1，否则标记为 0
组织净资产规模	组织的净资产数额，为过去三个财务年度的均值。根据基金会中心网 2015 年[④]的统计数据，中国基金会的平均净资产规模为 2788.19 万元。以此为标准，高于 2788.19 万元为 1，低于 2788.19 万元为 0

三　研究方法

定性比较分析（QCA）被誉为一种超越定性与定量的新方法（杜运周、贾

---

① 国务院国资委统计评价局公布的行业标准值给出了中国各个行业经济组织绩效水平的参考值（优秀值、良好值、平均值、较低值、较差值），是国内最权威、最全面的衡量组织运营水平的评价标准。本文采用其经营增长状况的总资产增长率优秀值的三年均值 27.7%，以衡量中国基金会的总资产增长率。

② 2008 年汶川大地震中，全国人民的数亿爱心开启了中国慈善事业的"公益元年"，中国公益慈善领域在这一时点之后发生了翻天覆地的变化。因此此时间节点可以作为我国公益慈善领域研究的一个分界点。

③ 中基透明指数（FCI）是一套综合指标、权重、信息披露渠道、完整度等参数，以排行榜单为呈现形式的基金会透明标准评价系统。目前采用第二版 FTI 指数体系，总分等于 47 个指标的分数之和，满分 107.2 分，其中基本信息总分为 18 分，财务信息总分为 24 分，项目信息总分为 35 分，捐赠及内部建设信息总分为 30.2 分。我国共有 201 家中基透明指数为 100 分，占比 3.2%，被认为是透明度高的基金会。

④ 本文所选样本为获得"第三届中国社会创新奖"的基金会。

良定，2017），它由拉金在 1987 年提出，最初用于处理二分变量的解释变量与结果变量即清晰集定性比较分析（Clear – Set Qualitative Comparative Analysis，cs QCA）；2000 年，拉金（Ragin）引入模糊集（Fuzzy – Set Qualitative Comparative Analysis，fs QCA），使变量在程度上更具"质性"维度和"量化"维度；直至 2004 年，在克隆维斯特（Cronqvist）的扩展下，定性比较分析方法已经可以处理具有多个数值的条件变量，即多值集定性比较分析（Multi – Value Qualitative Comparative Analysis，mv QCA）方法，它以清晰集定性比较分析为基础发展而来，与模糊集定性比较分析并驾齐驱（黄荣贵、桂勇，2009），这三种定性比较分析成为目前 QCA 主流的类别。

（一）QCA 特征与原理概述

其实 QCA 除了是一种结合定性与定量的研究方法，还是一套兼顾"组态比较"和集合论的分析工具（Fiss，2007）。在其视角下，社会现象是各种属性的复杂组合，有因有果且存在集合关系。QCA 从架构理论（Configuration Theory）出发，摒弃了净效应和相关关系的思想，通过分析案例间的成分配置（Rihoux & Ragin，2009），考察事件发生因子和因子间的互动关系、可能性关系（Ragin，1987），来识别导致相同结果的那些不同组态的因果路径，即这种同时采取案例导向和变量导向的方法深化了整体论角度的研究，成为探寻诸前因条件间复杂交互关系的有力工具（里豪克斯、拉金，2017）。

定性比较分析方法作为一种"合成策略"，可以对中小样本展开深度与广度的分析（Stokke，2007），适合处理一些类别化、分级化的数据（周俊、王敏，2016）。在清晰集定性比较分析中，由于集合间存在明显界限，故对解释变量和结果变量进行两分处理，转化为 1 或 0，即"是"或"否"、"存在"或"不存在"，最终形成包含前因要素和被解释结果的集合数据表——"真值表"，以实现质性到量化的转变（张驰等，2017）。

不同于过往个案阐述或定量的方法，本文认识到组态对于研究因果复杂性的重要意义（Cárdenas，2012），因此采用清晰集定性比较分析方法来探究影响我国基金会总资产增长率的条件组合。具体步骤为：1. 基于理论、经验和研究问题，选择案例样本、条件与结果变量；2. 编码，即标定变量；3. 生成真值表，以案例为单位，统计出各个变量的编码数据，汇成包含所有构型的真值表；4. 将数据导入 cs QCA 中，进行充要性分析、反事实分析，得出影响基金会总资产增长率的解。

（二）样本选择

截至 2019 年 3 月 3 日，我国已有 7160 家基金会注册成立，分别在弱势群体保护、社会事业、公益慈善、社区服务、扶贫济困和环境保护等社会领域发挥着重要作用。为了在巨大的基金会样本中以统一标准抽取小样本来解释和演绎我国基金会的基本生态，笔者将选取获得第三届（最新一届）"中国社会创新奖"① 的所有 10 家基金会（详细信息如表 2 所示）为样本，通过网络检索、新闻报道、基金会官网公开信息截取等方式获取样本的基本资料并汇总。

表 2　样本基本信息汇总

单位：万元

序号	基金会名称	总部地点	主营领域	总资产规模	基金会评级
C01	中国扶贫基金会	北京	安全救灾、扶贫助困、国际事务	233486	5A
C02	深圳市郑卫宁慈善基金会	深圳	残疾	695	4A
C03	中国社会福利基金会	北京	安全救灾、儿童教育、医疗救助	28968	3A
C04	深圳壹基金	深圳	安全救灾、公益事业发展、心理健康、志愿服务	37225	未参评
C05	中华社会救助基金会	北京	创业就业、扶贫助困、教育、"三农"、社区发展	10773	4A
C06	上海真爱梦想公益基金会	上海	儿童教育、青少年	13856	5A
C07	上海华信公益基金会	上海	扶贫助困	3457	未参评
C08	北京市西部阳光农村发展基金会	北京	扶贫助困、教育、"三农"、志愿服务	5147	5A
C09	福建省正荣公益基金会	福州	扶贫助困、公益事业发展	629	未参评
C10	中国西部人才开发基金会	北京	创业就业、教育、"三农"	5147	4A

---

① "中国社会创新奖"始于 2010 年，是我国自主发起举办的"旨在发现和鼓励各类公民社会组织在解决社会问题、满足社会需求、创造社会价值、促进社会进步中的创新行为，总结并宣传推广中国社会创新的先进经验，促进和推动社会公平与社会善治"的社会创新倡导活动和平台，始终致力于寻找和汇能够释放社会创新力的社会组织和公益项目，促进我国公益慈善事业和社会创新实践的发展。因此，从某种程度上来说，获得社会创新奖的社会组织和公益项目一方面具有较强的社会创新能力，能够将社会需求与其行为实践很好地结合在一起；另一方面，获奖说明这些组织或项目能够代表我国社会创新发展的基本水平，展现我国社会组织的较高发展状态。

四 对结果的 QCA 分析

（一）真值表建构

依据 QCA 的研究步骤，对案例样本（10 个基金会）的原始数据（见表 3）进行编码并汇总，得到了成立年限、自创收入、管理费用比率、透明度、净资产规模 5 个解释变量与以基金会总资产增长率为结果变量的数据组合——真值表（Truth Table）（见表 4）。

表 3 原始数据汇总

变量	成立时间	自创收入额	管理费用比率	透明度得分	净资产规模	基金会总资产增长率
C01	1989 年	3209.7 万元	5.10%	100	89130.7 万元	10.5%
C02	2009 年	824.4 万元	3.10%	95.07	382.7 万元	89.0%
C03	2005 年	0.0 万元	4.60%	100	23683.0 万元	31.8%
C04	2010 年	683.7 万元	6.50%	100	41103.3 万元	-9.5%
C05	2009 年	162.0 万元	4.40%	89.51	6154.3 万元	92.8%
C06	2008 年	505.0 万元	7.20%	98.8	9887.6 万元	41.4%
C07	2011 年	38.6 万元	8.30%	68	3299.6 万元	70.8%
C08	2006 年	9.0 万元	6.20%	100	1712.0 万元	20.7%
C09	2013 年	0.0 万元	3.30%	100	429.3 万元	41.7%
C10	2006 年	0.0 万元	6.00%	100	4799.3 万元	6.8%

表 4 真值表的构建

成立年限	自创收入	管理费用比率	透明度	净资产规模	案例数	基金会总资产增长率
0	1	1	0	1	2	1
0	1	0	0	0	1	1
0	0	0	1	0	1	1
0	1	0	0	1	1	1
1	0	0	1	1	1	1
1	1	1	1	0	1	0
1	0	1	1	1	1	0

成立年限	自创收入	管理费用比率	透明度	净资产规模	案例数	基金会总资产增长率
0	1	1	1	1	1	0
1	1	1	1	1	1	0

（二）单变量必要性分析

在定性比较分析中，为确保解释变量与结果变量之间并非单纯的"自变量"与"因变量"的线性关系，需要在条件组合分析之前对每个变量进行必要性测量，即通过一致性（consistency）和覆盖率（coverage）的测算，考察变量之间是否存在必要性和充分性的关系。如果条件 A 是结果 B 的必要条件，变量的一致性指标应 > = 0.9（Ragin，2006）。

因此，笔者对 5 个因子分别进行了单变量必要性测量，所获结果发现：全部变量的一致性指标均未到达 0.9 的标准，即所选取的变量中并不存在导致基金会总资产获得较好增长的必要条件，结果与条件组合之间是"多重因果并发"的关系。

（三）条件组合分析

笔者输入 QCA 软件的真值表由 5 种结果变量为 1 的条件组态和 4 种结果变量为 0 的条件组态构成，统计分析后得到了复杂解（complex solution）、简约解（parsimonious solution）、中间解（intermediate solution）三种结果，主要差别在于包含的逻辑余项不同（刘嘉琪、齐佳音，2019）。以避免冗余和遵循案例事实为原则，本研究最终综合复杂解和简约解①进行分析报告。

表5　数据分析产生的解的集合

解的类型	条件组合	原覆盖率	净覆盖率	一致性
复杂解	~成立年限 * 自创收入 * ~管理费用比率 * ~透明度	0.333333	0.166667	1.000000
	~成立年限 * 自主创收 * ~透明度 * 净资产规模	0.5	0.333333	1.000000
	~成立年限 * ~自创收入 * ~管理费用比率 * 透明度 * ~净资产规模	0.166667	0.166667	1.000000

---

① 简约解可用于区分复杂解中的核心条件与边缘条件。

什么影响了中国基金会的总资产增长？

解的类型	条件组合	原覆盖率	净覆盖率	一致性
复杂解	成立年限＊～自创收入＊～管理费用比率＊透明度＊净资产规模	0.166667	0.166667	1.000000
	结果覆盖率	1.000000		
中间解	～成立年限＊自创收入＊～管理费用比率＊～透明度	0.333333	0.166667	1.000000
	～成立年限＊自创收入＊～透明度＊净资产规模	0.5	0.333333	1.000000
	～成立年限＊～自创收入＊～管理费用比率＊透明度＊～净资产规模	0.166667	0.166667	1.000000
	成立年限＊～自创收入＊～管理费用比率＊透明度＊净资产规模	0.166667	0.166667	1.000000
	结果覆盖率		1.000000	
简约解	～透明度	0.666667	0.333333	1.000000
	～管理费用比率	0.666667	0.333333	1.000000
	结果覆盖率		1.000000	

综合复杂解和简约解①，最终定性比较分析的结果报告如下：

基金会总资产增长＝～成立年限＊自创收入＊～管理费用比率＊～透明度

＝～成立年限＊自创收入＊～透明度＊净资产规模

＝～成立年限＊～自创收入＊～管理费用比率＊透明度＊～净资产规模

＝成立年限＊～自创收入＊～管理费用比率＊透明度＊净资产规模

最终，本文选择了 Ragin（2010）所建议的形式（表6）呈现 QCA 的分析结果，以清晰地展现各个条件在组态中的相对重要性。从整体结果来看，解的一致性和覆盖度均为 1，高于临界值，即实证分析有效，这四种组态对基金会总资产增长的解释度可以达到 100%。基于此，笔者可以总结出我国基金会总资产实现良好增长的四种模式。

表6 导致总资产增长的组态

条件	组态解			
	模式1	模式2	模式3	模式4
成立年限	⊕	⊕	⊕	•

---

① 简约解即组态中的核心条件：管理费用低和透明度一般。

条件	组态解			模式 4
	模式 1	模式 2	模式 3	
自创收入	•	•	⊕	⊕
管理费用比率	⊕		⊕	⊕
透明度	⊕	⊕	•	•
净资产规模		•	⊕	•
一致性	1.000000	1.000000	1.000000	1.000000
原始覆盖度	0.333333	0.500000	0.166667	0.166667
唯一覆盖度	0.166667	0.333333	0.166667	0.166667
总一致性	1.000000			
总覆盖度	1.000000			

注：●或•表示该条件存在，⊕或⊕表示该条件不存在，"空白"表示组态中该条件可存在可不存在，即此条件变量的存在对于结果而言无关紧要；●或⊕表示核心条件，•或⊕表示辅助条件。

模式 1（年轻创收型）：基金会成立年限短，有自创收入而非单纯地依赖于捐赠和拨款，行政和人员管理支出占基金会总支出的比例小，信息披露和透明程度一般。

模式 2（后起实力型）：基金会成立年限短，有自创收入而非单纯地依赖于捐赠和拨款，信息披露和透明程度一般，净资产规模优于我国基金会平均水平。

模式 3（节俭透明型）：基金会成立年限短，无投资或者服务带来的自创收入，行政和人员管理支出占基金会总支出的比例小，信息披露和透明程度高，净资产规模低于我国基金会平均水平。

模式 4（成熟稳重型）：基金会成立年限长，无投资或者服务带来的自创收入，信息披露和透明程度高，行政和人员管理支出占基金会总支出的比例小，净资产规模优于我国基金会平均水平。

五　研究结论

这一结果具有重要价值，四个条件组合的出现不仅验证了基金会总资产增长是多重路径并发的结果，也为其他基金会提供了多元的借鉴模式，因此有必要结合典型基金会对这四种模式进行剖析。

什么影响了中国基金会的总资产增长？

171

（一）基金会总资产增长的四类模式

1. 年轻创收型：基金会成立年限短，有自创收入而非单纯地依赖于捐赠和拨款，行政和人员管理支出占基金会总支出的比例小，信息披露和透明程度一般。深圳市郑卫宁慈善基金会是这一条件组合的典型代表基金会。

深圳市郑卫宁慈善基金会的这一模式一定程度上体现了我国部分年轻的小型基金会的成长路径，不存在政府的大型注资，其启动资金几乎全部来源于郑卫宁先生在残友集团及分公司的个人股份、驰名商标品牌价值等，该基金会是经民政部特批的名人基金会。[1] 社会化是公益的目标，市场化是通向这个目标的路径。深圳市郑卫宁慈善基金会很好地践行了社会为本、市场为用，不仅通过投资获得一定的自创收入，在公益项目上，郑卫宁慈善基金会整合慈善资源，依托当地的产业环境，以商业的手段，实现当地残疾人高科技就业的社会目的，推动残障人士借助现代科技实现就业自养；透明度上，虽未达到满分，但其精简的管理费用开支和较小的净资产规模使其不存在巨额的资金流动，即公众对其资金信息的披露要求较低，且郑卫宁慈善基金会本身的品牌价值和名人效应也作为透明度之外的公信力补充。因此，深圳市郑卫宁慈善基金会的总资产仍获得了较好的增长。

2. 后起实力型：基金会成立年限短，有自创收入而非单纯地依赖于捐赠和拨款，信息披露和透明程度一般，净资产规模优于我国基金会平均水平。中华社会救助基金会、上海真爱梦想公益基金会和上海华信公益基金会都是在此模式下获得了总资产的良好增长。

中华社会救助基金会是在我国民政部注册成立的公募基金会，而上海真爱梦想公益基金会和上海华信公益基金会属于地方性非公募的基金会。它们的组织特性虽然存在差异，但都是后起基金会的典范，在基金会数量和规模翻两番的快速发展期，不仅拥有较多的捐赠和政府补助等非营利收入，在进行自主创收尝试方面也表现优异，为其净资产的保值增值打下坚实基础，使净资产规模优势更加明显，尽管基金会中心网上其 FTI 得分均未达到满分，但庞大的资产规模和强大的自主创收能力使组织能够源源不断地向社会输入公益项目，并在安老、教育、扶贫领域提供高质量的服务和资金支持，为其赢得了与透明度等

---

① 腾讯公益，https://gongyi.qq.com/a/20120704/000012.htm。

值的社会信任和好感，因此，此模式下的投资收入和净资产规模优势都发生了乘数效应，基金会的总资产稳步增长。

3. 节俭透明型：基金会成立年限短，无投资或者服务带来的自创收入，行政和人员管理支出占基金会总支出的比例小，信息披露和透明程度高，净资产规模低于我国基金会平均水平。福建省正荣公益基金会在这一模式下获得了成长。

正荣公益基金会于 2013 年 3 月成立，是一家资助型的非公募基金会。基金会以互助合作为理念，不关注投资或者有偿服务收入，通过"创新、灵活、有效"的资助模式，推动民间公益支持和城市社区营造；对于组织自身，基金会重视信息公开，以官网公开工作月报、年度报告、年鉴报告、财务报告等信息赢得了 FTI 的满分，同时较少的管理支出、不够雄厚的净资产也在披露的信息中得到了充分的体现，"透明""高效""精简"的组织形象不断吸引政府、企业、公众等外部捐赠资金的注入，从而完成了总资产的增长。

4. 成熟稳重型：基金会成立年限长，无投资或者服务带来的自创收入，信息披露和透明程度高，行政和人员管理支出占基金会总支出的比例小，净资产规模优于我国基金会平均水平。中国社会福利基金会代表着这一成长模式。

中国社会福利基金会由民政部发起，是兼具全国性与公募性质的基金会，成立于 2005 年 6 月 14 日，一直致力于改善民生、扶危济困等社会福利事业，[①]尽管无自创收入，但民政部有关司局、社会爱心企业和爱心人士的大力支持使其事业得到长足发展，募集善款规模逐年扩大，并在净资产的规模优势下发起了众多品牌公益项目，为组织扩大了知名度和影响力；坚持信息公开和精简管理费用，更让基金会的社会形象继续升级，总资产在多因素综合作用下实现了增长。

（二）组态间的潜在替代关系与主流模式预测

当条件组态间重合因子较多时，需要进一步审视条件间是否存在潜在替代关系（谭海波等，2019）。首先，通过对比模式 1 和模式 2，我们发现，对于年轻创收且透明度一般的基金，净资产规模与管理费用两个因子间可以相互替代，即当基金会的资历较浅和透明度较弱时，要实现总资产的良好增长，除了

---

① 南方网，http://finance.southcn.com/qyxw/content/2017-01/04/content_163014085.htm。

自主性地开源（创收）之外，基金会要么在资本的原始基础上具有优势，要么就得降低管理成本（节流）。其次，模式 3 和模式 4 的比较表明，对于无自主创收、管理费用低、透明度高的基金会，"年轻小型"与"成熟大型"可以相互替代，即无论组织的成立年限和净资产规模何如，即使没有基金会自主创收，节俭透明仍能换取总资产的良好增长。

自此，基金会总资产增长的典型模式及条件间的替代关系已梳理完毕，结合两者的分析结果，本文发现了我国基金会未来发展的主流：年轻创收模式与节俭透明模式。二者尽管没有深厚的组织基础（年龄或净资产规模），却以自主创收、缩减非公益开支、重视信息披露等多种形式实现了总资产的保值增值。具体来看，这两类基金会没有巨额注册资金，是民间资本向社会慈善转化的一个较佳方向：年轻创收型基金会注重自身效能与治理，借鉴营利组织商业模式中的营销、筹款经验，关注"顾客"需求，通过有针对性地提供有偿服务、提升产品与服务质量，收获了一定的资金回投，这不仅可以实现基金的保值增值，对于组织独立性与能力改善也均有独特意义；节俭透明型基金会在收缩组织管理开支之余，坚持信息公开、财务透明，即通过塑造与我国慈善文化相符的组织形象，与捐赠者之间建立了良性稳定的互动关系，即使组织没有开发自我造血资源，也能通过源源不断的社会募款实现总资产的可持续发展。

因此，这两种小而美的后起型基金会有望成为我国未来基金会的主流，在综合政策、环境、资源等外部因素变化的基础上，围绕高效、自主、节俭、透明等核心要素设计自身的成长道路，最终以组织的良好发展撑起我国慈善事业的整体升级。

六　促进基金会总资产增长的行动建议

以上基金会的典型模式，为我国其他基金会的总资产增长提供了可参考的示范性意义。在近十年的发展历程中，我国基金会的数量实现了跨越式发展，新增的 5000 余家基金会作为我国慈善事业在"黄金期"与"管涌期"的产物，一面占据着丰厚的社会资源和广阔的生长空间，一面也面临组织发展的质与量共同提升的挑战。回归组织内因的视角，我国基金会要实现总资产的良好增长，需要在苦练内功上下功夫。具体的行动建议如下。

（一）重视自主创收能力提升

诚如很多研究已经发现，自主创收能力对于组织成长十分重要，但本文发现即使是有捐赠、拨款等非营利性收入的基金会，自主创收能力对于总资产增长同样有效。市场化要求非营利组织通过自身行动来提高其对机构捐款者的吸引力、争取社会资源（卢玮静等，2017），一些后起的基金会恰如其分地运用商业化的手段来增强组织的经济实力，如资金的保值和增值、控制低效的管理费用等，实现高效运转。

（二）重视组织透明度建设

在单变量必要条件的分析中，尽管透明度高对基金会的总资产提升作用不明显，但结合条件组合的分析结果发现，对单纯依靠政府拨款或社会捐赠的基金会来说，信息公开和透明仍很关键，与其他因子不存在替代关系，即"慈善透明度是慈善事业的生命线"的定律仍然适用。此外，信息公开关系到慈善事业的合法性（桑壮等，2019），2011 年红十字会的"郭美美"等负面事件所带来的形象外溢，使我国基金会一度深陷信任危机的泥潭，而危机所引发的反思却没有换来我国基金会透明度的普遍提升，2017 年基金会中心网公布的我国平均中基透明指数仍处于不及格状态（为 48.54），各家透明度差异化明显。在此背景下，加强基金会内部监管并及时反馈捐赠信息，不仅是对捐赠人知情权的保护，还有利于构建行业自律机制，重塑我国社会公众信任，营造良好的基金会成长环境。

（三）重视对环境和社会需求的回应

组织的成立年限不再与组织成长为单一的正相关关系，年轻的基金会甚至获得了更好的发展。笔者推测这一结果的出现与其快速应对环境变化的能力有关。在自上而下行政化运作弊端日渐凸显的环境下，后起的基金会或是及时引入市场化机制，以创新、顾客精神为导向，通过良好的项目运作、品牌建设、人才培育、产品营销模式，实现"自我造血"和可持续发展；或是坚持高度的信息披露和公开，以赢得捐赠者的信任和青睐，完成资产补充。无论哪种成功模式，都是基金会迅速调整自身以满足社会多样化需求的过程。

当然，本研究仍有完善空间。在未来的研究中，为了获得更加稳健和具有解释力的结论，在增加样本数量、转化清晰集为模糊集的基础上，适当拓展组织内因的外延或结合考虑内外因素的影响是有必要且充满意义的。

参考文献

边地（2012）:《我国公募基金会公益性与发展性分析——以中国青少年发展基金会为例》,《会计师》,第 9 期。

〔比利时〕伯努瓦·里豪克斯、〔美〕查尔斯·C. 拉金（2017）:《QCA 设计原理与应用：超越定性与定量研究的新方法》,北京：机械工业出版社。

曹现强、侯春飞（2004）:《中国非营利组织成长机制分析——自主治理的视角》,《中国行政管理》,第 4 期。

蔡丞（2012）:《慈善基金会自身因素对捐赠收入影响之实证研究》,浙江财经学院硕士学位论文。

丁波（2008）:《当代中国基金会发展问题研究》,《经济纵横》,第 3 期。

杜运周、贾良定（2017）:《组态视角与定性比较分析（QCA）：管理学研究的一条新道路》,《管理世界》,第 6 期。

葛云松（2002）:《中国的财团法人制度展望》,《北大法律评论》,第 1 期。

桂存慧（2016）:《自主管理视角下基金会信息披露质量的影响因素研究》,华东师范大学硕士学位论文。

黄荣贵、桂勇（2009）:《互联网与业主集体抗争：一项基于定性比较分析方法的研究》,《社会学研究》,第 5 期。

李嫣然（2018）:《社会组织成长的影响因素研究》,《东岳论丛》,第 8 期。

林江亮、游筑钧（2010）:《影响非营利组织捐赠收入因素之探讨——以台湾公益团体为例》,中国商业会计学会 2010 年学术年会暨第十五届现代会计理论与实务研讨会。

赖淑华（2007）:《成功中小企业成长因素模型》,《科技管理研究》,第 7 期。

林江亮（2009）:《资讯透明度对捐款收入影响之实证研究——以台湾公益团体为例》,《经济研究》,第 1 期。

刘亚莉等（2013）:《慈善组织财务信息披露质量的影响因素与后果研究》,《会计研究》,第 1 期。

刘嘉琪、齐佳音（2019）:《公共危机背景下的道德判断与谣言对抗行为生成路径研究——基于不同社交媒体平台的定性比较分析》,《情报杂志》,第 1 期。

卢玮静等（2017）:《市场化还是社会化？——中国官办基金会的转型选择》,《中国非营利评论》,第 2 期。

刘琼莲（2018）:《慈善共治视域下发展我国残疾人慈善服务研究》,《中国矿业大学学报》（社会科学版）,第 4 期。

丘萍、张鹏（2017）:《第三方网络口碑对短生命周期产品销量的影响研究》,《河海大学学报》（哲学社会科学版）,第 2 期。

〔英〕史蒂文森·特朗博（2004）:《牛津英语大词典》,上海：上海外语教育出版社。

舒伟等（2016）:《慈善组织内部控制质量影响因素研究——来自中国慈善基金会的

经验证据》,《当代会计评论》,第 2 期。

邵全权 (2011):《Gibrat 法则是否适用于中国寿险公司——兼论寿险公司规模与成长的影响因素》,《财经研究》,第 10 期。

桑壮等 (2019):《捐赠网络与基金会信息公开——基于社会网络方法的实证研究》,《中国非营利评论》,第 2 期。

田钦元 (2016):《基金会内部控制对组织财务绩效的影响研究》,湖南大学硕士学位论文。

谭海波等 (2019):《技术管理能力、注意力分配与地方政府网站建设——一项基于 TOE 框架的组态分析》,《管理世界》,第 9 期。

王名、徐宇珊 (2008):《基金会论纲》,《中国非营利评论》,第 2 期。

王劲颖 (2011):《美国基金会发展现状及管理制度的考察与借鉴》,《中国行政管理》,第 3 期。

吴磊、谢璨夷 (2019):《政府向社会组织购买公共服务的模式及其影响因素——基于资源依赖和组织需求视角的统合》,《江苏师范大学学报》(哲学社会科学版),第 1 期。

徐阳 (2019):《信息公开对公益基金会组织发展的影响》,华东师范大学硕士学位论文。

杨团 (2010):《关于基金会研究的初步解析》,《湖南社会科学》,第 1 期。

颜克高、任彬彬 (2018):《自主创新与行为趋同:地方政府社会组织政策工具的演变》,《中国非营利评论》,第 2 期。

周键 (2017):《创业者社会特质、创业能力与创业企业成长机理研究》,山东大学博士学位论文。

赵秋爽 (2013):《公益基金会信息透明度对其捐赠收入的影响研究》,东北财经大学硕士学位论文。

张雁翎、陈慧明 (2007):《非营利组织财务信息披露的筹资效应分析》,《财经研究》,第 11 期。

朱晋伟、梅静娴 (2015):《不同规模企业间创新绩效影响因素比较研究——基于面板数据半参数模型》,《科学学与科学技术管理》,第 2 期。

张冬冬 (2017):《慈善基金会组织特性、管理费用与捐赠收入的研究》,《山东纺织经济》,第 8 期。

周俊、王敏 (2016):《网络流行语传播的微观影响机制研究——基于 12 例公共事件的清晰集定性比较分析》,《国际新闻界》,第 4 期。

张驰等 (2017):《定性比较分析法在管理学构型研究中的应用:述评与展望》,《外国经济与管理》,第 4 期。

Bush, R. (1992), "Survival of a Nonprofit Spirit in a For - Profit World", *Nonprofit & Voluntary Sector Quarterly* 21 (4), pp. 391 - 410.

Cárdenas, J. (2012), "Varieties of Corporate Networks: Network Analysis and fsQCA", *International Journal of Comparative Sociology* 53 (4), pp. 298 - 322.

Froelich, K. A. (1999), "Diversification of Revenue Strategies: Evolving Resource Dependence in Nonprofit Organizations", *Nonprofit & Voluntary Sector Quarterly* 28 (3), pp. 246 – 268.

Fiss, P. C. (2007), "A Set – theoretic Approach to Organizational Configurations", *The Academy of Management Review* 32 (4), pp. 1180 – 1198.

Hodge, M. M. & Piccolo, R. F. (2005), "Funding Source, Board Involvement Techniques, and Financial Vulnerability in Nonprofit Organizations: a Test of Resource Dependence", *Nonprofit Management and Leadership* 16 (2), pp. 171 – 190.

Howson, K. & Barnes, L. (2012), "Not – for Profit Governance for International Charities – the Governance and Accountability Gap", *International Journal of Social Sciences & Interdisciplinary Research* 1 (2), pp. 19 – 28.

Kingma, B. R. (1995), "Do Profits 'Crowd Out' Donations, or Vice Versa? the Impact of Revenues from Sales on Donations to Local Chapters of the American Red Cross", *Nonprofit Management and Leadership* 6.

Posnett, J. & Sandler, T. (1989), "Demand for Charity Donations in Private Non – profit Markets: the Case of The U. K", *Journal of Public Economics* 40 (2), pp. 187 – 200.

Parsons & Linda, M. (2007), "The Impact of Financial Information and Voluntary Disclosures on Contributions to Not – for – profit Organizations", *Behavioral Research in Accounting* 19 (1), pp. 179 – 196.

Rihoux, B. & Ragin, C. C. (2009), "Configurational Comparative Methods: Qualitative Comparative Analysis (QCA) and Related Techniques", *Configurational Comparative Methods. Sage.*

Ragin, C. C. (1987), *The Comparative Method: Moving beyond Qualitative and Quantitative Strategies*, Berkeley: University of California Press.

—— (2006), "Set Relations in Social Research: Evaluating Their Consistency and Coverage", *Political Analysis* 14 (3), pp. 291 – 310.

—— (2010), "Redisigning Social Inquiry: Fuzzy Sets and Beyond", *Social Forces* 88 (4), pp. 1936 – 1938.

Stokke, O. S. (2007), "Qualitative Comparative Analysis, Shaming, and International Regime Effectiveness", *Journal of Business Research* 60 (5), pp. 0 – 511.

Segal, L. & Weisbrod, B. A. (1998), "Interdependence of Commercial and Donative Revenues", United Kingdom, UK: Cambridge University Press.

Teece, D. & Pisano, G. (1994), "The Dynamic Capabilities of Firms: an Introduction", *Industrial & Corporate Change* 3 (3), pp. 537 – 556.

Tinkelman, D. (1999), "Factors Affecting the Relation Between Donations to Not – for – profit Organizations and an Efficiency Ratio", *Research in Government and Nonprofit Accounting* 10, pp. 135 – 161.

Weisbrod, B. A. (1997), "The Future of the Nonprofit Sector: Its Entwining with Private Enterprise and Government", *Journal of Policy Analysis & Management* 16 (4), pp. 541 – 555.

What Affected the Total – Asset Growth of China Foundations?: A Qualitative Comparative Analysis (QCA) Based on Organizational Internal Factors

𝒩𝒫

Liu Lei, Wu Xintong

[**Abstract**] With the acceleration of the social transformation in China and the development of public welfare undertakings, the development of foundations as the "transfer station" of social philanthropic donations has become an increasingly important issue. In order to study the total – asset growth of China's foundations, based on the internal perspective that affecting the development of an organization, ten foundations that won the third "China Social Innovation Award" were chosen as samples. Then we selecting the organizations' intrinsic age, the ability to generate revenue independently, the management expense, the transparency and the scale of net – asset as five explanatory variables, and using the average growth rate of total – asset as the outcome variable, to analyze the conditions under which the foundation can maintain its scale and achieve level increase through *clear – set qualitative comparative analysis* (cs QCA) method. The results show that there are four modes for the growth of the total assets of foundations in China, namely, young income – generating model, post – strength model, frugal and transparent model, mature and heavy – duty model. Among them, young income – generating model and frugal and transparent model will become the mainstream model for the development of foundations in the future. It can be concluded that the better growth of the total assets of foundations is the result of multiple concurrent paths. Foundations in China should adjust actively according to organizational internal factors, emphasising on capacity , transparency and social

什么影响了中国基金会的总资产增长？

needs in order to achieve better growth.

[**Keywords**] Total Assets of the Foundation; Organizational Internal Factors; Clear – Set Qualitative Comparative Analysis (cs QCA)

（责任编辑：张潮）

合法性视角下社会组织公众认知研究[*]

高　淼　颜克高^{**}

【摘要】 公众认知是社会组织合法性的基础要素，对社会组织发展具有重要影响，但理论界对此关注甚少。本文从属性和功能两个维度构建社会组织公众认知量表，以全国 29 个省、自治区、直辖市 2596 份调查问卷为样本，对社会组织公众认知展开研究。结果表明：公众对社会组织认知水平普遍较高；与属性认知相比，功能认知水平更高且稳定性更强；就内部结构而言，非分配属性和政策倡导功能分别位于属性认知和功能认知的末端。人口学特征、教育背景、所在地区、单位类型等个体特征会在不同程度上对不同维度的社会组织公众认知产生影响。此外，参与经历、业务联系、培训学习通过功能认知影响公众对社会组织的认知水平。为进一步提升社会组织公众认知，增强社会组织合法性，现阶段应将社会组织属性知识的传播作为突破口，不断加强公民专业教育，以增进公众对社会组织的全面了解。

【关键词】 社会组织；社会合法性；公众认知

---

* 基金项目：国家社科基金一般项目"地方政府有序推进社会组织分类发展的路径研究"（编号：17BSH107）。

** 高淼，湖南大学公共管理学院硕士研究生；颜克高，湖南大学公共管理学院教授。

一 问题的提出

在政府渐进性社会发展理念及其政策的引导下，社会组织逐渐凸显出自身的社会价值（马庆钰、贾西津，2015：62~67），成为新时代国家建设的重要力量（赖先进、王登礼，2017：228~239；马庆钰，2018：34~38；王名、李朔严，2018：60~63；陈成文、黄开腾，2018：144~152）。2017 年，社会组织创造了十年以来增速和增数的新高，进入蓬勃发展的新时期（黄晓勇、蔡礼强，2018：2）。社会组织的持续发展不仅需要充足的物质资源和技术信息，还特别需要社会的认可、接受与信任（Scott et al.，2000：237），社会学家们往往用合法性概念来指称这类条件，并且认为社会组织的生存发展与其合法性密切相关（Tornikoski & Newbert，2007：311~335；斯科特，2010：166；管兵、岳经纶，2014：147~151）。

"合法性"是社会科学中广泛使用的核心概念之一。马克·萨奇曼（Suchman，1995：571~610）对合法性概念作出了具有里程碑意义的界定："合法性是一种普遍化理解或假定，即在社会建构的规范、价值、信念和身份系统中，组织所进行的活动是有价值的、适当的假定或认知。"合法性是普遍性的评价而非就具体事件作出的评价，是"被客观地拥有但主观地创造的"（Suchman，1995：574）。这一定义整合了合法性的评价和认知框架，表明合法性其实源于社会公众的判断，并且融入了认知性的相关因素（李晋等，2013：5~13）。就社会组织而言，合法性是社会组织在结构中的合法性，取决于结构中其他位置行动者对它的可接受性、适当性与合意性（Zimmerman & Zeitz，2002：414~431）的认可，在很大程度上被看作公众对社会组织的整体看法，被理解为与组织目标的社会评价有关，是对社会组织行为的可接受性和恰当性的评价（颜克高，2018：26）。

有关合法性的类型研究，国内外学者提出了诸多观点，如 Dacin 等人（2007：169~187）把合法性分为市场合法性、关系合法性、社会合法性与联盟合法性四种；Deephouse（1996：1024~1039）把组织合法性分为政治合法性和社会合法性；高丙中（2000：100~109+207）在研究社会团体合法性问题时，将其分为社会合法性、行政合法性、政治合法性三个层面。尽管对合法性的分类标准不尽相同，但在中国情境下，根据社会组织合法性的来源可以将其分为两类：一类是政府赋予的合法性，主要有政治合法性、行政合法性与法律合法性，称为国家合法性；另一类是社会赋予的传统合法性与文化合法性，称为社会合法性。国家合法性是社会组织存在的前提条件，决定了社会组织的成立（张超、朱俊瑞，2018：102～109）；社会合法性是社会组织开展活动的基础（高丙中，2000：100～109＋207），决定了社会组织生存空间（颜克高，2018：27）。

在制度理论的研究中，规制要素、规范要素的研究相对丰富，而认知要素的研究则相对欠缺（Suddaby，2010：14～20）。较前两者而言，认知是一种主观评价，弹性较大，更容易被影响（Suchman，1995：571～610）。依循这种观点，合法性的认知要素对于社会组织的存在与发展而言，尤为重要。认知合法性为社会合法性提供"最深层次"的支撑，它依赖于前意识的、被视为当然而接受的各种理解或认知框架（斯科特，2010：68～70），指公众对某一事物的理解和认识程度（刘玉焕等，2014：67～80）。是否具有认知合法性依实际产生的价值大小而定，涉及组织是否合理、可理解和可预测（陈定铭、翁仪君，2017：194～214）。若某一产品或服务，甚至某一新兴产业得到公众广泛接受，则表示其获得了认知合法性（Suchman，1995：571～610；尹珏林、任兵，2009：13～26＋130）。社会组织认知合法性提升，改变着社会公众的认知与观念（许鹿等，2016：100～108）。已有研究表明，认知是人们最基本的心理过程（彭聃龄，2004：2），可以影响甚至决定公众行为（张书维、李纾，2018：7～36＋219）。

认知先于行动（Gavetti & Rivkin，2007：420～439）。无论是社会捐赠还是志愿参与，都受到公众对社会组织认知的影响。在当前中国情境下，社会组织仍然面临对志愿资源的高度依赖与当前公众志愿精神不足的矛盾，而社会组织合法性不足既是矛盾的形成原因，同时也在不断强化着矛盾。尽管目前国内外学者对中国社会组织合法性展开了大量研究，但鲜有研究从公众认知的视角对社会组织合法性予以审视。基于此，本文从微观个体出发，以认知为切入点，通过收集全国29个省、自治区、直辖市2596份调查问卷，研究公众对社会组织的认知。本文的意义不只在于初探社会组织公众认知，还试图在微观层次上探讨增强社会组织合法性的途径。

中国社会组织的类型呈现十分复杂的图景，除了在民政部门正式登记注册的社会组织之外，还有大量不受民政部门管理的准政府社会组织（如各级工会、妇联、科协、工商联组织等）以及在工商行政管理部门登记注册的非营利组织和未登记注册的草根社会组织（王绍光、何建宇，2004：71～77；俞可平，2006：109～122＋207～208；李国武、李璐，2011：74～102）。为便于研究开展，本文所指社会组织为狭义概念上的社会组织，仅包括在民政部门登记注册的社会团体、基金会和社会服务机构等三类。全文结构安排如下：第一部分为问题的提出，第二部分为理论分析，第三部分为研究设计，第四部分为数据分析，第五部分为结论与启示。

二　理论分析

合法性的认知要素就是指社会形成的一些规则，这些规则具体说明在这个社会中什么样的"演员"可以存在，它们需要什么样的结构特征，它们应当遵循哪些程序，它们的行为允许包含什么样的意义（Scott，1998：877～904）。社会组织的属性与功能反映了其结构特征与行为意义。

属性是事物与生俱来的特征，既反映了事物性质，也是判断和区分类别的标准。社会组织的属性将社会组织与其他组织分离开来。通过梳理文献，本文使用非营利性、非分配性、非政府性、公益性、志愿性作为测量社会组织属性认知的维度。以上五个维度客观且充分地反映了社会组织自身的特点，具有相当程度的代表性。另外，公众对社会组织的认知大多是通过社会组织所发挥的功能实现的。功能是社会组织存在和运作的前提。借鉴前人研究成果，本文采用公众参与、公共服务、利益表达、政策倡导、资源动员五种功能测度社会组织功能认知水平。这五种功能既是社会组织存在的意义，也是社会组织运作的前提，反映了其行为包含的意义。鉴于此，本文构建属性—功能认知框架，从更根本、更实际的角度测量公众对社会组织的认知水平，以求客观呈现公众对社会组织的认知。

（一）属性认知

社会组织的属性认知是关于社会组织是什么的认知，旨在反映公众心目中的社会组织与社会组织理论内涵之间的关系。截至目前，尽管学者对社会组织的理论内涵尚未完全达成共识，但联合国的功能定义、世界银行的结构定义以及莱斯特·M.萨拉蒙的属性定义最具有代表性和影响力。对于中国而言，社会组织是一个"舶来品"（朱健刚，2007：34～49），人们对于何为社会组织的判断标准也源于西方，其中又以萨拉蒙的定义影响最大。萨拉蒙在《全球公民社会：非营利部门视界》中，提出全球的非营利部门有一些共同的特点，主要表现在五个方面：第一是组织性，指这些机构都有一定的制度和结构；第二是私有性，认为这些机构都在制度上与国家相分离；第三是非营利性，即这些机构都不向它们的经营者或"所有者"提供利润，这种解释可以更准确地被认为是"非分配约束"（Hansmann，1987：99～117）；第四是自治性，指这些机构基本上都是独立处理各自的事务；第五是自愿性，认为该机构接受一定程度的时间和资金的资源捐献，并且其成员往往不是应法律要求而组成的（萨拉蒙，2007：3～4）。

然而，考虑到中国独特的社会结构，将萨拉蒙关于社会组织的定义完全应用于中国可能并不合适。诸多学者开始尝试结合中国实际情况探索社会组织的中国定义（马西恒，2003：23～37；朱健刚，2004：36～47；俞可平，2006：109～122＋207～208）。在比较和综合已有定义的基础之上，王名提出了社会组织的功能—结构—属性定义，认为社会组织是独立于政府体系之外的具有一定程度公共性质并承担一定社会功能的各种组织制度形式的总称，这些组织活跃于人类社会生活的各个领域和层面，其形式、规模、功能千差万别，但是一般都具有非政府性、非营利性、公益性或共益性、志愿性四个方面的基本属性（王名，2013：86～88）。

综上所述，本文拟从非营利性、非分配性、非政府性、公益性、志愿性等五个方面对社会组织的属性认知进行解释。其中，非营利性是指社会组织不以营利为目的，获取资源只是实现组织所推崇价值的一种手段（颜克高，2018：7）；非分配性强调社会组织不具有利润分红等分配机制，组织资产也不得以任何形式为私人所有；非政府性意指社会组织不隶属于政府，具有一定的自主性和自治性；公益性说明了社会组织在投入产出上更多地依赖社会和服务社会，为公共利益服务；志愿性表明社会组织的参与者和支持者通常不存在外在的强制关系，志愿行为的动力更多源于自愿、自主的奉献精神和不求回报的博爱精神。

（二）功能认知

社会组织产生和发展的社会基础在于其社会功能。政府失灵和市场失灵都为社会组织功能的发挥提供了空间，进而为社会组织的生长创造了条件。但在政府体系已经足够发达、市场机制已经足够精致的今天，仅用政府失灵和市场失灵来解释社会组织产生和发展的原因，不具有足够的说服力，应该进一步从政府失灵和市场失灵的背后，来找寻社会组织存在和成长的更为广泛的社会功能基础；而公共领域的存在和不断拓展，以及公民在此基础之上对于社会公共事务的积极参与，正是社会组织存在和发展的更为广泛的社会功能基础（王名，2013：92~94）。

此外，联合国关于社会组织的定义突出了社会组织的功能特征。无论是开展政策咨询、推动政治参与，还是发挥预警机制、监督执行国际协议等，都强调了社会组织在实践中发挥的主要作用（王名，2013：84~85），即治理功能。萨拉蒙（2007：27~29）和黄晓春（2017：105~128+248）都认为社会组织具有服务功能，是社会公共服务的承接者。在已有研究基础之上，王名结合中国实际情况，将中国社会组织的基本社会功能概括为五个方面：一是动员和整合各种社会资源的功能；二是提供各种社会服务及一定公共服务的功能；三是推进公民参与和社会治理的功能；四是表达公民诉求、维护公民权益并进行政策倡导的功能；五是建构和增值社会资本的功能（王名，2013：98~108）。

在梳理前人研究成果的基础上，结合实际情况，本文以"治理"和"服务"为线索，从公众参与、公共服务、利益表达、政策倡导、资源动员等五个方面来对社会组织的功能认知进行解释。其中，公众参与功能强调社会组织为公民参与社会事务提供了一种可能，以及在公民参与基础上形成的社会组织之间及其与政府、企业之间的协调互动和合作共治关系；公共服务功能指社会组织通过市场机制提供各类社会服务，为特定群体提供互益或共益性社会服务，向弱势群体提供公益服务，承接来自政府等公共部门的公共服务；利益表达功能表明社会组织可以代表特定人群，通过一定的渠道和方式向政府和社会各级组织机构表达其利益要求；政策倡导功能是指社会组织可以通过一定的渠道和方式直接参与或间接影响立法和各级政府相关政策制定，最终影响政治系统公共政策输出；资源动员功能则说明社会组织可以动员包括社会捐赠等公益慈善资源、义工服务等志愿资源，以及基于互助合作、协同共赢的共益资源在内的社会资源（图1）。

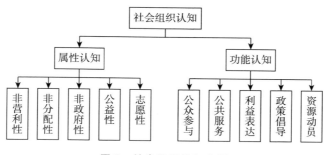

图 1　社会组织认知内涵

三　研究设计

（一）问卷的设计与检验

在对社会组织认知内涵进行解释的基础上，结合中国社会组织发展的实际情况，对相关概念进行操作化处理。通过征求相关学者的建议以及在小范围内进行访谈，形成最初的测量问卷。问卷由两部分组成：第一部分是被调查者的基本信息，包括人口学特征、教育背景、所在地区、单位类型以及被调查者是否具有社会组织参与经历、业务联系、培训学习等九个方面的内容；第二部分是社会组织公众认知量表，由属性认知分量表和功能认知分量表两部分组成。其中，属性认知划分为非营利性、非分配性、非政府性、公益性、志愿性五个维度，功能认知划分为公众参与、公共服务、利益表达、政策倡导、资源动员五个维度。以上十个维度各设置一道题目（表1），对所有的题目采用李克特量表形式，按照完全不同意（1）到完全同意（5）的5分量进行测量。认知水平总量表的最高分为50，最低分为10；属性认知和功能认知分量表的最高分为25，最低分为5。

在正式发放之前，我们对问卷进行了预试，共回收有效样本60个。经检验，社会组织认知总量表的内在一致性系数为0.746，属性认知分量表的内在一致性系数为0.602，功能认知分量表的内在一致性系数为0.761，表明总量表和分量表都具有比较好的信度。同时，因子分析结果表明，KMO值为0.857，Bartlett球形检验中P＜0.01，且因子旋转结果与理论预设相符，量表具有比较好的结构效度。

表1　社会组织公众认知各维度题目一览

维度	题目
非营利性	社会组织不以营利为目的
非分配性	社会组织的内部成员（如领导）不可以对组织利润进行分红
非政府性	社会组织具有与政府相分离的特征，具有非政府性
公益性	社会组织能够提供公共产品或公共服务，具有公益性
志愿性	人们参加社会组织的活动应该是自愿的
公众参与	社会组织能促进人际沟通，化解矛盾和冲突
公共服务	社会组织可以通过接受政府委托或参与政府采购，融入公共服务体系
利益表达	社会组织能够代表特定群体表达他们的利益诉求和政策主张
政策倡导	社会组织能影响相关立法和公共政策制定
资源动员	社会组织可以促进社会捐赠、志愿参与

（二）样本选择与数据来源

本调查依托湖南大学 MPA 教育中心，委托天津、上海、江苏、广东等地区高校 MPA 教育中心向社会发放调查问卷，问卷实施匿名调查。问卷调研于 2018 年 10 月进行，共收回问卷 2817 份。按照以下标准和原则对回收问卷进行处理：（1）借鉴前人研究成果，并以所在地区为标准，剔除国外、香港、澳门、台湾、新疆、西藏、青海以及无法识别的问卷；（2）以答题时间为标准，对用时过短问卷进行剔除处理；（3）以一致性和稳定性为原则，对问卷进行筛选。最终获得有效问卷 2596 份。

表 2 报告了样本的基本情况。从性别来看，女性多于男性，比例分别为 61.1%、38.9%；从年龄分布看，以年轻人为主体，62.0% 的被调查者年龄为 30 岁及以下，34.8% 在 31 至 50 岁之间，仅 3.2% 在 50 岁以上。在学历水平方面，本科人数最多，其余依次为硕士及以上、大专、高中及以下，比例分别为 60.5%、27.3%、7.3%、4.9%。在专业领域方面，以社会科学为主，比例高达 66.8%，自然科学仅为 28.3%。从工作所在地区来看，东部、中部地区占绝大多，分别占总体的 40.4%、47.2%。从工作单位类型来看，26.4% 的被调查者来自政府系统，23.4% 来自公司企业，50.2% 来自其他类型单位。

表 2　样本的基本情况

单位：人，%

特征	类型	人数	比例	特征	类型	人数	比例
性别	男	1010	38.9	专业领域	自然科学	735	28.3
	女	1586	61.1		社会科学	1734	66.8
年龄	30 岁及以下	1609	62.0		其他	127	4.9
	31～40 岁	681	26.2	所在地区	东部	1049	40.4
	41～50 岁	224	8.6		中部	1225	47.2
	50 岁以上	82	3.2		西部	153	5.9
学历水平	高中及以下	127	4.9		东北部	169	6.5
	大专	189	7.3	单位类型	政府系统	685	26.4
	本科	1570	60.5		公司企业	607	23.4
	硕士及以上	710	27.3		其他	1304	50.2

注：东、中、西部和东北地区划分标准来源于国家统计局。

四　数据分析

（一）社会组织公众认知水平的总体情况

公众对社会组织的认知水平均值为 40.43，标准差为 4.798，整体而言，公众对社会组织具有较高的认知水平。就认知水平的内部结构而言，属性认知和功能认知同样处于较高水平，均值分别为 20.06 和 20.38，功能认知水平更高。此外，功能认知方差和标准差均小于属性认知，说明相较于属性认知而言，功能认知水平波动更小，稳定性更强。因此，公众对社会组织的功能认知水平更高且稳定性更强。

社会组织公众认知水平分组比较结果如表 3 所示。公众个体特征对认知水平具有显著影响，男性的认知水平要显著高于女性（P < 0.05）；年龄和认知水平呈一致性变化，从认知水平均值来看，30 岁以上的公众要高于 30 岁及以下的公众，且在 0.01 的水平下通过显著性检验；是否具有本科学历同样影响认知水平，本科学历及以上的公众要显著高于大专学历及以下的公众（P < 0.05）；从地域来看，东部、中部地区公众认知水平显著高于西部、东北部地区的公众（P < 0.01）；不同单位类型公众认知水平也存在显著差异，政府系统工作的公

众要显著大于其他类型单位的公众（$p < 0.01$）。

表 3　认知水平分组比较

特征	类型	样本	均值	标准差	t 值	p 值
性别	男（a）	1010	40.68	5.029	2.022	0.043 (a＞b)
	女（b）	1586	40.28	4.641		
年龄	30 岁及以下（c）	1609	40.11	4.691	−4.440	0.000 (c＜d)
	30 岁以上（d）	987	40.96	4.924		
学历水平	本科以下（e）	316	39.75	5.379	−2.457	0.014 (e＜f)
	本科及以上（f）	2280	40.53	4.705		
专业领域	自然科学（g）	735	40.35	4.980	−1.109	0.268
	社会科学（h）	1734	40.58	4.623		
所在地区	东部、中部地区（i）	2274	40.57	4.783	4.035	0.000 (i＞j)
	西部、东北部地区（j）	322	39.43	4.792		
单位类型	政府系统（k）	685	41.63	4.372	7.756	0.000 (k＞l)
	非政府系统（l）	1911	40.00	4.872		

注：专业领域中不包括高中学历及以下的样本，共计 2469 个。

（二）公众对社会组织的属性认知

公众对社会组织属性各维度认知水平及频数分布如图 2 所示。从均值来看，在属性认知的五个维度上，认知水平由高到低依次为志愿性、公益性、非营利性、非政府性、非分配性。

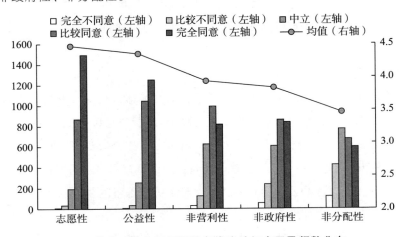

图 2　公众对社会组织属性各维度认知水平及频数分布

各维度的选项频数分布上也呈现与此一致的趋势。在志愿性、公益性、非营利性、非政府性、非分配性五个维度上，选择"同意"（选项为"完全同意"与"比较同意"，下同）的频数依次为2359、2298、1813、1701、1276，呈现依次降低的趋势，选择完全不同意的频率则相反，呈现依次增高的趋势。此外，在认知水平较高的志愿性和公益性上，选择"同意"的公众比例达到90.9%和88.6%，而在认知水平最低的非分配性上，选择"同意"的比例不足60%。另外，在志愿性和公益性上，选择"完全不同意"的频数仅为6和8；在非分配性上选择"完全不同意"的频数则为121，远远超过了志愿性和公益性。

表4报告了公众社会组织属性认知分组比较的结果。公众个体特征对属性认知具有以下影响：男性和女性的属性认知在0.1水平下通过显著性检验且男性高于女性，这一差异主要由公众对非政府性的认知差异所引起；就年龄而言，30岁以上公众的认知水平显著高于30岁及以下的公众（$p < 0.01$），这种差异在属性认知各个维度上得以体现；相较于生活在西部、东北部地区的公众而言，生活在东部、中部地区的公众对社会组织的属性认知水平更高，二者存在显著性差异（$p < 0.01$），志愿性、公益性、非营利性、非政府性均与此呈现一致性差异；在单位类型方面，在政府系统工作的公众属性认知水平显著高于在非政府系统工作的公众（$p < 0.01$），这种差异在志愿性、公益性、非营利性、非政府性上都得以体现。值得一提的是，不同学历水平公众在社会组织属性不同维度上的认知水平存在不同方向的差异，最终导致在学历水平方面属性认知没有显著性差异。

表4　属性认知分组比较

特征	类型	属性认知	志愿性	公益性	非营利性	非政府性	非分配性
性别	男（a）	0.066 （a＞b）	0.492	0.974	0.221	0.000 （a＞b）	0.385
	女（b）						
年龄	30岁及以下（c）	0.000 （c＜d）	0.000 （c＜d）	0.000 （c＜d）	0.000 （c＜d）	0.000 （c＜d）	0.042 （c＜d）
	30岁以上（d）						
学历水平	本科以下（e）	0.679	0.031 （e＞f）	0.327	0.628	0.000 （e＜f）	0.078 （e＞f）
	本科及以上（f）						

续表

特征	类型	属性认知	志愿性	公益性	非营利性	非政府性	非分配性
专业领域	自然科学（g）	0.445	0.122	0.775	0.400	0.523	0.010 (g<h)
	社会科学（h）						
所在地区	东部、中部地区（i）	0.000 (i>j)	0.042 (i>j)	0.037 (i>j)	0.027 (i>j)	0.000 (i>j)	0.771
	西部、东北部地区（j）						
单位类型	政府系统（k）	0.000 (k>l)	0.004 (k>l)	0.025 (k>l)	0.021 (k>l)	0.000 (k>l)	0.790
	非政府系统（l）						

注：表中数值为显著性水平。

（三）公众对社会组织的功能认知

图 3 显示了公众对社会组织功能各维度认知水平及频数分布。从功能认知的五个维度来看，认知水平由资源动员、公众参与、利益表达、公共服务、政策倡导依次降低。公众作为社会组织的受益者和捐赠者，对社会组织资源动员功能认知水平最高，对公众参与和利益表达认知水平相当，而对政策倡导功能认知水平最低。各选项的频数分布也呈现与此大体相同的趋势。92.2% 的公众在资源动员功能上选择"完全同意"，超过 80% 的公众在公众参与和利益表达维度上选择了"完全同意"，而在政策倡导上这一比例仅为 61.2%。与此相反的是，在"完全不同意"和"比较不同意"的选项上，资源动员、公众参与、利益表达、公共服务、政策倡导的频率和比例依次升高，最终导致功能各维度认知水平存在差异。

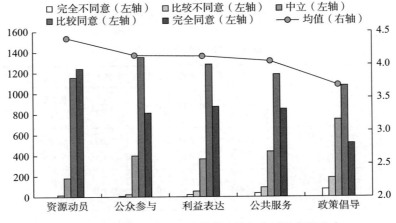

图 3　公众对社会组织功能各维度认知水平及频数分布

公众社会组织功能认知分组比较结果如表 5 所示。学历水平与功能认知水平呈同方向变化，本科学历及以上的公众功能认知水平显著高于大专学历及以下公众的认知水平（$p < 0.01$），主要由利益表达、公共服务、政策倡导等认知差异所贡献。从地域分布来看，东部、中部地区公众的功能认知水平高于西部、东北部地区的公众，且在 0.01 的水平下通过显著性检验，这种差异是由利益表达、公共服务、政策倡导等认知差异所引起。单位类型的差异同样带来了功能认知水平的变化，在政府系统工作的公众显著高于在非政府系统工作的公众（$p < 0.01$），这种差异在功能认知各个维度上得以体现。此外，尽管性别在公众参与、公共服务、政策倡导功能方面都具有显著性差异，但是并未对功能认知产生显著影响。

表 5　功能认知分组比较

特征	类型	功能认知	资源动员	公众参与	利益表达	公共服务	政策倡导
性别	男（a）	0.122	0.117	0.016 （a>b）	0.666	0.055 （a>b）	0.070 （a>b）
	女（b）						
年龄	30 岁及以下（c）	0.174	0.308	0.007 （c<d）	0.601	0.294	0.970
	30 岁以上（d）						
学历水平	本科以下（e）	0.000 （e<f）	0.109	0.604	0.016 （e<f）	0.067 （e<f）	0.000 （e<f）
	本科及以上（f）						
专业领域	自然科学（g）	0.282	0.041 （g<h）	0.494	0.697	0.681	0.526
	社会科学（h）						
所在地区	东部、中部地区（i）	0.005 （i>j）	0.303	0.757	0.002 （i>j）	0.004 （i>j）	0.029 （i>j）
	西部、东北部地区（j）						
单位类型	政府系统（k）	0.000 （k>l）	0.000 （k>l）	0.000 （k>l）	0.000 （k>l）	0.000 （k>l）	0.000 （k>l）
	非政府系统（l）						

注：表中数值为显著性水平。

（四）进一步分析与讨论

在不同阶段，公众对社会组织的认知是动态变化的。已有研究表明，公众认知的发展受到成熟、经验与社会环境的影响。成熟主要通过影响公众智力发展来起作用，由个体生理机制决定，而经验因素是知识的重要来源，社会环境因素则主要涉及社会生活、教育以及学习等方面（史忠植，2008：471～475）。

鉴于此，本文从经验因素和社会环境因素出发，选取参与经历、业务联系、培训学习三个变量，试图进一步分析各变量对社会组织公众认知的影响。

参与经历。本文所涉及的参与仅指公众个体以第二或第三方的身份加入、融入社会组织之中。公众参与社会组织不仅可以帮助个体找到集体感，获得情感归属（周三多，2005：429），而且对于推进公民自治，培育公民社会具有特殊意义（姜明安，2004：28~38）。已有研究表明，社区参与经历会对居民社区认知产生影响（杨敏，2007：137~164）。基于此，本文选取公众社会组织参与经历作为分组变量，探究其对公众认知的影响。将具有社会组织参与经历的公众记为1，否则记为0。

业务联系。业务联系是指在日常工作中与社会组织具有直接的业务接触，强调常规性和频繁性。长期频繁的业务接触对个体思维方式、认知水平产生无法忽视的影响。一般而言，个体对自己所从事工作领域内的相关事务更为熟悉。这一点既可以从经验因素方面来解释，也可以通过社会环境因素进行说明。鉴于此，本文选取业务联系作为自变量，探究其对社会组织公众认知的影响。公众在工作中与社会组织有直接业务联系记为1，否则记为0。

培训学习。个人学习的有限性和滞后性与知识增长的无限性和快速性之间存在矛盾。然而，普通教育只能提供一些基本的专业知识，无法满足现代社会专业分工的需求。培训学习是一种专业教育，具有更强的针对性，是学习专业知识的重要途径，也是个体专业性成长与社会专业化发展必不可少的。基于此，本文选取培训学习作为自变量，探究其对社会组织公众认知的影响。公众在近三年中接受过较为系统的社会组织培训学习记为1，否则记为0。

表6报告了公众参与经历、业务联系、培训学习对社会组织认知水平的影响：具有社会组织参与经历的公众对社会组织的认知水平、功能认知水平显著高于没有社会组织参与经历的公众（$p < 0.01$）；与社会组织有直接业务联系的公众对社会组织的认知水平和功能认知水平高于其他公众且在0.01的水平下通过显著性检验；培训学习可以显著提高公众对社会组织的认知水平和功能认知水平（$p < 0.01$）。但是，公众在参与经历、业务联系、培训学习上的差异并不会对属性认知水平产生显著影响。综上，参与经历、业务联系、培训学习对于社会组织公众认知的作用具有结构性差异，即三个变量对社会组织认知、功能认知具有显著性差异，而对属性认知作用不大。因此，可以认为，参与经历、

业务联系、培训学习对认知水平的影响是通过功能认知发挥作用的。

表6 参与经历、业务联系、培训学习对社会组织认知水平的影响

特征		0	1	t 值	p 值	结果判断
参与经历	认知	39.87 (5.260)	40.65 (4.585)	-3.553	0.000	差异显著
	属性认知	19.94 (3.048)	20.10 (2.815)	-1.212	0.226	无显著差异
	功能认知	19.93 (3.050)	20.55 (2.791)	-4.843	0.000	差异显著
业务联系	认知	40.17 (4.787)	41.12 (4.761)	-4.568	0.000	差异显著
	属性认知	20.01 (2.865)	20.17 (2.929)	-1.284	0.199	无显著差异
	功能认知	20.16 (2.895)	20.95 (2.760)	-6.343	0.000	差异显著
培训学习	认知	40.06 (4.856)	41.22 (4.578)	-5.782	0.000	差异显著
	属性认知	19.98 (2.879)	20.21 (2.890)	-1.822	0.069	无显著差异
	功能认知	20.07 (2.938)	21.01 (2.646)	-8.136	0.000	差异显著

注：括号内数值为标准差。

（五）稳健性检验

为进一步确认结论的可靠性，本文在以上理论分析的基础上进行了稳健性检验。政府官员在具有社会性的同时，兼具政府性。官员对社会组织的认知受到政府运行逻辑的影响，可能使社会组织公众认知结果产生一定偏差。为检验结果的可靠性，剔除685个政府官员样本，对非官员公众样本进行测试，结果发现原有主要研究结论依然成立。

五 结论与启示

在中国转型制度环境下，公众对于社会组织的认知既受到传统社会结构和文化的影响，同时又受到市场经济改革与发展、西方文化冲击的影响。随着环境制度化程度的提高，社会组织的某些特征被"铭记"到公众认知中（Meyer & Rowan，1977：340~363），使得公众对于社会组织形象有着特定的认知基础，对社会组织应该是什么样都持有自己的想象。另外，社会组织通过积极地扮演角色、展现社会关系以及对行为的解释来获得认知合法性（Elsbach，1994：57~88）。社会组织所展现的形象和公众对社会组织认知的契合度与认知合法性密切相关。本文的目的不仅在于探究社会组织公众认知水平，还在于试

合法性视角下社会组织公众认知研究

图找寻在个体层面增强社会组织合法性的方法。

研究结果表明，（1）整体而言，社会组织公众认知水平较高，属性认知和功能认知也同样处于较高水平；相较于属性认知而言，公众对社会组织的功能认知水平更高且稳定性更强。（2）在属性认知的五个维度上，认知水平由高到低依次为志愿性、公益性、非营利性、非政府性、非分配性；就功能认知的五个维度而言，认知水平从资源动员、公众参与、利益表达、公共服务到政策倡导依次降低。（3）人口学特征、教育背景、所在地区、单位类型等个体特征会在不同程度上对不同维度的社会组织公众认知产生影响。东、中部地区社会组织公众认知水平高于西、东北部地区；在政府系统工作的公众对社会组织的认知水平较其他单位公众而言较高。（4）参与经历、业务联系、培训学习通过功能认知影响公众对社会组织的认知水平，而对属性认知不产生显著性影响。

本文研究结论的重要启示在于：公众对非分配属性和政策倡导功能的认知水平在属性认知和功能认知中居于末位，以此二者为突破口，可以最大限度提高公众对社会组织的认知水平。同时，以社会组织属性知识的传播为切入点，可以进一步提升社会组织公众认知水平，增强社会组织合法性，进而促进社会组织发展。另外，参与经历反映了公众对社会组织捐赠和志愿参与的态度，且对社会组织公众认知水平具有显著性影响。在中国现有情境下，公众社会组织参与意识逐步增强，因而社会组织公众认知水平的提升在很大程度上是公众参与社会组织的一种"溢出效应"，也进一步夯实了社会组织合法性的基础。培训学习对社会组织公众认知同样具有正向效应。虽然国内已经开展相关社会组织培训，但参与人员十分有限（朱健刚，2004：36～47）。应不断加强公众在社会组织领域的培训学习，扩大培训人员的范围，使之成为一种常态化的公民专业教育。这不仅能够促进社会组织公众认知水平提高，同时也可以增强社会组织合法性。从长远来看，社会组织合法性增强将夯实社会组织生存发展的基础，进而促进社会公共领域的形成。公域的存在与不断拓展又会反过来增强社会组织存在和发展所需要的更为广泛的社会基础，从而最终促进社会组织向民间的自主回归。

本文是建立在问卷调查基础上的一项研究，尚存在一些局限性。首先，受地域等因素制约，样本分布不均衡，被调查者主要分布在东、中部地区；其次，由于受样本数量和代表性影响，所得结果或许会与"真实"情况有所偏离。尽管如此，作者认为，本研究仍不失为探索社会组织公众认知的一种尝试，也为理论界和实务部门了解社会组织公众认知打开了一扇窗。

参考文献

陈成文、黄开腾（2018）：《制度环境与社会组织发展：国外经验及其政策借鉴意义》，《探索》，第 1 期。

陈定铭、翁仪君（2017）：《工作整合型社会企业之合法性分析：以中国大陆残友集团为例》，《中国非营利评论》，第 2 期。

高丙中（2000）：《社会团体的合法性问题》，《中国社会科学》，第 2 期。

管兵、岳经纶（2014）：《双重合法性和社会组织发展——以北京市 19 个小区的业主委员会为例》，《广西民族大学学报》（哲学社会科学版），第 5 期。

黄晓春（2017）：《中国社会组织成长条件的再思考——一个总体性理论视角》，《社会学研究》，第 1 期。

黄晓勇、蔡礼强（2018）：《中国社会组织报告（2018）》，北京：社会科学文献出版社。

姜明安（2004）：《公众参与与行政法治》，《中国法学前沿》，第 2 期。

〔美〕莱斯特·M. 萨拉蒙（2007）：《全球公民社会：非营利部门视界》，贾西津等译，北京：社会科学文献出版社。

赖先进、王登礼（2017）：《社会组织发展影响因素的实证研究——基于 2007 年 ~2014 年 31 个省级面板数据的分析》，《管理评论》，第 12 期。

李国武、李璐（2011）：《社会需求、资源供给、制度变迁与民间组织发展基于中国省级经验的实证研究》，《社会》，第 6 期。

李晋等（2013）：《组织制度的合法性起源研究》，《商业经济与管理》，第 10 期。

刘玉焕等（2014）：《混合社会组织合法性的获取：基于壹基金的案例研究》，《中国软科学》，第 6 期。

马庆钰（2018）：《共建共治共享社会治理格局的意涵解读》，《行政管理改革》，第 3 期。

马庆钰、贾西津（2015）：《中国社会组织的发展方向与未来趋势》，《国家行政学院学报》，第 4 期。

马西恒（2003）：《民间组织发展与执政党建设——对上海市民间组织党建实践的思考》，《政治学研究》，第 1 期。

彭聃龄（2004）：《普通心理学》，北京：北京师范大学出版社。

史忠植（2008）：《认知科学》，安徽：中国科学技术大学出版社。

王名（2013）：《社会组织论纲》，北京：社会科学文献出版社。

王名、李朔严（2018）：《十九大报告关于社会治理现代化的系统观点与美好生活价值观》，《中国行政管理》，第 3 期。

王绍光、何建宇（2004）：《中国的社团革命——中国人的结社版图》，《浙江学刊》，第 6 期。

〔美〕W. 理查德·斯科特（2010）：《制度与组织——思想观念与物质利益》，姚伟等译，北京：中国人民大学出版社。

许鹿等（2016）：《组织合法性：地方政府对社会组织选择性支持的机制性解释》，《江苏行政学院学报》，第 5 期。

颜克高（2018）：《非营利组织的理事会治理》，湖南：湖南大学出版社。

杨敏（2007）：《作为国家治理单元的社区——对城市社区建设运动过程中居民社区参与和社区认知的个案研究》，《社会学研究》，第 4 期。

尹珏林、任兵（2009）：《组织场域的衰落、重现与制度创业：基于中国直销行业的案例研究》，《管理世界》，第 S1 期。

俞可平（2006）：《中国公民社会：概念、分类与制度环境》，《中国社会科学》，第 1 期。

张超、朱俊瑞（2018）：《社会组织合法性的双重面相及其生成逻辑——基于杭州 6 家"引领型"社会服务组织的分析》，《浙江学刊》，第 1 期。

张书维、李纾（2018）：《行为公共管理学探新：内容、方法与趋势》，《公共行政评论》，第 1 期。

周三多（2005）：《管理学原理》，北京：高等教育出版社。

朱健刚（2004）：《草根 NGO 与中国公民社会的成长》，《开放时代》，第 6 期。

——（2007）：《国际 NGO 与中国地方治理创新——以珠三角为例》，《开放时代》，第 5 期。

Dacin, M. T. et al. (2007), "The Legitimacy of Strategic Alliances: An Institutional Perspective", *Strategic Management Journal* 28 (2), pp. 169 – 187.

Deephouse, D. L. (1996), "Does Isomorphism Legitimate?", *Academy of Management Journal* 39 (4), pp. 1024 – 1039.

Elsbach, K. D. (1994), "Managing Organizational Legitimacy in the California Cattle Industry: The Construction and Effectiveness of Verbal Accounts", *Administrative Science Quarterly* 39 (1), pp. 57 – 88.

Gavetti, G. & Rivkin, J. W. (2007), "On the Origin of Strategy: Action and Cognition over Time", *Organization Science* 18 (3), pp. 420 – 439.

Hansmann, H. (1987), "Economic Theories of Nonprofit Organizations", in Walter W. Powell ed., *The Nonprofit Sector: A Research Handbook*, New Haven: Yale University Press.

Meyer, J. W. & Rowan, B. (1977), "Institutionalized Organizations: Formal Structure as Myth and Ceremony", *American Journal of Sociology* 83 (2), pp. 340 – 363.

Scott, M. R. R. (1998), "A Multidimensional Model of Organizational Legitimacy: Hospital Survival in Changing Institutional Environments", *Administrative Science Quarterly* 43 (4), pp. 877 – 904.

Scott, W. R. et al. (2000), *C. A. Institutional Change and Healthcare Organizations: from Professional Dominance to Managed Care*, Chicago: University of Chicago Press.

Suchman, M. C. (1995), "Managing Legitimacy: Strategic and Institutional Approaches", *Academy of Management Review* 20 (3), pp. 571 – 610.

Suddaby, R. (2010), "Challenges for Institutional Theory", *Journal of Management Inquiry* 19 (1), pp. 14 – 20.

Tornikoski, E. T. & Newbert, S. L. (2007), "Exploring the Determinants of Organizational Emergence: A Legitimacy Perspective", *Journal of Business Venturing* 22 (2), pp. 311 – 335.

Zimmerman, M. A. & Zeitz, G. J. (2002), "Beyond Survival: Achieving New Venture Growth by Building Legitimacy", *Academy of Management Review* 27 (3), pp. 414 – 431.

Study on Public Cognition of NGOs from the Perspective of Legitimacy

Gao Miao   Yan Kegao

[**Abstract**] Public cognition is the basic element of the legitimacy of NGOs and has an important influence on the development of NGOs, but the theoretical circle pays little attention to it. The NGOs public cognition scale was constructed from the two dimensions of attribute and function. The 2596 questionnaires from 29 provinces and municipalities across the country were used as samples to study the public perception of NGOs. The results shows that the public's cognitive level of NGOs is generally high; compared with attribute cognition, the level of functional cognition is higher and more stable; in terms of internal structure, non – distributive attributes and policy advocacy functions are at the bottom within the attribute cognition and functional cognition respectively. Individual characteristics, such as demographic characteristics, educational background, sites and work – unit type, will influence the public perception of NGOs in different dimensions at various degree. In addition, participation experience, business contacts, training and learning affect the public's level of cognition of NGOs through functional cognition. In order to further enhance the public cognition of NGOs and the legitimacy of NGOs, the dissemination of knowledge on NGOs attributes should be taken as a breakthrough at this stage to continuously strengthen civic professional education in order to enhance the public's comprehensive understanding of social organizations.

[**Keywords**] Non – government – organizations (NGOs); Social Legitimacy; Public Cognition

（责任编辑：李朔严）

社会企业认证在中国：法律
属性与体系构建[*]

刘先良[**]

【摘要】：作为混合组织的社会企业在本土化过程中面临识别范式模糊与合法地位危机的问题。本文以比较注册制与认证制的法律属性差异及其在身份识别体系中的地位为研究切入点，梳理我国社会企业身份认证制的发展现状及存在问题，以现阶段完善我国社会企业认证制的基本问题和制度安排为研究落脚点。研究发现，社会企业认证是组织取得社会企业特殊标识符号，适用特殊性规则的法律行为。当前阶段我国更适合实施认证制，以便赋予已经以各种法律形式存续的准社会企业合法身份。我国现有社会认证制在整体上呈现初步发展的态势并已具备基本要素，但在认证标准、认证主体、认证程序、认证效果等方面有待完善。构建我国社会企业身份认证制，建议秉持政府驱动与市场主导的基本理念，坚持多元化、市场化和法制化的基本思路，以私主公辅、简政放权、公平竞争与牟利

* 基金项目：国家社会科学基金项目"我国社会企业的法理属性和制度体系研究"（项目编号：16BFX116）；江西财经大学法治江西建设协同创新中心资助项目"江西省社会企业认证体系的法制化研究"（项目编号：FZJXQN2018007）。感谢编辑部和匿名专家的评审意见，以及在文献资料、写作范式和研究方法等方面的指导。
** 刘先良，法律经济学博士，江西财经大学法学院讲师，民商法系副主任，江西财经大学教育发展基金会投资风控部副主任，主要研究方向：商法学、金融法学。

禁止为基本原则，将认证权、监管权和协同权予以合理配置，在运行机制及法律效果方面相应完善，并在恰当时机推动立法完善社会企业注册制。

【关键词】：社会企业；社会企业认证；商事登记；注册制；认证制

一　引言

20 世纪 70 年代，社会企业（social enterprise）在解决西方福利国家的社会问题方面提供了独辟蹊径的创新思路而备受各国重视，大致形成了欧洲的"社会经济"和美国的"非营利部门"两种研究路径（迪夫尼等，2009）。自刘继同教授翻译《社会企业》一文将社会企业概念引入我国以后（刘继同，2004），社会企业成为我国理论与实务界广泛讨论和深度关注的焦点（余晓敏、丁开杰，2011；沙勇，2013；王名，2013），同时我国在实践中已经发展了相当数量的"准社会企业"[①]（刘培峰，2018：289）。在不同国家和地区，社会企业可能采取的具体法律形式非常多样，既可能是非营利部门的组织形式，也可能是营利部门的组织形式，也可能是采取特别立法的组织形式。目前我国的准社会企业主要是以福利企业（工商登记注册 + 民政部认证）、民办非企业单位[②]（民政部登记注册）、合作社等法律形式存在（王世强，2014：157 ~ 159）。

社会企业在我国的大规模崛起，对法律主体制度特别是身份识别制度提出了新的挑战，如我国《民法总则》按照所有权结构的不同将法人划分为营利法

[①] 依据民政部统计数据截至 2018 年底，我国现有基金会 1925 个（增长率 15.8%），社会团体 36.6 万个（增长率 3.1%），民办非企业单位 44.4 万个（增长率 11%）。参见民政部《2018 年社会服务发展统计公报》，资料来源：民政部网站，http://images3.mca.gov.cn/www2017/file/201908/1565920301578.pdf，最后访问日期：2019 年 11 月 22 日。

[②] 《民法总则》第 87 条及《慈善法》第 8 条中都采取了"社会服务机构"的概念取代传统"民办非企业单位"的概念。但是民政部在线服务中的行政审批依然保留了"民办非企业单位"一类，同时民政部 2018 年 9 月起草的《社会组织登记管理条例（草案征求意见稿）》拟融合社会团体、基金会及民办非企业单位的概念。故此处为讨论便利，依然使用民办非企业单位。

人、非营利法人和特别法人①，不能直接兼容作为混合组织（hybrid organization）的社会企业（Dees，1998：60），导致社会企业的合法身份缺乏法律依据。部分学者已经意识到我国准社会企业存在身份属性模糊和合法地位危机的问题，并提议将认证制（certification system）作为社会企业身份识别机制（韩文琰，2018：74；罗文恩、黄英，2019：87；王世强，2012：41；樊云慧，2016：112）。

不同国家及地区根据辖区中社会企业不同的法律形式采取了"注册制"和"认证制"两种差异化的法律策略，其中实施注册制需要专门立法，而实施认证制需要明确认证标准，二者各有不同功能特点和适用环境，都是社会企业主体制度的重要组成部分。本文拟分析社会企业认证制的法律属性及其在社会企业身份识别体系中的地位，并以此指引社会企业身份识别范式选择，梳理我国社会企业身份认证制的发展现状及存在的问题，探讨现阶段完善我国社会企业认证制的基本问题和制度安排，并在恰当时机推动立法完善社会企业注册制。

二　我国社会企业认证制的体系定位与法律性质

（一）身份体系梳理：本土准社会企业的身份识别

我国现有认证体系主要有由中国国家认证认可监督管理委员会负责的体系认证、产品认证和服务认证，由中国绿色食品发展中心负责的"绿色食品认证"，在组织身份认证方面有各级民政部门负责的"慈善组织"认证。福利企业及民办非企业单位被认为是理论意义上的我国本土社会企业（王名，2013：253～254），两种准社会企业分别通过认证制和注册制获取身份（表1）。

1. 认证制：福利企业

我国的"福利企业"，即为解决残疾弱势群体就业问题而设立的具有社会公益属性的特殊企业类型。（1）认证程序。首先在工商部门注册登记，然后由民政部门实施"福利企业"资格认证。（2）认证标准。"福利企业"应依法注册登记，并且属于"安置残疾人职工占职工总人数25%以上，残疾人职工人数不少于10人的企业"②。认证过程中对福利企业资格的要件进行实质审查，还

---

① 《民法总则》第87条规定的非营利法人与社会企业具有一定结合点，可能作为社会企业主体资格的法律基础。

② 参见民政部2007年颁布的《福利企业资格认定办法》第2条及第4条规定。

要求企业实际地为残疾人士提供福利待遇，如提供了恰当的工作岗位、签订了1年以上的劳动合同、提出资格认证前一个月实际足额地支付了工资并缴纳了相应保险等条件。（3）认证效果。对通过认证的企业颁发福利企业证书，通过认证的企业可以在营业税、增值税、企业所得税及成本定价方面获得优惠。①

2. 注册制：民办非企业单位

民办非企业单位属于民间组织②，即"指企业事业单位、社会团体和其他社会力量以及公民个人利用非国有资产举办的，从事非营利性社会服务活动的社会组织"③。（1）注册程序。民办非企业单位的设立，需经主管部门审查并在民政部门办理登记④。（2）注册标准。设立民办非企业单位需要满足民间性、非营利性⑤、公益性和实体性标准（裴立新，2016：106～108）。（3）注册效果。通过认证后由登记管理部门颁发登记证书，同时接受民政部门及业务主管部门的日常监督与年度审查⑥，民政部门将对注册的民办非企业单位进行相应评估并评价等级，如2015年度社会组织评估中获得评估等级的民办非企业单位有5家，其评估等级分布情况为：4A级3家、2A级1家、A级1家（徐家良、张其伟，2016：116）。

表1　部分企业认证认定体系对比

认证类别	认证机构	管理机构	认证性质	认证标准	认证功能	
质量管理体系标准ISO9000	ISO9001可由第三方认证	中国国家认证认可监督管理委员会	企业品质控制规范	ISO9000系列标准族：《质量管理体系　基础和术语》《质量管理体系要求》《质量管理体系　业绩改进指南》《质量和环境管理体系审核指南》	对顾客承诺：企业质量管理和保证良好的控制标志	国际贸易壁垒

---

① 相关法律规定有财政部、国家税务总局2006年颁布的《关于调整完善现行福利企业税收优惠政策试点工作的通知》。
② 民间组织包括社会团体、民办非企业单位和基金会。"民办非企业单位"在1996年还被称为"民办事业单位"，由编制部门进行登记管理。
③ 参见国务院1998年颁布的《民办非企业单位登记管理暂行条例》第2条规定。
④ 如民办学校的主管部门是教育部门，登记机关还是民政部。
⑤ 参见国务院2007年颁布的《企业所得税法实施条例》及财政部、国家税务总局2014年颁布的《关于非营利组织免税资格认定管理有关问题的通知》。
⑥ 民政部门每年会进行年度检查，如2016年11月14日公布《民办非企业单位2015年度检查结果公告（第二批）》。

认证类别	认证机构	管理机构	认证性质	认证标准	认证功能	
环境管理体系标准 ISO14000	ISO14001 可由第三方认证	中国国家认证认可监督管理委员会①	企业环境管理自我约束机制	SC1 环境管理体系（EMS）；SC2 环境审核（EA）；SC3 环境标志（EL）；SC4 环境行为评价（EPE）；SC5 生命周期评估（LCA）；SC6 术语和定义（T&D）	对政府、社会和利益相关方承诺：证明其制定了环境政策并建立了管理实施系统	国际贸易壁垒
社会责任标准 SA8000	SA8000 可由第三方认证		企业道德规范国际标准	1. 禁止童工；2. 禁止强迫劳动；3. 健康与安全；4. 结社自由与谈判自由；5. 禁止歧视；6. 惩戒性措施；7. 工作时间；8. 工资报酬；9. 管理体系	对社会、利益相关者承担责任，即富有社会责任的劳工标准规范	
强制性产品认证 CCC	各级质量技术监督检验检疫部门		强制性国际化的产品技术评价机制	采取单一认证或者多项组合认证：1. 设计鉴定；2. 型式试验；3. 生产现场抽取样品检测或者检查；4. 市场抽样检测或者检查；5. 企业质量保证能力和产品一致性检查；6. 获证后的跟踪检查	对市场消费者、对进口国承诺：证明产品技术质量符合标准	入世承诺
绿色食品认证	委托第三方认证	中国绿色食品发展中心	产品的绿色无污染可使用评价	收到申请后现场检查抽样，并进行产地环境质量现状检测。审核的材料包括：1. 生产操作规程；2. 质量控制体系；3. 产品执行标准；4. 企业质量管理手册	对消费者、市场相关利益者承诺：产品无污染、安全、优质	消费引导
慈善组织	县级以上民政部门	民政部	表明慈善组织性质	内部大会表决，并经过业务主管部门同意。1. 具备社会组织法人登记条件；2. 组织宗旨为慈善活动；3. 不以营利为目的；4. 财务和薪酬制度健全合理；5. 其他条件	对社会公众声明：其具备公开募捐资格	税收优惠
社会企业认证 SE Certi-fi-cation	官方认证与第三方认证	民政部门、工商部门、农业部门等	界定公益目的与商业形式相结合的组织	1. 组织目标；2. 收入来源；3. 利润分配；4. 资产处置；5. 治理结构	对社会、所有者与利益相关者承担社会公益责任	优惠扶持

注：慈善组织依据民政部 2016 年 8 月 31 日颁布《慈善组织认定办法》应当属于认定。

资料来源：作者整理并绘制。

---

① 其中关于"环境管理体系认证"最初由 1997 年成立的"中国环境管理体系认证指导委员会"主管，2001 年后归并到"中国国家认证认可监督管理委员会"统一协调管理。关于"社会责任认证"依据《关于宣布失效一批文件的公告》附录中第 12 项目《关于企业社会责任认证有关问题及要求的通知》（国认可函〔2004〕265 号）可知该项认证已经失效。

社会企业认证在中国：法律属性与体系构建

故社会企业认证与上述社会组织认证性质与定位相似，但是由于我国立法并未明确社会企业法律地位，社会企业认证属于认证新领域，可以由认证机构自行制定认证规则，报国务院认证认可监督管理部门备案。① 所以社会企业认证应当纳入我国认证认可管理体系之中。

（二）法律属性辨析：社会企业注册制及认证制

社会企业身份的识别涉及社会企业法律属性的界定，其中首要议题为关于社会企业身份识别的范式选择，立法政策选择上主要有"注册制"和"认证制"两种差异化的法律策略。

1. 社会企业注册制的法律属性

在注册制下登记是组织设立行为的重要组成部分，而设立是登记设立主义②下法人成立的必要条件之一（表2）。法人成立除满足法定的具体要求外，还需经主管机关批准或核准登记。以营利法人中的企业设立为例，除满足资金数额、组织章程、组织机构和场所、能独立承担民事责任等条件之外尚需经主管部门核准登记。③ 法人的设立以登记为原则，以法规特别约定不登记为例外④。

表2　法人设立主义与登记效力

法人类别	子类型	设立原则	法人资格
非营利法人	事业单位法人	准则设立主义（各种协会学会、行业团体和基金会）	依法登记
		行政许可主义（提供公益服务设立的事业单位）	成立之时
	社会团体法人	准则设立主义（经过业务主管部门审查同意）	依法登记
		行政许可主义（批准免于登记团体）	成立之时
	基金会、社会服务机构	准则设立（需要有捐助行为）	依法登记

---

① 《中华人民共和国认证认可条例》第18条规定："属于认证新领域，前款规定的部门尚未制定认证规则的，认证机构可以自行制定认证规则，并报国务院认证认可监督管理部门备案。"

② 依据公权介入递增与市场自由递减排序，法人设立原则包括自由设立主义、准则设立主义、行政许可主义、特许设立主义和强制设立主义。

③ 参见《企业法人登记管理条例》（2016年修订）第3条第2款规定："依法需要办理企业法人登记的，未经企业法人登记主管机关核准登记注册，不得从事经营活动。"

④ 部分非营利法人包括机关法人、事业单位法人和社会团体法人，设立采取特许设立主义原则。

法人类别	子类型	设立原则	法人资格
营利法人	企业法人	准则设立主义（一般情况下）	依法登记
	非公司企业法人	行政许可主义（须经有关部门审批）	成立之时
特别法人	机关法人、农村集体经济组织法人、城镇农村的合作经济组织法人、基层群众性自治组织法人	特许设立主义	成立之时

注：法人资格获得时间，依法登记指须经过登记才取得法人资格，而成立之时即指成立不需要登记，即时具备主体资格。

资料来源：作者根据《民法总则》及相关法规整理。

（1）登记是取得法人资格的必要条件，与不登记相对应。法人成立需办理登记的，权利能力自登记之时产生，不需办理登记的，自批准成立时产生。（2）登记是法人的经营范围、组织机构、责任方式的依据，与变更登记①相对应。自然人的权利能力与行为能力之范围是相互平等的，而法人的权利能力和行为能力与经营范围保持一致，即登记记载业务范围等事项。（3）登记是法人资格存续的保障，与注销登记②相对应，法人民事权利能力终止于被撤销或解散，在清算期间拥有仅剩的清算能力，延续到注销登记权利能力即全部消灭。

总而言之，注册登记是取得一般权利能力与行为能力的法律行为。法人取得权利能力和行为能力之与否、范畴及终止将与登记注册之与否、变更登记之范围和注销登记保持一致。

社会企业注册制的法律策略是将社会企业视为特殊主体类型。社会企业身份通过注册登记制获取，通常在本国公司法中设立了特殊的公司类型，如英国的"社区利益公司"（Community Interest Companies，CICs），美国各州的"低利润公司"（Low – Profit Limited Liability Company，LLC）、"灵活目标公司"（Flexible Purpose Corporation，FPC）、"社会目的公司"（Social – Purpose Corporation，SPC）等。

---

① 参见《民法总则》第 64 条："法人存续期间登记事项发生变化的，应当依法向登记机关申请变更登记。"
② 参见《民法总则》第 68 条："有下列原因之一并依法完成清算、注销登记的，法人终止：（一）法人解散；（二）法人被宣告破产；（三）法律规定的其他原因。法人终止，法律、行政法规规定须经有关机关批准的，依照其规定。"

2. 社会企业认证制的法律属性

认证（certicate）有许可证明、执照之义，"证明其持有人已符合要求，有权在某一领域从业或从事某种特定行为的文件"（薛波，2013：206）。我国现有认证体系有三种基本类型，即产品、服务及管理体系①，而认证即是对上述三种类型之事项是否符合标准的评定活动。

社会企业认证（social enterprise certification）是指依据自愿或者强制原则，由申请组织遵从认证程序提交相应材料，认证机构按照所申请认证类别对应的认证标准实施审核程序，并作出是否给予社会企业资质的决定，申请组织依据享有的社会企业资质获得特殊的权利、行为及责任能力。社会企业认证应当纳入上述官方认证认可管理体系②。

社会企业身份通过认证制获取，主要是由认证机构根据认证标准，为组织颁发社会企业资格的认证。如美国的"共益公司"（Benefit Corporation，BC）采取由非营利组织共益实验室（B Lab）等第三方机构来衡量③的认证形式；英国的认证制有社会企业行业协会发起的"社会企业联盟"（Social Enterprise UK）认证及第三部门办公室发起的"社会企业标志"（Social Enterprise Mark）认证；韩国的社会企业认证由韩国劳动部负责实施④（丁度源，2013：117～118）。美国与英国同时实施了上述两种法律策略，而韩国仅采取了认证制的法律策略。

实施注册制需要专门立法（如修订公司法）以设立特殊主体类型，而实施认证制需要明确社会企业的认证标准。如美国马里兰州在立法创设共益公司（Benefit Corporation）的法律形式之前，由民间组织如 B Lab 负责实施共益企业

---

① 依据国务院 2016 年 2 月 6 日颁布的《中华人民共和国认证认可条例》第 2 条第 1 款规定："本条例所称认证，是指由认证机构证明产品、服务、管理体系符合相关技术规范、相关技术规范的强制性要求或者标准的合格评定活动。"

② 参见《中华人民共和国认证认可条例》（2016 修正）第 17 条规定："国家根据经济和社会发展的需要，推行产品、服务、管理体系认证。"参见国家认证认可监督管理委员会《2015 年度中国认证机构发展报告》，第 7 页，国家认证委官网，http://www.cnca.gov.cn/bsdt/ywzl/gltxyfwrz/rzhdjg/xzjgdt/201701/P020170111479173481264.pdf，最后访问日期：2017 年 7 月 22 日。

③ See, e. g., HAw. REV. STAT. § 420D－2（2012）；VA. CODE ANN. § 13.1－782（West Supp. 2012）.

④ 《韩国社会企业促进法》第 7 条 "社会企业认证"。

认证（B Corp Certification）^①（李健，2018：148；Murray，2012：21）。由于社会企业的存在法律形式多样而且持续创新，与注册制下保守的有限主体类型存在紧张关系，故我国在当前阶段应积极探索与完善社会企业认证制，并在恰当时机推动立法完善社会企业身份注册制。

社会企业的认证制与注册制都是社会企业主体法律制度的重要组成。不同在于注册制下登记注册是组织获得法律主体资格、享受法律赋予的一般性权利义务的法律行为，而认证制下获取认证是组织取得社会企业特殊标识符号，适用特殊性规则的法律行为，在法律性质上可以将"认证"理解为一种特殊的"注册"。

（1）社会企业认证是一种特殊的登记行为。认证获得特殊的权利能力和行为能力，这种特殊的权利能力无法由现有的某特定法人主体类型所涵盖。基于社会企业的认证，获取区别于传统纯粹营利组织和非营利组织的权利能力与行为能力，如能超越一般非营利组织不得从事营利行为的界限。（2）社会企业认证具有依附、从属性质。以慈善组织的认定为例，其慈善组织资格认定需要首先合法设立（基金会、社会团体和社会服务机构），再向民政部申请认证慈善组织^②。与此类似，申请社会企业认证的组织首先应当依法设立并运行，在获得合法主体地位的前提下申请社会企业的资格认证。故申请社会企业认证的组织可能是"从事商业行为的非营利组织、立志公益目的之营利组织及新创立的社会企业^③"。（3）社会企业认证亦是一种宣誓承诺行为。组织在获得社会企业认证之后，一方面获取特殊的权利能力与行为能力，另一方面也需要承担超乎一般组织所承受的监督管理责任，如限制利润分配给予成员而投入再生产中。

---

① 共益公司（Benefit Corporation）与认证的共益企业（B Corp Certification）有所联系但是本质也不同，共益公司是法定的社会企业形式，共益企业是 B Lab 作为第三方机构认证的社会企业。但是马里兰州立法承认第三方认证的共益企业成为共益公司。See Md. CORPORATIONS AND ASSOCIATIONS Code Ann. § 5 - 6C - 01. Definitions（e）Third - party standard.（2018）.

② 参见民政部颁布的《慈善组织认定办法》第 2 条规定："《慈善法》公布前已经设立的基金会、社会团体、社会服务机构等非营利性组织，申请认定为慈善组织，适用本办法。"慈善组织除了可以采取认定方式，也可以采取注册方式。参见《慈善法》第 10 条规定："设立慈善组织，应当向县级以上人民政府民政部门申请登记，民政部门应当自受理申请之日起三十日内作出决定。"

③ 也可以称之为原生性社会企业，即并非以其他法律形式存在的社会企业，而是创立之初即定位在社会企业。

而这种宣誓或者承诺的对象是社会不特定的公众及利益相关者，相关的监督机制应当在组织内部与外部得以实施，如组织内部是利益者相关治理机制（stakeholder governance）①、而外部是信息公开、效益评估等监管措施。

（三）制度前景展望：实施社会企业认证制的必要性

社会企业注册制下立法规定的是社会企业的典型类型，便于政府对社会企业的推广、培育及监管。我国尚未出台社会组织法，亦未明确规定社会企业主体类型，而现行《民法总则》《公司法》等立法中主体类型无法满足社会企业双重属性的要求（Blount & Nunley，2015：202～203）。相比之下，身份注册制更适合赋予新设立的组织以社会企业身份，身份认证制更适合于赋予已经以各种法律形式存续的准社会企业组织合法的社会企业身份。

1. 明确界定法律地位

完善社会企业的认证制能够清晰地划定第三部门的边界，同时赋予处于灰色地带的准社会企业相应的法律地位。目前我国对于社会企业的研究更多处在理论上的探讨，即属于"纸上谈兵"的阶段，而实践中不少组织已经具备"社会企业"的特质，但是没有相应的法律规定而处于"名不正，言不顺"的境地。故完善社会企业认证制能够为"有实无名"的社会企业"正名定分"。

2. 推动第三部门发展

社会企业被认为是"第三部门"的组织形式创新，能够解决第一部门之"市场失灵"、第二部门之"政府失灵"及传统非营利组织的"志愿失灵"（王世强，2014：142；吴宏洛，2017：64）的难题，为诸多社会问题的妥善解决提供了新的途径。社会企业充分具备第三部门的"准公共性、非盈利性、非强制性、独立性和组织性"（刘大洪、李华振，2005：12）等特征，是伴随着第三部门兴起而崛起的一种组织特殊形态。

3. 促进社会企业推广

社会企业认证能够为市场中的买家、投资者和政策制定者提供安全与值得信赖的评价信息。对于有志承担社会使命并制定相应"社会企业责任"计划的组织而言，能够提供明确的对照标准以自查是否满足社会企业的条件；对于关注热爱公益事业的投资者而言，有助于辨别判断其投资对象的公益性

---

① 与股东利益治理机制相对，利益相关者包括了股东、债权人、雇员、消费者、供应商等。

质及商业回报，为投资决策提供辅助参考；对于政策制定者而言，利于当局识别并赋予社会企业相应法律地位，更加重要的是能够便于相关的监督管理及扶持优待。

三 我国社会企业认证制的发展现状及问题分析

（一）我国社会企业认证制的发展现状

我国立法尚未明确社会企业的法律地位，对社会企业身份识别缺乏统一标准。部分民间第三方机构如"中国慈善展会""中国社会企业与社会投资论坛"① 及地方政府部门如广东佛山顺德区、成都、北京等地已经探索实施社会企业认证制（表3）。

1. 民间实施的社会企业认证制

（1）中国慈善展会社会企业认证。2015 年由高等院校、科研机构、公益基金会会同民间协会机构于国内首次制定《中国慈展会社会企业认证办法（试行）》（以下简称《认证办法》）。该《认证办法》在制定当年即认证了首批 7家"社会企业"②，次年对标准③进行修订后认证了 16 家"社会企业"。2016 年版本划分为"中国好社会企业"与"金牌社会企业"两个等级。申请机构被细分为社会组织和企业，相应采取了不同的认证标准和程序。2017 年度有 106 家组织获得认证，2018 年有 110 家组织获得认证。

（2）中国社会企业奖。类似的民间认证还有由中国社会企业与社会投资论坛发起，正和岛联合主办，善达网承办的"中国社会企业奖"项目。该奖项依据社会使命、社会影响力、商业模式（其中要求市场交易收入不低于 50%）、

---

① 自 2019 年起更名为"中国社会企业与影响力投资论坛"。
② 参见管亚东、郑思、文灿《7 家社会企业获"民间执照"》，《深圳商报》2015 年 9 月 21日，第 A5 版。
③ （1）组织目标。要求组织需要有明确的社会公益目标，能够解决特定社会问题。（2）收入来源。超过 50% 的收入来自商品、贸易或服务项目收入，以区别那些以捐赠为主要收入的组织（2016 年剔除）。（3）利润分配。组织章程中约定有限利润分配不超过 35%（2016 作为加分项目），以保证组织利润用于组织公益目的。（4）人员结构。有雇佣专职人员开展内部管理与经营活动，有 2 年以上合格纳税记录。（5）注册信息。在主管部门合法登记注册，成立 2 年以上（2016 年修订为 1 年），以排除短期注册的获取优惠的投机组织。

创新力、核心团队及人力资源、可持续发展 6 个指标进行衡量①，相较前述《认证办法》的规则而言标准更加主观。奖项设置为 6 项行业奖、3 项综合奖。2017 年度收到 183 份申请，21 家入围，9 家获奖。2018 年度中国社会企业奖收到近 200 份申请，14 家企业最终入围。

2. 官方实施的社会企业认证制

官方认证工作主要集中在探索社会企业发展步伐较快的少数地区。2012 年以广东佛山顺德区社会工作委员会为指导，出台并实践了国内首个社会企业官方标准，在支持社会企业发展与培育社会企业方面开启了中国社会企业的"顺德模式"之探索。顺德区的社会企业发展工作以佛山市顺德区社会创新中心的红头文件《顺德社会企业培育孵化支援计划》（以下简称《支援计划》）② 为纲领性指导③。

《支援计划》界定社会企业需要满足特定的设立目标、本地注册及企业类型的基本特征。在满足基本认定标准④外，根据认证等级不同而要求额外标准。A 级社会企业认证自颁发证书之日起有效期为 2 年，AA 级社会企业和 AAA 级社会企业的资格为 3 年。经过中心认证的社会企业，可以在辖区内获得直接由中心或者其他相关部门提供的政策支持。

除此之外，2018 年 4 月成都市颁布了《关于培育社会企业促进社区发展治理的意见》，拟建立社会企业评审认定制度；2018 年 8 月北京市制定了《北京市社会企业认证办法（试行）》，由"北京社会企业发展促进会"⑤ 实施北京市内社会企业的认证工作；2019 年 8 月北京市回天地区颁发《关于回天地区社会组织创新发展示范区建设的试点方案》（京社委社组发〔2019〕14 号），拟试点制定社会企业认定办法。

---

① 参见 Yifenger《中国社会企业奖评审标准》，善达网，http://www.shanda960.com/ shanda-guan/article/9369，最后访问日期：2017 年 6 月 4 日。
② 最新修订版本为《顺德社会企业培育孵化支援计划（修订稿）》顺社创〔2016〕10 号红头文件。
③ 发文主体及该项目的主管单位是顺德区社会创新中心，该组织成立于 2012 年 6 月 26 日。该创新中心是由佛山市顺德区政府领导设立的旨在推动社会创新工作的法定机构。
④ 包括（1）组织类型限定，以企业为主；（2）社会使命和社会目标公益；（3）社会绩效显著。
⑤ 严格来说"北京市社会企业发展促进会"属于社会团体，但是在官方授权下实施社会企业促进工作。

表 3　部分社会企业认证评选对比

项目	中国慈善展会社会企业认证	中国社会企业奖（已更名）	顺德社会企业培育孵化支援计划
时间	2015 年出台标准，已经评选了 2015 ~ 2018 年度社会企业	2016 年 11 月启动首届，已经实施 2016 ~ 2019 年度	2012 年开始探索，自 2014 年出台标准，2015 年开始认证
性质	民间性质	民间性质	区政府介入，官方性质
主办单位	深圳中国慈展会发展中心、北京大学公民社会研究中心、中国公益研究院、社会企业研究中心、南都公益基金	中国社会企业与社会投资论坛发起，正和岛联合主办，善达网承办	顺德区社会工作委员会主办，顺德区社会创新中心承办
类别设置	中国好社会企业金牌社会企业社会企业	6 项行业奖，3 项综合奖新设年度商业向善奖等 10 个奖项（2019 年）	社会企业、观察社会企业、筹建中社会企业
评选情况	2016 年 154 家申请，46 家入围，16 家获得认证2017 年 510 家申请，106 家获得认证2018 年 621 家申请，110 家获得认证	2017 年 183 家申请，21 家入围，9 家获奖2018 年近 200 家申请，14 家获得认证2019 年 440 余家申请，20 家获奖	2016 年认证评出 3 家社企和 6 家准社企2017 年，共认证 14 家社会企业，观察和筹建中社会企业 10 多家2018 年，收到 37 家企业的申请资料，评出 8 家"AA 级社会企业"以及 12 家"A 级社会企业"
标准要素	2016 年标准：社会目标优先，注册不少于 1 年，独立运作，不少于 3 人的工作团队及收入的 50% 来自经营或服务收入	社会/环境使命、社会/环境影响力、商业模式、创新力、成长性、团队及人力资源	社会目标、社会效益、商业模式、经济效益、管理结构、民主参与以及利润分配
支持服务	提供能力提升、网络链接、资源对接、品牌建设等更加专业化和全方位的支持与服务	荣誉激励	成立社会企业俱乐部平台，探索建立社会企业孵化支援服务体系，提供涵盖工商登记咨询、社企认证指引、社会投资资源对接等方面的服务

注：其中中和农信同时获得 2016 年度中国慈善展会社会企业认证及中国社会企业奖。其中顺德区社会创新中心还有类似社会企业认证的"镇（街道）社会创新项目评选"。"中国社会企业奖"的名称使用期间为 2016 ~ 2018 年度，2019 年使用"社会企业与影响力投资奖"，2020 年起更名为"向光奖"。中国社会企业奖数据统计时间截至 2019 年 11 月，其他类别数据统计时间截至 2019 年 4 月。

资料来源：笔者根据资料自行绘制。

（二） 我国社会企业认证制的问题分析

我国现有社会企业认证制在整体上呈现初步发展的态势并已具备基本要素，但在认证标准、认证主体、认证程序特别是认证效果上还有待完善。

1. 官方认证：覆盖范围有待拓宽

实践中社会企业认证制尚未纳入我国官方认证管理体系。由于社会企业概念在法律中较为模糊，社会企业认证制的发展受到了不同程度的忽视，导致社会企业认证并未纳入现有的官方认证管理体系。目前社会企业认证的顺德模式属于地方政府性质，即由地方政府主导社会企业的认证，制定一系列的认定标准，对于获得认证资格的社会企业给予本辖区内的扶持和监管，推动社会企业发展，但是局限于其地方区域性。如顺德区社会企业认证将申请认证单位的类型限定在企业，同时能够给予的政策扶持和发展指引都具有地域局限性。其他地方区域性的官方社会企业认证数量有限，而全国范围的社会企业认证尚未建立。故社会企业官方认证体系覆盖面过于狭窄而亟待完善。

2. 民间认证：政策支持相对有限

民间认证体系受限于对获得认证的社会企业提供资源支持不足，如由行业协会等民间组织所主导并制定的"行业标准"仅由部分民间第三方机构自发形成，其在认证标准、影响范围和支持力度上都有一定局限性，而且对于社会企业认证标准并未形成广泛的稳定共识，表现为诸如"摩拜单车"等企业的入围和争议。同时，民间认证体系本身有待进一步发展，目前我国尚未存在类似美国共益实验室（B Lab）等有相当社会影响力的社会企业认证组织。而且民间认证规则的要素缺乏公信力，如民间认证标准在实践中已经进行本土化探索，能够在一定程度上向社会公众宣传社会企业的理念与文化。但是民间社会企业认证制在实践探索上的领先也无法掩盖其在认证标准上的摇摆与认证后优惠扶持力度上的无力，某些民间标准在出台后隔年就进行了修订而有失稳定性，如出于融资需要降低了认证门槛而对利润分配比例进行了调整。总体来说仅靠民间力量实施的社会企业认证制，在认证后提供的政策支持是相对有限的。

四 我国社会企业认证制的构建思路与体系设想

构建我国社会企业身份认证制应当对我国现有的认证体系进行整合，借鉴其他国家或地区关于社会企业认证立法与实践方面的经验，立足我国社会企业发展现状，结合商事登记制度改革方向，尽快建立本土化的社会企业认证制。

（一）社会企业认证制的基本问题

1. 基本理念：政府驱动及市场主导

构建我国社会企业认证制的基本理念是"政府驱动及市场主导"，将"社会企业资格认证"视为一种认证机构对某个组织的"公益目的与商业模式相互结合"存在状态的市场评价，而非由官方颁发的一种市场准入许可或一定特许经营授权。将"社会企业认证"纳入国家认证体系中，如企业的道德规范标准"社会责任标准 SA8000"，其认证标准由国际组织制定，可委托第三方机构认证，管理机构为中国国家认证认可监督管理委员会。社会企业认证的主体同样可以是市场独立的第三方机构，可执行官方示范性或者框架性认定标准，也可以允许第三方机构根据市场发展和需要制定个性化、差异化标准，其认证结果作为类似于评级机构出具信用评级的市场评价信息发布给市场其他交易对手和政府管理部门参考。政府部门不直接参与社会企业认证工作，而专注于对第三方认证机构的准入资质、运营状态和认证信息进行审核查验、监督管理和辨别采信。

2. 基本思路：多元化、市场化与法制化

建设我国社会企业认证体系的基本思路有三点。（1）认证标准多元化。标准多元化意味着在对社会企业的基本认证标准达成共识的前提下，允许多元评价标准的存在，如美国共益实验室组织实施的共益企业认证，又如英国社会企业联盟及第三部门办公室发起的社会企业标志认证等。我国当前社会企业认证标准呈现多元化的发展态势，有民间第三方组织标准也有地方政府标准，建议继续保持这种演进方向，避免评价标准的单一和僵化。（2）认证主体市场化。有学者支持继续由官方机构开展认证工作，如樊云慧建议由民政部继续开展社会企业认证（樊云慧，2016：112）。但是认证制本身应"去行政化"而转向市场化改革，即引入独立第三方认证机制，以"缓解市场信息不对称，降低交易费用"（樊根耀，2007：19）。社会企业独立第三方认证视为一种为市场和政府提供的信息服务，认证机构在受到监管约束的同时，相互之间也存在自由竞争。（3）认证规范法制化。即对于社会企业概念通过法律形式予以确定，同时通过高位阶的法律规范予以确定认证体系中各方法律地位及权利义务，特别是对于

第三方认证机构的准入资质和专家责任、主管机构的权力范畴和监管职责、协助单位的政策支持和协同义务通过法律形式进行明晰和界定。

(二) 社会企业认证制的基本原则

1. 私主公辅

民间第三方机构及地方政府已经开始通过制定认证标准和程序以探索社会企业认证制的实施工作。部分组织①已经提交申请并获得社会企业认证,并享受一定的扶持政策。在社会企业认证制推动下社会企业现象和理念已经具备一定社会影响力,激励更多的社会企业家投身社会公益和福利事业。少数国家和地区如韩国立法规定社会企业认证仅限官方实施,多数国家和地区立法规定采取自愿认证与强制认证相结合的多元认证主义。建议我国也采纳这种民间认证与官方认证相结合的方式。两者相辅相成,民间认证的繁荣便于推广社会企业家精神,扩大社会企业的号召力,而官方认证的完善便于对社会企业进行统一监管,并给予相应的扶持与优惠政策。官方认证应当能够满足社会企业本土化的最低需求,而民间认证可以更加富有创新性、行业性或地域性。

2. 简政放权

目前我国的社会团体通过登记获得法人资格的条件较为苛刻②(李芳,2008:127~128),实践中准社会企业"福利企业"获得认证,首先需要办理工商登记再通过民政部门审查③,故现有福利企业认证有较高的审核标准和准入门槛。2015年以来李克强总理倡导"放管服"改革,国务院对商事登记制度进

---

① 据2017中国慈善展会社会企业认证工作总结,申报机构有510家,其中238家机构通过认证中审。其中,社会组织类型(民办非企业单位、社会团体,不包括基金会)为116家,通过认证的有46家;企业类型(有限责任公司和股份有限公司,不包括个体工商户)为116家,通过认证的有60家。参见中国慈善展会社会企业认证《2017年中国慈展会社会企业认证工作总结》,中国公益慈善项目交流展会,http://www.cncf.org.cn/cms/content/11026,最后访问日期:2018年3月12日。

② 慈善团体登记为法人的三道门槛:第一,我国实行双重许可制度;第二,单一社团制度;第三,登记标准过高。

③ 《福利企业资格认定办法》(民发〔2007〕103号)第5条规定:"企业申请福利企业资格认定,应当向当地县级以上人民政府民政部门(以下简称认定机关)提出认定申请,具体认定机关由省、自治区、直辖市民政厅(局)和新疆生产建设兵团民政局确定,报民政部备案。"前述认定办法已经被《民政部规范性文件清理结果公告》清理失效。

行了持续的改革，将工商登记前置审批事项削减了 87% [1]。建议社会企业认证制顺应"简政放权"的改革趋势，通过梳理目前我国对于"准社会企业"登记注册的过高门槛和不合理限制，确立清晰科学的社会企业认证标准，以消除不利于培育社会企业的制度性壁垒。

3. 公平竞争

社会企业通过商业运营手段实现社会公益目的，不同于传统的营利企业，而应获得相当的资金资助与政策扶持。域外立法通常对社会企业给予了不同程度的优惠待遇，如税收优惠、政府拨款、政府采购等。反对者 Stan Stevens 认为"仅因企业拥有社会目的或者属于非营利组织而给予税收豁免待遇的理由并不充分，只有在不阻碍竞争的前提下才能被接受"（Stevens，2014：149～170）。从营利组织的角度，社会企业拥有商业组织的外形，但享有类似非营利组织的优惠政策，市场竞争处于非公平状态。社会企业本身拥有非营利组织的特征，并提供了一定的社会公共服务 [2]（舒博，2010：209～211），故享有适度优惠政策有其正当性，但是也应当避免政策过度倾斜导致损害公平竞争（Mayer & Ganahl，2014）。

4. 牟利禁止

"非营利性的法律含义是禁止向团体成员分配利润，而公益性的法律含义在于满足不特定多数人的利益。"（税兵，2010：61）社会企业认证制不仅关涉营利性的界定问题，而且关涉道德风险的预防与投机行为的限制问题。牟利不同于营利，有非法获取不正当利益的含义。立法中对于社会企业给予了不同程度的优惠政策，而实践中即存在某些组织为了获得优惠政策而套取社会企业认证资格的现象。如我国的民办学校与民办医院，传统立法没有对经营行为区分营利与非营利性，法律一度允许其在"扣除必需费用后获得合理回报" [3]，在享受优惠政策的同时又像商业机构一样获取经济回报。故我国社会企业认证制中应

---

[1]　参见《国务院印发〈关于进一步削减工商登记前置审批事项的决定〉》，中央人民政府网，http://www.gov.cn/xinwen/2017-05/11/content_5192942.htm，最后访问日期：2017 年 6 月 17 日。

[2]　税收理论中的"公共产品补偿学说"、经济学中的"社会财富再分配理论"及"公共服务供给理论"。

[3]　全国人大 2016 年颁布的新版《中华人民共和国民办教育促进法》第 19 条第 2 款已经禁止非营利性民办学校取得办学收益。

当设置"牟利禁止规则"以避免投机组织为了获取不法利益而套取优惠政策。如设定认定资格与优惠政策的时间阈值,即对申请社会企业认证的组织设置最低设立时间标准,同时将社会企业资格设置期限,逾期后重新认证。

(三) 社会企业认证制的职权配置

借鉴域外社会企业认证制经验,就认证主体与程序而言美国设立社会企业并不需要额外的程序;英国设立社会企业需要向"英国贸易和工业部"申请注册;芬兰设立社会企业需要向劳动部进行登记。实践中我国民办非企业单位向民政部门申请登记注册,而福利企业是采取工商登记。建议立法采取"二元登记,一元认证"的措施,即将社会企业的身份认证与组织所采取的具体法律形式相分离。组织设立时既可以采取营利组织形式也可以采取非营利组织形式办理登记,在满足社会企业的认证标准条件下,可以赋予其"社会企业资格"。

1. 认证权:第三方机构

建议我国采取政府驱动及市场主导的社会企业认证模式,构建多元的社会企业认证体系,鼓励和推动市场独立第三方民间认证机构的繁荣和发展。实践中已有部分民间组织率先实施社会企业认证制工作,并获得一定的社会影响力和感召力。民间第三方认证机构可以根据社会企业发展的认证需求,朝着多样化、专业化和区域化的方向发展,为市场和政府提供真实、具有公信力的认证信息,基于各自差异化的专业服务及社会信誉而相互竞争和促进发展。另外,在恰当时机可以由地方政府设立官方性认证机构,如广东佛山顺德区内设立促进社会企业发展的事业单位——社会创新中心,充分利用本辖区资源支持社会企业发展。但是,应当以市场第三方认证机构为主导力量,在认证工作上坚持"去行政化"。

2. 监管权:民政部与中国国家认证认可监督管理委员会

我国现有的官方认证管理体系,从认证性质划分主要是"体系认证"与"产品认证",少部分是"服务认证"①,具体包括质量管理体系标准(ISO9000)、环境管理体系标准(ISO14000)、社会责任标准(SA8000)等可委托第三方认证的标准等。历史上"福利企业"与"民办非企业单位"一度都是

---

① 三种认证相互比较而言,体系认证侧重过程,产品认证关注结果,而服务是一个框架包含前两者。

由民政部实施认证或注册（评估），其内部设立有"社会组织管理司"负责对现有社会团体、基金会及民办非企业单位的登记与管理。建议由民政部会同中国国家认证认可监督管理委员会制定认证基本规范①，并在立法中赋予其对于"社会企业认证"的监管权限。同时建议由民政部专门设立"社会企业管理司"配合"社会福利和慈善事业促进司"制定对于社会企业的优惠福利政策。由此能够给予社会企业相应的优惠扶持政策，同时对从事认证服务的独立第三方机构的经营活动与信息公开进行持续监管。

3. 协同权：其他主管部门

社会组织在申请并获得社会企业资格认证以后，即获得对于其"公益目的与商业模式相互结合"的外在评价。社会企业认证赋予组织以特殊的权利、行为和责任能力，这种评价获得官方采信以后，组织能够享受特殊的支持政策同时接受特别的监督管理。采信上述"社会企业认证"评价并配合提供支持政策或者在监督管理等方面采取协助措施的部门，即为社会企业认证制的协同主体。例如民办教育机构归口教育部门管理，民办医疗机构归口卫生部门管理，民办养老机构归属民政部门管理，而其他财政部门、国土部门、税务部门、工商部门等在各自职责范畴内对于获得社会企业认证的组织给予协同支持与共同管理。具体措施包括但不限于：国土与城建部门对于新建、扩建社会企业的土地使用规划优先审批，土地出让金等各种费用酌情减免；财政与税收部门给予社会企业一定的税收优惠或者融资支持；各招标采购部门对于社会企业所提供的产品或服务给予优先选择；等等。

（四）社会企业认证制的运行机制

1. 组织机构申请认证

"准社会企业"大体上可以分为转化型和设立型两大类型。其中转化型社会企业是由传统纯粹的商业机构与纯粹的公益组织"转化"而来，具体包括了"以公益目的为宗旨的营利性组织"和"采取商业运营的非营利机构"（何辉，2013：101）。设立型社会企业设立之初即为社会企业的一种类型，狭

---

① 《中华人民共和国认证认可条例》第18条规定："认证基本规范、认证规则由国务院认证认可监督管理部门制定；涉及国务院有关部门职责的，国务院认证认可监督管理部门应当会同国务院有关部门制定。"

义上仅限采取了法定的社会企业组织类型注册登记的组织，广义上为组织属性介于营利组织与非营利组织之间的所有混合组织。上述"准社会企业"根据自身的组织属性与认证需要选择不同的认证机构并提交认证申请。申请材料包括组织注册信息文件、组织章程、纳税证明、年度财务报告甚至社会公益评估报告等。

2. 第三方认证机构审核

建议社会企业认证制采取市场独立第三方认证的方式。这类市场独立第三方认证机构可以由行业协会发起，也可以由富有"社会企业家"精神的行业领袖发起，如英国从事社会企业认证工作的"社会企业标志"（Social Enterprise Mark）本身就是一家采取社区利益公司（CICs）形式的社会企业。第三方认证机构可以根据认证需要和发展状况，制定不同的认证标准，接受各类组织的申请并予以审核。如各认证机构的标准对于利润分配指标①可以有所差异。认证本身作为一种资质验证服务，可收取一定费用并设置有效期限。认证机构应珍惜自己的声誉，并对于自身的认证结果向外界承担专家责任。

3. 市场与政府采信结果

获得"社会企业认证"的组织可以公开使用社会企业称号，在正式公文和媒体文件中允许使用社会企业的特殊标识，以区别于一般的组织类型。获取认证的社会企业，基于自愿申请原则而享有优惠政策，故社会企业可以将其获得认证的资质文件提交给协同部门，以享受相应的政策支持。监管部门对于认证机构进行统一管理，"取得认证机构资质，应当经国务院认证认可监督管理部门批准，并在批准范围内从事认证活动"②。而上述第三方认证机构，应当向监管部门申请从事认证活动资格，认证机构根据取得的认证机构资质，在相应的认证范畴内从事认证活动。由监管部门公布指定的认证机构目录及其业务范围，并对于认证机构所实施的认证活动采取同行评议或者抽查等方式监督（图1）。

---

① 中国香港地区民政事务总署约定不少于65%，英国社会企业标志标准要求不少于51%，我国"慈善展会社会企业认证"标准将利润分配指标（35%）予以剔除，而广东佛山顺德区社会企业认证标准要求不低于50%。

② 参见国务院《中华人民共和国认证认可条例》（2016修正）第9条。

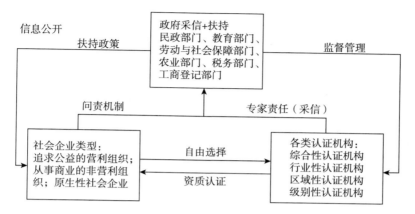

图1　社会企业认证流程

资料来源：作者自行绘制。

（五）社会企业认证制的法律效果

1. 非主体类型创新

多数国家及地区立法规定，社会企业认证制并不产生独立的主体类型，即"社会企业"并非一种区别于传统组织类型的主体创新，可以多种法律组织形式存在。组织获得认证后被赋予特殊的标签式符号，享受相应的特殊权利义务。如英国社区利益公司（CICs）由股份有限公司、担保有限公司等传统法律形式申请获得，并未创设独立的公司主体类型（金锦萍，2009：134）。美国的社会目的公司（SPC）可通过有限责任公司修改章程记载事项，以获取社会企业的身份①。根据 J. Gregory Dees 绘制的社会企业谱系图（Dees，1998：60），社会企业是介于纯粹慈善组织和纯粹商业组织之间的混合型组织，而且营利组织与非营利组织都有向中间混合组织——社会企业转型的内在驱动力和发展趋势（王世强，2014：148～149）。所以社会企业可以由传统的营利组织与非营利组织转化而来，并非主体类型创新。

2. 权利义务特殊性

组织经过认证后获得社会企业的法律资格，受相关法律约束，同时享受特殊的权利义务，如受惠于扶持政策与培育计划，同时需要承担信息披露和问责义务等。

---

①　See CAL. CORP. CODE § 2602（b）.

（1）优惠政策。比较常见的优惠政策是税收优惠，如美国的《国内收入法》规定免税组织基于申请并审核认定后享有相关优惠政策。优惠并不当然享有，甚至部分比较偏重于营利组织性质的社会企业，并不具备免税资格，如美国的共益公司由于不能满足非营利组织长期存在的要求，并且欠缺清晰的实现社会责任的标准，不能享受特别的税收待遇（Alexander，2014：279）。此外还可能会对社会企业在政府服务招标采购上有一定的优先扶持，同时某些国家或地区还提供了直接的资金补贴，如葡萄牙政府对于国内的"社会团结合作社"提供相应的物质与资金资助，欧盟要求税收优惠应当与一般经济利益服务（Services of General Economic Interest，SGEI）特别规则相匹配，税收优惠必须申明符合 Article 107（3）TFEU 的约定。

（2）企业标识。社会企业作为一种符号性质的认证，其应当有区别于传统组织的标识。如美国法律要求 FPC 在申请注册的名称中包含"Flexible Purpose Corporation"字符①，而英国的社会企业标志（Social Enterprise Mark）与社会企业联盟（Social Enterprise UK）认证后都有相应的徽章或标识。

（3）所有权结构。与纯粹商业组织相比，社会企业和传统营利组织内部决策主要是在股东利益方面不同，社会企业往往强调相关利益者的参与。例如韩国社会企业要求消费者也能够参与到运营决策中。原因在于营利组织的设立是一种投资行为，而设立非营利组织是捐赠行为。营利组织的所有权在于股东，非营利组织成员不享有利润分配权，而社会企业性质上属于两者融合，所有人并非仅限于投资人（金锦萍，2014：98~99）。故内部治理上更加强调社会企业利益相关者的参与。同时对于利润分配也存在限制，对于组织破产清算时的资产处理有资产锁定要求。

（4）信息公开。由于社会企业享受了更多的优惠扶持政策，所以承担了更多的信息披露和问责义务。如韩国《社会企业促进法》规定社会企业每年应当将其业绩、利益相关者参与政策制定的内容以及其他运营事项，定期报告给劳动部。后者可以选择是否将上述信息公开。②

---

① See Corporate Flexibility Act of 2011，CAL. CORP. CODE §g 2500 – 2517（West 2011）。

② 参见韩国《社会企业促进法》第 17 条规定第 1 款："社会企业把每年的业绩、利益相关者参与政策制定的内容以及所有依据劳动部令规定的事业报告，于 4 月末及 10 月末之前提交给劳动部。根据劳动部令，劳动部可以把事业报告书公开。"

五 结语

目前我国准社会企业仅能选择商业组织或者社会组织的形式登记注册，这影响了社会企业享受优惠政策，同时也不利于外界对社会企业的认知，亟待构建明确的社会企业身份识别制度以赋予其合法地位。完善我国社会企业认证制应当避免社会企业成为投机组织的遮羞布和摇钱树。同时实施社会企业认证制只是立法推动社会企业发展的诸多措施之一，如还需要制定相应配套措施以完善丰富社会企业的主体法律形式，尚需推动培育社会企业发展的相关扶助措施。

参考文献

丁度源（2013）：《韩国社会企业促进法》，《中国第三部门研究》，第2期。

樊云慧（2016）：《论我国社会企业法律形态的改革》，《法学评论》，第5期。

樊根耀（2007）：《第三方认证制度及其作用机制研究》，《生产力研究》，第2期。

韩文琰（2018）：《立法认证：解决我国社会企业融资难的重要途径——现实审视与国际比较》，《甘肃政法学院学报》，第2期。

何辉（2013）：《社会企业的兴起：理论观点与中国实践》，《中国民间组织报告（2013）》，北京：社会科学文献出版社。

金锦萍（2009）：《社会企业的兴起及其法律规制》，《经济社会体制比较》，第4期。

——（2014）：《社会企业的兴起及其法律规制》，《中国非营利组织法前沿问题》，北京：社会科学文献出版社。

刘继同（2004）：《社会企业》，《中国社会工作研究》（第2辑），北京：社会科学文献出版社。

刘培峰（2018）：《2017年中国的公益慈善在路上》，《中国非营利评论》，第2期。

罗文恩、黄英（2019）：《构建社会企业身份：中国大陆、香港和台湾地区社企认证实践比较分析》，《中国非营利评论》，第1期。

李健（2018）：《社会企业政策：国际经验与中国选择》，北京：社会科学文献出版社。

刘大洪、李华振（2005）：《政府失灵语境下的第三部门研究》，《法学评论》，第6期。

李芳（2008）：《非法人慈善团体的法律地位》，《民商法论丛》，北京：法律出版社。

裴立新（2016）：《体育类民办非企业单位的现状、作用与政策建议》，《中国体育社会组织发展报告（2016）》，北京：社会科学文献出版社。

沙勇（2013）：《中国社会企业研究》，北京：中央编译出版社。

舒博（2010）：《社会企业的崛起及其在中国的发展》，天津：天津人民出版社。

税兵（2010）：《非营利法人解释：民事主体理论的视角》，北京：法律出版社。

王名（2013）：《社会组织论纲》，北京：社会科学文献出版社。

王世强（2012）：《社会企业的官方定义及其认定标准》，《社团管理研究》，第6期。

——（2014）：《社会企业的兴起及其在中国的发展》，《中国民间组织报告（2014）》，北京：社会科学文献出版社。

吴宏洛（2017）：《社会企业提供养老服务的公益逻辑与运行困境》，《福建师范大学学报》（哲学社会科学版），第1期。

徐家良、张其伟（2016）：《中国民办非企业单位评估专题数据分析（2015）》，《中国社会组织评估发展报告（2016）》，北京：社会科学文献出版社。

薛波（2013）：《元照英美法词典：缩印版》，北京：北京大学出版社。

雅克·迪夫尼等（2009）：《从第三部门到社会企业：概念与方法》，《经济社会体制比较》，第4期。

余晓敏、丁开杰（2011）：《社会企业发展路径：国际比较及中国经验》，《中国行政管理》，第8期。

Alexander, M. M. (2014), "Benefit Corporations—the Latest Development in the Evolution of Social Enterprise: Are they Worthy of a Taxpayer Subsidy", *Seton Hall Legis. J.* 38 (2), pp. 219 – 280.

Blount, J. & Nunley, P. (2015), "Social Enterprise, Corporate Objectives, and the Corporate Governance Narrative", *American Business Law Journal* 52 (2), pp. 201 – 254.

Dees, J. G. (1998), "Enterprising Nonprofits", *Harvard Business Review* 76 (1), pp. 54 – 69.

Mayer, L. H. & Ganahl, J. R. (2014), "Taxing Social Enterprise", *Stanford Law Review* 66 (2), pp. 387 – 442.

Murray, J. H. (2012), "Choose Your Own Master: Social Enterprise, Certifications, and Benefit Corporation Statutes", *Am. U. Bus. L. Rev.* 2 (1), pp. 1 – 54.

Stevens, S. (2014), "Tax Aid to Public and Social Enterprises: A Collision Between Competition and Public Policy", *EC Tax Rev.* 23 (3), pp. 149 – 170.

Social Enterprise Certification in China: Legal Attribute and System Construction

Liu Xianliang

[**Abstract**] As a hybrid organization, social enterprises are faced with the problems of uncertain identification paradigm and legal status crisis in the localization process. Based on the comparison between the legal attributes of the registration system and the certification system and their status in the identity identification system, this paper summarizes the status quo and existing problems of the identification system of social enterprises in China, and takes the basic problems and institutional arrangements of the improvement of the certification system of social enterprises in China as the research foothold. It is found that the social enterprise certification is the legal action that the organization obtains the social enterprise special identification symbol and applies the special rule. The current stage is more suitable to implement certification system in order to give legal identity to quasi – social enterprises that have existed in various legal forms. On the whole, the existing social certification system in China presents a preliminary development trend and has basic elements, but it needs to be improved in the aspects of identification standards, identification subjects, identification procedures and legal effects. Build social enterprise identity authentication system in our country, it is suggested that uphold the basic idea of driving force of the government and the market leading, insist on diversification, market and legal system the basic train of thought, to the private as main, public as auxiliary, and streamlining government and delegating authorities, fair competition and prohibition of improper profit making as the basic principle, the power of certification authority, the power of supervision and the power of coordination to reasonable configuration, and make improvement in aspect of the operation mechanism and the legal effect, and at the right time to promote the legislation perfect social system of enterprise registration.

$\mathcal{NP}$

社会企业认证在中国：法律属性与体系构建

[**Keywords**] Social Enterprise；Social Enterprise CertiFication；Business Registration：Registration System；Certification System

（责任编辑：马剑银）

从政府选择到社会选择

——中国基金会发展动力机制研究

刘忠祥[*]

【摘要】 从 2011 年前后基金会的问责开始引起广泛关注至今，基金会的发展如何由政府选择转向社会选择一直是公益慈善领域的重要议题。本文构建了一个社会选择机制的分析模型，采用案例比较研究方法，描述了 TY、FJ、YG 三个基金会的成长历程，剖析了由政府选择向社会选择转型中所采取的策略、所获得的成绩，以及存在的问题。研究表明：社会选择机制已经产生并开始对部分基金会发挥主导作用；社会选择是追求效率的自然结果，对基金会发展的正向作用明显；社会选择是个渐进的过程，政府选择仍是重要的力量；基金会呈现丰富的转型与发展特征。最后从基金会发展战略及法律政策的视角提出完善基金会发展动力机制的建议。

【关键词】 基金会；政府选择；社会选择；动力机制

过去几年来，伴随着诸多公益事件的发生，各方对公益领域的关注持续升温，批评和质疑声音不断，使得以基金会为主体的公益慈善组织面临着前所未有的危机，彰显了社会问责的力量。在分析产生问题的原因、探讨解决问题的

---

* 刘忠祥，民政部社会组织服务中心党委书记，曾参与《基金会管理条例》和《慈善法》的起草工作。

途径时，出现两种不同的声音：一种声音认为政府缺位（章俭峰，2011），需要政府进一步介入并加强监管；另一种声音认为政府越位，慈善组织应去行政化，"回归民间"（徐永光，2011）。这两种声音的出现归根结底还是因为包括基金会在内的公益慈善组织在承担越来越多的角色、发挥越来越重要的作用。"已经成为权力结构的一部分"① 的时候，其与利益相关者（包括政府、捐赠方、受益人、公众等）的关系是如何确定的，如何使其像政府与上市公司那样接受公共监督？对这种关系的思考并反映在政策和实践中，就是对公益慈善组织的问责体系的建构。问责实质上"能被广泛地看作是一个关系问题——对他人负责并由他人问责，或者被看作是一个身份问题——对理想或者使命和自己的责任意识负责"（Ebrahim，2003：813～829；Najam，1996：555～573）。这种关系责任，体现在政社关系上就表现为：基金会发展的动力机制为何？基金会如何从改革开放初始阶段的政府主导向社会推动过渡？社会机制及其优势为何？

一　基金会属性及发展动力研究概述

根据《民法总则》和《基金会管理条例》，基金会是以捐赠财产设立的"捐助法人"，属于"非营利法人"的一类。社会性是基金会的本质属性。一方面，基金会的捐赠来自社会，属于"社会公共财产"，②基金会的生存和发展是由社会（尤其是捐赠人）予以捐赠决定的，社会对基金会的发展具有重要的作用（陶传进、刘忠祥，2011：164）。从这个方面分析，基金会是一个接受社会检验的被选择者。另一方面，作为募集、管理、使用社会捐赠的法人（朱传一，2000），基金会在社会中扮演着社会服务提供者和社会理念倡导者的角色（陶传进、刘忠祥，2011：22）。在扮演这个角色的过程中，基金会要通过资助社会中其他群体（受助方）来实现其社会目标。基金会又是受助方的选择者，它根据自己的宗旨、业务范围和实际情况来选择受助方，同时它也可以通过是否接受捐赠来选择资源方。在这个意义上，基金会又是一个主动选择的主体（徐宇

---

① "Holding Civic Groups Accountable"，*New York Times*，21 July 2003，at A18，https://www.nytimes.com/2003/07/21/opinion/holding - civic - groups - accountable.html；参见 Steve Charnovitz，"Accountability of Nongovermental Organizations（NGOs）in Global Governance"，http://ssrn.com/abstract＝716381。

② 《中华人民共和国公益事业捐赠法》第 7 条。

册，2010：99～122）。

虽然社会性是基金会的本质属性，但并不排除政府在基金会产生和发展中的作用，无论在哪一种国家制度安排中均是如此。在基金会发展的初级阶段，基金会的生存和发展并不完全是由社会决定的，而是在很大程度上受制于政府力量，要么限制，要么促进或者兼而有之。政府通过控制资源来主导基金会，基金会在选择受助方或选择资源方时，也不能完全自主。如果基金会资源来自政府或主要来自政府，或者自身尚不具备足够的从社会获得资源的能力，那么在选择受助方上同样要遵从政府的意志，在接受资源时就要顺从捐赠者（包括政府）的意愿，从而决定资源用于何处以及怎样用，决定是通过政府自身的系统来执行项目还是选择来自社会的其他组织来执行项目（葛道顺等，2009）。

基金会的上述特征及所处的发展阶段，决定了它在当前中国社会组织的发展过程中，需要经历一个由政府主导到社会化运作的转变过程。这一转变过程是渐进的，转变前后的基金会主控力量不同，运作机制也不同。中国基金会的发展与政府和社会之间分别是一种什么样的关系？是哪一种机制在制约或推动着基金会的发展？国内一些学者提出了各种不同的观点。

许多研究认为，中国社会正经历着一次整个治理结构的变迁（颜如春，2006：208～211），传统的以行政权力为主体构成的自上而下的单方面的社会管理体制正在发生改变（姚华平，2010），其中最主要的就是从一元治理到多元治理（俞可平，2008：5～17），从管理型政府到服务型政府（洪毅生，2005：32～33），这种改变给予了社会部门更大的自由活动空间。孙立平等对中国社会结构的分析也认为，因为改革开放后随着国家对资源和社会活动空间的垄断的弱化，社会逐渐成为一个与国家相并列的、相对独立的提供资源和机会的源泉，并因此形成了一定的"自由流动资源"和"自由活动空间"（孙立平，2005）。在此基础上，随着政府控制范围的缩小和控制力度的减弱，以及规范性的增强，相对独立的社会力量得到发育（王建军，2007：54～57），这就使得社会自身在发展社会组织上有了实际的能力，发挥越来越大的作用。

具体到这种变迁对社会组织发展的影响，王名、刘国翰与何建宇分别从中国社团改革的宏观和微观视角切入，探讨了社会团体发展与变革的内在动力和机制问题，他们认为影响社会团体的发展的力量有两股，即"政府选择"和

"社会选择"，也就是说社会中已经存在"社会选择"。"政府选择是指社团的成立、活动和注销过程完全由政府主管部门决定"（王名等，2001：64），"社会选择则是由各种社会力量决定是否成立社会组织，成立什么样的社会组织，以及维持多大规模的社会组织"（王名等，2001：119）。并提出了改革的政策选择方向和组织变革机制。

徐宇珊利用资源依附理论，从基金会资金的生成和使用的视角，认为我国基金会目前正处于转型时期，而转型的主要动因一个是政府推动，一个是市场内生（徐宇珊，2010：108），得出了政府推动型基金会在面临社会环境发生变化时开始逐渐转型，呈现独立化、社会化发展方向的结论（徐宇珊，2010：204）。赵荣等通过对汶川地震后募捐组织的发展轨迹的研究，认为与市场机制相类似，第三部门也存在一种非营利组织之间优胜劣汰的竞争机制，它是由这一领域各主体对其他主体的选择（尤其是捐赠人对募捐组织的选择）撬动的，被称为"社会选择机制"（赵荣、卢玮静，2011：12），而且这种选择机制已经在局部范围内形成并开始对基金会发挥作用，使得基金会被迫社会化。他们同时发现，主导基金会发展的主要力量仍然是政府，因为主要的大型的基金会仍然与政府有着依附关系（赵荣、卢玮静，2011：12）。陶传进、刘忠祥在《基金会导论》中描述了社会选择机制下基金会主动对捐款人做到"可信、专业、参与、时间距离、目标清晰"等，并将其概述为"社会化公益下的五原则"。该研究已经开始对社会选择机制下基金会具体的运作规律进行尝试性的探索（陶传进、刘忠祥，2011：255～258）。

还有一些研究关注的是社会选择在当前阶段能否成活的问题。如康晓光认为，中国的第三部门发展仍然受控于政府，不管是"限制策略"还是"发展策略"，都是政府掌控社会的方式和手段，社会力量还非常有限，不具备社会选择的能力和空间（康晓光，2011：10）。这样的观点只是在讨论社会选择所处的阶段，并不妨碍关于社会选择是什么、怎样发挥作用的思考。

二　基金会发展动力：一个社会选择模型

对中国基金会发展动力多角度的研究，已经超越了国家与社会的关系、社会服务中的功能匹配等视角，而进入了对基金会本身的运作机制与运作动力的讨论阶段。鉴于从政府选择到社会选择是一个重要而有深度的社会变革，对于其具体面貌以及具体的转化过程还需要做更深入的研究，而不是停留于泛泛而谈的层面。

1. 社会选择的定义与作用条件

基金会以接受捐赠财产为基础开展公益活动，资源方（捐赠方）是基金会的衣食（生存与发展）父母。资源可以流向这个基金会，也可以流向那个基金会。众多的基金会为能够获得资源方的捐赠或更多的、持续的捐赠（选择）而不断改善自己，因而在公益领域就建立起来类似于市场的一种特殊的运作机制，可以称之为社会选择机制。就像价值规律作用于市场一样，社会选择机制也在公益领域发挥着"看不见的手"的作用。

本文将"社会选择"界定为"社会公众通过知晓、评价、参与（捐赠）来影响甚至决定基金会的存亡与兴衰，从而将基金会置于竞争之中并实现对基金会的优胜劣汰和公益资源的优化配置"。与"社会选择"相对应，"政府选择"是指政府通过资源分配与政策区别来支持、引导、控制基金会，从而影响甚至决定基金会的产生、发展与消亡。

社会选择机制的产生需要满足以下条件。一是"公益人"的存在。"公益人"是从来就有的，与市场部门中的"理性经济人"相对应，表现为人们会基于实现自我的社会责任感而进行种种利他行为，在追求"工具理性"的同时也追求"价值理性"。"公益人"的存在保证了基金会和资源方之间的互动和"交易"是公益性的而不是营利性的。二是自由活动空间的出现。伴随着改革开放的进程和政企分开、政社分开的推进，国家与社会的关系逐渐被厘清，社会渐次从国家中脱离出来，个人和政府以外的组织有了更多的自由活动空间，包括自主地发起设立基金会、从事公益事业、解决社会问题的空间。三是自由流动资源的拥有。与市场的发育相伴随，私有财产不断积累，一部分人和企业先富裕起来，拥有和自由支配了越来越多的财富，成为相对独立的提供资源的源泉，并愿意以此回馈社会。自由流动资源的出现和增加，为公益事业和基金会的发展提供了物质基础。

以上是社会选择机制产生的三个基本条件。在基本条件得到满足之后，社会选择机制就可以初步建立起来。但完善的社会选择机制，还需要以下两个附加条件。一是足够数量的基金会和资源方。足够数量是指在公益领域，有众多的基金会和资源方作为候选方或替换者，不至于形成一家或少数基金会、资源方垄断的局面，以便真正实现基金会的优胜劣汰以及基金会与资源方的最佳匹配，从而确保选择的公益性和公益效率的最大化。二是充分的信息披露。足够数量的基金会和资源方出现后，要实现双方最佳匹配，进而达到公益效率最大化，就要求二者在相互选择过程中能够互相识别，特别是资源方对基金会的识别，使资源方能够拥有有关基金会的公信力、专业性、针对社会问题的判断力等方面的信息。这需要基金会面向社会及时、真实、充分地披露信息。

作为以公益事业为目的的法人组织，基金会依照自己的宗旨和业务范围自主地开展活动，在社会中寻求自由流动资源，同时资源方也在选择基金会，以实现最佳匹配，解决社会问题。寻找和选择贯穿社会选择的全过程，社会选择机制运作过程也就是基金会和资源方相互寻找和匹配的过程。

2. 社会选择机制的运作过程及结果

从图 1 中我们可以看出，在社会选择机制的三个基本条件和两个附加条件具备后，基金会与资源方就会互相寻觅，寻觅的过程也是二者相互选择的过程。选择基于二者均为"公益人"，目标都是解决社会问题，在解决社会问题这个共同目标下，二者达成了一致：一方提供资源，另一方提供专业化运作。基金会和资源方是合作关系，合作是必需的，但与谁合作是可以选择的。当社会拥有足够数量的基金会和资源方的时候，社会选择规律开始发挥作用，不同的基金会和资源方通过寻觅，寻找与自己相匹配的一方，资源开始向优势基金会（专业化程度高、公信力强的基金会）集中。如同市场中的生产者（企业）与消费者（顾客）相互选择一样，但又有所不同，可见图 2。

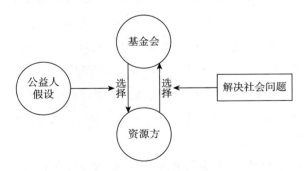

图 1　基于解决社会问题的社会选择

在图 2 中，我们把基金会视为市场部门的企业。在市场领域，企业生产产品，向顾客销售自己的产品，顾客既是企业的服务对象同时也是其资源方，受益对象与资源方二者合而为一。与企业不同，基金会面对的顾客有两类。其中"顾客1"是基金会的服务对象或资助对象（受助方）；"顾客2"是基金会的资源方即捐赠人；受助方与资源方产生了分离。尽管如此，基金会和企业逻辑仍是一样的，都是通过"销售产品（提供服务）"获得资源，体现自身的价值。区别在于基金会生产的是公益产品，不以营利为目的，而企业则以追逐利润为目的。

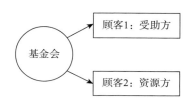

图2　基金会的两个"顾客"

从理论上说，基金会"销售产品"，资源方"埋单"，为最终受助方"代购产品"。资源方是否购买基金会的公益产品取决于基金会是否满足以下三方面的要求：（1）公益产品的公益价值即基金会拟解决社会问题的类别与意义；（2）公益产品的质量即基金会运作项目的专业性；（3）基金会的公信力即基金会是不是把资源方投入的资源最大限度地用于解决社会问题，帮助受助方，并使资源方知晓。资源方三方面的要求促使基金会增强三方面的能力。

上述对基金会的三方面要求主要来自顾客2（资源方），但最终都指向顾客1（受助方），即顾客2希望通过基金会为顾客1提供高质量公益产品来最大限度地践行自己的社会责任，实现自己的社会价值。当然顾客1本身也有这方面的要求。在基金会为顾客1提供产品的过程中，不管是出于自身的宗旨和使命，还是迫于资源方的压力，满足资源方的要求，都会产生基金会工作人员的内源性动机取代了外源性责任要求和社会成分的自我发育两个效果。基金会在主要回应"顾客2"的选择过程中产生了三个效果，在主要服务"顾客1"时衍生出两个效果，最终在"顾客1"和"顾客2"的共同作用下共产生五个效果（图3）。

图1、图2、图3展示了社会选择机制的运行过程以及所产生的效果。在社会选择的五个效果中，"社会成分的自我发育"（横向纽带关系的建立）本身是一个庞大的体系，与社会选择机制本身和基金会发展动力的关联性也不强，故

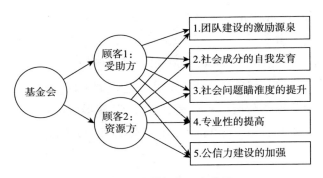

图 3　社会选择的五个效果

不将其纳入本文研究。本文只关注社会选择机制的四个效果，即基金会的公信力、专业性、社会问题的瞄准度、内源性动机基础上的团队建设。

以上分析了在理想状态下，社会选择机制中资源方对基金会的选择，而事实上完善的社会选择机制是资源方和基金会二者之间的相互选择，即除了资源方对于基金会的选择之外，基金会还会对资源方加以选择。

3. 社会选择机制下的政府角色

在社会选择机制下基金会的健康发展是一种什么情形呢？与政府选择下的情形有什么不同？在从政府选择向社会选择过渡阶段以及社会选择机制产生以后，政府应做些什么？

在相当长的时间里，基金会往往被视为一个整体，当看到一家基金会出现丑闻的时候，公众便对所有基金会甚至整个公益领域失去信任并归咎于政府。不论"去行政化"的观点还是希望政府"加强监管"的观点都与这种认识相关。在社会选择机制下，人们应当认可基金会的差异性和发展的不平衡性，而不苛求所有的基金会都是理想的化身。因为社会选择机制如同市场机制一样，具有优胜劣汰的功能，只要有足够数量的基金会和资源方。

那么，社会选择机制发挥作用需要多少家理想的基金会呢？严格地说，只要有一家基金会是理想的，具有公信力和专业性，社会选择机制就可以成活并发挥作用。当然，同时要求必须有理想的资源方。双方通过相互寻觅，最终实现理想的资源方与理想基金会的匹配，优质的资源集中于理想的基金会，理想的基金会就可以成长、壮大，从而引领、激励更多的基金会追求卓越，促使社会选择机制不断完善，形成"百花齐放春满园"的局面。

在社会选择机制下，要求基金会"只要有一家好的"。而与此相反，在政府选择机制下,要求基金会"不能有一家坏的",只要出现一家"坏的",公众就会归咎于政府,并殃及所有基金会。那么,在政府选择向社会选择过渡阶段,以及社会选择机制形成之后,政府的角色如何呢?

社会选择并不意味着政府无所作为。在社会选择产生的过程中以及社会选择机制形成后,政府仍然可以大有作为。首先,政府要为社会选择创造条件,促使社会选择机制的产生;其次,要保证社会选择中的双方(资源方和基金会)不跌出公益底线,防止"公益失灵"局面的出现;最后,要防止基金会和资源方形成公益垄断。除此之外的有关基金会发展的其他问题,都可通过社会选择来解决。

三 中国基金会动力发展机制的案例分析

基于上述中国基金会动力发展机制模型的建构,本文选择具有代表性的三个基金会对社会选择机制这一基金会动力发展机制进行分析。

(一)TY 基金会:迈向社会选择

TY 基金会是一个处于社会选择机制萌芽状态的基金会,正缓慢地行走在从典型的政府选择向社会选择过渡的初始阶段。通过对 TY 基金会的观察分析,可以了解大多数 2004 年《基金会管理条例》颁布实施以前成立的公募基金会的成长过程,加深对政府选择和社会选择的认识。

1. TY 基金会的发展及转型

TY 基金会成立于 1984 年,由政府部门发起设立。在 2009 年之前,TY 基金会在人员和职能上与发起的政府部门高度重合,相当于政府部门的内设机构。基金会的负责人和工作人员均来自政府部门,资金主要来自政府,在人、财、活动等方面依赖或受控于政府,主要工作是筹款并协助政府部门相关活动的开展,从社会上接受的捐赠也被政府部门指定用途,活力严重不足。2009 年,TY 基金会换届产生新的一届理事会,开始进行改革,重新确立了基金会的定位和战略,开始瞄准社会问题面向社会募集款物,通过公开招聘建立工作团队,并注重公信力建设。TY 基金会焕发出了新的生机和活力,出现了从政府选择向社会选择过渡的萌芽。

TY 基金会向社会选择迈进始于 2009 年,原因如下。一是关键人物的推动。

由于"双重负责"管理体制的影响以及理事会的虚化，主要负责人（理事长）个人的作用显得十分重要。TY 基金会新任理事长抓住基金会公益属性的本质，从三个方面推动 TY 基金会改革：确立发展战略，组建执行团队，完善规章制度。上述努力促使 TY 基金会从一个准政府部门开始向一个独立的"公益人"转变，至少从形式上开始具备了作为一个"公益人"的某些特质。二是社会资源更多地进入。社会资源的更多进入为基金会的转型提供了更多的选择，使基金会不再完全依靠政府资源，也就在一定程度上保证了基金会可以拥有相对独立性，可以自主地设计和开展项目。三是自由活动空间的拓展。随着政府职能和工作方式的转变，政企、政社的职能边界越来越明晰，为社会组织的发展让渡出更大的活动空间。目前 TY 基金会虽然不能完全独立自主地开展项目，在一定程度上仍受制于业务主管单位，但是，业务主管单位的控制权已经逐步弱化，TY 基金会可以自主设计和开展一些项目，在沟通充分而畅顺的情况下，还能够得到业务主管单位的支持，促进项目的开展。两者之间开始形成合作共赢的关系，基金会拥有了一定的独立性，开始建立与政府的良性互动关系，基金会与政府不再是控制和被控制的关系。

2. 社会选择机制的萌芽

TY 基金会在上述几方面力量的作用下，逐渐从政府选择向社会选择转型。虽然这种转型尚处于初级阶段，社会选择表现出来的特征尚不明显，但已露端倪。具体表现为四方面。

一是开始针对社会问题设计、开发项目。2009 年之后，基金会随着定位和战略目标的调整，确立了解决本领域社会问题（即那些群众需要、社会关切的问题）的工作思路，在这样的目标和思路的基础上，设计和开发项目。但是由于政府选择的历史惯性，也出于获得更多政府力量支持的考虑，在具体的项目设计和运作上，还必须资助政府关注的项目，即使自主设计、独立开发和运行的项目也依然无法完全以社会取向为出发点。

二是项目运作的专业性初显。2009 年以前，TY 基金会的主要工作是为业务主管单位组织的相关活动提供现场服务，依靠和利用的是政府的资源和行政体系。在这种情况下，TY 基金会只需对政府负责，满足政府的要求即可，项目经费也主要来源于政府。项目缺乏连续性，也无多少专业性可言。2009 年以后，TY 基金会项目资金仍有部分来源于政府补助，或依靠政府而获得捐赠，但是项目运作专业化水平在慢慢提升，并开始以项目的公益性和专业性为核心竞争力面向社会筹资。虽然目前 TY 基金会的项目设计和运行的专业化程度尚未达到公益领域的前沿水平，但已展示出在朝着专业化的方向不断努力的势头，这是在社会选择机制下逐渐激发出来的基金会追求自我发展积极因素的综合体现。

三是公信力建设开始受到重视。TY 基金会在向社会选择转型的过程中一个比较突出的特点就是开始注重公信力建设，注重公开透明和向捐赠人负责，包括建立网站、加强制度建设规范自身行为、信息公开确保项目的透明度。社会选择促使基金会开始努力注重自己的公信力建设，开始关注公众评价和捐赠人的问责。

四是团队建设得到加强。TY 基金会在社会化运作转型的过程中另一个比较突出的表现是其团队的成长。2009 年以前，该基金会的工作人员数量很少，工作热情不高，且都是离退休的老同志或兼职人员，员工缺乏自主性和独立空间，整个团队毫无生气可言。2009 年以后，新一届理事会开始加强团队建设，到 2012 年 3 月，TY 基金会的员工中大都是新面孔，包括秘书长在内的全职员工均开始从社会招聘。基金会开始出现一种积极向上、充满活力的工作氛围。基金会工作人员对自身的工作产生了强烈的内源性认同，而且由此不断强化自身的社会责任感，再加上在完成项目的过程中领导不断正向激励，促使员工的个人价值感和人生意义的实现突出地表现出来。在这种团队中，员工不再仅仅是对上级负责，而是成为一个对自己负责，具有一定公民责任感和自主意识的人，而由这样的个体组成的团队也充满积极乐观的工作氛围和相对和谐的人际关系。这是社会选择机制下团队建设的典型特征。

（二）FJ 基金会：成功转型的个案

FJ 基金会在成立之初的近 10 年里，具有典型的政府选择的特征，行政化色彩浓厚。由政府部门发起设立，依靠政府获取资源，履行政府职能或紧紧围绕政府的职能开展工作，对政府负责。虽然其所在领域的问题是人们普遍关心的话题，但由于 FJ 基金会没有自身的特色，人们分不清政府还是基金会在从事这项工作，自然也不会给予基金会很多的关注，FJ 基金会在社会选择机制中"先天不足"。但它能够把握机遇，不断依据外部环境的变化来调整自身的发展战略，加强自身建设，成为从政府选择向社会选择转型的典范。

1. FJ 基金会的发展及转型

FJ 基金会的发展历程可以分为三个阶段。第一阶段是从 1989 年至 1996 年。FJ 基金会 1989 年成立，当时的理事几乎都是离退休或时任政府高级官员，或者是时任大中型企业领导人。其中很多人德高望重，经验丰富，人脉关系广泛，在提高基金会的社会影响力、促进基金会的对外交流、争取优惠政策、筹集资金、牵线搭桥以开展项目等方面发挥了重要作用。当时 FJ 基金会的章程中对于基金会宗旨概括比较广泛，且从表述上看，基金会与政府部门没有明显的区别，似乎可以解决一切本领域内相关的问题。此阶段，FJ 基金会具有政府选择的典型特征。第二阶段是从 1996 年至 2004 年。1996 年 FJ 基金会第三届理事会主要是解决两个问题：一是例行换届，二是改革管理体制。所谓改革管理体制就是改会长负责制为秘书长负责制，淡化行政色彩，现职的党政领导干部不再兼任基金会的负责人。2000 年，民政部批准 FJ 基金会重新登记注册。FJ 基金会开始"摘帽脱靴"，不要行政级别，取消事业编制，将原来的事业单位编制改为社团编制，建立了新的人事管理制度，实行全员招聘制，打破"铁饭碗"。此阶段，FJ 基金会向社会选择迈出了坚实的步伐。第三阶段是 2004 年以后。《基金会管理条例》颁布实施之后，FJ 基金会进行了新的一轮改革，进行全员预算管理，加强队伍建设；提高项目运作的专业性，同时注重公开透明，以此吸引社会捐赠。目前，FJ 基金会已成为一个规模大、管理专业、具有较高社会声誉的基金会，在资源获取、项目运作、内部治理等方面均有较高的社会化水平。此阶段，FJ 基金会具备了社会选择的典型特征，走在了向社会选择转型的前列。FJ 基金会转型的原因主要是以下几个方面。一是社会力量的促进和偶发事件的倒逼。随着行政管理体制改革的进行，包括基金会在内的社会组织具有了一定自由活动空间。但有了自由活动空间不一定有自主运行的能力。成立后的较长一段时间里，FJ 基金会依靠政府资源生存，尚不完全具备自我运作与发展的能力，陷入资金和项目短缺、组织凝聚力和社会影响力下降的困境，基金会虽然"活着"，却没有公益组织的"存在感"，需要通过改革，增强自我运行和发展的能力。

政府让渡空间给社会和社会组织，公众的参与权利与参与能力的提高，为基金会的发展提供了更多的动力，同时也使其面对着巨大的压力。1996 年，FJ 基金会遇到了严重的财务问题。这些问题暴露了 FJ 基金会管理中存在的一些问题，有些问题是与生俱来的，有些问题是长期积累的，这些问题积聚到一定程度就造成了 FJ 基金会生存和发展的危机，也成为 FJ 基金会改革的发端。

二是"公益人"属性和关键人物的推动。基金会等公益组织存在的全部意义以及工作人员在实现组织的公益价值过程中对自我价值实现的认可，成了基金会改革的内在推动力。传统的毫无活力的组织运作方式与自主性之下产生的社会责任感冲突激荡，形成了推动基金会改革转型的内在动力。在 FJ 基金会改革初期，具有改革意识与社会价值取向的几位关键人物起到了重要的作用。

三是自由的流动资源的增加。随着改革的深入、经济的发展，自由流动资源进一步增加，使基金会有了不依靠政府资源生存和发展的可能，为基金会走向社会选择提供了物质基础。

2. FJ 基金会的社会化运作

项目是基金会的核心产品，凝聚着基金会的理念、技术，包括社会问题瞄准性、专业性和公信力，甚至团队精神也与项目密切相关。项目一头连着资源方，一头连着受助方，在社会选择下，基金会基于项目向资源方争取资源，同样也是基于项目向受助方提供资助。通过设计和运作项目，基金会展示了其社会问题瞄准性、专业性和公信力，团队建设也在项目运作过程中得到加强。FJ 基金会从社会选择的角度设计和运作项目，取得了积极成效。

一是围绕社会问题设计项目。在政府选择下，项目的设计和运作是指哪打哪，关键在于打没打，关心胜没胜不够；在社会选择下，情况恰好相反，项目的设计和运作关键在于"怎样打""打得胜"。所以，基金会必须重视项目设计，告诉出资人要做什么（解决什么社会问题）、怎么做（解决社会问题的方法）以及怎么确保项目的成功与有效（解决了怎样的社会问题，效果如何），以获得资源开展项目。在转型过程中 FJ 基金会宗旨和业务领域从一个宽泛而宏大的概念和国家战略逐步转变为面向问题所设定的公益倡导、扶贫援助以及民间组织发展三大类项目，并进一步细化为针对不同人群的若干项具体项目，每一个具体项目都是针对社会问题设定，体现了很强的专业性。

二是专业性不断提升。在一段时间里，FJ 基金会的项目实施也主要借助政府力量，依靠政府从上到下的行政体系来执行项目。2000 年以来，基金会开始实施品牌项目发展战略，逐步建立和采取了完整、系统、科学的项目管理制度和操作方法，体现了很强的专业性。在整个项目运行过程中，FJ 基金会实行民主决策机制和采用社工技术，降低了风险，这种专业性在政府选择下是很难产生的。

三是公信力逐渐积累和加强。公信力是社会公众选择基金会的主要依据，它的形成需要一个积累的过程。FJ基金会的公信力建设是一个不断加强的过程，从向捐赠人和公众的公开透明，提升专业性，发展到拥有一套自己的文化价值，形成了属于基金会的精神和人格，如今已经能够以自己的专业性、文化价值影响、改变、选择资源方。这主要是通过信息公开、构建平等互动关系、改革资源获取方式等措施来实现的。

四是社会化的团队建设。对于FJ基金会来说，团队建设既是改革转型的重要内容，也是改革转型的重要支撑，为基金会的专业化运作和公信力提升提供了理念、制度、人力资源的支持。FJ基金会的团队建设的基础设计是社会化，改革的目的是谋求基金会的持续生存和发展，是褪去FJ基金会的政府特性，回归社会"市场"，回归专业。

（三）YG基金会：社会选择的产物

1. 社会力量作用下的设立与项目化运作

YG基金会的发起设立，是理论模型中三个基础条件共同作用的结果：当自由流动资源和自由活动空间出现后，理想的公益人通过自身努力争取到了自由流动资源，在自由活动空间中开展公益活动，基金会的成立就水到渠成了，基金会具有了天生的社会选择的特征。

在理论模型中已经提到，基金会与企业最大的不同是同时面对两个"顾客"：资源方与受助方。基金会的社会化运作过程实质就是基金会与两个"顾客"互动的过程。对YG基金会来说，资源方以捐赠人为主，也包括政府相关部门以及提供各类专业技术支持的合作方；最核心的受助方主要是贫困地区儿童，同时也不同程度惠及当地的教师、基层教育体系以及儿童背后的家庭。基金会的项目实质上是连接两个"顾客"的桥梁，基金会通过项目活动同时服务于资源方和受助方，且项目活动是动态的，如YG基金会所表述的，是不断"有机生长"的。可以说，项目是基金会生存和发展的基础。

YG基金会的社会化项目运作则通过针对社会问题设计项目、注重自身专业性提升、加强公信力建设以及团队建设的内源性动机的生长等四个方面体现出来。一是针对社会问题设计和运作项目。基金会项目的设计和运作是从社会问题开始的，真实存在且具有价值的社会问题既符合受助方的需求，又能调动资源方的投入。资源方之所以给基金会捐赠，看重的是基金会能够发现并解决社会问题。基金会的项目设计必须瞄准社会问题，透过复杂的社会现象抓住问题的核心和本质，明白地告诉人们是什么问题，怎样解决问题。当然，发现问题和解决问题不会一步到位，项目设计需要在运作过程中不断完善。二是围绕问题拓展项目。单独的、孤立的项目并不一定能解决所面临的问题，YG 基金会没有停留在仅让教师从培训中受益这个层面，他们的目标始终瞄准改变教育特别是基础教育的现状。三是在解决社会问题过程中整合资源。通过教师培训项目，YG 基金会获得当地教师及教育部门的高度认可，有些当地的政策就是在他们的反复沟通下慢慢推进的。这样，以初始项目为依托，引进多种外部资源，不断拓展项目内容与网络，最初的项目在项目开展中通过资源整合变成了基础教育质量综合提升项目。四是不断深化对社会问题的认识。在"教师培训项目"实施过程中，YG 基金会对农村基础教育问题的认识不断深化，逐渐呈现清晰、明了、立体的映像，形成了"问题树"，逐渐触及问题的本质和核心。

2. 在项目运作中提升专业性

项目是基金会的核心"产品"，专业性是"产品"的核心技术，是项目的全部支撑。专业性包括项目的设计、项目的实施、项目设计和实施的完善，并在此基础上形成一套系统解决同类问题的科学方法，一种可复制的模式。YG 基金会在项目运作中不断提升专业性。一是随着项目的开展提升专业性。YG 基金会对农村教育问题的认识不是一直停留在原来的水平上，在项目运作过程中，对社会问题的认识不断深化，项目运行方式也不断调整，进而吸纳了更多的社会资源，逐渐形成了推动一个地区整体环境发生变化的项目模式，他们称之为"项目的有机生长"。二是借助于专业性获取和整合各种资源。正如理论模型所分析的，资源方为受助方"埋单"，让基金会"代购产品"，针对社会问题设计和运行项目关乎的是"产品"的种类，项目的专业性则事关"产品"的质量，在更大程度上决定了基金会获取资源的能力。YG 基金会专业性的提升不仅吸引了社会资源，而且争取到了政府资源。在拥有了一定的专业性后，YG 基金会与政府不再是依从关系，而是合作关系，即使 YG 基金会从政府那里获得了资源，也能秉承自己的理念，保持自身独立性，二者更多的是平等的合作关系。基金会把政府的关注整合到项目中来，赢得当地基层政府的认可和支持。资源的获取过程也是社会选择的过程，最终专业化程度高的基金会在社会选择中得到更多支持，能够更好地发展下去。三是在为受助方提供服务的过程中提升专业性。资源方看到基金会在不断地满足受助方日益增长的需要，就会提供更多资源；基金会的专业性在不断解决社会问题的过程中得到提升，基金会有了与资源方平等对话的能力，可以对资源方说"不"，由此形成了基金会与资源方的相互选择。

项目成为基金会联系资源方和受助方的桥梁以及相互选择改变的管道，随着项目的开展，基金会的专业性得到提升，同时也将自己的专业性传递给资源方，获得了更多的社会资源，影响着资源方，也可以说选择了资源方；资源方通过项目选择了基金会，受助方通过项目，接受了基金会和资源方的理念和物质帮助，或多或少地发生了改变。在这个过程中，社会选择在起决定作用。

3. 在社会选择中加强公信力建设

YG 基金会在提升专业性的同时，公信力建设也得到了加强。在日常工作中，YG 基金会非常重视公信力，具体到每一件事，每一个细节。推门审计是 YG 基金会倡导的理念，即无论何时，无论是资源方、政府部门还是基金会本身要求的审计，都可以直接进行，而不需要较长的整理准备时间。在财务公开透明方面，基金会每月将财务报表进行网上公示。为了让社会大众都能读懂公示的资料，根据这个标准推出了每项财务数据每月公示的原则，报表不仅反映收入，其中还有使用款的去向及未使用款的金额，整个报表能清晰明了地反映了收入、支出、结余情况及资金的使用情况，报表内容包括每一笔小额的捐赠。同时，在网站首页，基金会随时公示所收到的每一笔捐赠及用途。

加强公信力建设是基金会社会选择的必然要求。公信力在过去可能以获得政府的认可或支持获得，有的老牌公募基金会曾经如此，但是这种自上而下获取公信力并不是一劳永逸的，需要不断采取社会化的方式加以维系。而 YG 基金会的公信力是在社会选择过程中依靠自身的专业性建立起来的，社会的关注反而使其进一步显现和加强。

4. 基于理念和责任的团队建设

YG 基金会工作人员的工作作风来自基金会的价值理念与使命，即社会责任感，在社会责任感这个内源性动机的激励下，基金会建成了相互鼓励、相互合作的团队，促进了基金会的成长。很多工作人员长期驻扎在项目地，十分了解当地的具体情况，擅长思考、沟通和突破瓶颈。他们为了共同的目标，分工不分家。相互之间充分交流、信任尊重、密切配合、默契程度很高。

在社会化的运作过程中，YG 基金会呈现了上述四方面的积极效果，还有一个隐含其中的重要变化，就是基金会的角色。YG 基金会发起的缘由和初始的核心项目是支教，通过支教活动形成了一定的社会影响力，引发人们尤其是青年大学生对贫困地区教育特别是农村教育问题的关注。

伴随着在项目活动中问题不断被发现，"问题树"在成长，YG 基金会的角色也在逐渐拓展和转化，不仅是做基本的支教、资助教师学生，而且开始探索解决一些相关联的、深层次的问题，做到了项目的有机生长。项目有机生长的目标开始并不十分明确，也不能被量化，但基金会的发展方向是清晰的，发展空间是巨大的。在不断解决问题的过程中，积累了经验，厘清了思路，YG 基金会逐渐成为贫困地区农村教育问题乃至整个农村教育的探索者。

自 2010 年开始，YG 基金会开始摸索对教育领域草根组织的支持帮扶，成为"资源方"，参与到社会选择中，引导选择草根组织的发展。如此，YG 基金会一路走来的轨迹是这样的："支教发起行动者—贫困地区教育问题探索行动者—草根组织的引导支持者—社会发展创新、政策变革推动者"。这是一个社会化运作基金会的典型过程。

四 结论与政策建议

（一）研究结论

通过对三家基金会的详细分析，进一步研究了社会选择机制和基金会发展规律问题，以案例回应理论模型，得出如下结论。

一是社会选择机制已经产生并开始对部分基金会发挥主导作用。"公益人"、自由活动空间、自由流动资源、资源方和基金会以及基金会的信息披露决定着社会选择产生、发展和发挥作用。其中，"公益人"是社会选择的内在动因，自由活动空间是社会选择的场域，自由流动资源是社会选择的物质基础，资源方和基金会是社会选择的主体，基金会的信息披露是社会选择的保障。五个因素在三家基金会都有体现，决定了它们走向社会选择。但是，由于五个因素各自发生作用的强弱不同，三家基金会步入社会选择的进程不同。

二是社会选择是追求效率的自然结果。社会选择的出现并主导社会组织的发展不仅仅是因为它能够通过建立与政府分工合作的关系，促进社会的自我发育，也不仅仅因为它在功能上能够弥补政府和市场的不足。社会选择机制提供服务的内容类似于政府，但没有政府机制背后的国家强制力；运行方式类似于市场，也没有市场机制那样的利益驱动。社会选择机制是一套独特的机制，在解决社会问题方面比政府机制和市场机制更有效率，更注重公平。从这个意义出发，政府与社会组织的合作将有更广阔的空间。

三是社会选择对基金会发展的正向作用明显。在社会选择的作用下，三家基金会的四方面能力建设都得到了加强。但由于三家基金会在社会选择中的进程不同，能力建设也呈现差异性。推而广之，中国基金会发展参差不齐，行业发展尚处在初级阶段。同时也可以发现，基金会四个方面的能力是密切相关的，呈现很强的整体推进的特征。

四是社会选择是个渐进的过程，政府选择仍是重要的力量。社会选择是个历史过程，不是偶发的、突然的。基金会的产生就有社会选择因素的存在，即便是在政府主导之下，社会选择因素从成立之初就存在并在一定程度上发挥作用。随着社会选择因素的增强，社会选择逐渐主导基金会的发展。在这个过程中，政府选择的力量虽然在逐步减弱，但仍然强大，包括法律政策的制定、管理体制的改革、政府购买服务力度的增大等均使得政府力量以更为规范的方式发挥着重要作用。

五是基金会呈现丰富的转型与发展特征。三家基金会虽然处在同一社会大环境下，但向社会选择转型和发展的表现和进程还是有所差异，TY 基金会处在社会选择的初始阶段，FJ 基金会则进入了以社会选择为主体的阶段，YG 基金会是社会选择的产物，原因在于每个基金会的历史状况、自身机制、组织文化不尽相同。

（二）政策建议

在构建基层社会治理新格局中，基金会等公益慈善组织将日益发挥服务、倡导和社会创新的重要功能。在这一过程中，其动力机制并不必然表现为线性的发展过程，而更可能是一种协同、合作的社会选择为主，政府选择为辅并提供法律政策保障的综合体系。

从社会选择机制理论模型中的五个条件出发，通过对三个基金会的具体分析和整个基金会行业的发展现状的了解，提出如下建议。

一是基于社会选择规律，充分发挥社会选择的作用。社会选择在五个条件作用下产生后，便对基金会产生五个积极效果。如同市场中的价值规律决定企业的发展，社会选择有着自己的运行规律，决定着基金会的发展。理论模型对这个规律有逻辑上的推演，三家基金会的发展历程也证明了这个规律的存在和作用发挥。基金会的发展当然需要政府的作用，但政府作用应转向政治引领、宏观调控、底线监管，为社会选择创造条件，促进社会选择机制成熟等方面。

二是基金会应直面社会选择，加强自身能力建设。"自由流动资源"和"自由活动空间"出现并增加后，社会力量发展壮大，逐渐成为一个独立的场域和机制，社会选择大势所趋。不论基金会承认不承认、接受不接受，社会选择都是必须考虑的因素，必须面对的现实，否则基金会就会被淘汰出局。社会选择如同市场选择，会有一些基金会被淘汰出局，但同时也会使一些基金会脱颖而出，从而形成基金会发展的健康生态。因此，基金会一定要加强自身建设，完善法人治理结构，提升社会问题的瞄准性、专业性和公信力。

三是进一步培养和规范"公益人"。"公益人"需要培养和规范。针对目前公益人才特别是职业化、专业化人才匮乏的状况，应加大公益人才的培养力度，建立公益人才职业标准，提高公益人才的道德素养和专业化水平。利用税收优惠、财政补贴、政府购买服务等各种方式和手段，提高公益领域从业者的工资福利，吸引并留住优秀人才。引导、树立公民的公益意识，创造公益事业发展的良好氛围。同时，建立志愿者队伍，锻炼和储备公益人才。基金会应始终保持"公益人"的属性。除秉承公益理念外，还需要有足够的能力保持独立性，否则就会受到资源方的影响甚至控制，甚至丧失公益属性，在社会选择中被淘汰。

四是进一步拓展和充分利用自由活动空间。对基金会和资源方来说，所谓"自由活动空间"就是在不违背公益性的前提下，自己决定干什么、怎样干，即自主性。随着政府机构改革和政府职能的转变，自由活动空间不断增大，为公益事业提供了广阔的舞台，为基金会拥有自主性创造了条件，促进了社会选择的发展。基金会要积极争取并充分利用自由活动空间，同时要加强自身能力建设，珍惜和充分利用已获得的自由活动空间。

五是进一步动员和有效整合匹配自由流动资源。随着经济的发展，市场经济体制的不断完善，财富不断积累，自由流动资源持续增加。需要动员、鼓励、支持更多的自由流动资源进入公益领域，基金会要提高和展示自己的社会问题瞄准性、专业性、公信力，满足资源方和受助方两个"顾客"的需求，从而获得更多的公益资源。政府应面向社会建立统一的项目库，收集整理资源方和受助方的需求，实现"供需双方"的有效对接和基金会有针对性地设计项目、实施项目。

六是进一步加大基金会信息披露的力度。基金会及时、全面、准确地披露信息，既是满足资源方和受助方的需求，提升公信力的必然要求，也是政府监督和社会监督的手段。进一步完善统一的网络信息公布平台，使基金会能够便捷地披露信息，使政府部门、资源方、受助方以及新闻媒体、社会公众方便地了解基金会，基金会要及时、全面、准确地进行信息披露，促进自己走向社会选择，并在社会选择中发展自己。

参考文献

葛道顺等（2009）：《中国基金会发展解析》，北京：社会科学文献出版社。

洪毅生（2005）：《第三部门与政府行政关系探析》，《求实》，第1期。

康晓光（2011）：《依附式发展下的第三部门》，北京：社会科学文献出版社。

陶传进、刘忠祥（2011）：《基金会导论》，北京：中国社会出版社。

王建军（2007）：《论政府与民间组织关系的重构》，《中国行政管理》，第6期。

王名等（2001）：《中国社团改革——从政府选择到社会选择》，北京：社会科学文献出版社。

徐永光（2011）：《勾画慈善改革路线图　建议慈善应回归民间》，《新京报》，11月8日。

徐宇珊（2010）：《论基金会：中国基金会转型研究》，北京：中国社会出版社。

颜如春（2006）：《从"共治"到"善治"——中国社会治理模式探析》，《西南民族大学学报》（人文社会科学版），第1期。

姚华平（2010）：《国家与社会互动：我国社会组织建设与管理的路径选择》，华中师范大学博士学位论文。

俞可平（2008）：《中国治理变迁30年：1978～2008》，《吉林大学社会科学学报》，第5期。

章俭峰（2011）：《中国慈善，在等一条鞭子》，《南风窗》。

赵荣、卢玮静（2011）：《从政府公益到社会化公益：巨灾后看到公民社会发育逻辑》，北京：社会科学文献出版社。

朱传一（2000）：《关于第三部门与基金会的作用及其在中国的发展问题》，http://www. npo. org. cn/news/findnews/shownews. asp? newsid = 1999，12 月 12 日。

孙立平（2005）：《改革前后中国国家、民间统治精英及民众间互动关系的演变》，参见 http://www. aisixiang. com/data/detail. php? id = 5864，2 月 25 日。

Ebrahim, A. (2003), "Accountability in Practice: Mechanisms for NGO", *World Development* 31 (5).

Najam, A. (1996), "NGO accountability: a Conceptual Work", *Development Policy Review* 14.

NP

From Governmental Selection to Social Selection: A Study on the Dynamic Mechanism of Foundation Development in China

Liu Zhongxiang

[**Abstract**] In China, the public paid close attention to the accountability of philanthropic organizations since 2011, whether the development of philanthropic organizations should be chosen by the public or the government has became an important issue of policy, research, and events area. This article builds a theory model of social selection mechanism from the angle of social selection with more efficiency. Through comparative case studies, the research delves into development history of TY foundation, FP foundation and YG foundation and their strategies, problems during the transformation stage from government selection to social selection. Based on three cases, this article obtains five conclusions: 1. the social selection mechanism has been generated and begins to exert its dominant position to some foundations; 2. social selection is a natural result of pursuing efficiency; 3. social selection has positive and obvious effect on foundations; 4. social selection is a gradual process, in which the governmental selection is still the important power; 5. foundations show varies transformation and development features. In the end, this article puts forward some suggestions to improve the dynamic mechanism of the development of the foundation from the perspective of the development strategy of the foundation and legal policy.

[**Keywords**] Chinese Foundation; Governmental Selection; Social Selection; Dynamic Mechanism

（责任编辑：蓝煜昕）

社会组织对党建的态度及影响因素分析

——基于政治信任的理论视角

全　昱　赵小平*

【摘要】 社会组织对党建的态度可分为积极和消极两种类型，不同态度直接影响着社会组织党建的效果。本研究以政治信任为理论视角切入，对北京市 135 家社会组织的随机抽样调查发现：政府支持、行业发展服务这两个看似与党建并无直接关联的变量与社会组织党建态度显著相关；而建立党组织、党建培训、政府背景、负责人政治面貌等看似与党建直接关联的变量却与社会组织党建态度并无显著相关性，其原因可能是当前社会组织党建在专业性上还存在缺失。因此，尽快将社会组织"小党建"转为"大党建"，着力提升党建的专业性，加大政府对社会组织发展的支持以及促进行业支持型组织的发展，应成为社会组织党建进一步提质增效的发力点。

【关键词】 党建态度；政治信任；政府支持；行业发展服务；专业能力

一　引言

2015 年 9 月，中共中央办公厅印发了《关于加强社会组织党的建设工作的

---

* 全昱，中共中央党校/国家行政学院，研究生院主任科员，党的建设部思想政治教育专业博士生；赵小平，北京七悦社会公益服务中心，副研究员，非营利管理博士。

意见（试行）》；2018 年 4 月底，民政部已经明确要求"在社会组织章程中增加党的建设"相关内容；到 2017 年底，全国 30.3 万个社会组织已建立党组织，占社会组织总数的 61.7%①。因此，对社会组织而言，党建已经成为一个不可回避的主题。

从功能上看，党建对社会组织的影响，大致可分为三种可能：一是给社会组织的发展带来新的机会，比如在政治上正式获得合法性、进一步扩宽了使用体制内资源的通道等；二是给社会组织增加新的工作负担，比如需要派人参加大量与党建相关的会议、培训并准备各种图文资料等；三是有侵蚀社会组织自主运作空间的风险，甚至与其业务发展产生冲突。

正是基于上述三种功能性影响的可能，社会组织对党建的态度有两种：一种认为党建是一个机会，故而持有积极接纳的态度（全昱，2019：242）；另一种认为党建可能是一种风险或负担，故而持有消极抵制的态度（孔卫拿，2018：36～41；张波、陆沪根，2014：40～44）。

态度，是指某个主体对某一现象所持有的认识、评价及其倾向性。它是引起和指引主体行为的一个重要因素，对主体的行为具有内在的影响力，且态度一经形成，就会对特定事物持有一套或强或弱的固定看法，而这种"定型"的看法往往会影响其对人或事的感知与判断（马玲，2015：58～60）。

社会组织对党建的态度主要是基于对党建功能性影响的可能性判断，因而从本质上讲是政治信任的一部分。政治信任本质上是指社会大众对政治系统的合理预期以及系统回应基础之上的一种互动、合作关系，它从另一个侧面所展现的是执政主体施政绩效与公民期望之间的一致性程度。一个政治信任水平高的政府公民对执政主体是满意的，这使他们能够自愿对相关法律和政策予以认同和支持（郑建君，2013：61～74）。于是，本研究将以政治信任为理论视角，借助研究政治信任影响因素的理论框架，探究社会组织对党建的态度及其影响因素。

从理论上讲，社会组织党建态度问题，其实是党和国家与社会关系在某一议题上的呈现，而这一直是国内外学者研究的热点话题，存在两种不同的声音（沈大伟、王新颖，2011：50～58）。一种是消极的观点，认为虽然中国在经济

---

① 中共中央组织部：《中国共产党党内统计公报（2012—2017）》，http://news.12371.cn/dzyb-mbdj/zzb/dntjgb/。

上取得了显著进步，但在政治上的改革并不到位，执政党权威下降，政社关系趋于紧张，前景不容乐观，这与国家社会关系中公民社会理论二元对立的观点相呼应（伍俊斌，2006：52～57）。

另一种是积极的观点，认为中国共产党具有较高的自我调节的能力（Nathan，2003：86～99），可以进行适应性变革和创新，实现柔性控制（Hood，1997：350～351；Foster，2001：84～109）。在国家社会关系研究中，也有研究表明二者在中国不是零和的，可以呈现支持基础上的良性互动（陶传进，2008：57～65）。当然，也有学者提出，今天的中国共产党已经步入未知领域，改革没有蓝图、地图或榜样可以指引方向，从理论上已经很难预测（沈大伟，2011）。

作为中国共产党在未知领域的新探索，社会组织党建是执政党和社会组织之间的直接接触，对其展开研究，也许会在众说纷纭的观点中，为新时期执政党或国家与社会的关系分析提供一些新的思考。

二　文献回顾与理论假设

（一）社会组织党建的背景：机遇与挑战共存

最近十余年中，社会组织快速发育，在社会服务供给和社会治理创新中的作用越来越明显。在此过程中，中国共产党对社会组织的认知和态度逐渐发生转变，由压制转向默认甚至支持（张黎天等，2013：1～4）；与此同时，社会组织在社区和网络空间中快速发展，吸引了越来越多社会公众的关注、参与和汇集（崔开云、徐勇，2018：43～51），这也就对执政党的社会性、政治性、行为方式和政党认同等多个方面产生了一定的冲击和影响，于是基于认同资源的张力及其引发的担忧就开始显现了（罗峰，2009：31～37）。在此机遇和挑战共存的背景下，社会组织党建就成为执政党推进与社会组织关系演化的重要手段，并以党组织建设为起点快速推开。

（二）社会组织的党建态度：积极与消极共存

面对执政党率先发起的关系建构行为——社会组织党建，社会组织的态度至少呈现积极和消极两种类型。有学者研究了广东、上海、浙江、成都等地方的社会组织党建工作后发现，不少社会组织对开展党建工作持积极响应的态度，地方党委、政府和社会组织之间通过党建，形成了良性互动关系（吴新叶，

社会组织对党建的态度及影响因素分析

2013：55～59；严宏，2018：172～177；张波、陆沪根，2014：40～44）。与此同时，也有不少地方的党建工作被社会组织视为发展的负担或风险（郑琦，2017：15～27）。首先，有的社会组织认为当前党建的工作量（包括会议、材料、活动、培训等）太大，已经让原本就紧张的人手更是捉襟见肘；其次，有的社会组织担心党组织越过了职能边界，过度干预社会组织业务发展，影响到其自主空间（全昱，2019：242）。

（三）以政治信任为理论基础构建分析框架

社会组织对党建的态度从本质上看是一种政治信任，而政治信任的影响因素在国内外研究中已经形成了一套较为成型的分析模型，而这也成为本研究的分析框架。

政治信任，简而言之是社会公众对政府的信任，不同的学者对此有不同的表述。比如，政治信任是公民对其所处的政治系统或政府的期望和实际结果一致的信念；政治信任是公民对政府（包括政治人物和官僚）行为正确恰当并符合公共利益的信心；公民对一个政治系统及其政治官员具有响应性和即使在缺乏经常性审查的情况下也会做正确的事的判断（Miller & Listhaug，1990：357）。

政治信任是政治资本的核心要素（盛智明，2013：35～59；肖唐镖、王欣，2010：88～94），不仅能够帮助政治主体获得更多的权威影响和权力机会（Gilley，2006：499～525），而且也是执政党执政基础稳固和社会稳定的重要保障。此外，政治信任还对公众的政治参与具有较好的预测作用（郑建君，2013：61～74），公众的政治信任与其政治参与之间具有显著的正向相关关系（Quintelier & Hooghe，2012：63～81）。

对政治信任影响因素的分析是政治信任研究中的重要内容（李艳霞，2018：55～62）。根据国内外学者的研究，政治信任的影响因素大致可归纳为三个类别：一是制度绩效维度，二是社会文化维度，三是学习参与维度。本文的研究框架也以此建构（图1）并提出一系列研究假设。

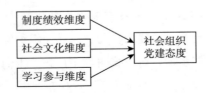

图1 社会组织党建态度研究框架

1. 制度绩效维度

制度绩效决定论者认为，公众是否信任政府主要原因在于政治体系的产出如何，如政治体系推进经济发展的能力（苏振华、黄外斌，2015：113～126）、公共服务供给的质量（于文轩，2013：110～115）、解决社会问题的能力、政治领域的清廉以及透明度等（Clausen et al.，2011：212～249）。从个体的角度来看，绩效认知因素强调政治信任是个人理性计算的结果，当政府能提供良善的治理品质时，民众就倾向于相信执政当局的能力与操守（Shi，2001：401）。

落实到社会组织党建，政府支持（比如政府购买服务、协调跨部门关系、党建专项经费拨付等）就是其体会到制度绩效最为直接的方面。我国是党政高度合一的体制，政府支持很大程度上代表着执政党的意志，政府支持越强，社会组织对执政党和政府的满意度就越高，于是对党建本身的态度就更为积极，据此得出假设1，H1：是否有政府支持与社会组织是否视党建为机遇之间存在正相关关系。

2. 社会文化维度

社会文化生成论者认为，应该着力从人的文化、社会、历史属性，即人所存在的具体时空背景、社会位置等角度对其政治信任予以考察（林冈、顾佳雯，2016：120～126）。人们对于政治体系的信任与社会体系中长期存在的一套价值体系、信仰体系以及人们之间长期的交往方式关系密切。政治信任孕育于社会系统之中，是社会信任的拓展。比如，研究表明，西方自由主义文化、东亚儒家权威文化的政治信任就会产生不同的影响（Wang，2001：155～171；马得勇，2007：85～92）。

落实到社会组织党建，本文以社会组织的发起是否有政府背景和负责人的政治面貌为社会文化维度的因素。从时空背景看，长期生活在体制内，容易受到亲政府立场的影响，进而在价值取向、情感倾向上都更加贴近执政主体，所以其对党的领导将可能更为认同，于是更可能对党建持积极的态度。对我国目前社会组织而言，负责人对组织的影响是毋庸置疑的。与发起背景类似，社会组织负责人的政治面貌在很大程度上能代表其价值立场，于是对政治面貌为中共党员的负责人而言，应当比非党员更加认同党的领导，更加重视党建工作，因而更可能对党建持有积极的态度。据此提出假设2、3。

H2：社会组织是否有政府背景与社会组织是否视党建为机遇存在正相关

关系。

H3：社会组织负责人的政治面貌（是否为中共党员）与社会组织是否视党建为机遇存在正相关关系。

3. 学习参与维度

学习和参与也被部分学者认为是影响公众政治信任的维度之一。学者认为，除了社会文化背景和制度绩效之外，人们对新知识的学习、新经验的体察以及公共事务的参与，也会影响其对执政主体产生不同的认知、判断和信任水平（陈天祥等，2017：101~108；彭铭刚，2016：15~24）。

落实到社会组织党建，从学习参与维度看，对接受了党建培训的社会组织而言，因其学习到了社会组织党建相关的新理念、新价值或新经验，故而应当比没有参训的社会组织更为了解和认同党建工作的重要性，因而对党建可能持有更为积极的态度。同时，建立党组织为社会组织的政治参与打开了新的渠道、释放了新的空间，因而也应当可能提升其对执政主体的认同感，于是提出假设4、5。

H4：社会组织是否参加党建培训与社会组织党建态度积极或消极存在正相关关系。

H5：社会组织是否建立党组织与社会组织是否视党建为机遇存在正相关关系。

此外，相对于一般社会组织，那些参与了行业发展服务的社会组织，更具有推动行业发展的使命和大局观，于是能够更加敏锐地意识到社会组织党建不仅不可避免而且要努力与业务融合，因此更加愿意对党建工作持积极的态度，于是提出假设6。

H6：社会组织是否提供行业发展服务与社会组织是否视党建为机遇存在正相关关系。

三 数据来源与变量描述

（一）数据来源

本次数据来源于北京市社会组织的调查数据。数据为横截面数据，来源于北京师范大学社会公益研究中心（以下简称"北师大公益中心"）于 2018 年 5

月至6月进行的一次随机抽样调查。首先，从北师大公益中心北京市社会组织等级评估数据库①（约800家）中按隔四抽一的原则，抽取了200家社会组织，然后向它们定向推送网络问卷（麦克CRM）调查，回收有效样本135个。本研究使用stata13.1软件对数据进行分析。

（二）变量描述

本研究的目的是探究社会组织的党建态度及其影响因素，将因变量设为"将党建视为机遇"，当被访者回答"是"编码1，当被访者回答"否"编码0。

本研究的自变量主要包括三个维度。首先，制度绩效维度的变量是"是否有政府支持"；其次，社会文化维度的变量是"是否有政府背景""负责人的政治面貌（是否为中共党员）"；最后，学习参与维度的变量是"是否建立党组织""是否参加党建培训""是否有行业发展服务"；除此之外，还有两个控制变量"全职员工人数""业务饱和量"。

社会组织是否有政府支持、是否有政府背景、负责人政治面貌（是否为中共党员）、是否建立党组织、是否有行业发展服务、是否参加党建培训这几个变量，肯定回答编码为1，否定回答编码为0。全职员工人数分为"不超过10人（包括10人）"和"10人以上"两个类别，分别编码1、2；业务饱和量分为"不饱和""一般""饱和"三类，分别编码1、2、3。

四　统计发现与分析

（一）基本描述

从整体来讲，多数社会组织对党建持积极的态度，将党建视为发展的机会，占总样本量的77.04%。

从政府支持看，有政府支持的社会组织（74家）中，认为党建为机遇的有64家，占比为86.49%；没有政府支持的社会组织（61家）中，认为党建为机遇的有40家，占比为65.57%。

从行业发展服务看，有参与行业发展服务的社会组织（103家）中，认为

---

① 北师大公益中心北京市社会组织等级评估数据库是北师大公益研究中心2008年到2019年历年承担北京市级，北京市朝阳区、海淀区的社会组织等级评估工作所积累下来的社会组织信息，已经累计800余个社会组织。

党建为机遇的有 87 家，占比为 84.47%；没有参与行业发展服务的社会组织
（32 家）中，认为党建为机遇的有 17 家，占比为 53.13%。

此外，其他变量与因变量的交叉统计结果的差异相对较小，如表 1 所示。

表 1　自变量与因变量交叉

	将党建视为机遇	
	样本量（个）	样本百分比（%）
	104	77.04
社会组织发起背景		
是政府背景	28	82.35
不是政府背景	76	75.25
全职员工人数		
不超过 10 人（包括 10 人）	52	72.22
10 人以上	52	82.54
业务饱和量		
不饱和	21	80.77
一般	50	75.76
饱和	33	76.74
负责人政治面貌		
中共党员	49	76.56
非中共党员	55	77.46
建立党组织		
已建立	20	66.67
未建立	84	80
党建培训		
有培训	49	77.78
无培训	55	76.39
政府支持		
有支持	64	86.49
无支持	40	65.57
行业发展服务		
有服务	87	84.47
无服务	17	53.13

（二）计量模型与发现

本文利用 Logistic 回归分析来研究社会组织党建态度的影响因素①。表 2 给出了回归分析的估计结果，包括各个变量的优势比（Odds Ratio）、标准误差、P 值和置信区间等，具体结果见表 2。

表 2　Logistic 回归及结果

	优势比（OR）	标准误差	Z 统计量	P 值	[95% CI]	
社会组织发起背景	2.155	1.247	1.33	0.184	0.693	6.699
全职员工人数	2.567	1.320	1.83	0.067	0.937	7.036
业务饱和量（以不饱和为参照）						
一般	0.432	0.299	−1.21	0.226	0.111	1.681
饱和	0.369	0.279	−1.32	0.188	0.084	1.625
负责人政治面貌	0.966	0.435	−0.07	0.941	0.399	2.338
建立党组织	0.962	0.552	−0.07	0.946	0.312	2.964
党建培训	0.943	0.443	−0.12	0.902	0.375	2.371
政府支持	3.261	1.524	2.53	0.011 **	1.304	8.151
行业发展服务	6.266	3.187	3.61	0.000 ***	2.312	16.984
常数项	0.264	0.284	−1.24	0.217	0.032	2.178
观察值数量	135					
伪 R2	0.177					
Prob > chi2	0.006					

注：** $p < 0.05$，*** $p < 0.01$。

从 Logistic 回归的结果来看，绩效维度的"政府支持"（相对于无政府支持）和学习参与维度的"有行业发展服务"（相对于无行业发展服务）与社会组织视党建为机遇有显著的相关关系。社会组织发起有政府背景（相对于无政府背景）、负责人政治面貌为中共党员（相对于非中共党员）、建立党组织（相对于未建立党组织），与社会组织视党建为机遇没有显著相关关系。因此，本研

---

① 为了检验回归结果的稳健性，本研究在控制变量的基础上，依次叠加了绩效维度、学习参与维度和社会文化维度的变量，形成三个回归模型，结果表明模型的稳健性良好，具体见附件 1。

究的假设 1、6 得到数据分析结果的支持，自变量和因变量呈显著相关，而假设 2、3、4、5 并没有得到数据分析结果的证实。

从绩效维度看，政府支持与社会组织党建态度显著正相关，表明政府支持可能对社会组织党建产生重要而积极的影响。这里的政府支持包括政府提供资源（如政府购买服务）或帮助社会组织协调关系（如与社区两委的关系）。

正如前文所言，社会组织的党建态度，本质上是社会组织对执政党的政治信任，也是执政党或国家与社会关系的一种具象反映。已有研究表明，在中国国家与社会的关系并不是单一的控制与被控制的关系，也可以呈现支持与被支持的格局，而且控制和支持的两个维度完全可以分离（陶传进，2008：57～65）。事实上，中央政府对社会组织的发展，虽然也加强了制度上的管制，但支持也一直在加强，比如社会组织的提法不断出现在中央的重大文件当中并被不断赋予新的功能（如社会组织协商），政府购买的资金量越来越大且专门出台文件①要求支持社会组织的发展。

政府支持对社会组织党建的提升作用，可以通过资源依赖和社会资本两个理论视角来解读。从资源依赖视角来讲，在当前我国社会组织总体处于发展初期的背景下，政府支持无疑是对社会组织"雪中送炭"式的帮助，一是在身份上获得了官方的认可，便于获得制度资源，促进各项服务事业发展；二是在项目资金和能力提升机会等方面也获得对应资源（Saidel，1991：543；徐宇珊，2008：33～40）。于是，得到"实惠"的社会组织对执政党的治理将更加满意，因此增强政治信任，形成积极的党建态度。从社会资本理论来看，政府的上述支持举措，有利于获得社会组织对执政党的信任和感激，进而提升二者的社会资本储量，增进社会组织对党和政府的认同感，因而形成积极的党建态度。

从学习参与维度看，社会组织参与行业发展服务与社会组织积极的党建态度显著正相关，表明该变量也可能对其党建态度产生重要影响。从表面看，社会组织是否参与行业发展服务与其党建态度积极或消极并无直接相关，但深入分析，可能存在一个中介变量——战略理性。战略理性原本是国际关系中的术

---

① 2016 年财政部和民政部专门出台文件，支持社会组织发展，见《财政部、民政部关于通过政府购买服务支持社会组织培育发展的指导意见》（财综〔2016〕54 号）。

语，是指行为体"在追求利己主义私利的过程中必须考虑到本国选择与他国选择之间的互动"的一种理性（潘忠岐，2017：3～31）。传统的理性分析强调单边的个体理性，仅从经济学的角度将理性行为界定为行为体的个体收益最大化，但在战略理性中需要将眼前和长远结合、综合考虑多方的利益诉求做出决策。

落实到社会组织发展领域，相对于一般社会组织，那些有行业发展服务行为的组织更容易怀有促进行业长远发展的战略和可持续发展的理性考量。这些社会组织，面对社会组织党建议题，不仅需要考虑自身利益、行业发展，而且要高度重视和理性考量执政党和政府的核心利益诉求。如果有效地整合各方利益，那么可能形成互促共赢的良性格局；如果轻视或无视核心利益相关方（比如党政）的利益，那么将可能给行业和自身的可持续发展带来较大风险。因此，可能正是基于战略理性这个中介变量的作用，社会组织是否有行业发展服务才与社会组织党建态度积极或消极呈显著相关关系。

不过，在学习参与维度，党建培训、党组织建设与社会组织党建态度并没有显著相关的关系，表明目前这两个因素对社会组织党建态度可能并没有明显影响。党建培训对社会组织党建态度的影响，可能会因为培训的质量而产生分野。如果内容切中社会组织的需求、形式有吸引力，有利于促进社会组织发展，那么培训质量就有保障，从而提升社会组织参与党建的积极性。但是，如果党建培训的质量没有保证，那么预期效果就可能不明显。事实上，当前的诸多党建培训的内容和形式未必适合社会组织这个新的组织类别的发展规律。研究表明，当前社会组织党建存在两个极端的现象：一方面，仿照体制内单位的党建做法，不仅活动形式呆板，而且内容枯燥乏味；另一方面，也常有党建工作过于活动化、生活化、游乐化的现象（全昱，2019：242）。同时，社会组织是否能够将培训内容在现实党建中用起来也有挑战。

培训方式缺乏创新或者出现偏差，会产生两个方面的问题（吴新叶，2013）。首先，社会组织将缺乏党建参与的热情，党建方式与社会组织运作模式难以兼容，党组织与社会组织难以形成协同工作的局面，难以让社会组织中的党员将党的意识形态和价值倡导"内化于心，外化于行"。此外，少数社会组织还可能变相拖延甚至拒绝筹建党组织。其次，党建工作不能有效促进业务工作，党建和业务容易呈现"两张皮"现象。

因此，党建培训之所以对社会组织党建态度影响不明显，可能是上级党委或政府组织的党建培训的专业性不足，没有切中社会组织的发展脉络，不能提升其对党建重要性的认识以及没有创新党建方式的能力。

另外，不可否认，最近几年党组织在社会组织中的覆盖率快速提高，不过真正提质增效，还有很长的路要走。在原假设中，党组织为社会组织党建提供了参与和学习党的相关理念和知识的渠道，但在实际上未必能发挥预期的作用。此外，在当前所有符合条件的社会组织都必须建立党组织的政治要求下，有的社会组织是主动的，也有的是被动的，于是党组织的建立与将党建视为机遇并不一定有直接关系。

从社会文化维度看，社会组织发起背景和负责人政治面貌与社会组织党建态度也没有显著相关的关系。事实上，政府背景对于社会组织而言，既可能是劣势也可能是优势，分水岭就在于其是否有能力扬长避短。如果被思维惯式影响，有政府背景的社会组织在党建方式上依然沿用体制内的一些陈旧做法，那么不仅难以将"政府背景"和党建工作有效结合，而且更有可能将党建视为一种工作负担。相反，社会组织如果具有较强的创新工作的能力，就能够在党建中把政府背景转化为发展的机遇。社会组织负责人的政治面貌是中共党员，在一定程度上是有利于社会组织在党建工作上持积极态度的，但可能并不是关键变量。在当前社会组织总体上求生存谋发展的背景下，党建如何能够与业务融合、如何促进机构发展可能才是最核心的问题。

五　结论与建议

（一）结论

第一，政府背景、党组织建设、党建培训、负责人政治面貌等与党建直接相关的影响因素，却没有与社会组织党建态度有显著的相关关系。究其原因，可能是社会组织党建的专业性不足，导致未将诸多党建优势资源转化为社会组织发展机遇，党建和业务"两张皮"。

从理论上讲，政府背景、党组织建立、党建培训、负责人政治面貌等都可以作为党建工作的优势资源使用，从而转化为社会组织发展的机遇。但是从数据分析的结果来看，这些潜在优势似乎并没有被有效利用起来。之所以如此，重要原因可能是当前社会组织党建工作还在"基础设施"（如党组织覆盖面）

建设阶段，而对于进一步提质增效的发展阶段没有掌握核心要点，缺乏真正切中社会组织发展规律的党建举措，未能实现党建和业务有机融合，我们称之为"党建创新的专业性不足"。

第二，看似与党建无直接关系的外部互动（政府支持、行业发展服务），反而可能对社会组织的党建态度产生至关重要的影响。这进一步表明，那些与社会组织发展相关（个体或行业）的变量——哪怕并不直接相关，才是影响社会组织党建态度的关键变量，这也许才是社会组织党建实现突破的重要选择，也是构建执政党和社会组织良性互动关系格局的切入要点。

因此，有必要将社会组织党建工作从"小党建"拓展到"大党建"。当前，各地开展社会组织党建工作都主要将重心放在了组织建设、党员培训、参访活动等"小党建"的范畴内，而对更大范畴的以执政党或国家与社会组织关系为核心内容的"大党建"却关注不足。对此，各地党委、政府开展社会组织党建工作应当具有更高的站位和更广阔的视角。

（二）建议

第一，激发社会组织创新党建模式的热情，梳理社会组织党建的创新模式，提升社会组织党建的专业性。一是组织部门联合民政部门，设立专项资金，通过党建创投、优秀案例评选等方式，建立社会组织创新党建模式的激励机制；二是要将社会组织党建专业性作为一个专题进行攻关研究，通过对优秀案例的深度挖掘、计量数据方法的应用，找到社会组织党建（尤其是党建引领与业务发展深度融合）的规律和技术；三是在党建专业性研究的基础上，开展有深度的党建培训，充分利用枢纽型社会组织，通过分层督导等形式，将培训知识真正转化为社会组织在现实党建中的营养。

第二，支持社会组织发展，各级党委、政府应当从加强党的建设的高度来提升认识并加大投入力度。一是地方党委、政府要提高认识，转"小党建"为"大党建"，将"支持社会组织发展"提升到加强党的建设、巩固党在基层的执政根基和实现社会长治久安的战略高度；二是通过政府购买等方式，地方党委政府不仅提供资源支持，也要在关系协调方面提供帮助；三是要通过建立社会组织诚信体系等方式，构建社会组织优胜劣汰的选择机制，使社会组织中的优秀组织与各级党委、政府保持积极的互动关系。

第三，鼓励社会组织参加行业交流，加大力度支持枢纽型、行业型社会组织的发展。一是进一步建立社会组织参加行业交流的平台、渠道和积极机制，通过"同伴教育"的方式，让更多的社会组织了解社会组织党建对行业发展的重要意义；二是鼓励社会组织参与行业发展服务，提升其关注行业发展的意识；三是加大支持枢纽型社会组织发展的力度，让更多行业服务类组织成长起来，为社会组织党建培养更多的宣传员和培训者。

第四，充分利用社会科学的研究方法，加强对社会组织党建的实证研究。当前研究社会组织党建的文献中，实证研究亟待加强。一是需要加大对典型案例的梳理，通过质性研究来分析现实党建中的模式和机制；二是加大基于抽样或大数据的量化研究力度。本研究虽然从量化的角度进行了探索，但样本量相对较小，下一步可以在更大范围内采集数据进行分析。

附件1　按三个维度的影响因素依次叠加的 Logistic 回归模型结果

	模型 1		模型 2		模型 3	
是否视党建为机遇	Odds Ratio	$p > z$	Odds Ratio	$p > z$	Odds Ratio	$p > z$
业务饱和量						
一般饱和	0.528	0.268	0.431	0.248	0.432	0.226
饱和	0.507	0.284	0.343	0.175	0.369	0.188
全职员工人数	1.745	0.212	2.406	0.096	2.567	0.067
政府支持	3.455	0.004***	3.326	0.009***	3.261	0.011**
建立党组织			1.005	0.993	0.962	0.946
党建培训频率			0.841	0.707	0.943	0.902
行业发展服务			5.884	0.001***	6.266	0.000***
社会组织发起背景					2.155	0.184
负责人政治面貌					0.966	0.941
常数项	1.449	0.619	0.533	0.664	0.297	0.404

注：** $p < 0.05$，*** $p < 0.01$。

参考文献

陈天祥等（2017）:《中国乡镇政府的政治信任：影响因素及区域差异》,《江苏行政学院学报》,第1期。

崔开云、徐勇（2018）：《中国共产党对社会组织的政治整合问题分析——基于观念、机构和行动的综合性视角》，《教学与研究》，第 6 期。

孔卫拿（2018）：《引领与自主：对嵌入式社会组织党建的思考》，《安徽师范大学学报》（人文社会科学版），第 3 期。

李艳霞（2018）：《当代台湾地区公众政治信任的发展与演变：水平、结构与影响因素》，《台湾研究》，第 2 期。

林冈、顾佳雯（2016）：《论政治信任及其影响因素》，《上海师范大学学报》（哲学社会科学版），第 3 期。

罗峰（2009）：《社会组织的发展与执政党的组织嵌入：政党权威重塑的社会视角》，《中共浙江省委党校学报》，第 4 期。

马得勇（2007）：《政治信任及其起源——对亚洲 8 个国家和地区的比较研究》，《经济社会体制比较》，第 5 期。

马玲（2015）：《大学生社会实践态度影响因素探析》，《中国统计》，第 4 期。

彭铭刚（2016）：《青年中间阶层政治信任及其影响因素的比较分析——基于广州的实证调查》，《青年探索》，第 5 期。

潘忠岐（2017）：《国家行为的合理性与国家间互动的对弈逻辑》，《国际关系研究》，第 6 期。

全昱（2019）：《我国社会组织党建的现状、问题与对策》，《中国社会体制改革报告 No. 7（2019）》，北京：社会科学文献出版社。

盛智明（2013）：《社会流动与政治信任 基于 CGSS2006 数据的实证研究》，《社会》，第 4 期。

沈大伟（2011）：《中国共产党：收缩与调适》，吕增奎、王新颖译，北京：中央编译出版社。

沈大伟、王新颖（2011）：《中国的共产主义政党—国家体制：西方的视角》，《国外理论动态》，第 3 期。

陶传进（2008）：《控制与支持：国家与社会间的两种独立关系研究——中国农村社会里的情形》，《管理世界》，第 2 期。

苏振华、黄外斌（2015）：《互联网使用对政治信任与价值观的影响：基于 CGSS 数据的实证研究》，《经济社会体制比较》，第 5 期。

伍俊斌（2006）：《国家与社会关系视野中的中国市民社会建构》，《福建论坛》（人文社会科学版），第 1 期。

吴新叶（2013）：《走出科层制治理：服务型政党社会管理的路径——以上海社会组织党建为例》，《理论与改革》，第 2 期。

肖唐镖、王欣（2010）：《中国农民政治信任的变迁——对五省份 60 个村的跟踪研究（1999 ~ 2008）》，《管理世界》，第 9 期。

徐宇珊（2008）：《非对称性依赖：中国基金会与政府关系研究》，《公共管理学报》，第 1 期。

严宏（2018）：《中国共产党社会组织党建策略选择：支配、适应、互惠抑或协商》，

《马克思主义与现实》，第1期。

于文轩（2013）：《政府透明度与政治信任：基于2011中国城市服务型政府调查的分析》，《中国行政管理》，第2期。

张波、陆沪根（2014）：《探索基层党建新模式：基于社会组织购买党建服务研究——以上海市浦东新区塘桥街道为例》，《湘湘论坛》，第2期。

张黎天等（2013）：《我国执政党与社会组织良性互动关系探析——基于政党认同的角度》，《广西社会科学》，第5期。

郑建君（2013）：《政治信任、社会公正与政治参与的关系——一项基于625名中国被试的实证分析》，《政治学研究》，第6期。

郑琦（2017）：《社会组织党建：目标取向与实践逻辑》，《求实》，第10期。

Clausen, et al. (2011)， "Corruption and Confidence in Public Institutions: Evidence from a Global Survey", *The World Bank Economic Review* (2)，pp. 212 – 249.

Foster, K. W. (2001)， "Associations in the Embrace of an Authoritarian State: State Domination of Society?"，*Studies in Comparative International Development* (4).

Gilley, B. (2006)， "The Meaning and Measure of State Legitimacy: Results for 72 Countries", *European Journal of Political Research* (45).

Hood, R. B. S. J. (1997)， "Democratization in China and Taiwan: The Adaptability of Leninist Partiesby Bruce J. Dickson."，*Political Science Quarterly* (2).

Miller, A. H. & Listhaug, O. (1990)， "Political Parties and Confidence in Government: A Comparison of Norway, Sweden and the United States"，*British Journal of Political Science* (3)，p. 357.

Nathan, A. J. (2003)， "China's Changing of the Guard: Authoritarian Resilience", *Journal of Democracy*, pp. 86 – 99.

Quintelier, E., & Hooghe, M. (2012)， "Political Attitudes and Political Participation: A Panel Study on Socialization and Self – selection Effects Among Late Adolescents"，*International Political Science Review* (1).

Shi, T. J. (2001)， "Cultural Values and Political Trust: A Comparison of the People's Republic of China and Taiwan"，*Comparative Politics* (4).

Saidel, J. R. (1991)， "Resource Interdependence: The Relationship between State Agencies and Nonprofit Organizations."，*Public Administration Review* (6)，p. 543.

Wang, Zhengxu (2001)， "Before the Emergence of Critical Citizens: Economic Development and Political Trust in China"，*International Review of Sociology* (1)，pp. 155 – 171.

An Analysis of the Attitudes and Influencing Factors of Social Organizations to Party Building: A Theoretical Perspective Based on Political Trust

Quan Yu　Zhao Xiaoping

[**Abstract**] The attitude of social organizations to party building can be divided into positive and negative types. Different attitudes directly affect the effect of party building in social organizations. This study is based on a random sample survey of 135 social organizations in Beijing: Government support and industry development services are significantly related to social organization party building attitudes; However, the establishment of party organizations, party building training, the government background, the political appearance of the responsible person, and other variables that seem to be directly related to party building are not significantly related to the socialist party building attitude. The reason may be the lack of capacity of social organizations in the party building innovation professionalism. Therefore, the social organization "small party building" should be changed to "big party building" as soon as possible; improving the professionalism of party organization in social organizations, enhancing the government's support for the development of social organizations and supporting the development of hub – type social organizations should be the starting point for further improvement and improvement of social organization.

[**Keywords**] Attitude of Party Building; Political Trust; Government Support; Industry Development Service; Professional Competence

（责任编辑：李朔严）

社会组织对党建的态度及影响因素分析

资产为本视域下的农村社区能力建设与扶贫模式：基于J村政府购买服务项目的案例研究[*]

刘素素　吕彩云^{**}

【摘要】资产为本视域下的农村社区工作以农村社区内的资产为主导，强调从社区自身优势出发，通过精准识别并发挥农村社区的资产优势来提升社区的自我建设能力，强调社群的内在取向和自身参与社区发展的能力，通过外在资源介入和各种网络关系的建立实现农村社区工作的开展目标。基于苏州市政府购买服务项目——J村"水八仙"农作物种植背景下的农村社区能力建设试点，开展社会工作研究，通过实地调研、文献研究和半结构式访谈，从农村社区的经济、文化和内在结构方面对J村的社区能力建设现状及需求进行分析，并以推动架构多方参与的农村社区治理结构、构建农村社区社会支持网络、打造农村特色文化品牌和培育农村社区社会组织等为介入路径，探讨

---

* 基金项目：苏州市吴中区社区服务社会化项目（项目编号：SZYCZX2017 – W – G – 008）成果之一；苏州大学高等教育教改研究课题"反思性实践教学方法在社会工作课程中的应用研究"阶段性成果。

** 刘素素，苏州大学社会学院副教授，社会学与社会工作系副主任，研究方向为社会工作理论、社会组织和社会资本；吕彩云，社会工作专业硕士，苏州市工业园区爱助生命品格发展中心总干事，研究方向为社会工作实务、社会组织和项目评估。

资产为本社区发展模式下的农村扶贫模式，回应农村社区治理框架下的任务要求和政策含义。

【关键词】 资产为本；社区能力建设；扶贫模式；农村社区治理；社会资本

一 引言

农村社区能力建设是农村社区治理概念框架中的核心内容，也是创新农村基层社会治理的重要举措。国家重视农村社区的发展。为进一步探索符合我国特色的农村社区治理工作，2017 年 4 月，民政部印发《关于开展全国农村社区治理实验区建设的通知》，决定开展"全国农村社区治理实验区"建设工作，经过申报、评审，最终确认首批 48 个单位为全国农村社区治理实验区，围绕农村社区治理中带有全局意义的普遍问题和难点问题，以农村社区为基本单元开展群众自治机制建设、农村社区治理机制创新、农村社区文化传承与弘扬机制建设、农村"三社联动"机制建设等农村治理工作（民政部，2018）。

随着现代化和市场经济的逐步推进，农村社区普遍面临着空心化和产业结构单一等发展困境，社会资本在农村社区呈现逐渐消减的态势（张和清，2012）。因此，社会工作介入农村社区能力建设，是"加强农村社区治理创新"框架下的全新尝试（张和清，2012；张雪、甘甜，2019；徐选国、杨絮，2016）。如何贯彻落实"共建共治共享"的治理理念，如何构建由村党组织领导、社会工作者引导的农村居民承接政府公共服务，开展互助合作的农村社区能力建设，是新时代我国农村工作的关键任务。

近年来，社会工作专业力量参与精准扶贫已成为社会福利和公共管理的重要组成部分（李迎生、郭燕，2018；林顺利、孟亚男，2018）。"精准扶贫"是中国政府针对在 2020 年全面消除贫困这一战略目标的重大举措。研究发现，由于当前我国贫困存量与增量面临着严峻形势，主要依靠政府等行政力量开展反贫困工作呈现力不从心的局面，因此，社会工作等专业力量和社会力量的介入显得尤为迫切。精准扶贫意味着对专业性要求的提升（钱宁、卜文虎，2017）。社会工作介入精准扶贫，可以运用发展型和系统型的社会政策思维去分析"精准扶贫"过程中的内源发展策略,通过社会工作干预及社会组织嵌入扶贫工作,确立农民的主体性在发展中的地位和作用,实现农村社区增能,促进农村社区自主发展(张潮,2018;舒全峰、张曾,2017)。

长期以来,本土化社会工作实务多以"需求调研—设计方案—回应需求"的问题导向思路开展相关服务工作。注重对服务对象的需求体察和需求满足是社会工作助人自助的使命和愿景,然而,单纯的需求导向也会存在一定的问题,即是否有足够的现实条件去实现对服务对象的需求挖掘和需求满足这一目标。当前,农村社区存在的问题已然不再是单一的需求和单一的路径可以体现和解决的,一方面是因为农村社区自上而下对需求的界定和认知不清晰,另一方面是无法通过单纯引进外部资源来满足农村社区的现实需求。在此现状下,农村社区工作者需要对本土化实务模式进行现实思考:当外部力量如政府、企业等部门介入依然无法满足农村社区的发展需求时,如何撬动社区本土化资源实现自我满足,即基于优势视角的"资产为本的社区发展模式"(Asset – Based Community Development,ABCD),成为农村社区工作的重要议题。"资产为本的社区发展模式"是对社区的文化资产、个人资产、组织资产与环境和物资资产进行探索和整合,以社区在地资源为本、社区内在取向和居民能力发展为导向实现社区关系建构和社区发展(文军、黄锐,2008)。ABCD 作为最早起源于西方的第五大社区发展模式,借鉴并融合了社会资本理论框架中的多个概念,强调农村社区中个人和组织层面的资产挖掘与流通,重视居民参与,为我国正在推行的"加强和创新城乡基层社会治理"政策提供重要遵循和实践路径。

本文基于苏州市政府采购项目,以苏州市 J 村为试点,运用 ABCD 的研究框架开展农村社区服务工作,提升农村社区能力,通过本实务项目研究为 ABCD 在中国的本土化发展提供证据为本(evidence – based)的支持。J 村有水生农作物传统的纯手工种植历史,独特的地理环境促进了当地的农业发展,当地形成了独特的产业文化。随着近年来城市化的推进和村落的自然变迁,J 村出现了人口老龄化现象加剧、公共交通设施落后、居民文娱资源缺乏、村委会重经济轻文化、村民与村委关系链接薄弱等现实问题。面对 J 村的发展困境,村民多将此归因为政府的不重视和资源的匮乏。社工在入驻 J 村后,在实践过程中跳出需求视角,采用资产为本的理论视角进行研究、分析,找出适合于 J 村特点的社区能力建设路径,用"优势镜片"去审视村民眼中"资源缺失"的农村。本项目运用 ABCD 介入 J 村社区工作对于推进村落自身能力建设、调动内驱力是一项重要的探索，也是运用创新视角挖掘农村社区自身潜力的重要尝试。

二　文献综述

（一）资产为本的社区发展模式

1. 资产为本的社区发展模式理论框架

资产为本的社区发展模式（ABCD）最早由 Kretzmann 和 McKnigh（1996）在《社区建设的内在取向：寻找和动员社区资产的一条路径》中提出。ABCD 初始阶段基本上是一个内部的认知过程，以社区资产（community assets）或社区优势/能力（community strength/capacity）为介入重点，打破了用"需要镜片"看社区的模式，强调用"资产镜片"或者"能力镜片"去了解社区，帮助社区认识自己的优势，了解它"拥有"的，而不是"需要"的（何雪松，2009）。ABCD 挑战了传统的以"社区需要或社区缺失"为取向的社区发展介入模式。它的核心是社区信任和优势视角，即社区居民需要承认社区已有的资源，并能够整合相关社区资产。采用资产为本的模式，一方面可以将社区的焦点转移到社区资产上来，通过创造希望和提升能力来转移人们对"问题"或"需求"的过度关注；另一方面，资产为本的模式是赋予社区居民权力的过程，以增强居民参与解决社区问题的主动性，实现居民自治（王茜，2016）。

ABCD 模式在应用实践中产生了多种工具和丰富的方法，这些工具和方法可用于基于社区的研究、分析、规划和组织能力建设中。ABCD 也为参与发展的非政府组织（NGO）提供了新的可行性实践。例如，方便非政府组织规划者进一步探索这些工具在基于社区优势的范例中的应用，如提升社区认同和推动社区动员，而不是在基于需求的问题解决模式中仅应用参与式农村评估（PRA）工具（Mathie & Cunningham，2003）。

ABCD 已在很多国家广泛运用，在 Hashage 看来，资产为本的社区发展模式首先关注存于社区中的人，包括社区居民个体、社团组织及其社区资产，规避了传统的社区发展模式关注社区"问题"。其次，ABCD 将焦点集中在如何帮助居民、社团和机构提升解决问题的能力，注重社区能力提升是首要（文军、黄锐，2008）。

2. 资产为本模式下的农村社区发展实证研究

关于 ABCD 在中国内地的实务案例相对较少。香港的相关经验研究表明，该模式能增加参与者的社会资本，而社会资本的增加有助于弱势群体的改变和应对各种社会排斥问题。2001 年，香港理工大学应用社会科学系在云南绿寨村开展的农村社工实务探索，通过农民互助合作，撬动整合资源，实施开展了生计、文化、妇女增能类服务，促进农村发展、帮助农民致富，极大地改善了当地农民的生存环境，提升了在地村民的能力和自信心（张和清等，2008）。2003年，湖南长沙民政职业技术学院社会工作系师生深入湘西土家族苗族自治州苗寨进行农村社会工作本土化实践，通过整合资源、提供服务，恢复和发展农村在地文化，提升农民文化自信，丰富当地村民生活，极大地改善了农民的精神面貌，促进了农村社区的发展（杨发祥、闵慧，2011）。在 2008 年汶川地震后，社会组织进入灾后农村社区开展服务，根据"人在环境中"的社会工作理论和"当时当地"的本土特性，结合相关实务经验，开展资产为本的社区发展模式在灾后农村社区重建中的应用架构探索，激发灾后社区活力，重建居民信心，获得了较好的成效（陈艳，2012）。

3. 社区发展中的社会资本建构与利用

ABCD 将视角聚焦于社区资产或社会资本。皮埃尔·布迪厄（Bourdieu）于 1980 年提出社会资本（social capital）概念："社会资本是现实或潜在资源的集合体，这些资源与拥有或多或少制度化的共同熟识和认可的关系网络有关，换言之，与一个群体中的成员身份有关。"（Bourdieu，1986）普特南对社会资本理论的贡献在于他将社会资本视为一种减少社会冲突、维持社会和谐、促进社会进步的积极因素和文化资源，他将社会资本分为聚合型（bonding）社会资本和桥接型（bridging）社会资本。所谓聚合型社会资本有更为明显的排他性结构，它在提升群体内部凝聚力的同时也会形成封闭的格局；而桥接型社会资本具有更为开放、包容的网络构造（普特南，2001），因此，多数研究者认为其是一种"好"的社会资本（Patulny & Gunnar，2007）。总体而言，社会资本的聚合可以帮助人们获得更多的社会资源和组织支持，增加个人和组织通过行动促进环境改变和发展的可能性。但某种社会资本（如桥接型社会资本）的缺乏也会产生社会网络单一、社会信任度较低和社区的凝聚力下降等现象，如造成邻里关系冷漠等现象。

社会资本理论为 ABCD 在实务中的应用提供了借鉴。2017 年研究者采用普特南的聚合型社会资本和桥接型社会资本的视角，对一个非洲人聚居区的城市融合问题进行探究，发现他们通过使用聚合型社会资本，在迁移、立足、发展到适应的过程中呈现族群内高聚合的现象，并在当地形成一个内聚型资本，与本地社区形成二元平行的结构，无法很好地实现区域融合。由于缺乏外部的、异质性的桥接型社会资本，非洲人社区与当地人社区产生区隔，逐步呈现邻里关系疏远、较难融入本地社区、缺乏有效沟通渠道等社区问题（牛冬，2017）。

同理，农村因血缘和地缘而形成的聚合型社会资本本身就是一个高聚合的资本网络，这导致农村居民较难在城镇化过程中主动实现与城市社区的融合。同时，长期居住于开放性较差的农村社区，缺乏外部资本以及对外部资源较低的信任度和包容度，对于夯实农村社区自身能力，促进农村社区发展形成了更加严峻的挑战。

（二）农村社区能力建设与社会工作参与扶贫研究

中国农村与城市"二元"分割的状态维持已久，农村社区工作内容结构复杂，同时，社会发展的贫富差距使得乡村贫困、农民自信心低落等现象越来越显著，这也是农村社会工作和扶贫工作发展面临的巨大挑战。在中国，农村社会工作发展大致可分为三个阶段。最早在 20 世纪 30 年代由晏阳初、梁漱溟等人领导乡村建设运动，这是中国本土化农村工作的开端，由知识分子引导的乡村文化建设和乡风乡约文明建设。到 20 世纪 50 年代，社会发展现状使得农村社工发展处于停滞状态。20 世纪 80 年代至今，中国农村社会工作探索逐渐恢复并进入快速发展期（杨发祥、闵慧，2011）。

2001 年在云南省绿寨村开展的农村社工实务探索，以优势视角理论思考农村社区能力建设，通过孵化和培育农村社区草根组织，激发农村文化自信，重建村民的社区认同感和文化自觉。在绿寨项目实施中，社会工作者通过弱势群体增能、社区政策推动、社区文化场馆建设等途径，帮助村民提升文化认同感，增强村民自信，激发村民的潜在能力（张和清等，2008）。

综上所述，农村社区发展中的能力建设和赋权赋能尤为必要。本土农村社会工作实践探索中逐步形成的中国特色农村社会工作模式，即以村庄为基础，重建政府和农民的自信、自尊、参与和权力意识，秉持社会公正、社会关怀的价值伦理，通过为村民提供个体、家庭、小组等的直接服务，同时邀请村民共同开展睦邻友好、乡村治理、乡村文化建设等活动，增加互动平台和沟通渠道，更好地融合村民团结互助，促进农村社区稳定，最终推动农村社区可持续发展的能力建设。本研究也是基于农村社会工作的相关理论，依据实际的农村社会实务开展社区模式探索。

三 背景分析与研究方法

（一）背景分析

自古以来，苏州市 J 村受吴淞江水系的孕育，村落湿地无法满足粮食作物的生长需求，村民基本以种植水生经济作物（茨菇、荸荠、莲藕）为主。改革开放后，水生经济作物种植面积不断增大，品种增多，由原来的三种经济作物变为八种，从此，"水八仙"逐渐成为农业经济品牌。2000 年，J 村撤四村整合成一个大的村落，并以农业经济作物为农民经济、文化的联结点，J 村"水八仙"农业品牌不断被突出。依水而生、依土而存的农村，湖田交错，农户门口放有手动清洗农作物的设备和木船。设备用于将从泥土中挖出来的根茎植物清洗干净，船只则是 J 村早期与外界联系的重要交通工具，村民们需要通过这些船只将清洗干净的农产品沿吴淞江运送到上海沿线。

随着区域经济发展与城市化进程的加快，J 村的年轻人逐渐走出农村，老年人则坚守一方土地深耕。老龄化现象在这种从土地里挖果实的生产过程中日益凸显，年轻人也在丰富的城市生活对比下对农村的发展现状产生怀疑。对老年人来说 J 村逐渐成为一个他们在没有选择之后的生存故土；而对年轻人来说，J 村则成为一个在城市的繁华冲击下逐渐被遗忘的村落。

（二）研究方法

本文采用定性研究的方法，以吴中区 J 村为研究地点，进行田野调查。通过深入了解农村基本农耕文化和农民生活现状，观察真实的村落面貌和村落状态。J 村的村落结构和文化氛围与城区脱离，在本项目组入驻之前，没有任何社会组织和外界资源入驻开展服务，项目组依托苏州市吴中区社区服务社会化扩大试点项目，以一年期的社工驻点式服务深入 J 村内部，让社工在进驻开展服务后有了更多思考和探索。在研究对象选取上，在 J 村村委会的推荐和社工的挖掘下，通过牵线 J 村与"水八仙"产业发展相关联的人员（包括 J 村退休的书记、主任，种植"水八仙"的老年人和回乡种植"水八仙"的年轻人），对共计 10 人进行了无结构式访谈（详见表 1）。本研究访谈于 2018 年 11 月 15 日前完成，访谈主要在农民家中、J 村村委会、农田等地进行，访谈的主要内容涉及以下方面：村落的历史介绍；种植"水八仙"的年限；J 村村落的变化（人、物、地、产、景）；对村落的期待。在访谈过程中，为了更好地与村民建立信任关系，基本以苏州话访谈为主导，每例访谈 30 ~ 40 分钟，对访谈中出现的一些不清晰的感受，访问员均与访谈对象进行及时澄清。

表 1 访谈对象基本情况

编号	姓名	年龄	身份背景或"水八仙"种植、销售年限
C1	胡某	75 岁	J 村前村书记
C2	居某	59 岁	种植"水八仙"40 年
C3	居某	39 岁	种植"水八仙"11 年
C4	胡某	72 岁	种植"水八仙"36 年，原经济合作社社长
C5	朱某	73 岁	种植"水八仙"36 年
C6	胡某	52 岁	种植"水八仙"6 年
C7	吴某	66 岁	J 村前村主任
C8	居某	37 岁	销售"水八仙"3 年
C9	居某	65 岁	种植"水八仙"40 余年
C10	张某	38 岁	省内兜售鸡头米 10 余年

四　基于资产为本模式的 J 村社区能力建设与扶贫工作问题分析

研究者在对访谈资料进行分析的基础之上，从农民农耕效益、产品销售方式、农村文化变迁三个维度对目前 J 村社区能力建设进行主题分析（thematic analysis），并对各个维度上的问题和需求进行归纳和总结，了解当下 J 村存在的社区能力建设困境（表 2）。

（一）农民农耕效益偏低

农民农耕效益主要是基于目前农业产物纯劳动力耕种的人力成本投入、农业周期性，及农产品的生存要求、销售价格等几个指标进行分析。

就人力成本投入而言，村民种植"水八仙"的效益较低。在访谈过程中，10 位访谈者基本都提到种植"水八仙"比较辛苦。跟其他的农业作物不一样，"水八仙"属于湿地根茎植物，无法实现大面积的机械化农耕，所有的种植过程都必须通过劳动力。

历史上的 J 村以茨菇、荸荠、莲藕为主要经济作物，在以粮为纲的年代，大面积地种植水稻，由于湿地土壤，水稻经常会被淹没，所以改为种植经济作物，并引进其他几类品种，申报"水八仙"品牌。（C1）

表 2　J 村社区能力建设现状主题分析框架

分析主题	分析维度	分析内容
农民农耕效益	（1）人力成本投入	（1）日常务农是否能够满足基本生活，保证休息时间
	（2）农产品的周期性	（2）农田的休耕期是否会影响农民的收入，以及种植种类、数量
	（3）农产品的存活要求	（3）农民的成本投入及科学种植的技能要求
	（4）农产品的市场价格	（4）价格影响下的种植范围和种类选择
产品销售方式	（1）现有的销售渠道	（1）农村合作社、私人收购、加工售卖、微商等多渠道销售的现状
	（2）销售方式对农产品的影响	（2）销售方式选择及对农民收入的影响
农村文化变迁	（1）村民对务农的评价	（1）现有 J 村的年轻人务农人员数量
	（2）农村地缘结构的变化	（2）周边城市发展对农村结构的影响及农村地缘关系的解构
	（3）村民对家乡的评价	（3）农民对村落的认知和农村社区能力建设现状

鸡头米，学名芡实，是"水八仙"里市场价值最高的一种，也是目前种植最多的农耕经济作物。在鸡头米上市的季节，每天凌晨要去采鸡头米，到下午 2 点左右回家，鸡头米或连着果实被贩子收购，或被加工剥去外壳。鸡头米前期要经过育种、两次移苗和一次移栽，耗费整整 4 个月的时间，整个鸡头米的采摘期基本从 8 月到 10 月，农耕收益基本靠这 3 个月。（C6）

"水八仙"顾名思义有八种水生植物，每一种水生植物对农田的要求不一样，其种植的周期也有所差异。比如鸡头米的种植及收获期为每年的 5 月至 9 月，而茨菇、荸荠约在当年 10 月至来年的 3 月，多种类的产品种植所获经济收入基本可以满足农民的基本生活。但是，在整个"水八仙"产业中，除了鸡头米的售价相对较高，其余的农副产品售价相对较低，均价在 5 元左右，且基本都在秋冬时节开始收耕，寒冷的天气对农民的考验非常严峻。

从 11 月开始，农民就下地挖茨菇、荸荠，冬天天气严寒，所有的茨菇、荸荠都要从地里抠出来。一般农民都会种植 3 到 5 亩的茨菇、荸荠，为了能够及时地收耕赶上时令售卖，一般农家还会请人来挖，一天 100 ~ 120 元，8 小时，管中饭，至于一天挖多少就看个人了。所以整个收成不多且人员成本又上去了，使得农民获利更少。（C4）

价格差异让村民对于高收入的农产品（鸡头米）期待更大，大面积地种植鸡头米对于农民的种植技术要求较高。

鸡头米对于土质、水质的要求极高，同时种植受天气影响较大。比如育苗的温度、光照、雨水多少等，都会影响产品收成，这一切不稳定的因素都对种植者提出了高要求。需要学会观测、施肥等。（C2）

（二）产品销售方式单一导致成本浪费

传统的销售方式使农产品在多方转手过程中出现不必要的成本浪费。农耕产品基本为时令蔬菜，保鲜相对较难，及时的收耕和售卖是非常必要的，而 J 村的地理位置和周围城市结构使得附近没有大型规模的农村集贸市场，也未形成约定俗成的售卖方式和农副产品品牌，基本是自家管自家的销售，整个农产品的销售过程较为困难，渠道相对较为单一，这也必然影响销售价格。

早年间，我们都是通过吴淞江水系将"水八仙"卖到上海等地，一般整个水上交通需要花费一到两天时间。现在，几乎没有农民会到上海去销售，基本上都是以农村合作社的形式（销售农产品），J 村农村合作社是国家级合作社示范单位，线下村民大多会将产品卖到农村合作社，但价格比

市场价低很多。（C1）

单一农产品的销售模式的售卖价格本就无竞争力，家里的年轻人如愿帮助父母售卖，也会在微信等线上平台帮忙销售，但还没有规模化的交易平台和影响力。年轻一代很少有选择种植"水八仙"的，他们考虑的不仅是种田的辛苦，还有农产品的附加产值、收益是否可控等各个部分。

现在的茨菇、荸荠这些农产品本身的市场价格就非常低，定点的农贸市场上门收购的价格就更低。之前，老一辈的人还会运送到上海那些地方去售卖，现在交通这么发达，卖的人又多，只能等人家上门收购。新鲜的网上销售难以保存很久，村里的农村合作社对于除鸡头米之外的时令蔬菜也很少收购。（C4）

鸡头米是"水八仙"中价格最高的产物，但是由于果实加工复杂、临售价格高等原因，大多数的农民是整颗果实直接销售，价格又低了很多。（C3）

（三）农村传统文化受到冲击

农村传统文化受到现代化及城镇化进程的冲击，村民对农村的认同度较低。农耕文明的发展离不开农村文化的联结，费孝通先生曾在《乡土中国》中写道："只有直接有赖于泥土的生活，才会像植物一般在一个地方生下根。"土地是乡土文化的联结点，是乡土情感的共鸣。但是在快速的城乡变迁下，社群的流动打破了依据地缘建立的差序格局关系，也打散了乡土文化中最淳朴的情谊。

J村毗邻工业园区，园区不仅在整个区域内经济发展相对较快，区域内的学区等也相对较好。村里的年轻人大多为了孩子在园区买了房。现在整个村子中种植"水八仙"的年龄在40岁以下的就1个人，其余的都不愿意干，真的比较辛苦，基本都是到园区那边上班。不仅年轻人不种"水八仙"，也基本没有年轻人帮助家里老人。（C8）

农村文化的解构最根本的原因是农民对农村文化的认同度较低。在访谈过程中，年轻人不仅极少种植"水八仙"，而且他们对村民依赖此产业而生存的现状有一定的不满。

> 农村真的不怎么好，不好不是别的，而是当农民太辛苦。我们年轻人都希望赶紧拆迁，交通不好，一些服务和生活设施跟不上，最基本的老年人活动的地方都没有，小朋友玩的地方也没有。（C10）

村民在缺乏认同的情况下不断采用问题视角审视他们的生存现状，研究者在调研过程中能够感受到整个村落呈现的衰败迹象。年轻一代和老年人都能够感受到社会的快速变迁所带来的"不友好"。

> 现在的村风和村情跟以前绝对是不一样的，邻里间的情感淡漠，为了一些小利小惠斤斤计较，邻里关系也有问题。村里的一些习气也非常不好，老年人溺爱孙子，年轻人"啃老"，老一辈的人还是过得那么苦。这可能是老一辈的重男轻女思想所导致的，更是来源于城市化变迁下的年轻人浮躁的心态。（C7）
>
> J村目前60岁以上的老年人870人，老年人现在面临着一个无事干、无聊干、无耐心干、无处去的状况，年轻人对老一辈农耕人的敬畏心逐渐缺失。（C7）

以上的访谈基于农民真实的感受，这也是J村进行能力建设的现实依据。J村作为一个传统的村落，农村集体主义的思想根深蒂固。J村的能力建设不但需要从个人层面展开，而且需要落实到整个村落的集体层面上。集体能力建设将集体行动（collective action）本身视为目的，集体行动使缺乏资源的个人能够独立地改善他们的福祉从而实现目标。能力建设参与者在J村主要是村党支部、村委会、社工机构。社区的改善与发展不会自发地出现，所以宣传被认为是必不可少的。这个角色最好由独立的社区团体和机构扮演，它们可以获得广泛的社区参与并与公众建立伙伴关系（杨发祥、闵慧，2011）。

五　资产为本模式下推进农村社区
能力建设的路径分析

对 J 村的实地调查和访谈研究发现，目前 J 村的社区服务在实施过程中存在农民农耕效益较低、产品销售方式单一导致成本浪费、农村传统文化受到冲击等现象。ABCD 的社区驱动方法符合参与式方法介入社区发展的实践原则，其中积极参与和赋权（以及防止剥夺权力）是实践的基础。社会工作者结合社会资本理论，从资产为本的项目理念出发，针对振兴农村社区乡村经济、保护农村传统文化等方面进行有效的路径探究。社会工作者在 J 村为期一年的服务实践中，尝试将村民从服务对象不断变为赋能主体，提升农村社区的能力建设水平，这也为目前我国的农村社区工作提供证据为本的实践参考。

（一）坚持村党组织领导、多元主体参与下的农村社区治理创新

苏州市 J 村作为典型的农村社区，农村社区治理工作起步晚、起点低，长期以发展农村经济为第一指标造成 J 村村民服务短缺、社工队伍缺乏、治理结构单一、乡风民情涣散等问题。国家于 2018 年发布的中央一号文件对实施乡村振兴战略进行了重要部署，强调了"治理有效"在乡村振兴战略中的重要地位，明确提出了"加强农村社区治理创新"的任务要求，为加强和完善农村社区治理指明了方向。社会工作者依托政府购买服务项目入驻农村社区，是全面推进多元化农村社区治理进程的重要体现。在农村社区发展中，每一个农村社区均有资产方面的优势与劣势，在实际工作的开展过程中，需要不断加强基层党组织对农村社区治理的领导，确保农村社区治理在政治方向上与党中央保持高度一致。同时，在多元化农村社区治理结构中，政府需要改变以往"党政经"合一的包办角色，在把握宏观方向的同时充分吸收社会力量参与，让其在农村社区建设中发挥自身优势（庄龙玉，2018）。基层党组织应倾听村民的声音，鼓励村民参与，为推动农村产业发展建言献策，使其真正成为处理相关事务的主体。以"共建共治共享"理念，培养村民的主体意识，推动村民采取行动探索农村社区的资源优势，捕捉农村产业文化发展的最新触角，通过有效沟通、民政协商等方式解决问题，并逐渐形成一种共建机制。最后，村党组织通过宣传与教育，培养村民的现代公民意识，增强村民对于"共建共治"的责任

感，提升村民的内在权能。

（二）积极推动农村社区文化建设，构建农村社区支持网络

农村社群文化相对封闭，以地缘和血缘聚集的农村社群随着城市化的变迁，其内部成员之间的感情慢慢淡漠，农村的文化共识和乡村契约难以保证乡村的整合文化发展。社会工作者应以项目所开展的活动和服务为契机，重新建立农村社群的情感联结和文化信任，不断提升和转变农民思想意识和参与意识。张潮（2017）在对"公民文化"的解读中提到，"如果个体仅仅以个人价值利益作为它政治参与的唯一目标，或者仅仅以家庭来推断体制之于个人的作用，他只是一个村民，而不是公民"。王思斌在提到发展弱势群体社会资本的方法时指出："除关注保障他们物资的满足外，还要有意培养他们内部的合作关系、信任关系以促进他们间社会资本的生成。"因此，社会工作者应推动农村社区的文化建设，让村民意识到"贫困文化"的起源和生成机制，重视精神文化和生活态度与行为方式的改变。同时，社会工作者需要提升村民在社区能力建设与扶贫活动中的参与度，通过社群兴趣类活动，让村民了解社会组织服务和其基本模式，同时，以节庆活动为媒介，搭建社群互助平台，从村民参与到村民共享，从为村民服务到让村民参与服务，不断提升整个农村社群的参与意识和主动性，扩大社群支持网络和支持体系，构建内部支持网络，打破沟通壁垒。

同时，以老年人为社区服务主题，为J村老年人开展专业的小组服务活动，介入医疗资源、便民服务资源，组建专业支持型老年人小组，提升J村自上而下对老年人的重视和认知，营造孝贤的农村文化氛围。

（三）结合地域特色打造农村文化品牌

区域农业经济的发展孕育着独特的农耕文化和价值观念，《中庸》也提到"万物并育而不相害，道并行而不相悖"的理念。当然，农耕文化蕴含的价值观念在现代文明快速发展下，需要不断迭代和传承给年轻群体，同时要不断思考如何实现创造性转化、创新性发展。在J村的社会工作实践中，社会工作者基于农村社区共享历史，提取优势和成功之处作为改变的起点，寻找社区资产并将其进一步创新。深入挖掘农村文化蕴含的价值观念，有利于从"价值"层面打造农产品的品牌。现代社会人们生活节奏加快，对生活质量的要求也逐渐提高，消费者在购买农产品时也开始注重产品的生态起源和种植理念。以苏州市J村为例，"水八仙"的所有农产品均产自天然水域之中，加之农产品从种植

到摆上餐桌的整个流程均依靠手工，其独特的生态蕴意和价值理念在消费市场具有极大潜力。

农村社区基层党组织、村委会应借力社会组织、社会力量引导外部市场主体实地参观村落的农产品种植、产出和销售流程，借鉴各地的创新经验做法，为市场和农户搭建多元销售平台。在"互联网＋"的商品经济时代，大力推进"互联网＋农村社区服务"，依托农村社区综合服务设施建设网上服务站点，构建线上线下相结合的农产品信息交通平台，消除城乡社区的"数字鸿沟"。除此之外，为了让年轻一代更好地了解农村社区的资产优势和农产品发展前景，在乡村年轻群体的赋能过程中，社会工作者应以乡村教育、乡土文化和乡村本体为研究对象进行课程模式开发和文化研习，以人、物、地、产、景的全方位了解让更多的农村年轻人熟悉村落本体的文化渊源，帮助村民认识农产品与农业文化的关联、文化与经济的联动效应等。同时，以产品为媒介搭建多渠道网络销售平台，发挥年轻一代的群体力量，协助年轻人搭建微商平台，以公益集市网络平台探索农产品多种销售渠道。

（四）培育农村社区社会组织，推进社会组织参加扶贫工作

大力培育农村社区社会组织是不断提升农村社区内生力的赋能过程，它将决策的责任和资源控制权授予即将受益人或转移到他们手中，这意味着被赋能者较之以往有更高的自主性和独立性。国家大力支持社会组织的培育与发展体现了农村社区赋权、赋能的过程，2007年①和2008年②的中央一系列文件指出，"培育和发展服务'三农'的社会组织，发挥其在扩大群众参与、反映群众诉求方面的积极作用，实现政府行政管理和基层群众自治有效良性互动"。"培育农村服务性、公益性、互助性社会组织，完善社会自治功能。"培育和发展社会组织，既表明国家权力下放的事实，也表明国家开始强调对社会赋权，孵化社会组织使其能够更为有效地开展社会服务（庄龙玉，2018）。同时，中共十九大报告中提出实施乡村振兴战略，明确提出要"积极发挥新乡贤作用"。在新时代条件下，社会组织应协助村党组织大力弘扬乡贤文化，积极发挥乡贤的独特

---

① 《中共中央　国务院关于切实加强农业基础建设进一步促进农业发展农民增收的若干意见》（2007年12月31日），http：//www.gov.cn/gongbao/content/2008/conteut912534.htm。

② 《中共中央关于推进农村改革发展若干重大问题的决定》（2008年10月12日中国共产党第十七届中央委员会第三次全体会议通过）。

作用，深入挖掘和传承传统乡村文化，弥补乡村振兴中人才空心化的缺点。社会工作者应在全面了解农村社区概况的基础上，积极寻找、联络愿意为家乡发展建设建言献策、出钱出力的先进人物，包括在外经商的业界人士、退居二线的政府官员、德高望重的基层干部、有心回报故土的贤才志士等，合作共建农村集体经济组织，为农村社区的资产发展提供切实帮助。

六　结论与讨论

资产为本的社区发展模式介入农村社区能力建设的总目标是建立一个更健康、更富足及充满关怀的农村社区，使农村社区具有高度的凝聚力及充沛的社会资本，实现社区增能。社会工作在农村社区能力建设中的一个基本策略，是以能力建设为重点开展精准扶贫。按照阿马蒂亚·森的"可行能力"观，真实的自由是建立在人们所具备的可行能力基础上的行动自由，即能够对生活中的挑战和风险做出积极的回应，进而摆脱困境，实现发展。将农村社区能力提升与精准扶贫有机结合，符合社会工作理念所倡导的能力建设的内涵，在扶贫过程中，既帮助服务对象充分认识自身优势，实现"授人以渔"和"助人自助"，又把扶贫的着力点放在社区能力、家庭能力和个人能力的激活培育上（钱宁、卜文虎，2017）。针对农村社区的社会环境、经济状况、生计方式、乡风民俗，以及贫困人群个人和家庭的现状，运用社会工作专业理念及技巧，为其提供技术、信息、资源等方面的支持和辅导。同时，针对农村社区居民在价值观念、行为方式等方面与现代经济社会发展趋势的不适应，应推动基于观念更新和行为改变的社区教育和理念倡导，增强服务对象发展生计的能力。

资产为本的社区发展模式应注重增强服务对象个体及其生活社区的资产能力来实现服务对象以及社区的可持续发展。在社会工作介入过程中，社会工作者应避免向服务对象进行单纯的"经济帮扶"和"技术输出"，而应将服务领域从单一的人群聚焦和服务提供转向"整体"取向的农村社区建设。当前的社会工作参与农村扶贫因缺乏完整的制度体系，容易造成社会工作者在开展服务时产生"就服务论服务"这种只见树木不见森林的做法，忽视农村弱势群体的社会政治根源。在资产为本的社区可持续发展模式中，社区动员和资源挖掘是社会工作者的工作重点。格兰诺维特的"嵌入性"观点指出，经济行为（甚至可以扩展到整个人类行为）必须嵌入其社会关系网络中。农村社区有因地缘和血缘而产生的较为紧密的人际网络，这是构建农村社区支持网络的天然基础。社会工作者应采取多种方式促进农村社区居民的沟通与互动，帮助他们意识到资源共享的优势。在这个过程中，农村社区居民的主体性将由个人主体联合为社区主体，自主性及主体能力将得到极大的提升。同时，农村社区中极有价值的社会资本、人力资本以及具有地方特色的生态、资源方面的知识，对实现社会工作的发展目标也具有不可替代的作用。

最后，社会组织作为贫困治理的重要社会力量，在服务供给领域"更容易与草根阶层打成一片"，调解农村社区居民与政府的关系。社会组织作为外源性组织，在参与农村社区能力建设与扶贫工作的实践过程中，应着力平衡自身的独立性和与地方政府的合作程度，实现社会组织的"软嵌入"，确保农村社区治理的效果（张雪、甘甜，2019）。

综上所述，本文主要探讨了资产为本下农村社区如何以社区本土化的资源整合和社工的多角色服务模式，不断地深化服务，以凝结社群文化为基础促进社区内部的能量支持，增强社群文化自信和文化优越感，更好地实现乡村增能。资产的累积是长期的过程，资产的深耕更是长效视角，资产为本社区发展模式的本土化的"化"是局部的、细致的和缓慢的，它是一个过程而非终极目标，以此为基点，我国农村社区工作服务开展可以在未来有更多的探索，在完善乡村振兴"共建共治共享"的治理格局中，使各类主体在共建中凝聚力量，在共治中形成认同，在共享中增进协同。

参考文献

陈艳（2012）：《以资产为本的社区发展模式——地震灾后农村社区重建的新视角》，《四川行政学院学报》，第3期。

何雪松（2009）：《重构社会工作的知识框架：本土思想资源的可能贡献》，《社会科学》，第7期。

李迎生、郭燕（2018）：《推动社会工作精准介入反贫困实践》，《中国人民大学学报》，第5期。

林顺利、孟亚男（2018）：《嵌入与脱嵌：社会工作参与精准扶贫的理论与实践》，《甘肃社会科学》，第3期。

〔美〕罗伯特·普特南（2001）：《使民主运转起来：现代意大利的公民传统》，王列、赖海榕译，南昌：江西人民出版社。

民政部（2018）：《民政部关于同意将北京市房山区等 48 个单位确认为全国农村社区治理实验区的通知》。

牛冬（2017）：《西方外来移民社会工作理论与实践及对中国的启示》，《北京社会科学》，第 7 期。

钱宁、卜文虎（2017）：《以内源发展的社会政策思维助力"精准扶贫"——兼论农村社会工作的策略与方法》，《湖南师范大学社会科学学报》，第 3 期。

舒全峰、张曾（2017）：《精英互嵌与组织协调：村庄自主治理何以有效？——基于西南 S 村的田野调查》，《社会建设研究》，第 2 期。

文军、黄锐（2008）：《论资产为本的社区发展模式及其对中国的启示》，《湖南师范大学社会科学学报》，第 6 期。

王茜（2016）：《探索社区发展模式的新视角：从"需求为本"到"资产为本"》，《求知导刊》，第 9 期。

徐选国、杨絮（2016）：《农村社区发展、社会工作介入与整合性治理——兼论我国农村社会工作的范式转向》，《华东理工大学学报》（社会科学版），第 31 期。

杨发祥、闵慧（2011）：《中国农村社会工作发展探析》，《福建论坛》，第 1 期。

张和清等（2008）：《优势视角下的农村社会工作——以能力建设和资产建立为核心的农村社会工作实践模式》，《社会学研究》，第 6 期。

张和清（2012）：《全球化背景下中国农村问题与农村社会工作》，《社会科学战线》，第 8 期。

庄龙玉（2018）：《农村社区治理：模式演进、方法转变与联动机制》，《行政论坛》。

张潮（2017）：《公民文化：一种公民参与的研究视角》，《社会建设研究》，第 2 期。

——（2018）：《弱势社群的公共表达：草根 NGO 的政策倡导行动和策略》，《中国非营利评论》，第 2 期。

张雪、甘甜（2019）：《软嵌入：社会组织参与扶贫的行动逻辑——基于 h 组织的案例研究》，《中国非营利评论》，第 1 期。

Bourdieu, P. (1986), "The Forms of Social Capital", Richardson J. ed., *Handbook of Theory and Research for the Sociology of Education*, Nueva York: Greenwood Press.

Kretzmann, J. & McKnight, J. P. (1996), "Assets – based Community Development", *National Civic Review* 85 (4), pp. 23 – 29.

Mathie, A. & Cunningham, G. (2003), "From Clients to Citizens: Asset – based Community Development as a Strategy for Community – driven Development", *Development in Practice* 13 (5), pp. 474 – 486.

Patulny, R. V., & Gunnar, L. H. S. (2007), "Exploring the Social Capital Grid: Bonding, Bridging, Qualitative, Quantitative", *International Journal of Sociology and Social Policy* 27 (1/2), pp. 32 – 51.

中国非营利评论
China Nonprofit Review

Rural Community Capacity Building and Poverty Alleviation Model from the Perspective of Asset – Based Community Development: A Case Study Based on Government's Purchase of Service Projects of J Village of Suzhou

Liu Susu   Lv Caiyun

[**Abstract**] The rural community social work under the asset – based perspective is dominated by the assets in rural communities. It emphasizes the advantages of the community and enhances the self – construction ability of the community by accurately identifying and exerting the asset advantages of rural communities, shedding light on the internal orientation of the community and the ability to participate in community development. To achieve the goal of rural community work, external resources intervention and the establishment of various network relationships are used. Based on the pilot project of the Suzhou Municipal Government's purchase of service projects – rural community capacity building under the "Eight Water Crops" background in J Village, researchers conduct social work research, field research, literature review and semi – structured interviews. Analysis of the status quo and needs of community capacity building in J village are performed from the economic, cultural and internal aspects of rural communities. In order to promote the rural community governance structure, the establishment of a multi – sales model and the cultivation of rural community social organizations, the poverty alleviation model under the asset – based community development model responding to rural communities is explored. Mission requirements and policy implications under the governance framework are discussed.

[**Keywords**] Asset – based; Community Capacity Building; Poverty Alleviation Model; Rural Community Governance; Social Capital

（责任编辑：张潮）

营造优势：社会企业如何寓社会
目标于市场逻辑

——以日本 S 社会企业为例*

龚小碟**

【摘要】社会企业具有社会和经济双重目标，以社会目标为优先的社会企业如何将社会目标置于市场逻辑中，实现二者的优势促进？本文以日本 S 社会企业为案例，研究发现以组织能力为基础，以组织理念为核心，将信息与知识、人力资源、产品与服务等社会价值要素有效地利用起来，能够营造社会企业的整体优势，实现社会目标与市场目标相互促进的良性循环。

【关键词】社会企业；社会目标；组织理念；组织能力

一　引言

社会企业被定义为一种介于公益与营利之间的企业形态，是社会公益与市场经济有机结合的产物，是一种表现为非营利组织和企业双重属性、双重特征

---

* 基金项目：国家社会科学基金一般项目"东北地区城市草根社会组织的发展与地方政府治理"（14BSH094）。

** 龚小碟，吉林大学哲学社会学院。

的社会组织（王名、朱晓红，2010）。一方面，社会目标和市场逻辑的新结合为前沿社会创新提供了空间；另一方面，作为多元综合体的新形态，社会企业在组织动机、目标宗旨、运营方式上均呈现复杂性的特点（崔月琴、金蓝青，2018）。前沿性和复杂性为社会企业研究和实践带来了挑战，同时也激励着人们不断进行着探索。

近年来社会企业的研究渐次入微，逐渐展开并不断深入。关于社会企业在实践中如何将社会目标和市场目标有效整合以保证社会目标的实现的问题成为研究的一个焦点。本文以日本 S 社会企业为案例，关注社会企业的社会目标和市场逻辑如何实现相互促进这一问题，尝试从组织能力的角度为既有研究和实践补充一种新的可能性。

二　社会企业目标的相关研究回顾

社会企业兼有非营利组织（以解决社会问题为目标）和企业（以利润为目标）的双重目标。但是，解决社会问题也是市场经济的重要特征之一（Thompson et al.，2000），在市场经济中，企业在营利的过程中也创造了一定的社会价值，例如，企业吸纳劳动力解决就业问题，市场竞争与技术创新带来的公共医疗、卫生等公共服务的普遍发展和生活的改善等。那么，如何区分社会企业和企业？国内外多数研究认为社会企业和企业可以根据"社会目标的优先性"加以区别。社会企业与企业的动机都可以是解决社会问题或是追求利润，但社会企业将社会目标放在更优先的位置上（Mair & Martí，2006；Dacin et al.，2011；朱健刚，2018）。是否具有社会目标的优先性成为区别社会企业和企业的关键，企业以商业目标为优先，同时可能产出社会效益，而社会企业以社会目标为优先，同时可能产出经济价值。

社会企业是如何协调社会—市场，并实现社会目标的优先的？李健（2015）用定价策略简要回答过这个问题，他认为社会企业同时受经济效应和社会效应的双重目标驱动，追求"双重价值创造"，但这两个目标通常是相互替代的关系，实践中的社会企业力求总是实现二者之间的最优组合，而这通过一些具体的定价目标反映出来。从"替代关系"和"最优组合"的表述中可以看出社会—市场两者是相互联系的。经济目标指向可持续性，涉及的资源、激励和抗风险能力是实现社会目标的基础；社会目标指向伦理和责任要求，是社会企业的社会性要义；由此，构成了社会—市场的相互促进和依赖关系。

在我国，社会—市场的依赖关系构成了支持社会企业能够实现公共利益的根本依据。但是西方学者在社会企业研究中，提出了相反的观点。J. Gregory Dees（1998）在研究社会企业家和其他企业家之间的差异时，发现社会企业内部存在的社会—市场的张力问题。社会企业家扮演公益人和企业家的双重角色。对公益人的一面而言，社会使命是明确且核心的，财富只是实现它的手段；但对企业家而言，财富创造是衡量价值创造的一种方式，如果不将资源使用在更经济的生产上，他们将被市场淘汰。由于市场机制不能衡量社会企业所带来的社会进步，无法估计其为没有支付能力的人所带来的收益；社会企业家因此要说服更多客户以高出成本的价格付费以获得更多利润，造成了社会—市场二者的张力。在经验研究中也发现张力为社会企业所带来的风险（Tracey & Phillips, 2007；Smith et al.，2013）。在实践领域具有三种表现形态：目标悖反、目标偏离和目标约束。目标悖反是指以解决某类社会问题为目标的社会企业在实践过程中反过来制造了新的社会问题。目标偏离是指社会企业在运营中偏离既定社会目标。目标约束指的是社会企业的社会目标受到社会投资方的限制，目标不一定产生偏离，却只能浅尝辄止而无法深入。

在国内研究中，陶传进、张丛丛（2018）进一步指出了张力的问题，认为组织能力是社会企业整合和转化社会目标和市场目标的关键，具有不同组织能力的社会组织，在平衡社会与市场目标以及适应内外条件和价值稀缺性之后，最终采取了不同的组织策略；并根据组织能力的不同，在以社会目标和市场目标为两个端点的横轴上，将社会企业分为"分离互馈型"、"责任担当型"和"优势促进型"三种类型。组织能力是指在市场运作中的管理和服务能力，它能够减少社会企业的利润损失，从而实现社会目标与市场目标的相互促进，并将社会目标在市场中的劣势转化为优势。在优势促进型模式中社会目标的实现有助于企业利润的增加，实现了经济目标与社会目标相互促进的结果；相反，在责任担当型模式中，社会目标的实现则导致了市场利润的损失。

笔者发现日本 S 社会企业是优势促进型的典型代表。在优势促进型中，社会目标的实现有助于企业利润的增加，从而实现了社会目标和市场目标的相互促进。笔者认为，S 社会企业能够有效地整合公益资源于市场逻辑之中，从而创造出一种商业优势，获得商业利益同时又维持了公益的再生产，继而实现了社会目标与市场目标的相互促进。本文以"营造优势"为逻辑主线对案例进行行动分析，以更好地理解社会企业是如何利用组织能力在市场中营造优势的，并有效实现了社会—商业目标的转化互馈。希望本文能够为有多重目标的社会企业提供经验借鉴。

三　S 社会企业的组织能力

2018 年 11 月笔者跟随学院团队对日本 S 社会企业进行了调研。该组织以构建听障者参与社会的机制为主要目标，于 2016 年登记注册株式会社和非营利组织（NPO）法人。S 社会企业之所以引起笔者关注，是因为它不同于一般的助残企业，它的目标也不同于支持残疾人就业的目标，而是反思"助残"事业，主张发挥听障者优势为助残事业提供创新变革的动力。社会创新是 S 社会企业的核心竞争力，使其在市场中立于不败之地，同时成为推动助残事业的重要力量。正如戴维·伯恩斯坦（2006）所描述的，社会企业家是变革的动力，面对问题提出创新性的解决方法，不懈追求，直至理想远播到所有可能的地方。在本文中，笔者通过 S 社会企业的社会创新过程进行具体说明，按照社会企业家的认知、管理与服务的创新、市场需求与销售策略的逻辑顺序，抽象出组织能力的三个方面：对社会问题的认识、目标整合与营造需求。

（一）对社会问题的认识：社会企业家的认知

社会企业家从事公益的动机有两种，一种是考虑如何盈利，从激情出发；一种是从对社会问题的认知出发；两种出发点都会使社会企业走向社会目标，但选择的方式可能有所不同（Fulgencio et al.，2016）。一般来讲，社会企业实现社会目标的方式可以分为四种。以助残为例，一是使残疾人在利润中受益；二是雇佣残障者参与传统业务运营；三是寻找残障者需求开发新商业模式；四是运用残障者的优势进行产品或服务研发。前三种方式以盈利为出发点就可以实现，但第四种方式，社会企业家要承受更多的困难和挑战。因为与残障者相关的一系列社会问题呈现纵深的特点，技术培训、服务补贴等只是解决了表层需求，其生活状况的根本改善通常不是源于某些特定服务的提供，而是来自不平等权力结构和机会障碍的消除（萨拉蒙，2017），因此社会企业家只有对社会问题有足够的了解和经验才能增加这种选择的可能性。

在 S 社会企业的创始人看来，残障者所面临的"不平等权力结构和机会障碍"根源于社会对残障者的认知。人的能力是否可以通过障碍和健全来衡量？他谈到，自己成长于听障家庭，并没有强者和弱者的区分感。社会中的相互协作是很平常的，但残障者帮助他人就会被认为很感人。任何人都会有擅长和不擅长的事情，残障者也是一样，互助应该以平常心看待，如果以发挥各自能力为基础进行合作就不会产生"障碍"。为了改变社会认知，S 社会企业并不同于一般社会企业强调"听不到也能做到"，对残障者进行技能培训并雇佣其参与到一般性生产行业中，而是发挥"听不见才有的强项"。创始人通过与听障者共同进行产品和服务的研发，以及在全社会推广多样化的交流方式和优势管理的方法，解构社会有关"障碍"的认知，从而消除不平等的权力结构和机会障碍，使健全者和障碍者的交流成为常态。

（二）目标整合：管理与服务的创新

从听障者之间的交流反观社会，我们发现人与人之所以能够交流，关键在于交流意愿、耐心和毅力，而不是交流的形式（语言）。S 社会企业发现听障者在社会交流中所表现出的"劣势"（用手势表达自己的想法），往往比直接使用语言更加简洁高效。这与米德"姿势对话"的理念相同，日常生活中的一些身体姿势，往往也带有语言的效果。因此，在某些情境（使用语言不便利的情况）下，"无语言的对话"在社会认识和学习沟通上可以转化为实质性的优势。S 社会企业就是以让残障者的这一优势得到最大发挥的理念，设计研发了生活手势（life sign）和零语言培训（zero verbal training）两个项目。

与手语不同的是，生活手势是日常生活互动中，那些彼此能够"默会"的手势，本质上并不是一套语言。残障工作者通过对手势动作所传递的信息的敏锐捕捉，提炼出一套与生活常识相关的手势。为了预防长者听力退化致使痴呆症风险加大，S 社会企业的残障工作者开发了 100 种手势提供给高龄者、学生、主妇、护工等进行学习，运用到老年人介护服务中，这也增加了存在语言障碍的大量海外护工的工作便宜性。

零语言培训是以了解"什么是真正的沟通"为基点的培训项目，零语言培训更关注态度和耐心的重要性，通过学习如何沟通来实现良性协作。无音工坊"DENSHIN"是主要培训程序，参与者要求戴上耳塞并禁止使用语言，通过

"姿势"(手语,通过手势、表情、动作等)传达和读取信息。在无音工坊体验后,企业参与者会回顾部门和团队工作中的日常交流,共享值得注意的事项并探讨在日常交流中活用表达的方法。S社会企业认为交流包括"心"、"技能"和"耐力"三大要素,心是"想要传达的态度",技能是"传达的技巧",耐力是"直到传达为止不放弃的忍耐力"。

S社会企业认为只有开发出促进人与人沟通的变革性产品和服务,才能获得市场的真正认可,才能将企业的社会目标、听障者的自我认同及其对企业的认同真正整合在一起,从而实现社会—市场的相互促进。实际上,创新同时实现了两种整合。一方面,创新的社会产品和服务提高了社会企业的利润,即创新使社会目标与市场目标一致。另一方面,创新的理念实现了员工与企业目标的一致,即创新实现了社会企业内部的资源的整合。

(三)营造需求:市场需求与销售策略

创新性的产品和服务如何进入市场并占据足够的市场份额,是社会企业如何步入市场逻辑轨道的关键。由于消费者对需求的认知存在差异,生活手势和零语言培训项目进入市场时,面对了不同的市场境遇。生活手势的消费群体对自身需求的认识清晰明确,因此生活手势的销售表现良好。虽然零语言培训的顾客也面临难题,但没有认识到沟通问题的重要性。例如,这个项目的许多顾客存在家长式管理作风,在管理过程中不时与青年职员发生冲突,但出现问题的企业并不能及时认识到这是沟通方式的问题,因此也认识不到零语言培训的卖点所在。

因此根据市场需求的不同,S社会企业采取了不同的销售策略。生活手势直接获得了养老机构、学校的认可,下一步他们计划将产品放到互联网上,在扩大用户范围的同时也使更多人受益。零语言培训需要先对顾客进行概念建构,从认知什么是真正的沟通开始,以提高消费者的认识促进产品和服务的销售。两种方式起到较大的传播作用,一是新闻媒体对S社会企业"超越语言、性别、世代、经验、障碍、国籍、价值观,还原交流的原初形态,用人与人之间互相信任所需要的、沟通的'心'实现真正的协作"这一思维方式的报道。二是S社会企业通过"支持听障工作者"讲座促进听障者与上司的相互理解。"支持听障工作者"项目是对听障者的手语教学、工作效率与能力的改善性培训。在工作能力培训中,S社会企业会邀请听障者所在企业的上司共同参加,从成长环境上挖掘不同，引导上司理解听障者的世界，思考适合听障者的培养方式，同时帮助听障者理解听者所认为的理所当然的世界。通过促进两者的相互理解，并进行社会礼仪培训，二者能够共同体验打破障碍的交流。S 社会企业通过建构"理解的世界"引起了较大的社会效应，推动了部分企业尝试转变治理方式，并与日本 40 个大型企业建立了零语言培训合作，一举扭转零语言培训的市场表现，该项目也成为其现阶段最大的收入来源。

四 营造优势：S 社会企业的行动分析

通过案例可以发现，S 社会企业通过组织能力将社会目标与市场目标紧密联系在一起，并有效化解了张力，实现二者的转化互馈关系。但是组织能力是如何做到的？笔者认为组织能力所产生的理念起到了要素整合的作用，维持了社会企业的生产与再生产。本节将用组织实现社会价值的基本框架（IPOE）进行更加详细和系统的解释。

（一）IPOE：社会目标与市场目标的结合机制

西方学者 Harry 等（2016）通过对组织实现社会价值的相关文献进行系统分析，总结概括出了组织实现社会价值研究的基本框架。他们认为组织实现社会价值分为四个阶段：投入（input）、转化（process）、产出（output）和环境（environment）（表1）。

表 1 组织实现社会价值研究 IPOE 框架

1. 组织投入（Organization's Input）	2. 组织转化投入（Organization's Conversions Process）
组织从外部环境获得投入	组织转化投入并向其附加价值
3. 组织产出（Organization's Output）	4. 组织环境（Organization's Environment）
组织向环境释放产出	产出的收益使组织获得新的投入

当投入、转化、产出和环境构成一个生产与再生产闭环，社会组织就能不断进行社会价值的产出。投入、转化、产出和环境四个阶段中都包含可以创造社会价值的要素，如何使用这些要素并创造出足够的价值流将决定是否能够形成闭环（见图1）。

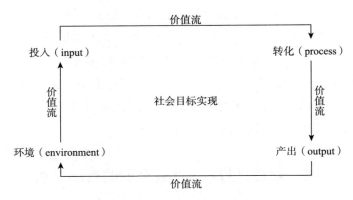

图 1　社会目标的实现框架

如果将 S 社会企业的案例纳入框架，可以发现，S 社会企业之所以能够将社会目标和市场目标相互促进，在于 S 社会企业具有有效组织社会价值要素的能力，即组织能力。

（二）投入：对社会问题的认识——信息与知识的选择与利用

IPOE 框架列举了投入包含的四种要素，包括服务组织的顾客、信息和知识、金钱和资本、稀缺资源。其中，研究信息和知识的重要性远超过其他要素；因此，如何使用信息和知识是实现社会价值创造的重要因素。

如何利用信息和知识是 S 社会企业的起点，创始人对社会问题的认知及反思性，决定了信息和知识的选择偏好和使用方式。创始人在个人成长环境中获得了有关听障者能力、"姿势对话"的优势，同时又认识到社会制度和机会安排对听障者的不平等。一方面，信息和知识与社会实践的张力激活了他在面临社会问题时的反思性。另一方面，反思性促使创始人有效利用信息和知识重构社会认知，使信息、知识转化为生产力。基于对信息和知识的选择、使用，S 社会企业提出了全新的组织理念，致力于让人们重新认识听障者的能力和价值，创造具有包容性与多样性的社会，顺应了社会发展的历史潮流，并有效利用演讲、新闻、评奖、电视访谈等方式将这种理念传播出去。社会企业中同样基于对既有知识进行重新解释，并提出新理念的是小额信贷产业，强调将穷人理解为"金字塔底层的财富"，被认为重构了人们对致贫原因和扶贫方式的概念（萨拉蒙，2017）。与之不同，S 社会企业重构的是社会对残障者价值的认知，他们认为残障者是被建构的"金字塔底层"，支持以人为本、对"人"的识别、"心"的交流，运用少数人视角进行社会设计，最后达到挖掘社会价值的目的。

（三）转化：目标整合——人力资源的有效利用

听障者支持、少数人视角、优势创造等都是 S 社会企业的先进理念，它们不仅让人们识别出 S 社会企业在运营、产品和服务上的特色，也在内部管理中整合着人力资源的利用。

转化的要素包括电脑、人力资源和机械，通过信息化和机械化增加附加价值是我们熟识的手段。但根据具体情景，尤其对 S 社会企业而言，有效整合内部的人力资源，通过将人力资源的价值最大化来增加产品和服务的价值，是理念化主导下的最佳选择。

S 社会企业的大部分工作人员是听障者，因此以听障者视角做产品和服务的设计，听障者比普通工作人员更加胜任这项工作，也有利于完成增加产品和服务的附加值的创新任务。其次，听障者的价值观与 S 社会企业的社会目标具有高度一致性，产品和服务的研发活动是围绕员工自身优势展开的，工作的特性和自我优势的一致性较高，有利于员工的自我实现并为员工创造了良好的研发环境。S 社会企业的主要业务是培训，听障者担任培训指导师，在反复操作过程中，听障者自身也能够积累培训经验并产生新的思考，专业化技术锤炼有助于自我认同的提升，并发展组织认同。

雇佣听障者并非完全没有劣势，例如沟通问题，但 S 社会企业能够提供有效的解决方案，发掘听障者的潜力。S 社会企业的解决方法是依据"听障者和非听障者的差别"，充分利用听障者对可视化事物细节更加敏感的优势，重新对办公室进行创新设计以实现"交流"。例如，办公室四边墙面被布置成白板，有顾客就把名片贴到白板上，听障者可以实时参与进来并节省交流的时间。可以发现，合宜的设计能够帮助人力资源的价值发挥。

（四）产出和环境：营造需求——有效产出与持续创新

一方面，产品和服务向市场输出，其竞争力取决于使用价值与交换价值，也就是产品和服务的质量与需求。另一方面，社会企业要想保持社会目标和市场目标的相互促进，必须保证其产品和服务研发能够创造利润，因此，社会企业的创新能力就显得十分重要了。S 社会企业所取得的市场成功度也可以从这两个角度来切入。首先，S 社会企业通过对产品的反复试验和人力资源管理将服务专业化，对质量形成基础保证；其次，基于听障者优势进行的研发是一般工作者做不出的，这里的产品和服务在市场中是具有创造性的，也是稀缺的；

最后，虽然具有稀缺性但不一定能够被市场所认知，如何维持创造性也需要深入探讨，笔者认为 S 社会企业的理念是构建产品和服务的质量与需求以及维持创造性的关键。

市场的稀缺性产品可以直接从顾客中获得反馈，存在稀缺性认知困难的项目可以用转变认知的方法来营造需求，而让顾客认识到稀缺性实质上就是要其转换到少数人视角进行反思。S 社会企业创始人只要把理念传播出去，当顾客开始反思就能够看到并认同 S 社会企业的产品和服务。我们可以看到，理念是 S 社会企业的核心，它的产品、服务和理念是紧密联系在一起的，以理念为统筹，将人力资源、产品、服务连成了一个生产链条，保证了其产品和服务的质量、需求与创新性。如果再深入挖掘 S 社会企业的理念，我们会发现反思性是其理念的根基，是其理念发展的内在动力。S 社会企业通过对社会问题的反思—实践—再反思—再实践的过程，不断地产出新的理念，最后维持了其整个的生产再生产过程。

（五）营造优势：理念统筹下的整体性

经过上述分析可以发现，S 社会企业营造优势的行动可以展开为以组织能力为基础，以理念为核心，所构筑的投入、转化、产出和再生产链条，保证了社会企业的社会目标与市场目标的一致性。但为了更好地说明社会企业是如何实现社会目标寓于市场逻辑之中的，这里将营造优势的核心逻辑抽象出来，概括为营造理念统筹下的整体性优势。

就 S 社会企业而言，社会目标的起点是对社会问题的认识，市场目标的起点是市场逻辑。对社会问题的认识聚焦于对少数群体优势的认知，市场意识聚焦于寻找市场稀缺性资源，社会目标和市场目标在"听障者的独特价值"这里交会在一起。因此，S 社会企业围绕着听障者优势理念发展出研发、运营、管理的整体链条，并以此为核心，通过理念的传播获得组织认同、品牌认知和市场成功。

成熟的理念推动了听障者视角下的创新研发，是 S 社会企业所具备的实质优势。产品和服务进入市场，在市场竞争中被顾客选择是因为产品或服务的质量或商业考量，而不是同情心或同理心（Gidron & Yisca，2017）。成熟的理念使其产品和服务具有极强的市场韧性。而由理念实现的社会企业内部整合，使得听障者既是产品和服务的生产者，也是经济目标的创造者，同时也是社会目标的受益者。经济目标主体与社会目标客体在理念下的整合，使 S 社会企业消解了社会目标与市场逻辑的张力，变得极其稳固。

由此，基于理念统筹，S 社会企业营造了坚不可摧的优势。理念实现了内部与外部、反思与创新的统一，既能解决社会目标优先性的问题，又能够在市场逻辑中维持目标的一致性。

五　结论与思考

本文讨论的起点是社会企业中社会目标和市场逻辑的关系，以社会目标优先的社会企业如何实现社会目标和市场目标的相互促进。案例 S 社会企业的特色是理念统筹下的整体性优势营造，其经验显示，将社会目标置于市场逻辑中，社会目标能够和市场逻辑实现优势促进并走向深化，核心在于经营者所持有的理念能够将社会价值的构成要素有效地利用起来，形成发展的闭环。

在社会企业的领域中存在一种与"资本主义精神"一样的理念驱动促使了社会企业家的成功。在 S 社会企业创始人身上也能够看到 J. Gregory Dees（1998）所提出的包括承担创造和维持社会价值的使命；识别并不懈寻求实现使命的新机遇；投入持续的创新、适应和学习的过程；大胆行动，不受现有资源的限制；对所服务的选区和所产生的结果表现出更高责任感的社会企业家精神。社会企业充分实现了公益与市场的有机结合，从本质上超越了企业和非营利组织，表现为更高层次的社会创新，通过实践探索形成独具特色的社会企业创新之路，在引领市场的同时引领公益，在引领市场和公益的同时引领社会创新（王名、朱晓红，2010）。可以说，S 社会企业是社会企业中"曲高和寡的精致之作"，虽然案例模式复制难度高，但能够为中国社会企业发展带来些许启示。

根据中国社会企业与社会投资行业扫描调研报告（2019）[①]，经过一段时间的快速发展之后，2014 年至 2017 年，具有"自觉意识"，也就是认同自身社会企业身份的社会企业每年新增数量基本停留在 245 家左右，这意味着具有"自觉意识"的社会企业进入了新的发展瓶颈期。案例经验告诉我们，无论是营利

① 中国社会企业与影响力投资论坛，南都公益基金会：《中国社会企业与社会投资行业扫描调研报告 2019》（简版），http://www.cseiif.cn/category/11。

性企业、非营利组织还是社会企业都会回应社会需求和问题，而社会企业主要是为社会问题探索创新性的解决方式。当前，针对如何发挥社会中少数群体价值的问题，仍具有较大的创新空间，助残类社会企业可以转换思维方式，以社会目标为主导，识别出组织的优势，并将优势发挥出来。另外，在运营和管理过程中，关注理念的统筹作用，由理念整合资源打出去，能够将社会目标和市场逻辑更好地整合在一起，为社会企业创生更大的行动空间。

参考文献

崔月琴、金蓝青 (2018)：《组织衍生型社会企业的实践逻辑及其反思——以长春心语协会的发展为例》，《学习与探索》，第 8 期。

〔美〕戴维·伯恩斯坦 (2006)：《如何改变世界：社会企业家与新思想的威力》，吴士宏译，北京：新星出版社。

李健 (2015)：《破解社会企业发展的"中国式"困境：一个定价视角》，《中国行政管理》，第 8 期。

〔美〕莱斯特·M. 萨拉蒙 (2017)：《撬动公益：慈善和社会投资新前沿导论》，叶托、张远凤译，北京：社会科学文献出版社。

陶传进、张丛丛 (2018)：《社会企业的新增潜力空间及其实现方式：以残疾人就业领域为例》，《学习与探索》，第 8 期。

王名、朱晓红 (2010)：《社会企业论纲》，《中国非营利评论》，第 2 期。

朱健刚 (2018)：《社会企业在当代中国的阶段定位与价值取向》，《社会科学辑刊》，第 2 期。

Dacin, M. T. et al. (2011)，"Social Entrepreneurship：A Critique and Future Directions"，*Organization Science* 22 (5)，pp. 1203 – 1213.

Dees, J. G. (1998)，"The Meaning of 'Social Entrepreneurship'"，Working Paper, Durham：Duke University, Center for the Advancement of Social Entrepreneurship.

Gidron, B. & Yisca, M – G. (2017)，"A Social Welfare Perspective of Market – Oriented Social Enterprises"，*International Journal of Social Welfare* 26 (2)，pp. 127 – 140.

Fulgencio, H. T. , et al. (2016)，"Mapping and Conceptualizing the Measurement of Organizational Social Value Using Systems Thinking"，*European Public & Social Innovation Review* 1，pp. 21 – 3.

Mair, J. & Martí, I. (2006)，"Social entrepreneurship research：A Source of Explanation, Prediction, and Delight"，*Journal of World Business* 41 (1)，pp. 36 – 44.

Thompson, J. G. et al. (2000)，"Social Entrepreneurship—A New Look at the People and the Potential", *Management Decision* 38 （5）, pp. 328 – 338.

　　Tracey, P. & Phillips, N. （2007）, "The Distinctive Challenge of Educating Social Entre-preneurs: A Postscript and Rejoinder to the Special Issue on Entrepreneurship Education", *Academy of Management Learning & Education* 6 （2）, pp. 264 – 271.

　　Smith, W. K. et al. （2013）, "Managing Social – Business Tensions: A Review and Research Agenda for Social Enterprise", *Business Ethics Quarterly* 23 （3）, pp. 407 – 442.

𝒩𝒫

Constructing Advantages: How can Social Enterprises Use Market Logic to Achieve Social Goals: A Case Study of S Social Enterprise in Japan

Gong Xiaodie

[**Abstract**] Social enterprises have both social and economic goals. If social enterprises give priority to social goals, how to achieve social goals through market goals and achieve the advantages of both. This article takes the Japanese S social enterprise as a case. It is found through research that it is necessary to take organizational capability as the foundation and the organizational philosophy as the core. Social enterprises need to make effective use of social value elements such as information and knowledge, human resources, products and services, which can create the overall advantages of social enterprises and achieve a virtuous cycle of mutual promotion of social goals and market goals.

　　[**Keywords**] Social Enterprise; Social Goals; Organizational Philosophy; Organizational Ability

（责任编辑：俞祖成）

营造优势：社会企业如何寓社会目标于市场逻辑

"我们"的孩子：社会资本与早期教育公平[*]

——兼评罗伯特·帕特南《我们的孩子》

申 十 杨 丽[**]

【摘要】 早期教育公平问题作为海内外社会政策研究热点，已经得到国内社会各界广泛关注。无独有偶，帕特南《我们的孩子》，在承继社会资本理论领域既有研究成果的基础上，针对美国梦危机产生原因和破局之道提出创见。他注意到教育公平问题同"美国梦"实现、真正惠及"我们的孩子"及其家庭息息相关。其中，早期教育公平便是该问题的重要一环。帕特南在研究中对教育公平和社会资本构建之间的关系尤为重视，结合案例研究和社会统计数据，他认为社会资本实现良性循环对保障教育公平、实现社会公平正义十分重要。伴随国内有关政策的出台，结合对《我们的孩子》的创见、有关社会实践调研及研究文献的反思，我们尝试从"非营利"视角来探索治理我国早期教育公平问题的策略。

【关键词】 早期教育；社会资本；教育公平；公共图书馆；民俗文化

---

* 本文系国家社科基金项目"中国 NGO 走向世界研究"（15BGJ002）的阶段性成果。

** 申十，北京师范大学中国社会管理研究院/社会学院民俗学硕士，研究方向：历史民俗学、社会治理。杨丽，北京师范大学中国社会管理研究院/社会学院副教授，国际 NGO 与基金会研究中心主任，研究方向：国际 NGO 与基金会、社会企业、社会组织、社会治理与社会创新。

作为社会资本理论研究领域的著名专家，哈佛大学肯尼迪政府管理学院教授罗伯特·帕特南在《我们的孩子》中将定性和定量研究方法相结合，通过生动翔实的案例分析，并辅之以社会统计数据，层层递进、条理清晰地揭示了"美国梦"为何会让美国百姓渐渐觉得可望而不可即，同时为如何化解这场旷日已久的历史性危机提供了建设性策略。

本书与帕特南教授的另外两本著作——《使民主运转起来：现代意大利的公民传统》和《独自打保龄——美国社区的衰落与复兴》关联紧密，三者的论证思路，在很多方面有融会贯通的痕迹，以核心观点为例：《使民主运转起来：现代意大利的公民传统》侧重阐释了"社会资本是促使民主运转起来的必要因素"这一论点（帕特南，2015）；《独自打保龄——美国社区的衰落与复兴》则侧重点明"社会资本衰落与公民参与衰落之间相伴而行"（帕特南，2011）。同样，本书核心观点与上述两本著作也有异曲同工之妙：社会资本的瓦解是导致"我们的孩子"社会阶层流动滞缓、机会不平等现象司空见惯，并将"美国梦"逐步引向深渊，在社会不同领域引发马太效应的重要原因（帕特南，2017）。

一 "美国梦"之殇：与公民社会理想图景背道而驰

美国著名历史学家、记者、普利策奖获得者詹姆士·楚斯鲁·亚当斯曾经从物质和精神两个层次对"美国梦"的含义做出"经典性论述"："美国梦不光是追求名贵汽车与高薪，它应是一种社会秩序，让住在这个国家里的每位男女，无论他们出身多么寒微，都有机会充分发挥与生俱来的潜能，在努力成功后，成就受到肯定。"（葛滨，2003：6）由此可见，保障"美国梦"实现的核心要素是一种稳定的、保障人人机会均等的、社会运行公平公正的社会秩序。

当"美国梦"核心要素被剥离时，"我们的孩子"的噩梦就如期而至了。在第一章"美国梦：幻想与现实"开篇，作者便以哀叹的语调和对比的方式，向读者呈现"美国梦之殇"噩梦般的场景："我的故乡，回到 20 世纪的 50 年代，正是美国梦的一处梦乡，在那个名为俄亥俄州克林顿港的市镇上，所有的孩子无论出身，都能获得体面的人生机遇。但半个世纪过去后，克林顿港的生活却已成为一场美国噩梦，整个社区被划分成泾渭分明的两部分，两边的孩子各自驶向彼此不可想象的人生。早在出生的那一刻，孩子们的命运就已经被决定。不幸的是，克林顿港上演的悲剧只是美国现状的一个缩影。"（帕特南，2017：1）阶层间泾渭分明、阶层固化愈演愈烈，便是这场噩梦的突出特征。

那么，综合全书内容来看，作者认为"美国梦之殇"的原因究竟是什么呢？

第一，家庭结构差异造成的社会断裂。

寒门家庭的不幸命运与美国家庭结构自 20 世纪 70 年代以来较二战战后时期发生的巨大变化关联紧密。这种变化的产生，既和美国地方经济发展陷入困境有关，也和社会价值观、性别意识、性意识的改变相关（帕特南，2017：82~83）。该变化使得"两阶家庭"成为"美国社会的基本事实"，并对孩子们的生活、美国社会断裂的深化形成了"无可置疑的影响"："孩子的许多不良表现都可以追根溯源至下层家庭的特有模式，反过来，上层社会家庭的环境和氛围也造就了孩子的许多优异表现。"（帕特南，2017：87~88）

第二，不同家庭教育模式之间凸显的阶级差异导致了阶级不平等。

一方面，帕特南采用跨学科视角，通过引用儿童发育领域最新研究成果，来说明父母在早教过程中扮演着重要角色，以及儿童在发育时期所获得的基础性能力、智商和情商的培育对其未来人生发展意义重大，"与其等到青少年再严加管束，不如在学龄前就介入，这时的教育可以说是事半功倍"。由此可见，帕特南十分强调早教的必要性（帕特南，2017：125）。

另一方面，帕特南还指出父母的阶级地位往往决定了其教育模式，并引用家族志研究领域的权威学者安妮特·洛罗（Annette Lareau）对"精心栽培型"（concerted cultivation）和"自然放养型"（natural growth）这两种当代美国社会父母教育方式的概述（帕特南，2017：133~134），来进一步说明"不同阶级的父母存在着教育风格的差异"对孩子未来发展"影响深重"（帕特南，2017：138）。

第三，不同学校在环境、制度等方面的差距与孩子们在学习成绩、发展前景等方面存在的阶级差距息息相关。

特别值得关注的是，帕特南对美国"自主择校"制度进行了批判性反思，在肯定其美好初衷的基础上，指出其"缩小阶级差距作用微乎其微"的症结在于父母的阶级深刻影响着其为孩子作出明确选择的可能性（帕特南，2017：187）。此外，不同学校在学习氛围、师资力量、课外活动方面存在的差距都对加大孩子们未来发展的阶级差距起到了一定作用。然而，帕特南在分析学校与机会不平等、阶级差距间关系时，始终还是秉持客观、公正的立场，肯定教育界目前所做出的努力，并提出"推动教育改革以改善穷孩子读书的学校才是我们的一条出路"（帕特南，2017：207）。

第四，邻里社区和社会资源的阶级隔离使机会不平等现象在全美社区中不断扩张。

帕特南通过案例阐述了社会关系网络是如何帮助家长及时发现孩子监护死角以防范风险的：邻居妈妈帮助还被蒙在鼓里的家长及时得知孩子有吸毒行为，家长及时对孩子进行教育，进而规避了风险（帕特南，2017：220～221）。由此，帕特南将邻里社区中可以发挥正能量作用的社会网络资源视为一种"安全气囊"（air bag），并和社会学家对"弱关系"① 这一学术术语的内涵概括进行比较，发现是否拥有有效的、广泛的"弱关系"是美国上层社会和下层社会家庭之间存在的重要差别之一。这种差别对于美国下层阶级家庭的影响在于：缺乏有效、广泛"弱关系"的家庭"往往会变成社会关系的孤岛，即便同他们的邻居也是相见不相识，而有色种族的穷人就尤其如此，甚至成为了一个孤立的原子"（帕特南，2017：234）。此外，结合人类学家达娜·博伊德（Danah Boyd）和社会学家埃丝特·哈吉塔（Eszter Hargittai）的研究，帕特南还发现这种不平等可能会经由互联网从线下延伸到线上："上层阶级的孩子往往掌握了更复杂的数字信息处理技巧——他们知道如何在互联网上检索信息，如何评估网上所得到的信息——而且，在施展这些信息处理技巧时，他们也能得到更充分的社会支持。当这些孩子运用互联网时，他们更有能力收获我们当下数字化经济和社会的红利。反过来说，即便下层阶级的孩子有着相同的上网渠道，但他们也缺乏数字时代的头脑，无法利用互联网来增加他们的人生机会。"（帕特南，2017：238～239）最后，"照顾下一代"曾经是"共同体分担的集体责任"，伴随"这一伦理在最近几十年已经消散殆尽"，帕特南发现"我们的孩子"已经"裂变为一家一户的子女"，美国富家子与穷孩子之间的阶级差距将越来越大（帕特南，2017：254）。

① 社会学家对"弱关系"的定义是："在不同的社交圈子都有非正式熟人，比如精神科专家、教授、企业经理、家庭友人、朋友的朋友。"（帕特南，2017：223）

二 构建社会资本：助推教育公平与阶层流动

最后一章"路在何方"的重要主题便是提出化解"美国梦之殇"这场危机的策略。这些策略所蕴含的基本理念在帕特南的其他学术著作中也能寻觅到踪迹，通过将帕特南发表过的其他著作中的内容与本书的案例、观点联系起来，避免孤立地"就事论事"、断章取义，可以对帕特南在社会资本理论研究领域的学术贡献有一个清晰、客观的认识。与其发表过的其他几本经典著作中的观点一脉相承，帕特南针对救治"美国梦之殇"的核心理念便是：构建社会资本。围绕这一核心理念，帕特南从家庭结构、为人父母、学校、邻里社区这几个方面提出针对"如何缩小机会鸿沟"的策略。

首先，在家庭结构方面，帕特南提倡在设计改革措施时不能停留于问题表面，应该避免"头痛医头，脚痛医脚"。

第一，帕特南触及问题本质，提出"扭转私人规范最近数十年来的风向"，并实现"工人阶级家庭的经济复兴"是解决底层社会家庭结构问题的首要方略（帕特南，2017：274）。第二，针对成年女性未婚先育现象为传统家庭结构带来的冲击，帕特南提出为了缩小日益增大的机会鸿沟，应当促使社会风气从"怀孕即生养"向"按计划生养"转变，广泛开展相关公共教育活动，促使人们树立负责、长远的教育观念（帕特南，2017：275）。第三，针对贫穷家庭提供的"小额的现金援助"，宜早不宜迟，越早效果就会越好，其原因在于"真金白银的援助可以减少贫穷家庭的经济压力，从而减缓经济压力对穷孩子早期大脑发育的伤害"（帕特南，2017：276）。第四，针对美国"入狱服刑人数"攀升对"家庭和社区造成极恶劣的冲击"的情况，帕特南提出了三项具体措施："减少非暴力犯罪的刑责，在假释管理中授予更大的自由裁量权。""改造罪犯，让他们在出狱后可以更好地融入社会。""减少目前的监狱开支，转移到工作培训、戒毒和药物治疗以及其他犯罪人矫治服务上。"（帕特南，2017：278）

其次，在为人父母方面，考虑到"儿童的学前教育和家庭教育"是扩大机会鸿沟的"重要推手"，改革措施的设计应当围绕父母、早教/幼教机构这两个主体。

第一，提供有"更充裕的弹性""更多的选择余地"的工作机会，有利于父母亲自看护孩子，进而促进孩子们未来发展的机会鸿沟闭合（帕特南，2017：278）。第二，统筹兼顾幼教机构的价格问题和品质问题，以"幼儿启智"（Early Head Start）和"幼儿早教"（Educare）项目①为例，探索"为低收入家庭提供他们负担得起、同时又是高品质的专业托儿服务"的最佳方案（帕特南，2017：279）。第三，广泛动员和整合社会资源，使教师、社工、医疗专业人员同父母形成合力，为底层社会家庭"提供'全方位'的家庭服务"（帕特南，2017：279）。第四，重视儿童发育研究领域的最新科研成果和儿童发育学家"就学龄前教育的重要性"所达成的共识，增加美国政府对幼儿教育领域的资金投入（帕特南，2017：280～281）。

另外，在学校方面，解决问题的关键在于"在不同的学校之间实现学生、资金和教师的再分配"，这同时也是作者认为"最有希望的变革"（帕特南，2017：282）。

第一，利用政府补贴，实现"高收入和低收入家庭的社区杂居"，为穷孩子进入较好的学校提供机会，以推动机会平等（帕特南，2017：282）。第二，吸引资金以提高穷孩子就读学校的师资水平，借鉴美国联邦政府曾经推行的"人才转移计划政策"，改善这些学校中教师的工作环境和待遇（帕特南，2017：284）。第三，推动社区和学校之间的共建：一方面，通过复合、叠加社区与学校的发展目标，形成合力，推动孩子、家庭、社区的和谐发展；另一方面，可以动员"扎根在本地社区的社会组织"，创办适合本社区教育情况的特许学校（帕特南，2017：285）。第四，批判性反思"人人都要上大学"的信条，为职业教育正名。通过"在职业高中与产业、高等学校之间建立起更紧密的伙伴关系"来洗刷长期存在的职业教育"作为二等教育"的偏见（帕特南，2017：287）。第五，改善社区大学的"学生服务系统"，使之"同本地就业市场和四年制大学建立起更好的对接"，同时"降低它们的退学率"（帕特南，2017：289）。

最后，在邻里社区方面，帕特南主张从课外活动、良师益友、社区再造三个方面切入来解决问题。

第一，以恰当方式，在顾及穷孩子尊严的前提下，减免穷孩子所在学区的

---

① "幼儿早教"（Educare）项目：该项目"是由私人慈善家捐赠资助的，目前是一个分支机构遍布全国的非营利育儿中心网络"（帕特南，2017：279）。

课外活动费用（帕特南，2017：290）。第二，整合志愿者项目，使其"集中投放在为穷孩子提供人生指导上"，以推动实现"缩小机会鸿沟"（帕特南，2017：291）。第三，通过"直接对贫穷社区投资"和"将贫穷的家庭迁移到比较好些的社区"来进行社区改革（帕特南，2017：292）。

综上所述，作者提出以上策略的出发点可以用其第六章结语——"因为我们和穷孩子之间是你中有我，我中有你的。他们，也是，我们的孩子"来概括。结合对帕特南破局策略的反思，以"非营利"视角聚焦于早期教育公平问题——这一本书重点关注的研究领域，能够带给我们哪些启示呢？

三 "非营利"视角下治理我国早期 教育公平问题的策略

前人关于中国早期教育公平问题的内涵和治理策略等的研究，已有诸多成果。

储朝晖对国内当前早期教育公平问题的症结做出归纳和总结："0～6岁婴幼儿发展是终身发展的基础，早期教育对人的成长发展具有极为关键性的作用，从2010年中国政府开始重视幼儿教育以来，早期教育的重要性也得到更清晰的认识，父母及社会对早期教育的需求日渐增大，期望日益增高，但是目前中国早期教育的专业水平还处在很低的'幼稚'阶段，各地的早教热潮中出现了严重的短期功利取向与混乱现象。"（陈辉，2015：189）同时，储朝晖还将这种乱象背后的原因归纳为三个方面："病态的幼儿教育价值认同"、"不均衡的幼儿教育社会支撑"和"民主化与科学化的缺失"（储朝晖，2008：56～58）。陶行知把如何在平民阶级间推行和普及幼稚教育的策略归纳为三个方面：平民化、经济化和适合于乡村儿童生活。指出"现在的幼稚教育，多数是操纵在贵族阶级及智识阶级的手里，我们这里是要把幼稚教育从贵族阶级、智识阶级的手里夺出来，普遍到平民阶级"（胡晓风，2007：223～224）。同时，陶行知还在《创设乡村幼稚园宣言书》中提出"要力谋幼儿教育之适合国情，不采取狭义的国家主义……外国材料之具有普遍性、永久性的亦当选粹使用，但必以家园所出的为中心"（徐志辉、徐莹晖，2010：28）。通过"梳理和概括国际社会政府主导推进学前教育公平的主要政策及其经验"，一些学者将其对于"制定完善我国相关政策，保障包括学前教育公平在内的教育公平，最终实现社会公平"的启示归纳为六个方面：强化政府主导推进学前教育公平的基本理念，确立政府主导地位，明确其主要责任内容；坚持政府主导优先普及农村学前教育的发展战略；建立公平导向的学前教育财政投入体制；确立以公办园为主优先保障弱势儿童入园；建立免费学前教育政策，保障弱势儿童平等受教育权；建立健全督导评估和问责制度，强化政府对学前教育的监管与质量评估（庞丽娟等，2014）。城乡学前教育差距问题在 2012 年出版的《中国学前教育发展报告》中得到了重点关注和强调。例如，结合 2003 ~ 2008 年全国城镇、农村幼儿园比例变化的数据，该报告指出"近年来，城市在园幼儿数基本稳定，县镇在园幼儿数快速增长，但农村在园幼儿数不升反降，使得城乡在园幼儿比例差距逐年拉大，这反映出城乡学前儿童的入学机会和入园率存在较大差异"。另外，该报告还对城乡幼儿园在基础设施、师资水平等方面存在的差距状况进行了详细描述（庞丽娟、洪秀敏，2012：47 ~ 66）。此外，《中国学前教育发展报告 2013》将"促进学前教育公平"列为中国学前教育热点研究问题之一，该报告在对 2000年以来旨在促进学前教育公平的政策进行总结、分析的基础上，从"城乡之间、区域之间、园所之间和人群之间"这些角度来分析"我国学前教育发展的现状，发现我国在推进学前教育公平进程中的突出问题"，以"在理论上加深对我国学前教育公平的理解，在实践中寻找到更有效的推进学前教育公平的方式与路径"（中国学前教育发展报告课题组，2015：190 ~ 204）。

"实现整个社会或者一定范围内的公共利益"是非营利组织的宗旨（王名，2010：3），"以志愿精神为背景的利他主义和互助主义"是非营利组织的"内在驱动力"（王名，2010：4）。非营利组织在制定发展战略时往往不会驻步于眼前利益或定向服务于特权阶层，而是更倾向于制定长远性、公益性、互益性相结合的发展计划，这种组织发展愿景同帕特南在思考如何缩小存在于美国早期教育领域的"阶级鸿沟"策略时的出发点有共通之处，同样也可以成为思考如何治理我国早期教育公平问题的借鉴性视角。

"非营利"视角下治理我国早期教育公平问题的策略可以归纳为以下三个方面。第一，提升相关社会组织在早教领域的参与度和社会关注度，政府应积极为其提供配套制度支持以助其功能运转实现专业化、规范化、高效化、稳定化。

帕特南曾从"社会和政治的领头羊"及国家两个维度切入来论证组织中的

领导者、国家宏观政策对社会资本积累的重要影响。一方面，"领导很重要，因为领袖会创设社会资本得以产生和发展的制度……公民团体得以形成是因为一些人通常从个人经历中认识到，公共政策需要改变。阅读小组得以形成是因为几个朋友认为扩大社交圈子乐趣多多"。另一方面，"高于个人领袖并影响社会资本的是国家，这里说的包括政府机构及其所制定的政策……一些国家相对开放、分化和分权，提供一种有利于公民团体参与公共事务的政治结构"（帕特南，2014：14）。

从我国政府已经出台的有关政策来看，早期教育领域改革的必要性、紧迫性十分突出，政策目标十分清晰，具有较强的针对性和连续性。

"幼有所育"在中共十九大报告所提出"不断取得新进展"的七项民生要求中排在首位，早期教育领域改革的必要性、紧迫性由此可见一斑。2019 年 5 月 9 日发布的《国务院办公厅关于促进 3 岁以下婴幼儿照护服务发展的指导意见》① 明确了促进婴幼儿照护服务发展的主要任务、保障措施、组织实施等政策部署，从该文件制定的发展目标中可以看到政府对于改善婴幼儿照护服务的决心以及相关政策规划的连续性、长远性："到 2020 年，婴幼儿照护服务的政策法规体系和标准规范体系初步建立，建成一批具有示范效应的婴幼儿照护服务机构，婴幼儿照护服务水平有所提升，人民群众的婴幼儿照护服务需求得到初步满足。到 2025 年，婴幼儿照护服务的政策法规体系和标准规范体系基本健全，多元化、多样化、覆盖城乡的婴幼儿照护服务体系基本形成，婴幼儿照护服务水平明显提升，人民群众的婴幼儿照护服务需求得到进一步满足。"《国家中长期教育改革和发展规划纲要（2010—2020 年）》② 中明确提出"学前教育对幼儿身心健康、习惯养成、智力发展具有重要意义。遵循幼儿身心发展规律，坚持科学保教方法，保障幼儿快乐健康成长"。强调要"重视 0 至 3 岁婴幼儿教育"。《国务院关于当前发展学前教育的若干意见》③ 中明确指出"发展学前教

---

① 《国务院办公厅关于促进 3 岁以下婴幼儿照护服务发展的指导意见》（国办发〔2019〕15 号），http：//www. gov. cn/zhengce/content/2019－05/09/content_5389983. htm。

② 《国家中长期教育改革和发展规划纲要（2010—2020 年）》，教育部门户网站，http：//old. moe. gov. cn/publicfiles/business/htmlfiles/moe/info_ list/201407/xxgk_ 171904. html？ auth-key＝gwbux。

③ 《国务院关于当前发展学前教育的若干意见》，http：//www. gov. cn/zwgk/2010－11/24/content_1752377. htm。

育，必须坚持公益性和普惠性"，并提出相应的施政方针："保障适龄儿童接受基本的、有质量的学前教育；必须坚持政府主导，社会参与，公办民办并举，落实各级政府责任，充分调动各方面积极性；必须坚持改革创新，着力破除制约学前教育科学发展的体制机制障碍；必须坚持因地制宜，从实际出发，为幼儿和家长提供方便就近、灵活多样、多种层次的学前教育服务；必须坚持科学育儿，遵循幼儿身心发展规律，促进幼儿健康快乐成长。"

然而，鉴于我国早期教育领域发展现状与上述政策目标间存在一定差距，亟待发掘当前症结所在，引进社会组织的支持力量，根据上述政策方针，结合实际情况对其进一步改善。

有学者指出狭隘关注学校改革，对国家追求实现教育平等目标的作用有限，"学校教育以外的因素"也十分关键，不容忽视。"在学校、企业、大学、医院、地方政府和大量以社区为基础的服务组织之间建立的一系列战略伙伴关系"有助于提高"当地对学校的支持并且增加学生及其家庭的社会资本"。同时，作为"最具有成本效益的一种手段"，"为学校提供大量的外部支持"可以"带来更强烈的责任感、运作更为良好的学校以及更优秀的学生成绩"（杰克逊，2019）。洪秀敏、陶鑫萌认为"主管部门不明确"、"供需矛盾日益凸显"以及"缺乏规范和监管"是 0～3 岁婴幼儿早期教育服务存在的主要问题，并提出可以借鉴上海市和青岛市的经验①，各地应尽快出台早教机构的管理标准（洪秀敏、陶鑫萌，2019）。马驰认为国家针对"0～3 岁婴幼儿托育政策"的顶层设计处于缺失状态，这束缚了"地方在解决 0～3 岁婴幼儿托育问题上的行动力"（马驰，2019）。杨文认为"起步晚、发展慢、水平低、且地区发展不平衡"是国内 0～3 岁婴幼儿早期教育公共服务领域存在的突出问题，并将问题根源归结为"早期教育公共服务缺乏统一的政策指导、政府部门重视程度不够、财政经费投入严重不足、师资匮乏且专业化水平低"（杨文，2017）。民进江苏省委在调研中尤为关注"天价早教班"问题，认为针对该问题的解决之道在于积极推动"多元主体、共同参与"："相关部门应该提升家长的育儿水平，推荐合规的

---

①　"《青岛市非全日制早期教养指导与服务机构管理办法》对早期教育指导机构的设置条件标准，以及收费和招生进行了严格要求，《上海市民办早期教养服务机构管理规定》对民办早期教养服务机构的举办者、申办程序、设施配备、服务人员标准、机构管理、收费均进行了详细规定。"（洪秀敏、陶鑫萌，2019）

平价的托育机构，不能让市场完全被资本化运作的商业行为占领。坚持政府引导，营造多方参与共同承担社会责任的托育服务氛围。可依托社区、幼儿园、妇幼保健院等机构加强对父母科学育儿观念的宣传指导。"（人民政协报，2019a）据民进重庆市委会调研发现，婴幼儿早期教育师资问题重重："年龄基本上是30岁以下女教师，早教经验不足，绝大多数没有获得亲子教师资格或育婴师资格证书；缺少专业、规范的培训体系，培训制度不完善……"（人民政协报，2019b）

第二，汲取中国传统文化所蕴含的民间智慧，灵活运用中国民俗文化资源，加强对"童蒙文化"应用性的深入研究，增强早教活动的趣味性、知识性、科学性、易行性，以推动早期教育公平。

帕特南通过考察意大利南北地区中世纪截然不同的公共生活遗产对统一后意大利公共生活的影响，证实了"历史的力量"："社会资本的存量，如信任、规范和网络，往往具有增强性和可累积性。良性循环会产生社会均衡，形成高水准的合作、信任、互惠、公民参与和集体福利。"恶性循环则反之亦然（帕特南，2015：228）。而就中国本国历史及国情而言，基层社会治理创新离不开中华优秀传统文化血脉的支撑："共同的价值认同是社区共同体的本质特征，也是基层治理的基石。按照创造了'社区'概念的德国社会学家尼斯的理论，所谓的社区是指由具有共同的习俗和价值观念的同质人口组成的关系密切的共同体。因此，要从社区居民价值和利益共同体的本源意义探索基层社会治理创新。基层社会治理创新要以传统文化凝聚共同价值。改革开放以来，市场化、工业化、城镇化冲击了传统社区铁板一块的集体意识和共同价值，使得人们的价值和利益多元化，进一步加剧了社会整合的难度。在当今的基层社会治理创新中，只有立足本土，充分挖掘当地的历史文化传统，寻找共同的历史记忆和文化基因，才能重新建立新的价值认同。"（岳经纶、邓智平，2017）正如陈振明所指出的让"网络治理具有强大生命力的根源"："任何一种治理模式都是独特的，都必须与当地的历史传统、社会习惯、政治制度和经济条件相一致，正如吉尔斯·菲利浦所说'治理既是政治文化的产物，也是制度结构的结果。'……只有治理的独特性，才有治理的多样性。这是网络治理具有强大生命力的根源。"（陈振明，2003：106）

从民俗学视角来看，中华优秀传统文化中蕴含的民间智慧便可以利用这种历史文化内力来助推社会资本的良性循环，并且，可以寓教于乐来帮助幼童更好地吸收文化精华。

王名与刘大钧持续关注甘肃省甘谷县永安伏羲学校"伏羲班"改革试验，并在 2013 年至 2017 年的政协提案中对"伏羲班经验"进行总结："中国古代优秀的经典教材和成功的教育经验能为今用，以中华传统文化为核心探索基础教育改革不仅是必要的也是切实可行的。"（王名，2018：185）徐梓指出国学经典教育不仅可以让立足于"高度分化、离心力很强的现代社会"的人们有"一个共同的知识体系"，还可以使之有一个"共同的文化背景、价值观念和精神信仰"（徐梓，2018：67）。萧放将民俗传统划分为五种类型：生态民俗传统、生计民俗传统、社会民俗传统、信仰与道德伦理的精神民俗传统、村落文艺民俗传统。并且，围绕作为社会民俗传统重要组成部分的"村落社会的自治传统"和"守望相助的乡缘传统"如何搭建社会资本、促进社会资本良性循环以推动乡村振兴进程做出精彩阐释（萧放，2019）。王德刚通过使用扎根理论研究方法，将访谈资料与文献研究成果进行"对读"研究，将民俗价值从三个维度进行归纳："对人类个体生活层面的规范价值"、"作为地方认同、民族认同和国家认同的意识基础价值"以及"完整反映人类知识谱系的价值"（王德刚，2019）。毛新梅认为在德育方面，地方民俗可以对正规学校教育进行补充，即可以"通过个体认可并接受地方民俗文化的约束力，自觉规范自己的道德意识和道德行为"（毛新梅，2018）。金滢坤将"童蒙文化"定义为"以儿童启蒙教育为核心的一切物质和精神文明的总和，主要包括儿童养育、启蒙、教育、生活、健康、心理、文学、艺术、服饰、游戏、交友、礼俗、劳作和选拔等一切与儿童相关的社会活动、制度和文化传统，以及相关文化、思想、风俗和文物遗存等"，并认为作为"中华传统文化的重要组成部分"的"童蒙文化"不但"是其核心价值的体现，也是民众日常行为规范体系的集中体现，始终承担着启蒙与传承传统文化的任务，肩负着士人和社会的教化及儒家伦理道德普及的使命"（金滢坤，2018）。毛巧晖以《幼学琼林》为例，指出中国经典蒙学教材所蕴含的丰富的民俗知识和民俗教育观念对儿童教育而言"无论是在识字、学习方面，还是在做人、做事方面都给予了基础性的引导，并形成了一种教育和文化传承并行的机制"（毛巧晖，2012）。关溪莹通过梳理中国民俗学学科创始人钟敬文先生的"民俗教育观"，将"民俗文化教育"的性质归纳为三个方面：自然结合性、社会参与性、全面规范性。同时，结合课堂教学实践还发现"独特的民俗教育手段"能使教学更加生动活泼，并显著提升学生的学习兴趣（关溪莹，2002）。

第三，积极推动公共图书馆为 0～3 岁儿童提供公共教育服务，通过借鉴发达国家及国内先进地区经验，创新早教活动形式与组织形式，完善参与主体间社会网络建设，实现教育资源科学整合，加大对弱势家庭的扶持力度和宣传力度，以缩小不同家庭间教育鸿沟，推动早期教育发展愈加公平化。

公共图书馆作为可以构建互利互惠的社会网络、帮助孩子及其家庭积累社会资本、集聚不同种类社会资源的公共平台，对于"每一个幼儿个体及家长"，尤其是那些"不具备条件进入早教机构"的婴幼儿和父母来说十分必要（胡莹，2013）。这在一定程度上，对帕特南在思考"缩小机会鸿沟"策略时所关注的如何为低收入家庭提供价格合理、质量也有保障的托儿服务（帕特南，2017：279）这个问题做出了回应。

北京师范大学国际 NGO 与基金会研究中心杨丽调研团队通过现场观察走访、询问馆员、资料查询等方式，对北京市多家公立图书馆的 0～3 岁婴幼儿的阅读资源，包括国家图书馆、首都图书馆、各区图书馆总馆与部分分馆中的相关软硬件进行调查①，发现北京市范围内公共图书馆的主要问题集中在两个方面：硬件条件已可满足基本需求，但多数图书馆对 0～3 岁儿童友好度不高；整体而言，少有针对 0～3 岁儿童的阅读服务及活动，理念、行动、专业性不足。这些不足，可以通过更新理念、学习借鉴国内外公共图书馆发展儿童服务的成熟实践来予以完善。

和下设"专门指导图书馆儿童服务"机构——儿童图书馆服务协会（ALSC）和青少年图书馆服务协会（YALSA）的美国图书馆协会（ALA）相比，中国的各级图书馆学会"对图书馆儿童服务的指导非常少，更不用提儿童教育指导了"（周秀霞、张立新，2014）。周玉含从"专门馆藏、专门空间、专业人员、专门服务与活动以及合作网络"这五要素入手概述美国公共图书馆针对0～3 岁婴幼儿服务情况，并认为"借助政府支持、加强社会互动、寻找合作伙伴"是美国公共图书馆提供服务的重要手段之一。通过"寻求与各类关心少年儿童

---

① 调研时间：2019 年 3～6 月。调研人员：杨丽、王浚铭、骆敏、李□、梁家祺、陈晓蓉。调研地点：国家图书馆、首都图书馆、北京市各区图书馆总馆与部分分馆。

发展和教育的机构进行合作"，公共图书馆在提供婴幼儿服务时可以同有关机构取长补短（周玉含，2016）。黄耀东基于对美国公共图书馆婴幼儿早期阅读推广活动 Born to Read（出生即阅读）项目的研究，指出美国公共图书馆的功能呈现多元化特征，并且对于弱势家庭能够给予特殊支持："为了指导贫困家庭或读写能力弱的家长参与婴幼儿早期阅读活动，BR 项目为新生的婴幼儿家长提供免费的培训。"此外，"在服务贫困及偏远地区家庭方面，美国一些公共图书馆在自己的官网中明确强调 BR 项目重点是，为弱势群体家庭的婴幼儿提供免费的大礼包和父母阅读的书籍"（黄耀东，2018）。段宇锋、周子番、王灿昊结合对杭州少年儿童图书馆低幼服务状况的研究，指出其"以绘本阅读、手工剪纸、舞蹈游戏等活动为基础，拓展思路、丰富和完善活动组织方式，打造出低幼服务品牌"。并且，通过设立高校学生教育实践基地、成立家长志愿团、与社会机构合作的方式，既实现了积极推广其幼教服务品牌的目标，又可在高校、社会机构、图书馆、家庭间营建互利互惠的社会网络（段宇锋等，2019）。招建平指出意大利"生而为读"计划作为"世界上实施较早的专为 0～6 岁儿童提供阅读指导服务的国家性计划"，其首要任务便是"争取婴幼儿父母的支持，通过图书馆员、儿科医生、社会健康工作者等力量广泛宣传，让父母对项目信任，为项目的顺利开展打下了良好的基础"（招建平，2018）。周秀霞、张立新通过对比中美图书馆的儿童服务模式，指出中国应该吸取美国的发展经验，从"加快指导性文件的制定""加大行业协会的指导力度""加强机构间的合作服务""推进特色化项目的开展""重视后续的评估工作"几方面入手，弥补自身不足（周秀霞、张立新，2014）。刘和发通过考察发源于英国、具有较高教育投资回报率、针对低龄儿童开展教育支持的服务项目 Bookstart 在英国、日本、中国台湾地区发展的经验，提出推动众多社会组织进行互利互惠的合作对于满足该项目多元化的资源诉求必不可少（刘和发，2014）。张宇光、张金玲指出北京市海淀区针对全区 0～3 岁婴幼儿的早期教育推广模式可以用"1＋3"① 来概括，该模式的确立"为宣传早教理念，提高居民早教意识，推进早教工作发挥了积极

① 其中，"1"指"一个区级早期教育发展示范中心"，该中心"主要针对一岁婴幼儿早教工作师资、准父母、家长和监护人开展培训，帮助他们树立科学育儿的理念，为家庭教育提供支持，同时作为辐射全区早教工作的家长、师资培训和教育示范基地"。而"3"则指"人口计生部门通过与医疗卫生、教育机构及社会机构三类不同资源的合作，构建三种模式的镇街级早教活动站，在社区开展针对家庭的早教活动"（张宇光、张金玲，2013）。

作用"（张宇光、张金玲，2013）。

由此可见，推广公共图书馆为婴幼儿提供服务，其不仅仅是简单地教会孩子怎样阅读的过程，更是一个需要在科学原则指导下进行教育资源整合以帮助一个家庭乃至一个地区树立科学育人、教育公平、终身学习理念的复杂过程。因此，必须要通过积极构建社会网络形成合力，促使不同参与主体间社会资本积累实现良性循环才能取得进展，实现标本兼治以解决根本问题。

参考文献

陈振明（2003）：《公共管理学——一种不同于传统行政学的研究途径》（第 2 版），北京：中国人民大学出版社。

储朝晖（2008）：《中国幼儿教育忧思与行动》，南京：南京师范大学出版社。

陈辉（2015）：《0～6 岁儿童养育专家全知道：幼儿行为问题应对》，北京：北京理工大学出版社。

段宇锋等（2019）：《为孩子开启智慧之门——杭州少年儿童图书馆低幼服务》，《图书馆杂志》，第 1 期。

关溪莹（2002）：《钟敬文的民俗教育观》，《中山大学学报》（社会科学版），第 4 期。

葛滨（2003）：《"美国梦"之谜 美国国情再认识》，广州：羊城晚报出版社。

胡晓风（2007）：《陶行知教育文集》，成都：四川教育出版社。

胡莹（2013）：《我国公共图书馆开展 0～3 岁婴幼儿服务方式探究》，《图书馆学研究》，第 18 期。

黄耀东（2018）：《美国公共图书馆的婴幼儿早期阅读推广——对 Born to Read 项目的考察》，《图书馆论坛》，第 1 期。

洪秀敏、陶鑫萌（2019）：《改革开放 40 年我国 0～3 岁早期教育服务的政策与实践》，《学前教育研究》，第 2 期。

金滢坤（2018）：《中国童蒙文化研究的思路、方法与创新》，《首都师范大学学报》（社会科学版），第 1 期。

〔美〕罗伯特·帕特南（2011）：《独自打保龄——美国社区的衰落与复兴》，刘波、祝乃娟、张孜异、林挺进、郑寰译，北京：北京大学出版社。

——（2014）：《流动中的民主政体：当代社会中社会资本的演变》，李筠、王路遥、张会芸译，北京：社会科学文献出版社。

——（2015）：《使民主运转起来：现代意大利的公民传统》，王列、赖海榕译，北京：中国人民大学出版社。

——（2017）：《我们的孩子》，田雷、宋昕译，北京：中国政法大学出版社。

刘和发（2014）：《从公共图书馆的教育使命看 Bookstart 项目及其启示》，《国家图书馆学刊》，第 4 期。

毛巧晖（2012）：《传统蒙学教材的民俗教育价值——以〈幼学琼林〉为例》，《教育理论与实践》，第 18 期。

毛新梅（2018）：《论民俗文化的德育意蕴及其实施路径》，《教育研究与实验》，第 5 期。

马驰（2019）：《城镇 0～3 岁幼儿托育服务亟须构建早教公共服务体系》，《黑龙江社会科学》，第 3 期。

庞丽娟、洪秀敏（2012）：《中国学前教育发展报告》，北京：北京师范大学出版社。

庞丽娟等（2014）：《世界主要国家和地区政府主导推进学前教育公平的政策及启示》，《学前教育研究》，第 1 期。

王名（2010）：《非营利组织管理概论》，北京：中国人民大学出版社。

——（2018）：《建言者说　叁 2016～2017 政协提案小集》，北京：社会科学文献出版社。

王德刚（2019）：《民俗文化的当代价值——基于民俗学者深度访谈与文献对读研究》，《民俗研究》，第 2 期。

徐志辉、徐莹晖（2010）：《陶行知论乡村教育》，成都：四川教育出版社。

徐梓（2018）：《中华优秀传统文化教育十五讲》，北京：北京师范大学出版社。

萧放（2019）：《民俗传统与乡村振兴》，《西南民族大学学报》（人文社科版），第 5 期。

杨文（2017）：《全国政协委员杨文：各级政府设置早期教育管理机构》，http://news.ifeng.com/a/20170228/50741164_0.shtml。

岳经纶、邓智平（2017）：《社会政策与社会治理》，北京：中央编译出版社。

〔美〕约翰·L. 杰克逊（2019）：《美国社会政策和社会公正》，吴杨译，北京：社会科学文献出版社。

张宇光、张金玲（2013）：《布局"1+3"模式　推进婴幼儿早期教育发展》，《人口与计划生育》，第 7 期。

周秀霞、张立新（2014）：《中美图书馆儿童教育的比较研究》，《图书馆学研究》，第 11 期。

中国学前教育发展报告课题组（2015）：《中国学前教育发展报告 2013》，北京：教育科学出版社。

周玉含（2016）：《美国公共图书馆 0～3 岁婴幼儿服务研究》，《图书馆建设》，第 11 期。

招建平（2018）：《国内公共图书馆开展婴幼儿服务的难点及对策研究》，《图书馆工作与研究》，第 3 期。

人民政协报（2019a）：《民进江苏省委：推进婴幼儿早期教育健康发展》，http://www.cppcc.gov.cn/zxww/2019/02/13/ARTI1550019076216255.shtml。

人民政协报（2019b）：《民进重庆市委会呼吁全面系统解决学前教育师资问题：不断提供增量　持续做好存量》，http://www.cppcc.gov.cn/zxww/2019/04/15/ARTI15552943

81957354. shtml。

"Our" Children: Social Capital and Early Education Equity: Comment on Robert D. Putnam's *Our Kids: The American Dream in Crisis*

Shen Shi   Yang Li

[**Abstract**] As a hotspot of social policy research at home and abroad, the issue of fairness in early education has been widely concerned by the domestic society. Coincidentally, on the basis of the existing research results in the field of social capital theory, Putnam proposed a new vision for the causes and solutions of the American dream crisis. He noted that the issue of educational equity is closely related to whether the American dream can be realized and whether it can really benefit "our children" and their families. Significantly, early education fairness is an important part of the issue. In his research, Putnam paid attention to the relationship between educational equity and social capital construction. Combining case studies and social statistics, he believes that whether social capital can achieve a virtuous circle is very important to ensure education equity and achieve social fairness and justice. The introduction of relevant domestic policies, combined with reflections on this book's original ideas, relevant social surveys and research literature reviews, strategies to promote fairness of early education at home from the "non-profit" perspective can be generalized.

[**Keywords**] Early Education; Social Capital; Education Fairness; Public Library; Folklore Culture

（责任编辑：宋程成）

"公益"与"慈善"辨析：一个文献评述[*]

陈梦苗[**]

【摘要】 如何对"公益"与"慈善"二词进行辨析一直是学术界关注的热点问题，但是当前学术界在这一问题上并未达成共识。本文对现有关于"公益"与"慈善"辨析的文献进行了系统的梳理，在其词源、文化思想史、含义以及两者相互联系上进行综述并归纳学术界普遍认同的观点，希望借此为学术界进一步讨论提供一定的参考。

【关键词】 公益；慈善；慈善公益事业

2016 年，我国通过了第一部慈善公益事业基本法《中华人民共和国慈善法》，这标志着我国慈善公益事业走向法制化，同时也反映了国家对慈善公益事业发展的高度重视。但是，这部法律使用的是大慈善概念，其所指范围大于通常用法中的"公益"概念。但这一慈善概念与通常用法中的"慈善"概念相悖，同时，由于"公益"和"慈善"在表达和用法上的相似性，直到现在学术界还未对"公益"和"慈善"二词的完整概念进行明确且达成共识的界定。"公益"和"慈善"在含义上的模糊与分歧不仅制约了学者们对慈善公益事业理论的深入探讨，而且阻碍了慈善公益事业的健康发展。《中华人民共和国慈善法》中的"慈善"概念与大多数人理解的"公益"概念近似就是一个显著的例

---

[*] 致谢：感谢胡辉华教授具有启发性和建设性的意见，本文作者文责自负。

[**] 陈梦苗，暨南大学公共管理学院/应急管理学院，研究方向：社会组织与社会治理。

子。因此，"公益""慈善"概念的界定是亟待解决的基本问题。本文通过梳理和总结学术界关于"公益"和"慈善"概念的讨论，从词源、文化思想史、含义以及相互联系四个方面进行辨析，试图寻找学术界的共识，为进一步完善和丰富慈善公益事业理论研究打下坚实的基础。

一 "公益"与"慈善"词源辨析

对于"公益"一词的最早使用问题，学术界普遍认为"公益"是清末民初中国学习西方热潮中的舶来品（秦晖，1999：168；曾桂林，2018；吴来安，2018），其中，多数学者认同20世纪初日本学者留冈幸助将西文"public welfare"翻译为"公益"是"公益"在汉语中的最早使用的说法（秦晖，1999：27；陈可鉴、郁建兴，2015；王银春，2015：31；赵环、徐选国，2017），而据吴来安（2018）探究，"公益"一词始于1864年丁韪良等合译的《万国公法》。在"舶来品"说法的基础上，杨超、唐亚阳（2015）认为中西方"公益"虽具有相同的方向，但内涵相差明显；曾桂林（2018）认为"公益"的概念因受到传统中国社会结构的"差序格局"影响而具有区别于西文的独特中文蕴意。但与此同时，有学者并不赞同"公益"为舶来品的说法，陈弱水（2006：112）谈及自己曾经或许在一份光绪八年（1882）出版的宗谱里看到过"公益事"一词，并认为这是中国固有的表达方式，而武沺宇（2018）的发现则更早，道光十一年（1831）的一份禀帖中曾提及一间以"公益"冠名的茶行，并认为中国早期就有着本土的"公益"语汇，但这一语汇并不常用。

关于汉语"公益"应翻译成什么英文词语的问题在学界还未有定论。前文所提及的"public welfare"是其中的一个译法（陈东利，2016；王逊、龙雨馨，2018），而最先提出"公益"可能由"public welfare"翻译而来的秦晖（1999：27）则认为"public good"与"公益"语意更为契合，即这也成了"公益"在西文中的另一种译法。在西方语系中，利益同兴趣均属于同一词——"interest"（曾楠，2018），有较为多数的学者赞同汉语"公益"与西文"public interest"对应的说法（菅丰、陈志勤，2016；武沺宇，2018）。在此基础上，杨超、唐亚阳（2015）认为当"公益"作为名词时可以被译为"public interest"，而"公益"作为形容词时则与西文"public"相对应。除此之外，"公益"还可译为

"common weal"（郭方，2007：198~199）、"public benefit"（邓国胜，2015：3）、"philanthropy"（费里德曼、麦加维，2002：译者序；韩沛锟，2017）。虽然这些词语之间存在意义差异，但是它们在汉语"公共利益"的宽泛含义下区别消失了（陶传进，2005：22；赵立波，2017）。

由此观之，学术界普遍认同"公益"一词是舶来品的说法，其中大部分学者认为"公益"一词最早是经日本人转译而来的：留冈幸助在《慈善问题》中将"public welfare"翻译为"公益"。与此同时，也有少数学者质疑"公益"一词是舶来品的说法，而笔者认为，首先，关于"公益"一词在中国何时何地最早使用的问题应结合"公益"的语义和使用语境进行分析。"公益"的最早使用和具有现代"公益"词意的"公益"一词的最早使用应属于两个独立的问题。其次，关于"公益"在西文中对应什么英文词的问题，学术界还未有较为一致的结论。"公"与"益"二字分别翻译的直译方法（如 public benefit、public interest 等）和"公益"二字合起来意译的方法（如 philanthropy、common weal 等）以及"公益"在汉语中不同语境下的不同意思都是造成"公益"在西文中难以找到确切且统一词对应的原因。

与确定"公益"何时何处最初使用的问题相同，学术界在探讨"慈善"概念在中国最早使用问题上也存在争议。在《辞源》中，"慈善"一词最早追溯到《北史·崔光传》中的"光宽和慈善，不忤于物。进退沉浮，自得而已"，这也是学术界普遍赞同的观点（秦晖，1999：169；周秋光、曾桂林，2006：3；刘国华，2011：17），其意为形容人仁慈宽厚（秦晖，1999：169；刘国华，2011：17）。对此王文涛（2014）、李茹（2009）持有不同的看法。王文涛（2014）认为"慈善"源于《北史·崔光传》的说法本身偏颇，因为《北史·崔光传》中涉及"慈善"的文段是抄自成书早于《北史》的《魏书·崔光传》，并据其考究，"慈善"一词曾出现在《大方便佛报恩经》中，该佛经在约3世纪时被翻译，这可能是"慈善"二字合并使用的最早载录。李茹（2009）认为成书于东魏时期的《洛阳伽蓝记》中作为一个寺院名称的"慈善"才是最早的记载。在考究"慈善"一词最早使用问题中，我们不难发现，早期的"慈善"与现今的"慈善"在含义上有所差别。对此，有部分学者（秦晖，1999：168；李茹，2009；陈可鉴、郁建兴，2015）认为"慈善"作为具有近现代含义的概念和术语最早是从日本转译而来，而在中国古代，人们通常用"义"（秦晖，1999：2；李茹，2009）、"善"（李茹，2009）字眼来表达行善之意。

在西文中，与"慈善"相对应的词语有两个，一个是"charity"，另一个是"philanthropy"。从词源的角度，"charity"在拉丁文中最早可追溯到单词"caritas"（刘国华，2011：17；吕鑫，2016），后演变到古法语"charite"（吕鑫，2016），其在英国的使用源于《圣经》（刘妍，2015；周真真，2018）。由于早期西方深受宗教的影响，在较长的一段时间中"charity"具有较为浓厚的宗教色彩（Scott，et al.，2003；Phaholyothin，2017），指的是"基督之爱"（李芳，2008：16；吕鑫，2016；周真真；2018），实际是指对苦难群体的救助过程（Scott，et al.，2003；王文涛，2014；Sciortino，2017；Walton，2017）。相对于"charity"，"philanthropy"所表达的施善范围更广。"philanthropy"来自希腊语，字根"phil"和"anthrop"分别寓"爱"和"人类"之意，即"philanthropy"可译为"爱人类"之意（Walton，2017；Gautier，2019；安树彬、赵润琦，2017：10；周真真，2018），具有表达"博爱"的特征（徐麟，2005：27；韩德林，2009：9；刘峰、吴金良，2017：2）。由此，"charity"更强调对穷人或困难群体的帮助和救济，而"philanthropy"不限于仅仅帮助穷人，还具有预防和解决社会问题，促进社会长远发展的性质（Bremner，1988：3；Scott，et al.，2003；Sciortino，2017）。正因为"charity"和"philanthropy"在表达慈善行为广度上的不同，有些学者（资中筠，2006：10；赵环、徐选国，2017）乐意将其分别用来表示狭义和广义的慈善。

因此，学术界基本认同"慈善"概念的宗教源头和宗教色彩是比较突出的，无论是佛教还是基督教，都各自赋予了"慈善"以相当大的力量，这显然不同于"公益"概念的较为纯粹的世俗色彩。同时，相比于"公益"，"慈善"在西文中的对应词较少却明确。一个是隐含"基督之爱"的"charity"，其强调对困难群体的救济和扶持；另一个是"philanthropy"，从词根上可以看出其具有"爱人类"的博爱的特征，因此，将两者分别对应狭义的慈善和广义的慈善是有道理的。通过文献梳理，我们还可以发现，最早出现在《北史·崔光传》中的"慈善"所表达的意思与现代"慈善"所表达的意思是不尽相同的，而与佛教相关的"慈善"概念在早期的表达是否也与现代的不同呢？抑或具有现代含义的"慈善"实际上是从佛经中的"慈善"演绎而来的呢？这两个问题尚未见学术界进行探讨。

二 "公益"与"慈善"的文化思想史辨析

现阶段，探究"公益"概念的文化思想史文献数量不多。多数学者认为，中国古代并没有"公益"的概念（卓高生，2010；曾桂林，2018），它属于外来词（卓高生，2010），如涉及社会公共利益的行为或事物，时人常以"义"名之（曾桂林，2018；武洹宇，2018）。与此同时，也有学者将"慈善"作为"公益"发展的基础，即"公益"是由"慈善"转变而来（刘威，2013），将公益伦理思想与古代慈善事业思想基础等同（卢先明，2010）。在古代，中国传统社会的大共同体控制严密（曾桂林，2018），"公"与"私"没有截然分开：每逢遭遇重大灾害事件，政府官员和民间士绅共同承担社会责任，实施社会救助（杨团、葛道顺，2009：4；王银春，2015：31）。直至近代，随着中国社会发生剧烈变革和西方观念东渐，"小共同体"和"社会"才得以觉醒（秦晖，1999：168~169；曾桂林，2018）。清代晚期，虽然涉及"国家之间共同利益""国家内部民众整体利益"的"公益"随着《万国公法》译本的传入而在中国落地生根，但是其沿袭了中国自古以来就有的"公共"和"利益"的意思，这是西学参照下对中国固有语词和观念的重组和"发现"（吴来安，2018）。而武洹宇（2018）对近代"公益"观念的生成做了较为全面的考究，他认为在清中期就出现了本土的"公益"，其观念资源既有来自社会精英的治世理念和礼治思想中的"公"，也有来自民间宗教观念和金融传统中的"公"；维新思潮盛行时，作为"国家利益"的日式"公益"回流中国并与中国"公益"概念的原有格局发生相互作用，这一时期新生的"公益"被赋予了支持政体转型的群学理论与变革实践且承载了转型过程中国家与地方之间动态的张力。到了现代，公益被视为个人承担对他人的社会责任，是现代公民在公共生活中主体地位的体现（王守杰，2009）。

而慈善行为中国古已有之，其发展受到不同时期的思想潮流的影响。安树彬和赵润琦（2017：39）认为中华民族传统慈善的发端是炎帝神农氏亲尝百草，而至商汤时期国家层面就已经有慈善性质的政策。春秋至秦，中国学术思想百花齐放，百家争鸣。其中，最具代表性的是儒家伦理思想，它提倡的仁爱、民本及大同思想遂成为中国古代慈善思想的重要源头（安树彬、赵润琦，2017：

39；曾桂林，2018），而道家的"善恶有报"和此后墨家的"兼爱""非攻"对中国慈善伦理思想也都具有重要影响（王银春，2015：53～59；安树彬、赵润琦，2017：39）。两汉之际，佛教东传，不仅首次引入"慈善"一词（王文涛，2014；曾桂林，2018），而且其宣扬的无常慈悲观和因果报应说分别通过内在和外在两种约束机制提倡人们行善（王银春，2015：58～59），进一步丰富了中国慈善文化（曾桂林，2018）。随后直至晚清的时间里，中国的慈善事业受到不同时代的主流学派思想的影响而不断向前发展。清代晚期，中国无力抵御外侮，社会正经历着急剧的转型。一方面，传统的慈善形式日久生弊，其重养轻教的消极救助方法为时人所指摘（曾桂林，2018），社会对改良传统慈善形式的呼声日益涨大。另一方面，西方慈善事业观念伴随着基督教在中国的传教扬善而被广泛传播，中国慈善事业兴起了新的思潮。有学者认为中国传统慈善事业的转型应该从观念和实践两方面看，即观念上外国的社会保障和慈善救助学说与实践促使带有近代意义的"教养并重"或"教养兼施"思潮兴起；实践上指慈善内容的创新、慈善机构职能范围的扩大以及新型慈善机构的涌现（王卫平，1999；安树彬、赵润琦，2017：41～42）。与此同时，有学者认为，在清末光绪年之前关于"慈善"的词尚未出现，表示"慈善事业"的是"善举"一词，而"善举"到"慈善事业"的转变意味着中国传统善会善堂"近代化/现代化"的过程（曾桂林，2018）。从新中国成立到改革开放前，慈善被认为是纯粹个人性质、私领域的，并被政府公益所取代（杨团、葛道顺，2009：4）。从1949年到1976年学术界的主流看法是把慈善事业看作封建统治阶级控制人民的一种工具（刘素敏，2019），直至20世纪80年代，我国慈善事业才得到复兴（王银春，2015：32）。

可见，"公益"的概念在中国古代并未得到普及，这很大程度上是因为在当时的中国社会结构中，公领域和私领域并不像西方社会一样是截然分开的，时人对于"公"的意识未被唤醒。这一说法促使学术界认为"公益"是由传统"慈善"演变而来的观点的形成。自古以来，中国就存在慈善行为，而在春秋战国以来的较长一段时间里，慈善所蕴含的文化思想在不同时期受到主流学派的影响而日益丰富。多数学者认为，在近代以前，中国"慈善"的概念注重对社会弱势群体的恩赐与救助。清代末期，战争打开了中国闭关的大门，社会处于急剧转型的阶段。一方面，国民对于政体转型和启迪民智等方面的社会需求变化促使"公益"成为表达公共利益诉求的词。另一方面,"慈善"在西方慈善事业观念的影响下,产生了由"重养轻教"向"教养并重"的转变。而到了现代,"公益"和"慈善"作为语义相近且容易混淆的词,在文化与思想方面的碰撞与融合依旧导致了它们在含义、性质、情感基础以及受众对象等方面发展的重叠与分歧。

三 "公益"与"慈善"的含义辨析

现今,许多人容易将"公益"与"慈善"两词内涵混淆,这导致了它们在使用方式上常被当作同义词而不被加以区别。对"公益"和"慈善"二词含义的厘定是对它们进行辨析的重要方面。多数学者也尝试着从二词同其近义词、反义词的辨析角度来进行"公益"与"慈善"含义的厘定。

学界普遍将"公益"解读为"公共利益"(佟丽华、白羽,2005:14;陈可鉴、郁建兴,2015;施从美、江亚洲,2019),而其与"私益"和"互益"有着密切的联系。边沁(2005:58)认为"公共利益"是虚构的,它实际上是私人利益的总和。这一观点遭到了广泛的质疑,多数学者认为公共利益是独立于私人利益而存在的,是一种超越私人利益的特殊利益(孙笑侠,2001:66;邓国胜,2015:2)。简单将公益看作每个人个人利益的总和,是在价值观上否定了社会性公益的独立存在,这有悖于公益的本质属性(白列湖、尚立富,2012)。有种观点认为,政府提供的属于公共物品,属于公益,而私人提供的则为私益(Brown,2003)。对此,陶传进(2005:23~24)认为"公益"与"私益"的区别在于行为的动机,在公益的动机下,行为的目的是公共利益最大化。换言之,私益是为了个人的利益,而公益是为了社会公众的利益(陈可鉴、郁建兴,2015)。"互益"的含义相对而言则更为清晰,是指特定群体的成员(可称为会员)彼此之间的共同利益(褚松燕,2003;邓国胜,2015:2),它相对于互益组织而言,是一种排斥第三方的"自利"活动(褚松燕,2003)。陈可鉴、郁建兴(2015)认为具有"互益"行为的主体是从其所处的特定群体中直接获益的。由此可见,互益的受益对象是固定在互益组织内的,这与公益针对第三方有根本的不同。而赵立波(2017)则从"公益"一词的狭义和广义角度分别进行阐述,他认为公益即公共利益属于狭义的公益,其与私益和互益相对，而广义的公益相当于非营利，与私益相对但又包含互益。

"慈""善"二字最初是分开使用的（周秋光、曾桂林，2006：1；安树彬、赵润琦，2017：8）。"慈，爱也"，意为上爱下，笃爱、仁爱以及为佛教用语（王文涛，2014），其从最初表达父母与子女之间的爱引申为慈爱（陈东利，2016；安树彬、赵润琦，2017：8~9），人与人之间的关爱（周秋光、曾桂林；2006：2）；"譱（善），吉也。从誩，从羊"，意为美好、善行（王文涛，2014），后引申为友好亲善、品行高尚。经过漫长的演变，这两个字的字义逐渐相近，均包含了仁慈、善良、富有同情心的意思（周秋光、曾桂林，2006：3；陈东利，2016）。中国的历史档案中有大量有关慈善活动的词，其中提及"义行""善举"（韩德林，2009：4）。而在词义上，多数学者认为"慈善"与上述两者没有明显的区别。曾桂林（2018）认为在清末光绪年间以前，中国慈善事业虽然发达，却有其实而无其"名"，即存在慈善的观念，却很少使用慈善的概念，慈善行为都称为"善举"；佩顿和穆迪（2008：51）也认为"善举"同样符合人们对于"慈善"一词的意念；刘国华（2011：52）、王文涛（2014）认为"义行"是早于"慈善"的词汇，其指为所当为，因此，"义行"包括但不限于"慈善"；梁德阔和顾东辉（2012）甚至直接在其文章中将徽商的慈善行为称为义行和善举。但同时也有学者认为它们之间存在差异：马剑银（2016）认为汉语"慈+善"形成的语词有"发慈心、行善举"的引申含义，即可以概括为慈善包括善举。

而慈善立法中"慈善"概念的确定也或为学术界讨论的焦点。《关于〈中华人民共和国慈善法（草案）〉的说明》指出"只要有利于社会公共利益的活动都属于慈善"（褚松燕，2017），可以看出《中华人民共和国慈善法》（以下简称《慈善法》）采用的是广义的慈善（周中之，2017），它包括"公益"概念，属于"大慈善"的概念（蔡琳，2016；周中之，2017）。英国作为最早进行慈善立法的国家，其慈善立法观念经历了从狭义到广义的巨大转变（徐道稳，2016），英国慈善法的界定模式不仅被英美法系各国所继受，还影响了我国《慈善法》制定中对慈善的界定。因此，我国《慈善法》中对慈善的界定顺应了现代慈善立法的发展趋势（吕鑫，2016）。

四 "公益"与"慈善"的相互联系

在当下的话语体系中，慈善和公益常常是相互连用的（赵立波，2015），在我国 2016 年颁布的《慈善法》中，"慈善"之意甚至等同于"公益"（马剑银，2016）。我们不可否认，"公益"和"慈善"在任何时期都存在千丝万缕的联系，但是同时我们也应识别两者之间的差异。

在性质上，慈善和公益是否具有利他主义性质是学界关注的焦点之一。部分学者认为，慈善不具有利他主义性质。佩顿和穆迪（2008：68）认为慈善并不是完全利他的，它也需要满足慈善家本身的利益和需求。而在古代，劝善书隐含了人们行善更是因为希望从中得到善报，或者抵消愆过的说法（韩德林，2009：327），也有学者（吴强，2018）认为个人主义在慈善的实践中比利他主义更具激励作用。事实上，古代慈善事业深受佛教慈悲观念的影响，这是一种利他主义的道德观念（王卫平，1999），除此之外，在儒家文化体系中，慈善的核心内涵是为了他人幸福自觉地放弃某种自我利益的利他（康晓光，2018）。因而大部分学者认为慈善具有利他主义性质，其行为的特性是无偿的，不求回报的（陆镜生，2007：71；周秋光，2013；张亚维、魏清，2014：30；陈可鉴、郁建兴，2015）。对于公益，有一种观点表明公益与慈善同样具有利他主义性质（刘继同，2010；周秋光，2013；周中之，2017），认为公益是一种以牺牲个人利益为前提，不图回报（彭柏林等，2010：40；余玉花、李敏，2016），异于私益的利他主义行为（马金芳，2016）。但刘迎霜（2015）认为公益并不强调利他主义价值观，它是包含自身利益在内的公众利益，因此，它的出发点是利己的。大部分学者认为公益是利己和利他的结合。向春玲（2006）认为在市场经济条件下，公益精神肯定了合理的利己主义，并提倡一种"有我利他"的公益精神理念；卓高生（2010）认为公益精神是一种自利和利他的统一；刘凝（2011：8）认为从动机上讲，公益的益他性并不排除自益行为；韩沛锟（2017）提出传统的公益是利他的"悲情公益"，而现代的公益是利己性和利他性结合的"快乐公益"。

在情感基础上，慈善所包含的情感色彩较公益更为浓厚。多数学者在研究慈善时常常谈及"恻隐之心"，其指的是同情心、怜悯心和爱心，是促使人们参与慈善的根本动因（王卫平，1999；刘国华，2011：21；陈东利，2016）。慈善是因爱而生的情感及行为（佩顿、穆迪，2008：50），与怜悯相关（休谟，1980：420），是基于对他人的同情、关怀、爱心的道德行为（石国亮，2014；张亚维、魏清，2014：23～27；刘妍，2015），强调个人的情感。相比于"公益"，"慈善"更具有思想性的内涵（韦炜，2010：32；王银春，2015：31；陈东利，2016），而"公益"偏重公共维度（韦炜，2010：30）。多数学者认为，在情感基础上，慈善所包含的情感色彩较公益更为明显。王守杰（2009）认为传统的慈善行为多发乎善心，基本是自发的、情感的、非职业化和非专业化的，而公益活动的内在驱动力则是现代公民的公益意识、社会责任意识。何莉君（2009）在分析为什么不用"公益"一词来翻译"philanthropy"的问题的时候指出，philanthropy 词根的意义是"爱人类"，用"慈善"来表达更能折射出"爱"的含义。蔡琳（2016）也认为在西方慈善的两类传统中，具有公益指向特征的传统并不强调救济和怜悯。

在受众对象上，公益的受益对象范围广于慈善（陈东利，2016；周中之，2017）。公益事业是建设让公众和所有群体都能受益的事业，受众是整个社会大众（廖建军，2017：6），既包括弱势群体，也包括非弱势群体（周秋光，2013；周中之，2017），是长期的事业（陈东利，2016）；而慈善受众是需要帮助的弱势群体（刘迎霜，2015；周中之，2017；廖建军，2017：6），体现的是"救"的思想（周秋光、曾桂林，2006：13），属于指向满足短期特殊群体的基本生存需要的事业（王银春，2015：31；陈东利，2016）。如果需要给予"公益"与"慈善"一个从属关系的话，那么有学者认为"公益"属于上位概念，"慈善"则属于下位概念，走向组织化的"慈善"才能称为"公益"（白列湖、尚立富，2012），慈善是公益的一部分（王银春，2015：31），也可以说是慈善造就公益（佩顿、穆迪，2008：79）。同时，"慈善的公益化趋势"的说法也频频出现，意为单纯针对社会弱势群体的慈善救济活动向为全社会公众服务的公益活动的转变（安树彬、赵润琦，2017：61）。因而，慈善处于具体和个人的立场，而公益处于抽象和制度的立场（弗里德曼、麦加维，2002：译者序）。

五　结论与讨论

本文通过梳理和总结学术界关于"公益"和"慈善"概念在词源、文化思想史、含义及两者之间相互关系方面的讨论，可以总结得出以下结论。第一，在词源上，学术界普遍赞同"公益"一词为舶来品的说法，其西文对应的词较多且目前未有统一的说法。"慈善"则是中国固有的词汇，但早期的含义与现代有所差异，其西文对应"philanthropy"和"charity"。第二，在文化思想史上，探究"慈善"的文献相比"公益"而言较多，这可能与中国传统慈善行为自古就有相关。"公益"普遍被认为是舶来品，其在近代的语义受到不同思潮的影响而得到了拓展，而"慈善"拥有中国古代丰富的学术思想基础，其概念伴随着不同时期的主流学派思潮而不断向前发展，直至近代才在观念上进行了由"重养轻教"向"教养并重"的转变。第三，在含义上，学界普遍认为，公益是超越私人利益的一种特殊利益，其与互益也有所差异，而"义行"和"善举"是出现在"慈善"之前且与其含义相近的词汇，从外延上说，都属于"慈善"概念所指范围。第四，在相互联系上，"慈善"在表达上相较"公益"更具有利他主义性质和浓郁的情感色彩，而"公益"则具有更大的外延，"公益"不仅仅包括慈善的任务——缓解困难群体的痛苦，也旨在增进人类的幸福，受众范围大于"慈善"，更多地具有社会责任的理性色彩。因此，《慈善法》所谓慈善，与通常用法中的"慈善"概念相悖，其所指范围大于通常用法中的"公益"概念。在通常用法中，"公益"概念大于"慈善"概念。

综观现有的文献，我们不难发现"公益"与"慈善"无论在词源、文化思想史、含义还是两者相互联系上都存在一定程度的差异，而对这种差异的辨析在理论和现实方面都具有较大的意义。一方面，对"公益"与"慈善"概念的清晰厘定有利于规范当下的学术话语体系。在任何学科中，术语的表达都应做到严谨和精确，而对"公益"和"慈善"二词进行规范有助于廓清长期以来两者在学术研究上混用误用的问题，这是进一步对慈善公益事业进行理论研究的基础和重要前提。倘若它们之间存在概念模糊、界定不清的问题，那么必定会造成相关理论或学说在表达上指代不明、含糊多义的现象，使学术探讨缺乏共同的基础，阻碍有效的理论对话，对知识生产和进步不利。2018年发生在两名"NGO 老人"之间的争论——"两光之争"，成为公益慈善领域的热议话题。徐永光在其出版的《公益向右商业向左》中主张公益向商业化发展，实现社会和经济双赢。该主张受到了康晓光的强烈斥责，他认为"永光谬论"是否定了人类具有利他性质的根本属性，并坚持公益慈善事业利他主义根基不可动摇。实际上，造成争论的一部分原因可归结为"公益"与"慈善"二词本质属性上的辨析不清。解决公益与慈善是否应该商业化发展的问题，首要是辨析公益与慈善在利他主义性质上的区别与联系。另一方面，辨析"公益"和"慈善"不仅事关学术研究，而且事关公益慈善事业。例如河南省慈善总会和一个企业共同设立了"爱心接力慈善助学基金"。但是受助的学生需要签订一份"道德协议"，他们需要在参加工作后，自愿向基金会逐步捐赠不少于受助的金额。这一做法引起了社会上很大的争议。这是施恩是否应该图报的问题，王守杰（2009）认为这是我国传统慈善与现代公益理念之间的冲突。说到底，这就是"慈善"和"公益"之间未能明晰而导致的慈善公益事业的混乱。因此，辨析"公益"和"慈善"概念在理论和现实方面都具有重要的指导意义。

在梳理现有"公益"和"慈善"概念辨析的相关文献后，本文认为进一步研究至少可以从以下两个方面进行。1. 结合中国不同时代的现实基础和话语构型（discursive formation）特征，探讨"公益"和"慈善"的语义演变过程。从内涵上看，"公益"和"慈善"早期表达的意思都与两者的现代含义有所差别，而这一演变在很大程度上受到时代变迁的影响，用福柯的话来说，不同时代有不同的"认知型"，它们的差异造成话语构型的不同特征，因此，结合不同时期的现实基础和话语构型特征是促使我们更好地理解"公益"和"慈善"概念的有效途径。2. 基于"公益"和"慈善"概念的差异，探讨公益组织和慈善组织的划分标准。借鉴对"公益"和"慈善"概念的厘定并结合现实情况，可以考虑将致力于社会慈善公益事业的组织进行重新分类，避免公益组织和慈善组织职责混乱的现象。因而，本文对"公益"和"慈善"的梳理希望有助于学术界进一步关注上述两个概念的异同及其对进一步研究和公益慈善事业的意义。

参考文献

安树彬、赵润琦（2017）：《当代慈善学》，西安：陕西人民出版社。

白列湖、尚立富（2012）：《公益的内涵及其相关概念辨析》，《哈尔滨师范大学社会科学学报》，第 2 期。

边沁（2005）：《道德与立法原理导论》，时殷弘译，北京：商务印书馆。

蔡琳（2016）：《〈善法〉之善：对立法目标的法理阐释》，《江淮论坛》，第 4 期。

陈东利（2016）：《论慈善意识的本质特征》，《学术界》，第 7 期。

陈可鉴、郁建兴（2015）：《慈善的性质与模式》，《南京社会科学》，第 5 期。

陈弱水（2006）：《公共意识与中国文化》，北京：新星出版社。

褚松燕（2003）：《关于互益性社团的"公益效应"分析》，《天津社会科学》，第 5 期。

—— （2017）：《慈善法的公共价值倡导及其实现路径》，《复旦学报》（社会科学版），第 2 期。

邓国胜（2015）：《公益慈善概论》，济南：山东人民出版社。

郭方（2007）：《英国近代国家的形成》，北京：商务印书馆。

〔美〕韩德林（Joanna Handlin Smith）（2009）：《行善的艺术——晚明中国的慈善事业》，吴士勇、王桐、史桢豪译，南京：江苏人民出版社。

韩沛锟（2017）：《从"悲情公益"和"快乐公益"看当代中国公益文化的变迁》，《中州学刊》，第 2 期。

何莉君（2009）：《慈善为何——读〈理解慈善——意义及其使命〉》，《开放时代》，第 4 期。

菅丰、陈志勤（2016）：《公益与共益：从日本的"社会性"传统再构成看国家与民众》，《民俗研究》，第 6 期。

康晓光（2018）：《古典儒家慈善文化体系概说》，《社会保障评论》，第 4 期。

〔美〕劳伦斯·J. 弗里德曼（Lawrence J. Frideman）、马克·D. 麦加维（Mark D. McGarvie）（2002）：《美国历史上的慈善组织、公益事业和公民性》，徐家良、卢永彬译，上海：上海财经大学出版社。

李芳（2008）：《慈善性公益法人研究》，北京：法律出版社。

李茹（2009）：《论社会变迁背景下术语"慈善"的出现与普及》，《大连理工大学学报》（社会科学版），第 4 期。

梁德阔、顾东辉（2012）：《儒家伦理与徽商的慈善行为》，《江汉论坛》，第 4 期。

廖建军（2017）：《回归初心：中国慈善公益的思考》，北京：中国社会出版社。

刘峰、吴金良（2017）：《中华慈善大典》，杭州：浙江工商大学出版社。

刘国华（2011）：《慈善是一种文化》，上海：上海教育出版社。

刘继同（2010）：《慈善、公益、保障、福利事业与国家职能角色的战略定位》，《南京社会科学》，第 1 期。

刘凝（2011）：《公益法学》，北京：法律出版社。

刘威（2013）：《解开中国慈善的道德枷锁——从"恻隐之心"到"公共责任"的价值跃迁》，《中州学刊》，第 10 期。

刘素敏（2019），《碎片化背后的整体性思维：清代慈善事业史研究再审视》，《河北学刊》，第 5 期。

刘妍（2015）：《慈善的分类与道德价值导向》，《东南大学学报》（哲学社会科学版），第 6 期。

刘迎霜（2015）：《我国公益信托法律移植及其本土化一种正本清源与直面当下的思

考》，《中外法学》，第 1 期。

卢先明（2010）：《论当代中国公益伦理建构的现实视角》，《湖南师范大学社会科学学报》，第 1 期。

〔美〕罗伯特·L. 佩顿（Robert L. Payton）、迈克尔·P. 穆迪（Michael P. Moody）（2008）：《慈善的意义与使命》，郭烁译，北京：中国劳动社会保障出版社。

陆镜生（2007）：《慈善面面观》，北京：中国社会出版社。

吕鑫（2016）：《法律中的慈善》，《清华法学》，第 6 期。

马金芳（2016）：《通过私益的公益保护——以公益慈善立法中的公益定位为视角》，《政法论坛》，第 3 期。

马剑银（2016）：《"慈善"的法律界定》，《学术交流》，第 7 期。

彭柏林等（2010）：《当代中国公益伦理》，北京：人民出版社。

秦晖（1999）：《政府与企业之外的现代化：中西公益事业史比较研究》，杭州：浙江人民出版社。

施从美、江亚洲（2019）：《从传统道德到公共生活：现代社会治理语境中的公益慈善》，《社会科学战线》，第 5 期。

石国亮（2014）：《论慈善与道德的关系及其他》，《浙江社会科学》，第 2 期。

孙笑侠（2001）：《法的现象与观念》，济南：山东人民出版社。

陶传进（2005）：《社会公益供给：NPO、公共部门与市场》，北京：清华大学出版社。

佟丽华、白羽（2005）：《和谐社会与公益法》，北京：法律出版社。

王守杰（2009）：《慈善理念从传统恩赐向现代公益的转型与重构》，《河南师范大学学报》（哲学社会科学版），第 2 期。

王卫平（1999）：《论中国古代慈善事业的思想基础》，《江苏社会科学》，第 2 期。

王文涛（2014）：《"慈善"语源考》，《中国人民大学学报》，第 1 期。

王逊、龙雨馨（2018）：《高校公益支教组织网络化困境的思考》，《当代青年研究》，第 4 期。

王银春（2015）：《慈善伦理引论》，上海：上海交通大学出版社。

韦炜（2010）：《中国慈善基金会法人制度研究》，北京：中国政法大学出版社。

吴来安（2018）：《"公益"源起考》，《文艺研究》，第 10 期。

吴强（2018）：《"两光之争"的背后：公益事业、资本主义和意识形态》，《文化纵横》，第 1 期。

武洹宇（2018）：《中国近代"公益"的观念生成：概念谱系与结构过程》，《社会》，第 6 期。

向春玲（2006）：《试析社会公益事业在构建和谐社会中的作用》，《理论视野》，第 4 期。

徐道稳（2016）：《中国慈善立法若干问题研究——基于对地方慈善立法的分析》，《南开学报》（哲学社会科学版），第 2 期。

徐麟（2005）：《中国慈善事业发展研究》，北京：中国社会出版社。

〔英〕休谟（1980）：《人性论》，关文运译，北京：商务印书馆。

杨超、唐亚阳（2015）：《"公益"概念辨析》，《伦理学研究》，第 6 期。

杨团、葛道顺主编（2009）：《中国慈善发展报告》，北京：社会科学文献出版社。

余玉花、李敏（2016）：《论公益组织的诚信生态》，《伦理学研究》，第 5 期。

张亚维、魏清（2014）：《慈善的逻辑》，北京：中国商业出版社。

赵环、徐选国（2017）：《"回归"抑或"超越"：社会工作与公益慈善的历史 – 当代关系辨析》，《学海》，第 2 期。

赵立波（2015）：《公益机构的概念解析与现实梳理》，《行政论坛》，第 5 期。

——（2017）：《公益事业、社会事业、公共事业辨析》，《山东社会科学》，第 1 期。

周秋光（2013）：《当代中国慈善发展转型中若干问题辩析》，《齐鲁学刊》，第 1 期。

周秋光、曾桂林（2006）：《中国慈善简史》，北京：人民出版社。

周真真（2018）：《charity 概念在英国的历史流变及其社会意蕴》，《世界历史》，第 1 期。

周中之（2017）：《慈善：功利性与非功利性的追问》，《湖北大学学报》（哲学社会科学版），第 3 期。

卓高生（2010）：《公益精神概念辨析》，《理论与现代化》，第 1 期。

资中筠（2006）：《财富的归宿：美国现代公益基金会述评》，上海：上海人民出版社。

曾桂林（2018）：《从"慈善"到"公益"：近代中国公益观念的变迁》，《文化纵横》，第 1 期。

曾楠（2018）：《"公"与"私"之变：政治认同的变迁考察》，《南通大学学报》（社会科学版），第 5 期。

Brown, G. (2003), "State and Market: Towards a Public Interest Test", *Political Quarterly* 74 (3), pp. 266 – 284.

Bremner, R. H. (1988), *American philanthropy*, Chicago: University of Chicago Press.

Gautier, A. (2019), "Historically Contested Concepts: A Conceptual History of Philanthropy in France, 1712 – 1914", *Theory & Society* 48 (1), pp. 95 – 129.

Phaholyothin, N. (2017), "Moving Beyond Charity to Philanthropy? The Case of Charitable Giving in Thailand", *Austrian Journal of South – East Asian Studies* 10 (2), pp. 185 – 203.

Sciortino, R. (2017), "Philanthropy, Giving, and Development in Southeast Asia", *Austrian Journal of South – East Asian Studies / ? sterreichischeZeitschrift Für Südostasienwissenschaften* 10 (2), pp. 129 – 138.

Scott, et al. (2003), "Philanthropic Foundations and Development Co – Operation", *DAC Journal* 4 (3), pp. 73 – 148.

Walton, A. (2017), "What the Lens of Philanthropy Might Bring to the History of U. S. Higher Education", *History Teacher* 51 (1), pp. 9 – 36.

Discrimination of "Public – Benefit" and "Philanthropy": A Review of the Literature

Chen Mengmiao

[**Abstract**] How to distinguish between the words "public – benefit" and "philanthropy" is a hot topic in academic circles, but the current academic community has not reached a consensus on this issue. This paper systematically sorts out the existing literature on the analysis of "public – benefit" and "charity"; summarizes their etymology, history of culture thought, meaning, and relationship between the two; and sums up the views generally accepted by the academic community. This paper provides a reference for further discussion in the academic community.

[**Keywords**] Public – benefit; Philanthropy; Charities Cause

（责任编辑：马剑银）

编辑手记

因为新冠肺炎疫情的影响，本卷《中国非营利评论》的出版时间有点推迟，所幸我们编辑部组织了一组笔谈来讨论新冠肺炎疫情中出现的社会治理命题，七篇短文分别从不同的侧面来讨论我国应急管理与突发公共危机时的法治与社会治理，从而丰富了本卷的主题，也为在疫情结束之后持续性深入讨论、反思与总结相关主题开了一个头，在接下来的第二十六卷中，本刊编辑部也将以"抗击疫情"为主题来征集、刊登社会组织、公益慈善与志愿服务力量相关的专题文章。

本卷有两篇特稿，其中一篇源自本刊主编王名教授与孟子后裔孟繁佳先生的课堂对话，讨论主题是"中华传统文化中的社会治理思想"，集中于"礼""仁""善""孝""法""君子""儒"等概念与社会治理的关系，立足中国，勾连古今；另一篇则是著名慈善史专家周秋光与他的弟子有关新中国慈善事业发展的概览性文章，铺陈史实，针砭现状，展望未来。

社会治理是一个跨时空与超时空的命题。虽然这个概念是当代的，但是不同的文明体在成长的过程中各自在尝试处理相似的难题。无论是传统中国的家国天下架构，还是古希腊古罗马公私分野的城邦体制，社会结构或自上而下从天子到诸侯到卿大夫到士农工商，或自下而上从平民而家庭而胞族而部落而城邦，有关社会治理中的正义、公共性与共同体秩序等都积累了丰富的观念与实践。

　　"社会治理"在当代中国的话语体系中有独特的位置，一方面在最新"推进国家治理体系与治理能力现代化"的国家战略中占有一席之地，表述为"坚持和完善共建共治共享的社会治理制度，保持社会稳定、维护国家安全"，学界使用的"社会治理"概念外延与这种作为政治话语的表述有交叉，还蕴含于民生保障和生态文明等领域中。"社会"这个概念在当代中国具有非常复杂而多样的内涵，从"社会"主义、社会学、社会组织到"社会治理"以及更为时髦的"社会治理（管理）创新"，各有各的丰富意义。思想史中，有社会包含国家的，有国家包含社会的，有国家与社会分离的，有国家与社会合一的，按照德国社会学家的社会系统论，全社会自身就蕴含着有不同运作逻辑的功能子系统，它们各自为政，互为环境，如果不同的社会功能子系统的运作逻辑发生了错位，那么就像计算机中出现"乱码"，整个系统可能会崩溃。因此，厘清全社会各个功能子系统的运作逻辑是非常重要的，政治的归政治，经济的归经济，法律的归法律，教育的归教育，"社会治理"，就是整个社会"理"出运作逻辑而达致"治"的效果。

　　但正是因为"社会"这个概念过于复杂而多义，人类对于如何"理"而致"治"的过程、方式认知分歧很大，就如此次新冠肺炎疫情中，中国与相关国家对新冠肺炎疫情的处理方式差异非常之大，而随着时间的推移，对这些处理方式的评价同样大相径庭，甚至还带有意识形态的偏见，"文明的冲突"。虽然"全球化"话语已经喊了几十年，但是世界离"全球治理""全球文明社会"还很遥远。面对这种全球化时代的突发性的"世界性风险"，我们的应急管理体系和应对公共危机的能力在"国家治理体系与治理能力现代化"的国家战略中拿出令人满意的答卷，也还有很长的路要走。

　　在社会发展与变迁的过程中，确实有着"适者生存"的惯性，人类的适应能力很强，但有时候这种强大的适应能力反而不利于制度的变迁。我们还很清晰地记得2008年奥运会带来的民族自豪感，应对这种特殊的（甚至带有某种"应急"的）世界性盛事，自然有特殊的治理手段，于是北京城实行了前所未有的安检制度用于保障奥运会的顺利进行，但奥运会结束之后，有些为了应对特殊事件而进行的安保措施实现了常规化，例如严格的地铁安检制度，若干年之后大家也就习惯了，还有多少人记得2008年以前北京地铁的场景呢？2020年新冠肺炎疫情，全国上下结合人工智能时代的新技术推出的各种人脸识别、人身定位的措施，会不会也有常规化的可能呢？会不会大家也就这么适应了呢？这实在是一个"社会治理"的大命题呀。

本卷稿子交给出版社的同时，我们资深的创刊编务刘彦霞女士告别了工作12年的《中国非营利评论》编辑部，开始了她更为有意义的新生活，非常感谢她多年来的辛劳付出和细致工作，同时也欢迎我们的新编务田秀丽女士，她同样也是一位出色的资深公益人，未来可期。最后，继续感谢社会科学文献出版社以及刘骁军、姚敏两位编辑，《中国非营利评论》与出版社也已经结缘12载，继续迈向新的征程。

NP

本刊编辑部

2020 年 3 月 9 日

稿　　约

1.《中国非营利评论》是有关中国非营利事业和社会组织研究的专业学术出版物，分为中文刊和英文刊，均为每年出版两卷。《中国非营利评论》秉持学术宗旨，采用专家匿名审稿制度，评审标准仅以学术价值为依据，鼓励创新。

2.《中国非营利评论》设"论文""案例""研究参考""书评""观察与思考"等栏目，刊登多种体裁的学术作品。

3. 根据国内外权威学术刊物的惯例，《中国非营利评论》要求来稿必须符合学术规范，在理论上有所创新，或在资料的收集和分析上有所贡献；书评以评论为主，其中所涉及的著作内容简介不超过全文篇幅的 1/4，所选著作以近年出版的本领域重要著作为佳。

4. 来稿切勿一稿数投。因经费和人力有限，恕不退稿，投稿一个月内作者会收到评审意见。

5. 来稿须为作者本人的研究成果。作者应保证对其作品具有著作权并不侵犯其他个人或组织的著作权。译作者应保证译本未侵犯原作者或出版者的任何可能的权利，并在可能的损害产生时自行承担损害赔偿责任。

6.《中国非营利评论》热诚欢迎国内外学者将已经出版的论著赠予本刊编辑部，备"书评"栏目之用，营造健康、前沿的学术研讨氛围。

7.《中国非营利评论》英文刊（*The China Nonprofit Review*）是 Brill 出版集团在全球出版发行的标准国际刊号期刊，已被收录入 ESCI（Emerging Sources

Citation Index）。英文刊接受英文投稿，经由独立匿名评审后采用；同时精选中文刊的部分文章，经作者同意后由编辑部组织翻译采用。

8. 作者投稿时，电子稿件请发至：Chinanpovev@163.com（中文投稿），nporeviewc@gmail.com（英文投稿）。

9. 《中国非营利评论》鼓励学术创新、探讨和争鸣，所刊文章不代表本刊编辑部立场，未经授权，不得转载、翻译。

10. 《中国非营利评论》已被中国期刊网、中文科技期刊网、万方数据库、龙源期刊网等收录，为适应我国信息化建设的需要，实现刊物编辑和出版工作的网络化，扩大本刊与作者知识信息交流渠道，在本刊公开发表的作品，视同为作者同意通过本刊将其作品上传至上述网站。作者如不同意作品被收录，请在来稿时向本刊声明。但在本刊所发文章的观点均属作者个人观点，不代表本刊立场。本声明最终解释权归《中国非营利评论》编辑部所有。

由于经费所限，本刊不向作者支付稿酬，文章一经刊出，编辑部向作者寄赠当期刊物 2 本。

来 稿 体 例

1. 各栏目内容和字数要求：

"论文"栏目发表中国非营利和社会组织领域的原创性研究，字数以 8000～20000 字为宜。

"案例"栏目刊登对非营利和社会组织实际运行的描述与分析性案例报告，字数以 5000～15000 字为宜。案例须包括以下内容：事实介绍、理论框架、运用理论框架对事实的分析。有关事实内容，要求准确具体。

"研究参考"栏目刊登国内外关于非营利相关主题的研究现状和前沿介绍、文献综述、学术信息等，字数为 5000～15000 字。

"书评"栏目评介重要的非营利研究著作，以 5000～10000 字为宜。

"观察与思考"栏目刊发非营利研究的随思随感、锐评杂论、会议与事件的评述等，字数以 3000～8000 字为宜。

2. 稿件第一页应包括如下信息：（1）文章标题；（2）作者姓名、单位、通信地址、邮编、电话与电子邮箱。

3. 稿件第二页应提供以下信息：（1）文章中、英文标题；（2）不超过 400 字的中文摘要；（3）2～5 个中文关键词。书评、随笔无须提供中文摘要和关键词。

4. 稿件正文内各级标题按"一""（一）""1.""（1）"的层次设置，其中"1."以下（不包括"1."）层次标题不单占行，与正文连排。

5. 各类表、图等，均分别用阿拉伯数字连续编号，并注明图、表名称；图编号及名称置于图下端，表编号及名称置于表上端。

6. 本刊刊用的文稿，采用国际社会科学界通用的"页内注 + 参考文献"方式。

基本要求：说明性注释采用当页脚注形式。注释序号用①②③……标识，每页单独排序。文献引用采用页内注，基本格式为年份制（**作者，年份：页码**），外国人名在页内注中只出现姓（容易混淆者除外），主编、编著、编译等字眼，译文作者、国别等字眼都无须在页内注里出现，但这些都必须在参考文献中注明。

文末列明相应参考文献，参考文献中外文分列（英、法、德等西语可并列，日语、俄语等应分列）。中文参考文献按照作者姓氏汉语拼音音序排列，外文参考文献按照作者姓氏首字母排序。基本格式为：

作者（书出版年份）：《书名》（版次），译者，卷数，出版地：出版社。
作者（文章发表年份）：《文章名》，《所刊载书刊名》，期数，刊载页码。
author（year），*book name*，edn.，trans.，Vol.，place：press name.
author（year），"article name"，Vol.（No.）*journal name*，pages.

图书在版编目（CIP）数据

中国非营利评论. 第二十五卷，2020. No.1 / 王名
主编. -- 北京：社会科学文献出版社，2020.4
ISBN 978 - 7 - 5201 - 6356 - 9

Ⅰ.①中…　Ⅱ.①王…　Ⅲ.①社会团体 - 中国 - 文集
Ⅳ.①C232 - 53

中国版本图书馆 CIP 数据核字（2020）第 038328 号

中国非营利评论（第二十五卷）

主　　办／清华大学公益慈善研究院
　　　　　明德公益研究中心
主　　编／王　名

出 版 人／谢寿光
组稿编辑／刘骁军
责任编辑／姚　敏
文稿编辑／侯婧怡

出　　版／社会科学文献出版社·集刊分社（010）59367161
　　　　　地址：北京市北三环中路甲 29 号院华龙大厦　邮编：100029
　　　　　网址：www.ssap.com.cn
发　　行／市场营销中心（010）59367081　59367083
印　　装／三河市龙林印务有限公司

规　　格／开　本：787mm × 1092mm　1/16
　　　　　印　张：21.75　字　数：365 千字
版　　次／2020 年 4 月第 1 版　2020 年 4 月第 1 次印刷
书　　号／ISBN 978 - 7 - 5201 - 6356 - 9
定　　价／98.00 元

本书如有印装质量问题，请与读者服务中心（010 - 59367028）联系